本书系国家社科基金青年项目“两周乐政与乐官的文学活动研究”（15CZW011）阶段性成果。

古代中国研究丛书／曹胜高 主编

两周乐官的文化职能与文学活动

付林鹏 著

中国社会科学出版社

图书在版编目（CIP）数据

两周乐官的文化职能与文学活动／付林鹏著．—北京：中国社会科学出版社，2016.6

ISBN 978－7－5161－8386－1

Ⅰ.①两…　Ⅱ.①付…　Ⅲ.①古典音乐—官制—研究—中国—周代
Ⅳ.①D691.42

中国版本图书馆 CIP 数据核字（2016）第 133338 号

出 版 人　赵剑英
责任编辑　张　林
特约编辑　张　欣
责任校对　闫　萃
责任印制　戴　宽

出　　版　中国社会科学出版社
社　　址　北京鼓楼西大街甲 158 号
邮　　编　100720
网　　址　http://www.csspw.cn
发 行 部　010－84083685
门 市 部　010－84029450
经　　销　新华书店及其他书店

印　　刷　北京明恒达印务有限公司
装　　订　廊坊市广阳区广增装订厂
版　　次　2016 年 6 月第 1 版
印　　次　2016 年 6 月第 1 次印刷

开　　本　710×1000　1/16
印　　张　22
插　　页　2
字　　数　363 千字
定　　价　80.00 元

《古代中国研究丛书》总序

曹胜高

求木之长者，必固其根本；欲流之远者，必浚其泉源。中华文明经历了五千年的发展，不仅积累了丰富的国家治理经验，成为我们的历史传承；而且形成了许多优秀的文化传统，成为我们的标识。这些经验和传统，已经成为当代中国建设的历史基础和文化积淀，而且必然会成为未来中国发展的思想资源和学理支撑。

研究古代中国，一是要以历史视角观察中华文明的演进过程，更为理性地思考古代中国在国家建构、行政调适、社会整合、文化建制方面的历史经验，清晰地揭示中华文明何以如此，将之作为世界文明史的基本结论。有了准确的自我认知，便能以学术自觉推动文化自觉，广泛地参与未来全球文明的共建。二是要从学理角度辨析古代中国演进的规律性特征，概括出中华文明一以贯之的历史渊源、发展脉络、基本走向，总结出对中华文化的独特创造、价值理念、鲜明特色，作为世界秩序建设的理论支撑。有了清醒的文明定位，便能以学术自信支撑文化自信，全面主导未来世界秩序的重建。

这就需要当代的学术研究者，能以赓续中国学术的学脉为己任，以新的人文主义情怀面对一切历史经验、思想进程、文学创作，注重以新方法、新材料、新思路、新视野审视中国固有之学问，通过对中国古典文献的推陈出新，对中国优秀文化的温故知新，对中国传统学术的守正创新，以历时性的研究、共识性的成果，推动古代中国研究的不断深入。

基于上述考量，我们编辑出版“古代中国研究丛书”，意在对中国传统学术、中国基本典籍与中国优秀文化的一些重要问题、重大关切进行跨学科综合研究，选取古代中国在文学、历史、哲学以及艺术等学科发展演生的关键环节进行深入研究，不仅致力于总结其“所以如此”，而且着力分析其“何以如此”，资助出版一批具有前瞻眼光、原创意识、深厚学理的研究成果。期待与同道者合作。

2015 年 12 月 8 日于长安

序

曹胜高

中国古代文学研究之最薄弱处，一在肇端，二在收束。所言肇端者，是为中国文学之形成期，如何随着先民的文化认知、表达方式和生活习惯而形成文学意识，既无史料可证，又乏线索论述，故既往之研究，多以神话、歌谣作为中国文学之初始，究而论之，常以秦汉史料追述之，然无法究其细节。所言收束者，是为中国古代文学向现代文学的转进期，传统文学的叙述策略、文学意识、文本形态如何在文学内部成长出现代文学之特质，若能条例分明而关节有序，最能看出中国文学的根本形态。肇端如头，决定了中国文学之基本面目；收束如足，确立了中国文学的最终格局。

对文学肇端之研究，譬如混沌之初成，无迹可寻，无影可踪；亦如仰望夜空，或明或暗之间，需要细致而精微的想象，才能将看似杂乱的星空分成若干区域，归结为若干星宿，框架稍成，方可论其端绪。故研究殷商周秦之文学，既需要有以点带面之功夫，又需要钩深致远之精微，方能从斑斑点点的历史痕迹中，寻找到一条看似无序实则幽微的发展脉络。此才思胆力，缺一不可，故历代治学者，莫不以三代幽眇为困顿，以曰若稽古为畏途。

稽古之难，在于史实。汉儒之言三代，皆以解经之论出之。经学史学之别，在于经学重阐释而史学尚信实，阐释者意在建构某一思想体系或者表述某些观念，信实者注重史实之考证。若以史学家观察经学之论，多出于典载而归于玄荒，此古史辨者成说之基础。章学诚曾言六经皆史，故今日之学者论六经，当以经史兼治，以经观经，以史观史，方可步出旧说之窠臼。随着史前考古之累积、殷商文明之发微、两周制度之考信以及夏商周断代之深入，诸多本出于神话传说乃至后世追述之史实日渐明晰，中华民族之传说、考古新见文学史料之研究，必将推动学界重新审视中国文学之肇端期。

中国文学以《诗经》为渊薮。既往之研究，多固守于经学本位，言诗不外美刺，论诗重于诗之体、诗之意、诗之释、诗之学、诗之用，其立论之基点，在于汉注唐疏。其长处在于重训诂以释义，其短处在于结论既定，只能回护而不宜臧否，故历代解诗局促于某些字句而徘徊。虽亦有学者疑旧注，偶出新义，然总体不能代雄。裹足蹈于经学樊篱，岂能任翅高翔？由此观察20世纪《诗经》之研究，不外乎两途：一是信守汉注，以汉儒之解释作为讨论《诗经》的基点，实赓续经学解诗之传统，用力似深而实浅；二是不守旧注，以文学感悟出之，径将《诗经》视为民歌者，将之与神话、传说、歌谣一起作为百姓耳目口实之用，结论简易而枉顾史实。

21世纪以来，学者渐能合两者之长而兼容之，不再直接将《诗经》作为研究对象，而是将之视为历史过程进行考察。作为对象研究，是将《诗经》视为一个成型文本，对其进行分析，从中寻求到某些历史史实、名物考证、文化蕴含等，结论常常是文本有什么、是什么；而作为过程研究，是还原文本形成的历史进程，不把文本作为基本形态，而将之视为历史现象，观察哪些历史动因促成了文本的生成、哪些文化环节合成了文本的形态。对象研究采用放射性视角，由文本而阐发，此乃经学研究之旧途，故《诗经》可以见美刺、可以为谏书、可以言妇道、可以颂恩德、可以观风俗。过程研究采用聚焦性视角，将文本的生成至于广漠的历史空间，观察支持其形成、决定其形态、影响其样式的主要因素，从无限种可能中抽取最有意义的可能性，进行全面考察，以明晰此一文学现象形成的关键何在。

由此观察《诗经》，其作为周乐之组成部分，犹如今日传唱歌曲之歌词，基本形态不是自生的，而是由外在他律决定。故对《诗经》进行研究，必然要对周乐之制进行详细考察，方能洞察歌诗、诵诗、赋诗、用诗之机制，以过程研究还原研究对象的历史形态。就研究诗乐关系而言，只有两个路径：一是就雅乐体制进行研究；二是就周乐制度进行研究。前者需精通古乐，后者需明晓制度。

林鹏读硕士期间，曾对汉赋所载音乐史料进行过考察，又对《乐纬》进行过文本分析，其熟知周秦汉音乐史料，若以制度角度切入更为便捷。

乃以乐官及其职责切入，集中讨论了《诗经》形成四个基本维度：从乐官的形成论述周乐的运行机制，并从周乐的制度设计讨论诗乐的内在关系，从周官的设置观察诗乐的生成机制，从乐经的存无讨论周乐的义理。这四个维度，仿佛屋之六合，初步还原出了《诗经》形成的文化架构，可以使我们清晰地洞察诗乐形成的历史机制。

由于博士年限的限制，林鹏只能选取上述研究中的关键环节展开讨论，有诸多尚未展开的问题，已经成为林鹏毕业后继续研究的方向。如其对两周乐政的研究，试图从礼、乐相互作用的机制中，观察周乐、周诗的形成过程，更为宏阔深刻。林鹏敏而好学，运思明晰；志趣笃一，心性纯如，假其数年，必有物方成。

林鹏随我读硕士、博士期间，既能论学之辩难，如切如磋；又能言笑之晏晏，亦友亦师。余在长春八年余，六年与之读书论学，最为充实快乐。不觉相识十年矣，长春风物依旧，汉阳草木扶疏，最喜长安促席，春风词笔。是为序。

2015 年 11 月 30 日于汤山

目　　录

绪　论

一　本论题的研究价值

乐官是指服务于王朝的礼乐机关，专门负责乐舞的创作、演奏和管理的职官。其起源很早，早在原始社会，乐官就从巫官中分化出来，成为专业的艺术创作群体，如《尚书·尧典》中负责典乐的夔，可能就是最早的乐官之一；夏代有瞽矇伐鼓救日的记载,[①] 说明当时已有专门的盲人乐官；在商代，不但在甲骨文中有大量乐官名称的出现，在传统文献中，更有“瞽宗”这一机构的记录,[②] 可见商代已有较为完备的乐官体系。至西周,《周礼·春官》中大司乐所掌二十职和《地官》中“鼓人”“舞师”所组成的乐官系统得以确立，标志着乐官体系的最终成型。

可以说，乐官在两周的礼乐文化建构中，承担着十分重要的角色：第一，乐官具有行政职能，承担着随军征伐、歌卜吉凶、典乐协礼、言语讽谏等职责，是周代政治文化活动的重要参与者；第二，乐官具有教育职能，以大司乐为首的乐官体系，负责执掌国之学政，从乐德、乐语、乐舞、乐仪等方面培养国子，为国家行政提供了必要的后备人才；第三，乐官还具有专业职能，以瞽矇为主的专业乐官，行使着省风作乐、吹律听声、审查诗章、教授六诗等职责，促进了先秦音乐文化和文学的发展。

---

① 《左传·昭公十七年》载鲁太史引《夏书》曰：“辰不集于房，瞽奏鼓，啬夫驰，庶人走。”按，本书所引十三经内容，如无特殊说明，均据阮元校刻十三经注疏本，因征引内容较多，故不一一注出。

② 《礼记·明堂位》载：“瞽宗，殷学也。”

故选择“两周乐官的文学职能与文化活动”为研究对象，具有多方面的意义，主要表现为：

其一，从政治文化角度而言，西周是历史上政、教、学合一的时期，而作为王官制度的重要组成部分，乐官是礼乐文化的重要实践主体之一。故这一研究可以把制度史、政治史和社会史结合起来，将礼乐变革作为西周制度和社会演进的文化动因：通过对乐官职官体系的考察，了解其在制度文化中的重要作用；通过对乐官文化职能的探索，了解其在政治文化中的重要作用；通过对乐官仪式功能的研究，了解其在社会文化中的重要作用。

其二，从思想文化角度而言，西周王官之学上承夏商的巫祭文化，下启春秋战国的诸子之学，对传统文化元典的形成起到了重要作用。故这一研究可以将思想史、学术史和哲学史相互贯通，从源头方面审视经典的发展和演化：一方面，乐官起源于巫官，与史官联事通职，相互佐助，成为“天道”的预知者，这使其在“六经”，特别是《诗》《礼》《乐》三经的建构中起到了重要作用，从而成为思想文化大传统的体现者。另一方面，礼崩乐坏，乐官解体，将其文化执掌分散到了各国和民间，既为后来的诸子之学注入了新鲜血液，又带动了思想文化小传统的发展。

其三，从文学艺术角度而言，近代研究者虽认为彼时诗、乐、舞合一，文、史、哲不分，但在具体研究时却将诗歌硬生生剥离出来。这固然保持了文学研究的独立性，却忽略了其创作的原生环境。故从乐官角度对歌诗进行研究，有助于了解其创作和发生的背景：一方面可以考察礼乐仪式对诗歌的意义生成，另一方面又可以了解其用于政治讽谏的实用性目的。更为重要的是，这能够将诗歌史、音乐史和文化史的研究打通，为先秦文学的研究提供新的范式。

二　本论题的研究现状

（一）关于乐官的起源

目前对于乐官的起源问题的研究，主要集中在两个方面；一是乐官与巫觋的关系，二是乐官机构的形成时期。

关于前者，郑玄《诗谱》言：“古代之巫，实以歌舞为职。”许慎《说文》亦言：“巫，祝也，女能事无形以舞降神者也。”近代学者王国维也说："歌舞之兴，其始于古之巫乎？"① 都认为巫师是上古乐舞的最早演奏者。在此基础上，多数学者都持"乐官起源于巫官"的观点，如刘师培、黎国韬等人。② 但也有少数学者表示异议，如赵敏俐等人，认为乐官与巫在文化传统上虽有交叉，但职能并不相同，巫师并非专职的艺术家。③ 其实，因两说立足的角度不同，故所得结论亦异。刘师培等人是从文化传承的角度，将两者视为源流关系；赵敏俐则从艺术生产的角度，更加突出乐官的音乐演奏和创作职能而已。关于后者，学界也有两种说法：一种认为形成于虞舜时期，如赵敏俐、罗家湘等人。④ 他们所依据的文献，主要即《尚书·尧典》中"夔典乐"一节；另一种则认为形成于商代后期，黎国韬就主此说，⑤ 其主要依据为商代的甲骨文。

因此，要讨论乐官专业技能的起源和传承，仍需辨析乐官与巫官之间的关系。这就需要抛开前人的研究框架，既要关注乐官从巫觋中分化出来的过程，又要重视乐官自身文化职能的传承，从更微观的角度进行分析。

（二）关于商代乐官的研究

传统观点认为，周代乐官制度是由周公奠定的。《礼记·明堂位》载周公摄政六年，"朝诸侯于明堂，制礼作乐，颁度量，而天下大服"。但周礼因于殷礼，《史记·殷本纪》亦载："殷之大师、少师乃持其祭乐器奔周。"可知商代已有较为完备的乐官系统。故很多学者也对商代的乐官做了研究。

---

① 王国维：《宋元戏曲史》，上海古籍出版社 1998 年版，第 2 页。

② 如刘师培《舞法起于祀神考》就认为"古代乐官大抵以巫官兼摄""掌乐之官即降神之官""钟师、大司乐诸职，盖均出于古代之巫官"。参见《清儒得失论》，中国人民大学出版社 2004 年版，第 282—286 页。

③ 如赵敏俐认为"从中国文化传统看，'乐官'与'巫'虽有相交叉之处，但是其职能并不相同"，"从本质上讲，巫的职能是沟通人神之间的关系，歌舞只不过是它用以降神或进行相关巫术活动的一种手段而已，因此，我们只能说他们是那一时代专职的精神生产者，而不是最早的专职音乐家"。参见《中国古代歌诗研究：从〈诗经〉到元曲的艺术生产史》，北京大学出版社 2005 年版，第 17 页。

④ 赵敏俐：《汉代乐府制度与歌诗研究》，商务印书馆 2009 年版，第 22 页；罗家湘：《先秦文学制度研究》，上海古籍出版社 2011 年版，第 184—185 页；等等。

⑤ 参见黎国韬《先秦至两宋乐官制度研究》，广东人民出版社 2009 年版，第 24 页。

众所周知，甲骨文是了解商代历史文化的最直接材料，故古文字学者从中考察出很多乐官的名称。这方面的研究成果主要有：裘锡圭的《释万》《关于殷墟卜辞的“瞽”》，[①] 连劭名的《商代的礼乐与乐师》，[②] 饶宗颐的《释[illegible]与瞽宗》《四方风新释》，[③] 李学勤的《申论四方风名卜甲》，[④] 沈建华的《甲骨卜辞中所见的鼓》《卜辞中的“听”和“律”》，[⑤] 等等。这些研究的贡献在于，大大扩充了关于商代乐官研究的史料范围。因研究角度的问题，更偏重对古文字的辨析，而对乐官文化职能的考察不够。

当然也有学者试图对商代乐官的文化职能进行研究，如韩江苏在新出花东 H3 卜辞的基础上，撰写了《从殷墟花东 H3 卜辞排谱看商代舞乐》一文，对花东子“学舞”的过程进行了排谱研究，为了解商代乐官的国子之教提供了线索；[⑥] 陈致则在裘锡圭先生考证的基础上，撰写了《“万（萬）舞”与“庸奏”：殷人祭祀乐舞与〈诗〉中三颂》一文，[⑦] 推论商代的万人与周代乐师之间的密切关系，认为《诗经》中“三颂”的形成对商代的万舞多有借鉴。

在这些研究的基础上，本书着重探讨殷乐官奔周后，是如何融入周代的乐官系统中的，及其融入周代乐官系统中之后，对西周乐器范式的铸造，演奏形式的确立，奏乐程式的安排等方面所起的作用。

（三）关于周代乐官职能的研究

乐官体系的最终确立，还是在西周时期。因此，对两周乐官的考察，是学者们用力最多之处。早在 20 世纪前，乾嘉学者就对先秦乐官进行过

---

① 前文见《中华文史论丛》1980 年第 2 辑；后文见《2004 年安阳殷商文明国际学术研讨会论文集》，社会科学文献出版社 2004 年版。

② 连劭名：《商代的礼乐与乐师》，《殷都学刊》2007 年第 4 期。

③ 前文收入《容庚先生百年诞辰纪念文集》，广东人民出版社 1998 年版；后文见《中山大学学报》1988 年第 4 期。

④ 收入饶宗颐主编《华学》第 6 辑，紫禁城出版社 2003 年版。

⑤ 前文收入《于省吾教授百年诞辰纪念文集》，吉林大学出版社 1996 年版；后文见《东岳论丛》2005 年第 3 期。

⑥ 《中国史研究》2008 年第 1 期。

⑦ 《中华文史论丛》2008 年第 4 辑。

相关研究，[①] 但这些研究是将乐官作为先秦官制研究的一部分进行的，还没有注意到乐官自身的独立性和主体性。

而现代学科确立之后，学者们对周代乐官的研究，大体可以分为两类：

第一，音乐史专家对周代乐官的研究。一些音乐史著作，对西周的乐官机构都有所介绍，但大多一笔带过，未加深论。如廖辅叔的《中国古代音乐简史》、杨荫浏的《中国古代音乐史稿》、刘再生的《中国古代音乐史简述》、李纯一的《先秦音乐史》等都属此类。

第二，文史学者对周代乐官的研究，如沈文倬的《略论宗周王官之学》、杨华的《先秦礼乐文化》、张国安的博士论文《先秦乐政与乐教研究》、祁海文的《儒家乐教论》等，[②] 都对西周乐官进行了详细的探讨。这些著作或是将乐官作为宗周王官的一部分，或是探讨先秦音乐文化时兼及《周礼·大司乐》一节，都没有深入、全面地对两周乐官诸问题进行研究。

因此，以两周的音乐史料为基础，辨析两周乐官在礼乐文明的建构中所起的作用，以点带面，既突出乐官在西周官制中的特殊性，又不忽略其作为先秦职官的共性，全面、深入地研究两周乐官的文化职能，并以此为基础透视当时的文学活动是怎样展开的，仍是新的学术增长点。

（四）关于乐官与先秦文学关系的研究

最早以乐官为视角，对先秦诗歌进行研究的学者是王国维，他在《汉以后所传周乐考》一文中指出：“《诗》、乐二家，春秋之季，已自分途。《诗》家习其义，出于古师儒……乐家传其声，出于古太师

① 如清代顾栋高的《春秋大事表》、沈淑的《左传职官》、李调元的《左传官名考》等，就对《左传》中的乐官进行了考察。《春秋大事表》卷10《官制表》就以国别的形式，对《左传》中的“泠”“工”“舞师”“乐尹”“大师”等进行了纂集。胡匡衷的《仪礼释官》，则结合先秦文献对《仪礼》中的乐官逐一做了考证。

② 分别参见王元化主编《学术集林》第十、十二卷，上海远东出版社1997年版；杨华《先秦礼乐文化》，湖北教育出版社1997年版；张国安《先秦乐政与乐教研究》，博士学位论文，扬州大学，2004年；祁海文《儒家乐教论》，河南人民出版社2004年版。

氏，子贡所问于师乙者，专以其声言之，其流为制氏诸家。《诗》家之诗，士大夫习之，故《诗》三百篇至秦汉具存。乐家之诗，惟伶人世守之。”[①] 肯定了乐官对《诗》乐的传播功能，具有发凡起例之功。

但在此之后，从这一角度进行研究，却并未引起学者的重视。直到陈元峰的《乐官文化与文学：先秦诗歌史的文化巡礼》一书出版，才使这一状况得到改变。陈书是第一部系统研究先秦乐官文化与诗歌关系的专著，但因时代限制，此书的论述范围仅局限在传世文献中，对考古材料未加以利用。

进入新世纪以来，更多学者致力于这一研究领域。如有从艺术生产角度，将乐官作为文学（特别是歌诗）艺术的生产者；[②] 有从仪式功能角度，探讨乐官体系对演诗流程、诗文本内涵、诗乐教化等各方面的典掌；[③] 有从文学制度角度，探讨乐官在先秦的采乐、采诗活动中所占的主体地位；[④] 还有继承王国维之说，从乐教传诗角度，探讨先秦乐官对行政人才和技术人才的不同培养。[⑤]

可以说，以乐官为视角，对先秦文学特别是先秦诗歌进行审视，是十分必要的。因为仅对先秦乐官进行制度化的探索，属于基础层面的研究。制度是死的，其背后的文化是活的。诗、乐、舞是乐官文化的形态化体现，其中乐由音符组成，舞由屈伸俯仰的姿势组成，都是转瞬即逝的东西。只有诗歌借助文字为载体，可以流传下来，所以《诗经》就是现存乐官文化的范本。西周时，《诗》以综合形态存在，乐官是传其声的实际操作者，其义理形态则隐藏在实践化之下。从乐官角度对《诗经》进行研究，就是将义理化和艺术化的《诗》重新还原到综合性的礼乐文化典范中，这才更接近历史真实。[⑥]

---

① 王国维：《观堂集林》卷2，河北教育出版社2003年版，第57页。

② 赵敏俐等：《中国古代歌诗研究：从〈诗经〉到元曲的艺术生产史》，北京大学出版社2005年版。

③ 杨隽：《典乐制度与周代诗学观念》，中国社会科学出版社2009年版。

④ 罗家湘：《先秦文学制度研究》，上海古籍出版社2011年版。

⑤ 马银琴：《周秦时代〈诗〉的传播史》，社会科学文献出版社2011年版。

⑥ 近来的研究，已经有这方面的努力，如韩高年《礼俗仪式与先秦诗歌演变》（中华书局2006年版）、张树国《宗教伦理与中国上古祭歌形态研究》（人民出版社2007年版）都是从礼乐仪式的角度对《诗经》展开研究的。

（五）关于瞽、史的关系及其文化传承的研究。

瞽、史是先秦最早的知识分子类型，都由上古巫觋演化而来。《国语·周语下》载单穆公之言曰："吾非瞽、史，焉知天道?"《楚语上》载天子身边"临事有瞽史之导"，而古代典籍又有《瞽史之纪》《瞽史记》的记载，俱见《晋语四》。但对瞽与史的关系，学者们有不同的认识。最早对《国语》做注的韦昭言："瞽，乐太师，掌知音乐风气，执同律以听军声，而诏吉凶。史，太史，掌抱天时，与太师同车，皆知天道者。"将瞽史分释为乐师和太史两职。

对此，现代学者多与之商榷，大致有以下几种说法：第一种认为瞽、史是两种人，但因其职能相类，故可联用；[1] 第二种认为"瞽史"是某个不幸失明的史官；[2] 第三种认为"瞽史"是独立于乐师与太史之外的一种职官，是盲人史官，此说影响最大；[3] 第四种说法认为应该具体情况具体分析。[4]

辨析这一问题的意义在于，通过对瞽、史关系的研究，可以解决先秦文学或文献史上的一些难题：一是《左传》《国语》等史籍的成书问题，有很多学者认为两书出于瞽史的口传；[5] 二是瞽史讽诵与说唱艺术的形成，主要体现在对"成相体"的研究上。[6] 其实，在先秦时，瞽、史是互为官联的。其贡献，除了上述方面外，还对先秦帝王世系的书写、史诗的

---

① 顾颉刚：《左丘失明》，《史林杂识初编》，中华书局1963年版。

② 杨晅：《"瞽史"刍议》，《华南师范大学学报》（社会科学版）1989年第3期。

③ 如胡适、徐中舒、王树民等都主此说。其中，王树民考辨最力，参见王树民《瞽史》，《文史》第21辑。

④ 邓子美：《先秦"瞽史"性质的历史考察》，《历史教学问题》1988年第4期；王卯根：《"瞽史"的连及用法》，《古籍整理研究学刊》2000年第5期。

⑤ 多数学者赞同并持这一观点，参见徐中舒《〈左传〉的作者及其成书年代》，《历史教学》1962年第11期；徐中舒《孔子与〈春秋〉》，《四川大学学报》2008年第6期；赵逵夫《论先秦时代的讲史、故事和小说》，《文史哲》2006年第1期；饶恒久《先秦时期历史档案的口述者：瞽矇职守与〈国语〉、〈左传〉的讲诵增饰》，《社会科学战线》2006年第6期；等等。当然，也有学者持否定意见，如刘成荣《瞽史、音乐与〈左传〉口传说》，《北方论丛》2008年第4期。

⑥ "成相体"是一种特殊的说唱文体，其中具体作品有《荀子》的《成相篇》五十六章、《汉书·艺文志》"杂赋类"的《成相杂辞》十一篇以及新出土的《睡虎地秦简成相篇》等，这说明在战国秦汉间"成相体"是一种非常流行的文体。对于

创作及《瞽史之纪》的编纂，都有着重要的作用。这些都是值得研究的领域。

但不可否认的是，这些研究还存在一定的盲点，如忽略了乐官制度在不同诸侯国间的差异和朝代间的沿革。周公制礼，分封诸侯，一些诸侯国就采用了因地制宜的政策，如齐、鲁之不同。但归结到乐官文化上，齐国吸收了东夷族的乐制，鲁国则恪守周王朝的礼乐传统。另外，陈、楚的巫风，宋对《桑林》之舞的继承，都表现出不同的文化差异。然而，差异中亦有交融，像早期楚国不被中原各国所认同，被视为蛮夷，但《左传·昭公二十年》载王子朝“因旧官、百工之丧职秩者”作乱，失败后“奉周之典籍以奔楚”，大大加速了楚国音乐的雅化。同样，朝代更迭之际，商之乐官奉祭乐器奔周，也使周代的礼乐具有殷商的因素。因此，本论题的研究，不但重视不同诸侯国间乐官文化的差异和融合，还重视朝代更迭所带来的乐官文化的继承和嬗变。

故对先秦乐官进行分职研究，并探讨其与礼乐文化的关系，可以是新的学术增长点。大致来说，可以从以下几个方面展开思路：两周乐官文化如何脱胎于上古的巫祭文化？两周乐教体系如何生成？大司乐与西周的国子教育关系如何？瞽矇乐官在礼乐仪式中承担的职责为何？技术类乐官各自的职务及其文化职能为何？两周乐官在《诗经》及《乐经》成书过程中所起到的作用为何？这都是本书研究的重点。

三　本论题所用史料价值述略

中国传统学术的研究是建立在史料基础上的。但对先秦文学和历史的研究而言，却存在着史料的困境。所谓史料的困境，不是指史料的不足和

“成相体”的起源，一种观点认为来自民间的说唱形式，另一种观点则认为来自官廷的瞽史吟唱。随着研究的不断深入，学者们越来越意识到后一说法的正确性。其实，清人卢文弨早已有过这方面的论述，他认为《荀子》的《成相篇》“大约托于瞽矇讽诵之词”。近来的研究成果，大都遵从此说，如姚小鸥《“成相”杂辞考》，《文艺研究》2000年第1期；黎国韬《神瞽新说：兼论成相之起源》，《中山大学学报》2003年第5期；孙进、江林昌《出土秦简〈成相篇〉与楚民族的瞽史说唱传统》，《民族艺术》2006年第2期；李炳海《〈荀子·成相〉的篇题、结构及其理念考辨》，《江汉论坛》2010年第9期；刘再生、陈瑞泉《〈荀子·成相〉“相”字析疑兼及“瞽”文化现象》，《音乐研究》2011年第3期。

缺失，而是指史料记载的可信性问题。先秦史料的范围，主要包括传世文献和出土文献两种。以往的研究，过分倚重传世文献，但传世文献中往往是历史和传说相互交织，事实和想象纠缠在一起，再加上这类文献经过后人的整理和加工，不免渗入了后代的痕迹。相对传世文献而言，出土文献的可信性较强，但现在存留下来的甲骨、金文等材料，往往是因为偶然的因素流传下来了，未经过历史的选择，难免有良莠不齐之病。过分倚重出土文献，虽然能还原出历史的细节，却不能建构起历史的框架。因此，本课题的研究，是借助王国维的“二重证据法”，以传世文献为主，参以出土材料，试图做到言之有据。

传世文献方面，据李零先生统计，现存先秦古书有六十种，包括六艺类（十三种）、史书类（六种）、子书类（二十六种）、诗赋类（一种）、兵书类（五种）、数术类（四种）、方技类（五种）。[①] 其中，本书所依据的主要文献即六艺类。在六艺类中，《三礼》和《诗经》是本论题使用的基本材料。首先是《周礼》，这是本论题最主要的史料来源。因《春官宗伯》中录有以“大司乐”为首的乐官二十职，《地官司徒》中也存有“鼓人”和“舞师”等乐官，通过对这些乐官职责的梳理，可以使周代的礼乐制度得到清晰展现。不过，学界对《周礼》的成书年代存在着争论，早者认为出自周公之手，晚者认为是汉代刘歆伪造，多数学者则认为出自战国时期。[②] 尽管《周礼》的成书年代问题，一直受学者的怀疑。但将其作为研究西周官制的主要史料，还是学界的主流做法。而且，在汉代以前，《大司乐》一章还是独立成书的，《汉书·艺文志·六艺略》：“六国之君，魏文侯最为好古。孝文时，得其乐人窦公，献其书乃《周官·大宗伯》之《大司乐》章也。”因为窦公的年龄问题，让人对这一记载颇多怀疑。[③] 然而考虑到乐官的世职性质，这一记载有可信之处。其次是《仪礼》，这是考察乐官礼仪和文学活动的实录；再次是《礼记》，对两周乐官文化职能多有义理性阐释。另外，《诗经》是乐官演奏的范本，也具有

---

① 李零：《简帛古书与学术源流》，生活·读书·新知三联书店2004年版，第18—30页。

② 彭林：《〈周礼〉主体思想与成书年代研究（增订版）》，中国人民大学出版社2009年版，第3—6页。

③ 顾实：《汉书艺文志讲疏》，上海古籍出版社2009年版，第56—57页。

很重要的史料价值。至于其他先秦传世文献，凡与本论题有关者，也尽量加以利用，以兹参照。

出土文献方面，主要包括甲骨文、金文和简帛文字。如甲骨文中有乐官听四风的记载，金文有乐官升迁的记录，简帛文字则有对《诗》和《乐》的详细讨论，这些都是本论题研究的重要史料。

总而言之，本论题对史料的使用，遵循两个原则：一是于理可通，尽管先秦离我们很远，但世虽有异，理有相同，所谓“以人度人，以情度情，以类度类，以说度功，以道观尽，古今一也”，[①] 在使用史料时，凡符合情理者，则用之；不合情理者，则尽量剥离出其中合理的成分，还原出产生这一史料原因。二是于史可据，即史料的使用，尽量不存孤证，凡下一论断，必须还原到当时的历史情境中去。

四　本论题的研究思路和方法

本论题以两周乐官的文化职能为切入角度和研究对象，结合当时的思想演变、宗教体系、社会制度和考古发现等，探讨三代礼乐文化的传承和演进。重点在于对西周礼乐的形成模式，上古文学活动的演述特征，《诗》《乐》二经的编纂过程等一系列问题，尽可能做出合理的解释。

其一，不重面面俱到的研究，而是突出问题意识，试图选择若干专题，进行详细研究。其目的是以两周乐官特定的文化职能为切入口，深入挖掘先秦礼乐文化背后的内涵。当然在突出问题意识的同时，也要注意对各问题间的系统梳理，这样才能将点连成面，还原出两周礼乐文化的不同侧面。

其二，本论题横跨文学、艺术、史学、哲学诸学科，力图将思想研究、制度研究、文化研究和文学研究打通。既以乐观礼，又以礼观乐，做到二者兼顾而不偏废。同时还注意借鉴考古学、民俗学、思想史等学科的研究方法，为解决本论题提供更有效的手段。

其三，试图清理与两周乐官制度相关的若干问题，因问题的提出是以文献为基础，故解决问题的方式也以实证为主，如涉及两周乐官制度的形成和管理、乐官文化职能的透视等；但在解决具体问题时，如《乐经》的义理化进程等，则辅以理论阐释。

---

① 王先谦：《荀子集解·非相》，中华书局 1988 年版，第 82 页。

五 本论题相关概念的界定

（一）“两周”的时间断限

本论题所谓的“两周”，主要指西周（公元前1046年—前771年）和东周的前半段（也即春秋时期：公元前770—前256年），因这一时段是两周乐官活动的繁荣期。不过，在探讨具体问题时，亦上溯至周前各代，因为西周的礼乐文明，并非由周人所独创，而是综括六代，损益夏商而来。其流波所及，则越战国及秦汉，因礼崩乐坏之后，仍依稀可见乐官活动的痕迹。

（二）“文学活动”的具体含义

本论题所采用的“文学”概念，是广义的。“文学”一词，先秦时就已出现，《论语·先进篇》将孔门分为四科，其中有“文学：子游、子夏”，后人将之释为古代典籍。之后，“文学”概念不断衍生，又有“学术”等义，但一直没有确立纯文学的观念，其中既包括今天看来不属于文学的一些体裁，又没有将今天认为是文学的体裁纳入进去。[①] 故本论题对文学这一概念的使用，既要按照今人的理解，又需兼顾古人的习惯。举凡礼仪用乐、历史书写、典籍编订等事，均视为“文学活动”。

（三）“乐官”“乐师”和“乐工”的概念界定

本论题使用了“乐官”“乐师”和“乐工”等概念。其中，“乐官”采用的是广义概念，举凡负责乐舞创作、演奏和管理的职官，及为这些职官服务的胥吏，均可视为乐官；“乐师”是狭义的概念，主要是指《周礼》“大司乐”的副手，而非所有音乐工作者的泛称；[②] 至于“乐工”，主要指“瞽矇”和“视瞭”，因为在《周礼》中有两官之职而无其爵称，只以才艺的高下分等。

（四）“瞽”“瞍”“矇”的不同辨析

在先秦乐官体系中，有一类乐官比较特殊，是由盲人组成的，即瞽矇。按照残疾程度的不同，瞽矇乐官又可以分为不同的身份，掌握着不同

① 袁行霈：《中国文学概论》，高等教育出版社2006年版，第1—5页。

② 也有学者将“乐师”作为乐官的泛称，如阎步克先生的《乐师与“儒”之文化起源》一文就采用了“乐师”的概念，认为“乐师”是商周王朝中主管乐舞的官员（《北京大学学报》1995年第5期）。

的技能。《国语·周语上》："瞽献曲，……瞍赋，矇诵。"据韦昭注，瞽是无目之人，瞍是有目而无瞳仁之人，矇是有瞳仁但看不见的人。本论题所用以上概念，有总言之者，则"瞽矇""矇瞍"等是一切盲乐官的泛称；有析言之者，则瞽、瞍、矇各有不同含义。

第一章　殷乐官奔周与西周雅乐体系的确立

周代的雅乐体系，既非一朝一夕可成，也非凭空确立。其确立，有近因和远因之分。近因者，是殷乐官奔周事件所带来的冲击。殷乐官奔周，对西周雅乐文化的影响是巨大的：首先，为西周的制礼作乐，提供了智力支持和技术援助；其次，为雅乐范式的创建，提供了可兹借鉴的对象。但不可否认的是，殷商乐文化中所遗留的一些不稳定因素，也为日后的礼崩乐坏埋下了伏笔。远因者，则是对六代乐文化的整合，这为周人的制礼作乐提供了历史依据和理论原型。本章即选取六代乐舞之一，为孔子所称道的《韶》乐为例，考察其在三代的传承情况，力图还原出上古乐舞纳入西周雅乐体系的轨迹。

第一节　《周颂·有瞽》与周初乐制改革

探讨西周初年的乐制改革，可参考文献较少，有限者如《逸周书·世俘篇》《诗经·周颂·有瞽》等。据学者研究，《世俘篇》是《逸周书》中少数可信的篇章之一。[①] 其中记录了周武王克商后所举行一系列典礼的奏乐情形，通过对这些奏乐形态的考察，可以还原出西周早期的乐制情况。《诗经·周颂·有瞽》是西周初年的作品。对其主旨，四家诗均有讨论，王先谦《诗三家义集疏》引蔡邕《独断》即言："《有瞽》一章十

① 如：顾颉刚《〈逸周书·世俘篇〉校注、写定与评论》，《文史》1963 年，第 2 辑；李学勤：《〈世俘〉篇研究》，《史学月刊》1988 年第 2 期；罗家湘：《〈逸周书〉研究》，上海古籍出版社 2006 年版，第 6—10 页。

三句，始作乐合诸乐而奏之所歌也。”并认为这是《鲁诗》说，还说“《齐》、《韩》盖同”[①]。而《毛序》亦云：“始作乐而合乎祖也。”[②] 可见，四家观点基本一致，都认为周初有过“始作乐”的工作。这至少说明，周初的礼乐制度，经历了一个新创的过程。如果从这一角度来看《有瞽》，它是描述西周乐官设置和作乐程式的最早作品。故对《世俘篇》和《周颂·有瞽》进行对比研究，可以清晰展现出周初作乐的具体情形。

一　从《逸周书·世俘篇》看周初的典礼用乐和奏乐程式

乐制的创新，往往经历了一个从因袭先王之乐到创制新乐的过程。《汉书·礼乐志》就说：“王者未作乐之时，因先王之乐以教化百姓，说乐其俗，然后改作，以章功德。”陈奂《诗毛氏传疏》也说：“王者始起，未制作之时，取先王之乐与己同者，假以风化天下。天下大同，乃自作乐。”[③] 西周开国，初有天下，尚不具备制礼作乐的条件。故武王克商之时，所奏之乐多非新创。对此，《逸周书·世俘篇》有详细的记载：

> 辛亥，荐俘殷王鼎。武王乃翼矢珪、矢宪，告天宗上帝。王不革服，格于庙，秉语治庶国，籥人九终。王烈祖自大王、大伯、王季、虞公、文王、邑考以列升，维告殷罪。籥人造，王秉黄钺正国伯。
>
> 壬子，王服衮衣，矢琰，格庙。籥人造，王秉黄钺正邦君。
>
> 癸丑，荐殷俘王士百人。籥人造，王矢琰，秉黄钺，执戈。王奏庸大享一终，王拜手稽首。王定，奏其大享三终。
>
> 甲寅，谒我殷于牧野。王佩赤白旂。籥人奏，武王入，进《万》，献《明明》三终。
>
> 乙卯，籥人奏《崇禹生开》三终，王定。……
>
> 若翼日辛亥，祀于位，用籥于天位。[④]

---

① 王先谦：《诗三家义集疏》，中华书局1987年版，第1026页。

② 毛亨传，郑玄笺，孔颖达正义：《毛诗正义》，《十三经注疏》本，中华书局1980年版，第594页。

③ 陈奂：《诗毛氏传疏》第7册，商务印书馆1933年版，第24页。

④ 因这段文字多有错简，这里在黄怀信等《逸周书汇校集注》本基础上，择善而从。

这里所录部分，是武王克商返周后，所举行的一系列典礼，真实反映了周初的用乐情形。

首先，在使用乐器方面，主要有籥和庸。其中，籥为主奏乐器。这是因为，籥是先周部族的常用乐器。《周礼·春官》有“籥章”一职，掌“土鼓豳籥”。据孙诒让言：“以豳人习吹此籥，故即谓之豳籥。”[①] 而豳为先周故地，郑玄云：“豳者，后稷之曾孙曰公刘者，自邰而出，所徙戎狄之地名。”[②] 此时，周之新乐制尚未成型，只有沿用传统乐器，为典礼伴奏。即便是祭天这样的大事，也只是“用籥于天位”。故其主要乐官，是籥人，也非后来的瞽矇。

至于庸，在甲骨文中就已大量出现，[③]《诗经·商颂·那》也说：“庸鼓有斁。”是典型的商代乐器。考古证据也表明，这种乐器多数出土于河南，是商王室和贵族的特有乐器，用在祭祀之中。[④] 可能是周人因地制宜，借用了商人的乐器。之所以如此，是因为在克商之前，殷太师和少师已经携乐器奔周，为西周的乐器制造提供了参照。而且也有考古证据显示，现在出土的西周早期之庸，与殷墟文化的编庸几无二致。[⑤]

其次，在乐歌和乐舞方面，一般认为有《武》，因为“籥人奏武王入进万献明明三终”一句，其断句方式有两种：第一种为“籥人奏《武》。王入，进《万》，献《明明》三终”，多数版本都取此意见；第二种为“籥人奏。武王入，进《万》，献《明明》三终”，黄怀信、叶正渤等人持此意见。[⑥]

认同第一种意见者，以为《武》乐的创制很早。李学勤用甲骨排谱方法所制的旬日表，判定这一仪式举行于克商后的第五十天，故认为

---

① 孙诒让：《周礼正义》，中华书局1987年版，第1906页。

② 毛亨传，郑玄笺，孔颖达正义：《毛诗正义》，《十三经注疏》本，中华书局1980年版，第387页。

③ 裘锡圭：《甲骨文中的几种乐器名称》，《中华文史论丛》1980年第2辑。

④ 陈致：《“万舞”与“庸奏”：殷人祭祀乐舞与〈诗〉中三颂》，《中华文史论丛》2008年第4辑。

⑤ 方建军：《中原地区商周乐器文化因素分析》，《交响（西安音乐学院学报）》2005年第4期。

⑥ 黄怀信：《逸周书校补注译（修订本）》，三秦出版社2006年版，第197页；叶正渤：《〈汲冢周书·克殷解〉、〈世俘解〉合校》，《古籍整理研究学刊》2010年第4期。

"《武》的演奏，可能即以此为初次"①。这固然大大提早了《武》乐的创制时间。但细思之，却是有问题的。因为克商之后，百废待兴，在如此短的时间内，是否有创制新乐舞的条件？按传统的看法，《大武》的完成时间，在周公摄政六年，像孔颖达疏《诗经·周颂·武》时言："《武》诗者，奏《大武》之乐歌也，谓周公摄政六年之时，象武王伐纣之事，作《大武》之乐，既成而于庙奏之。"

当然，也有一些典籍，像《吕氏春秋·古乐》《今本竹书纪年》认为《大武》制作于克商之后同一年。《吕氏春秋·古乐》载："武王即位，以六师伐殷，六师未至，以锐兵克之于牧野。归，乃荐俘馘于京太室，乃命周公为作《大武》。"却认为是献俘之后再作《大武》，顺序不同。《今本竹书纪年》则详载其制作之月：

> 十二年辛卯，王率西夷诸侯伐殷，败之于牧野。王亲禽受于南单之台，遂分天之明。立受子禄父，是为武庚。夏四月，王归于丰，飨于太庙。命监殷。遂狩于管。作《大武乐》。

上述证据很难成立，一方面，这些材料经过后人的改写，不一定可靠；另一方面，即便可靠，其记载作《大武》的时间，也与《世俘篇》相抵牾。因为《逸周书》所载是牧野初胜，与《今本竹书纪年》记载的巡狩管叔封邑时不同。而且据《礼记·乐记》记载，《大武》六成还有武王卒后之事，像周、召二公治理南国事。② 可知，《大武》制作的完成，应该不在武王时。故《世俘篇》中籥人所奏，也不是《大武》之乐。

面对这些疑问，又有人提出弥合之说，认为所奏不是全本《大武》，而只是其中一部分。像潘振说："《武》，指象舞。"陈逢衡也说："《武》，《大武》乐，此时所奏只《大武》一成之歌。"③ 言外之意，《大武》的创制，是经历了很长的时间的。如果真是这样，倒也说得通。因为《象》舞有二：一象文王之武功，以《周颂·维清》为歌辞；一象武王之武功，

---

① 李学勤：《〈世俘〉篇研究》，《史学月刊》1988年第2期。

② 陈致：《从礼仪化到世俗化：〈诗经〉的形成》，上海古籍出版社2009年版，第160—161页。

③ 黄怀信等：《逸周书汇校集注》，上海古籍出版社1995年版，第454页。

以《周颂·武》为歌辞。[①] 后者确为《大武》的一部分。孔疏《维清》时就说："谓《武》诗为《象》，明《大武》之乐亦为《象》矣。"陈致也认为在《大武》创制之前，周人已经有个叫《武》的乐曲，即《周颂·武》。[②] 但《武》首句有"於皇武王"语，提及武王谥号，怕不是作于武王生前。又，《象》为武舞，以干戈为舞具；籥人所奏者，却以文舞为主。《礼记·文王世子》中虽有"下管《象》"之说，但这是西周乐制成型后的奏乐程式，且负责吹管者是《周礼》中的笙师，也非籥师或籥章。故以籥人奏《武》乐，仍有值得怀疑之处。

倒是后一种断句方法，较为合理。一方面，《世俘篇》中，本就"王"与"武王"并称。如既言"武王乃翼矢圭"，又言"王秉黄钺正国伯"，但称"武王"为多，称"王"为少。另一方面，屡有"籥人造"的说法，与"籥人奏"不但句式相同，意思也相同。陈逢衡云："造，作也。"[③] 有奏乐的意思在内。因此，我们更倾向于这一意见。

故文中提到的乐歌和乐舞，只有所谓"籥人九终"、《万》《明明》和《崇禹生开》几种。《明明》应为新创，黄怀信认为"言献，盖属新编"[④]，是有一定道理的。然此诗不见于今本《诗经》，引起很多猜测。像惠栋以为"《明明》即《大明》"，马瑞辰《毛诗传笺通释》亦主此说。但陈逢衡却以《大明》句中有"武王"谥反驳之，认为应该是成王时的作品。[⑤] 后王国维提出周初诸王有"生称谥"的观点，被很多人所认同。[⑥] 故今人仍有坚持《大明》即《明明》者，因《大明》首句有"明明在下，赫赫在上"之语，认为这是其得名之故；篇中又有"燮伐大商""矢于牧野""肆伐大商"等语，分属诗末三章，故以《大明》后三章为

---

① 贾海生：《周公所制乐舞通考》，《周代礼乐文明实证》，中华书局2010年版，第133—159页。

② 陈致：《从礼仪化到世俗化：〈诗经〉的形成》，上海古籍出版社2009年版，第161页。

③ 黄怀信等：《逸周书汇校集注》，上海古籍出版社1995年版，第451页。

④ 黄怀信：《逸周书校补注译（修订本）》，三秦出版社2006年版，第198页。

⑤ 黄怀信等：《逸周书汇校集注》，上海古籍出版社1995年版，第454页。

⑥ 对这一问题，学界仍有争论。可参见彭裕商《谥法探源》，《中国史研究》1999年第1期；杜勇《金文"生称谥"新解》，《历史研究》2002年第3期；等等。

"三终"，认为"所颂与本节内容正相吻合"。[①] 若依其理路，《大明》有八章，不合"三终"之说。若此诗经过增补，末三章又不见"明明"之语。而且，"三终"亦非仅一篇，《礼记·乡饮酒义》说"升歌三终"，孔颖达就释为"谓升堂歌《鹿鸣》、《四牡》、《皇皇者华》，每一篇而一终"。可见，将《明明》指为《大明》，并不合适。

近年来，随着清华简的整理，其中有《耆夜》一篇，提到《明明上帝》一诗，李学勤以为这或许就是《明明》。[②] 不过，清华简的年代问题，仍受质疑，要想坐实此论，尚需进一步研究。但不可否认的是，西周《雅》《颂》以及金文中，多以"明明"为修饰语，像《小雅·小明》首句有"明明上天，照临下土"、《大雅·江汉》有"明明天子，令闻不已"、《常武》有"赫赫明明，王命卿士"、《鲁颂·泮水》有"明明鲁侯，克明其德"，应属成语之例。[③]

至于其他乐舞，都是继承夏、商而来。继夏者，有"籥人九终"和《崇禹生开》。所谓的"籥人九终"，应指《大夏》。原因是：第一，周人屡以夏人自居，如《尚书·康诰》载周公说"用肇造我区夏"，《君奭》也载周公语"惟文王尚克修和我有夏"等，目的是获取受命于天的正统地位。而对夏之乐舞的继承，成为获取这种地位的象征。[④] 第二，《大夏》又被称为《夏籥》，像《吕氏春秋·古乐》载禹"命皋陶作为夏籥九成，以昭其功"，《礼记·仲尼燕居》说两君相见"下管《象》、《武》，《夏籥》序兴"，说明《大夏》是以籥为主要伴奏乐器的，且曲式为九成。这正与"籥人九终"的记载相合。而且西周搜集六代之乐，应该是有个过程的。《国语·周语上》说周人先祖后稷，既曾"服事虞、夏"；而公刘

---

① 可参见韩高年《礼俗仪式与先秦诗歌演变》，中华书局2006年版，第217页；叶正渤《〈汲冢周书·克殷解〉、〈世俘解〉合校》，《古籍整理研究学刊》2010年第4期。

② 李学勤：《清华简〈旨阝夜〉》，《光明日报》2009年8月3日。

③ 王国维：《与友人论〈诗〉、〈书〉中成语书》，《观堂集林》，河北教育出版社2003年版，第32—36页。

④ 陈致：《从礼仪化到世俗化：〈诗经〉的形成》，上海古籍出版社2009年版，第103—110页。

居豳，又在夏之故地。[①] 那么，《大夏》应该是被收集很早的作品。故在周初典礼中使用，是能够说通的。而且，周人以籥为主要乐器，恐怕也是承自夏人。《崇禹生开》也是夏乐。据刘师培云："'崇禹'即夏禹，犹鲧称'崇伯'也。'开'即夏启。《崇禹生开》当亦夏代乐舞，故实即禹娶涂山女生启事也。"[②] 在整个典礼过程中，周人在辛亥日以奏夏乐始，又在乙卯日奏夏乐终，亦可见其在心理上对夏文化的认同。

万舞起源很早，相传虞夏时，就已有之。《尚书·大禹谟》即载帝舜时有苗不服，大禹"舞干羽于两阶，七旬，有苗格"。《诗经·邶风·简兮》有"方将万舞"之语，《毛传》云："以干羽为万舞，用之宗庙山川。"则万舞就是以干羽为主要道具的。或以《大禹谟》为古文尚书，并不可信。但这一记载，并非孤证。屈原《天问》存很多三代史事，同样也有"干协时舞，何以怀之"的记载，朱熹就以"舜格有苗"之事释之。[③] 而且，《大戴礼记·夏小正》也有"万用入学"，《墨子·非乐》引夏书《武观》也说夏后启时"万舞翼翼"，这些文献记载的真实性，越来越被学者所认可。[④] 故大致可以肯定的是，夏代已经有万舞存在。商有万舞，更是无疑，甲骨文中就有大量万舞的记载外。[⑤] 王维堤独出己见，认为万舞是商族的传统祭祀乐舞。[⑥] 陈致则通过甲骨文的记载，对商周时的万舞形式进行了探讨，认为《世俘篇》中所用的万舞，所采用的就是商

---

① 钱穆：《周初地理考》，《古史地理论丛》，生活·读书·新知三联书店 2004 年版，第 3—77 页。

② 刘师培：《周书补正》，《刘师培全集》第 1 册，中共中央党校出版社 1997 年版，第 115 页。

③ 朱熹：《楚辞集注》，上海古籍出版社 2001 年版，第 63 页。

④ 关于《夏小正》的年代问题，可参见李学勤《〈夏小正〉新证》，《李学勤文集》，上海辞书出版社 2005 年版，第 88—100 页；胡铁珠《〈夏小正〉星象年代研究》，《自然科学史研究》2000 年第 3 期；韩高年《上古授时仪式与仪式韵文：论〈夏小正〉的性质、年代及演变》，《文献》2004 年第 4 期。《武观》的文献问题，可参见贾海生《〈武观〉、〈五子之歌〉与〈离骚〉》，《中国典籍与文化》2001 年第 3 期。

⑤ 裘锡圭：《甲骨文中的几种乐器名称》，《中华文史论丛》1980 年第 2 辑（总第 14 辑）。

⑥ 王维堤：《万舞考》，《中华文史论丛》1985 年第 4 辑（总第 36 辑）。

人的音乐形式。[①] 其实，商人之万舞，怕也是有其渊源的，因为《论语·为政》载孔子说“殷因于夏礼，所损益，可知也；周因于殷礼，所损益，可知也”。三代文化互有因革，所以周所用之万舞，不管是承自夏，还是取自商，都是对上古乐舞的传承。

最后，在用乐程式上，《世俘篇》的记载虽十分简略，却已具备了后世的雏形。西周的用乐次序，是高度程式化的。而因阶层的不同，程序的繁简和规格的大小又有不同。以天子的大飨用乐为例，包括金奏、升歌、管奏、舞等程序。《世俘篇》中的典礼，就以祭祀和大飨为主，其用乐就包括了后世的若干仪节：

金奏：文中的“王奏庸大享一终”“奏庸大享三终”，可能即《周礼·春官》中“钟师”所掌“金奏”之原型。前者“王奏庸”，据庄述祖《尚书记》，当为“王入，奏庸”，因为奏庸并非由王所掌，这与《周礼·春官》中大司乐所掌“王出入令奏《王夏》”相类，即以“庸奏”为王入之仪节；后者的“奏庸大享三终”，据《国语·鲁语下》载：“夫先乐金奏《肆夏》：《樊》、《遏》、《渠》，天子所以飨元侯也。”即与此相类，顾颉刚就引之说：“此为大享之乐，以金奏之，凡三节，故曰‘奏庸，大享三终’”[②]。此时西周乐制尚未完全成型，故临时借用殷商乐器以为“金奏”。这说明金奏并非西周所独创，而“是以商周音乐为基础的混合物”[③]。故从一定程度上说，此时的“庸奏”，就是“金奏”的原型。

升歌：所谓“《明明》三终”，可能就是“升歌”的雏形。后世之升歌，多奏《清庙》。据《毛传》，《清庙》是祭祀周文王的诗。而这里的《明明》，很可能是祭祀上帝之歌，像《耆夜》中的《明明上帝》：“明明上帝，临下之光，丕显来格，歆厥禋盟。”就是如此。那么，《世俘篇》将《明明》用为升歌，还是符合当时环境的。

管奏：文中屡有“籥人造”“籥人奏”“用籥于天位”等记载，可能就是管奏的原型。

---

① 陈致：《从礼仪化到世俗化：〈诗经〉的形成》，上海古籍出版社2009年版，第75页。

② 顾颉刚：《〈逸周书·世俘篇〉校注、写定与评论》，《文史》第2辑。

③ 陈致：《从礼仪化到世俗化：〈诗经〉的形成》，上海古籍出版社2009年版，第138页。

舞：主要即万舞。

不过，需要指出的是，后世的用乐程序，一般在某一典礼中集中完成。而《世俘篇》所载的是连续几天举行了不同的典礼。而其用乐，也是比较随意的，表现在：其一，用乐结构比较简单。像辛亥、壬子两日的典礼，只用籥人的管奏；癸酉日则管奏和庸奏并用；只有甲寅日稍微复杂，发展到管奏、舞蹈和升歌三种；乙卯日典礼结束，所用也仅是管奏。其二，用乐和仪节的配合并未固定化。后世之乐次，以金奏伴王之出入庙。但在《世俘篇》中，却多以籥为伴奏。其三，此时之乐次与程式化后之乐次不同，这主要见于甲寅日的用乐中。周乐程式化的固定次序是：金奏——升歌——管奏——舞。但这里的次序却是：管奏——舞——升歌。这可能与周人借鉴殷商的乐次有关，因为在《商颂·那》中的乐次，就是升歌在最后。[①] 当时，周之乐制尚未形成，殷商文化又远远高于周民族，故在礼制和乐制的设置上，不得不有所学习和借鉴。

综上所述，《世俘篇》所记载的周初礼乐，还是比较原始的：一方面，所用乐器比较简单，所奏乐曲也以因袭古乐为主；另一方面，用乐程式还没有完全固定化。但不可否认的是，这一记载初步还原了周初的用乐情况，为了解西周的礼乐制度进程提供了参照。

二　《周颂·有瞽》与周初的乐制改革

周克商之后，虽已取得天下，但政权并不稳固。这固然因为武王的早逝和成王的年幼，更重要的是殷商的反对势力还很强大。因此，开国后很长的时间内，周人还无暇顾及制度建设和文化创新，而是一方面“取先王之乐与己同者”，即夏之礼乐，来抗衡商文化；另一方面，又因周长期为商之属国，且文化远远低于殷商，不得不对其有所借鉴。

后周公摄政，平定三监之乱，始着手进行制度建设。据典籍记载，周初的礼乐改革，至少经过了两个阶段：第一，周公摄政六年的制礼作乐。《逸周书·明堂解》载：“周公摄政君天下……制礼作乐，颁度量，而天下大服。”第二，周成王时的“兴正礼乐”。《史记·周本纪》载：“成王……兴正礼乐，度制于是改，而民和睦，颂声兴。”故第一阶段以“制

---

① 陈致：《说“夏”与“雅”：宗周礼乐形成与变迁的民族音乐学考察》，《中研院中国文哲研究集刊》2001 年，第 19 期。

作”为主，有开创之功；第二阶段以“兴正”为要，行完善之事。不过，这两个阶段是一个连续的过程。而《有瞽》之作，就是在这一背景下完成的。

为便于讨论，现将《诗经·周颂·有瞽》的全文征引如下：

> 有瞽有瞽，在周之庭。设业设虡，崇牙树羽，应田县鼓，鞉磬柷圉，既备乃奏，箫管备举。喤喤厥声，肃雝和鸣，先祖是听。我客戾止，永观厥成。

对于《有瞽》的创作时间，古人有两种意见：一种认为作于周公摄政六年，像孔颖达疏此诗说：“谓周公摄政六年，制礼作乐，一代之乐功成，……诗人述其事而为此歌焉。”清人陈奂及今人陈子展亦持此说。[①]另一种则认为作于成王之时，像何楷《诗经世本古义》认为此诗是“成王至是始行合祖之礼，大奏诸乐云耳，非谓以新乐始成之故合乎祖也”[②]。陈启源《毛诗稽古篇》也认为《有瞽》作于成王即政之初。[③]之所以出现这样的纠纷，可能是对制礼作乐不同阶段的体认。若将其制作时间坐实，不免有臆测之嫌。但将其作为周初乐制改革的成果，却是比较融通的解释。

据《毛诗序》的解释，《有瞽》之贡献，一在“始作乐”，一在“合乎祖”。然始作何乐？是指乐器还是乐章？合乎祖又是何意？历代治诗者各有说法，难成定论。今撮其要，列之于下表：

各家说法	始作乐	合乎祖
孔疏	谓周公摄政六年，制礼作乐，一代之乐功成	合诸乐器于太祖之庙，奏之，告神以知和否

① 陈子展：《诗三百解题》，复旦大学出版社2001年版，第1159—1160页。

② 何楷：《诗经世本古义》，《影印文渊阁四库全书》第81册，台湾商务印书馆1986年版，第328页。

③ 阮元、王先谦编：《清经解》第1册，上海书店出版社1988年版，第440页。

续表

各家说法	始作乐	合乎祖
何楷《诗经世本古义》	《序》意谓成王至是始行合祖之礼，大奏诸乐云尔	合祖者，祫祭之谓
陈启源《毛诗稽古篇》	《叙》所云始作乐，是始作《大武》	所云合乎祖，是以《大武》而与诸乐合奏之尔
胡承珙《毛诗后笺》	《独断》于《周颂》三十一篇皆云某事所歌，可见自《清庙》以下皆周初所作乐章	合乐者，即合此诸乐（按，即《周颂》三十一篇）也
陈奂《诗毛氏传疏》	武王有天下，未致大平，乐器未具。至成王之世，始克大同，乃作己乐。树羽县鼓，皆先王所未有也	《笺》云："合者，大合诸乐而奏之"

各家争论，固然增人疑惑，但也恰恰说明《有瞽》一诗的价值所在。现结合各家观点，对《有瞽》所反映的西周乐制改革，做一讨论。

从表层看，《有瞽》描述的乐制，一在乐官，即"有瞽有瞽，在周之庭"；一在乐器，即"设业设虡，崇牙树羽，应田县鼓，鞉磬柷圉，既备乃奏，箫管备举"。前者确立了以瞽矇为主的乐官体系，后者建立了具有民族特色的乐器范式。

乐官方面：以瞽矇为乐官，是上古通例。唐人杜佑就说："昔唐虞讫三代，舞用国子，欲其早习于道也；乐用瞽师，谓其专一也。"① 但从《逸周书·世俘篇》的记载来看，却丝毫不见瞽矇的影子，负责演奏的都是籥人；至作《有瞽》一诗时，才完全以瞽矇为主角。这表明，在短短数年内，西周的乐官体制发生了重大改革。

《有瞽》之所以强调瞽矇在周庭，有两层意思：其一，说明瞽矇乐官并非周人所固有。瞽矇的来源，《韩诗外传》卷三载："诗曰：'有瞽有瞽，在周之庭。'纣之余民也。"主要是接受了殷商的瞽矇体系，魏源也认为周庭的瞽矇是"太师疵、少师疆抱乐奔周之俦"②。除此之外，可能还有一些克商时俘获的乐官，因为周公在分国建邦时，将殷民分化，赐予

① 杜佑：《通典》，中华书局1988年版，第3718页。

② 魏源：《诗古微》，《魏源全集》第1册，岳麓书社2004年版，第583页。

各国，其中就有大量的乐器和乐人。其二，突出了瞽矇乐官在乐制改革中的重要性。周初的乐制改革，使瞽矇系统走上西周的历史舞台，成为礼乐制度得以实施的主要技术支撑。从人数上看，《周礼·春官》中的乐官系统，瞽矇有三百人，再加上辅助瞽矇的视瞭也有三百人，占整个乐官系统的一半还多；从技能上讲，乐官主修声，而在周道中“声莫重于升歌”。① 乐歌之事，就是由瞽矇负责的。

可以说，西周的乐制改革，在因于殷礼的基础上，奠定了瞽矇的主体地位。为表明其重要性，就专作《有瞽》一诗来述其事。

乐器方面：乐器是礼乐制度的物化形态。殷乐官奔周，还将自己职掌的祭乐器一道带走，这既说明乐器是乐官身份的象征，又说明乐器的转移具有政治性意图。可见，乐器的制作和完善，也具有仪式化的意义。所以，周初的“始作乐”，恐怕是以乐器的制作为基础的。

《有瞽》所述之乐器，包括应、田、悬鼓、鞉、磬、柷、圉、箫、管等，都是典型的雅乐器。这些乐器，既包括前代已具的先王之器，如李黼平《毛诗紬义》：“柷、圉、鞉、磬见《虞书》、《商颂》，夏筍虡、殷崇牙见《明堂位》，亦不可谓无他代乐器也。”② 又包括制礼作乐后的新造之器。如陈奂云：“至成王之世，始克大同，乃作己乐。树羽县鼓，皆先王所未有也。”③ 前者是继承，后者则是损益，这里着重讨论后者。

周初之乐制改革，是为了与先进的殷商文化相抗衡。归结到乐器方面，则表现在制作代表本民族特色的乐器。据陈奂说法，周初新制之器，一为树羽，一为悬鼓。树羽是钟架的装饰物，《礼记·明堂位》有“夏后氏之龙簨虡，殷之崇牙，周之璧翣”之说，簨虡即悬挂钟磬之架：横者为簨，也即《有瞽》中的“业”；竖者为虡。崇牙是悬挂钟磬的木钉。至于“树羽”，据郑玄注：“周又画缯为翣，戴以璧，垂五采羽于其下，树于簨之角上，饰弥多也。”则周人的贡献，是增加了簨虡的装饰。悬鼓，《礼记·明堂位》云：“夏后氏之鼓足，殷楹鼓，周县鼓。”通过三代之对

① 郑玄注，孔颖达疏：《礼记正义·祭统》，《十三经注疏》本，中华书局 1980 年版，第 1604 页。

② 李黼平《毛诗紬义》，《清经解》第 7 册，上海书店出版社 1988 年版，第 653 页。

③ 陈奂：《诗毛氏传疏》第 7 册，商务印书馆 1933 年版，第 24 页。

比可知，周人改变了鼓的放置方式，也悬之于簨虡。这些新器的制作，在一定程度上增强了周人的文化自信。

若进一步了解，《有瞽》一诗所述的乐制改革，并不局限于技术层面，其背后还有更深的文化因素，即乐悬制度和大合乐演奏。

《有瞽》中“设业设虡，崇牙树羽”，描绘的就是乐悬制度。《周礼·春官·小胥》郑玄注：“乐县，谓钟磬之属县于簨簴者。”贾公彦则补充说：“凡县者，通有鼓、镈，亦悬之。”据《周礼·春官》记载，乐悬由专职乐官负责，在举行典礼前夕进行。其中，典庸器率领自己的徒属摆放筍簴，视瞭为之悬挂乐器。然后由小胥负责端正乐器悬挂的位置，辨别所悬乐器的声音是否合律。最后再由大司乐对悬挂好的乐器试奏检查。

乐悬是西周乐制很重要的一个方面，表面上是乐器的摆放，其实更重要的是其礼制意义，因为乐悬与贵族的身份是绑定的，像小胥之职有“正乐县之位：王宫县，诸侯轩县，卿大夫判县，士特县”。《有瞽》所言当为悬县，是“四面县”，据孙诒让解释：“郑司农云：‘宫县四面县’者，谓两阶间北方南面一县，阼阶东西面一县，西阶西东面一县，廷中南方北面一县，凡四县也。”① 地位不同，所用乐悬也有异，不得僭越。《左传·成公二年》载新筑大夫仲叔于奚因救孙良夫有功，卫穆公想用城邑奖赏他。但仲叔于奚推辞了，而想“请曲县、繁缨以朝”，卫穆公准许了。孔子听说此事后，评价说：“唯器与名，不可以假人。”曲悬是诸侯之制，大夫得以用之，正是对西周乐制的破坏。但这也从反面说明，乐悬制度的设立，是为了强调身份之别。

而大合乐则重和同。《有瞽》郑玄笺：“王者治定制礼，功成作乐。合者，大合诸乐而奏之。”关于“大合诸乐”的解释，可见上表：有认为是合诸乐器的，有认为是合诸祖先的，有认为是以《大武》合诸乐的，还有认为是合《周颂》三十一篇的。但仅从乐器释之，难免流于片面，因为这些属“乐之末节”②；祫祭之事，早在开国时就有之，如《逸周书·世俘解》有“王烈祖自太王、太伯、王季、虞公、文王、邑考以列升”语，就是集合众祖先一起祭祀，故“合诸祖先”也不准确；至于合《周颂》三十一篇，则作年不同，如《执竞》有“自彼成康”语，故作

① 孙诒让：《周礼正义》，中华书局1987年版，第1824页。

② 《礼记·乐记》载：“乐者，非谓黄钟、大吕、弦歌、干扬也，乐之末节也。”

于康王之后，也不可信。

然又有以“遍作六代之乐”释“大合乐”的，[①] 其依据是《周礼·春官·大司乐》：“以六律、六同、五声、八音、六舞大合乐。”郑玄注言：“大合乐者，谓遍作六代之乐。”但这一解释，也是有问题的，孙诒让曾引用众说，加以申辩，可备参考。[②] 这里对其稍加补充。《周礼》所述六代之乐，各有用途：

> 乃奏黄钟，歌大吕，舞《云门》，以祀天神；乃奏大蔟，歌应钟，舞《咸池》，以祭地示；乃奏姑洗，歌南吕，舞《大韶》，以祀四望；乃奏蕤宾，歌函钟，舞《大夏》，以祭山川；乃奏夷则，歌小吕，舞《大濩》，以享先妣；乃奏无射，歌夹钟，舞《大武》，以享先祖。

据《毛序》，《有瞽》是祭先祖之作。这是正确的，因为诗中有“先祖是听”语。自不可能奏祭天、地、四望、山川或先妣之乐。而六乐之中，只有《大武》是用来享先祖的。故可知，众说之中，始作《大武》以合诸乐，应是最合理的解释。

另外，《大雅·灵台》中也有对西周乐制的描述：

> 经始灵台，经之营之；庶民攻之，不日成之。经始勿亟，庶民子来。王在灵囿，麀鹿攸伏；麀鹿濯濯，白鸟翯翯。王在灵沼，於牣鱼跃。
>
> 虡业维枞，贲鼓维镛；於论鼓钟，於乐辟雍。於论鼓钟，於乐辟雍；鼍鼓逢逢，蒙瞍奏公。

旧注以为这是颂周文王造灵台所作，像《孟子·梁惠王上》就引之以证周文王与民同乐之事。《毛诗序》亦曰：“《灵台》，民始附也。文王受命，而民乐其有灵德，以及鸟兽昆虫焉。”若此诗所述是文王时史实，

---

① 姚小鸥、李文慧：《〈周颂·有瞽〉与周代观乐制度》，《文艺研究》2012年第3期。

② 孙诒让：《周礼正义》，中华书局1987年版，第1734—1736页。

则说明自文王时不但以矇瞍为乐官，而且乐制也相当成熟了。这就与以上的推论相矛盾。不过，《灵台》所述很可能是后人追述，这是因为：其一，此诗作年较晚，或认为是成王时所作，或认为是穆王时作，肯定有后代的痕迹在内。① 其二，此诗所述，可分两段，从“经始灵台”到“於牣鱼跃”是一事，孟子曾引用之；从“虡业维枞”至“蒙瞍奏公”是另一事。方玉润曾说：“《灵台》一诗，前方纵游，后忽讲道，殊觉不伦，何以立训？古人断断无是文字，而顾可以诬文王哉！”② 那么，此处之乐官、乐器当是盛世乐制，并非周初之制。

故《有瞽》的创作，正是以西周初的乐制改革为基础的。这一改革的范围很广，从演奏主体来看，继承吸收了殷商的专业技术人才；从演奏客体来看，完善了具有民族特色的乐器范式；从演奏形式来看，则制定了一定的规则（乐悬）；从演奏内容来看，则彻底完成了《大武》的创制，用于祭祀先祖。

三　周初乐制改革的意义

《有瞽》末句还有“我客戾止，永观厥成”一说，其中，“我客”是指何人？“观成”又是何意？这关系到周初乐制改革的政治意义。

周初既“始作乐”祭祀先祖，还让各国诸侯前来助祭观礼。《周颂》中就有很多为颂诸侯助祭而作的诗歌。据《毛序》，《烈文》为“成王即政，诸侯助祭也”，《臣工》为“诸侯助祭遣于庙也”，《振鹭》为“二王之后来助祭也”，《有客》为“微子来见祖庙也”，等等。③

所谓“二王之后”，是指宋、杞两国的诸侯。先秦之时，灭国而不绝祀，往往封先王之后为诸侯以奉祭祀。周武王克商之后，“下车而封夏后氏之后于杞，投殷之后于宋”④。封杞之事，《史记·杞世家》载：“周武

---

① 可参见赵逵夫、贾海生《先秦文学编年史》上册，商务印书馆 2010 年版，第 246—247 页；马银琴《两周诗史》，社会科学文献出版社 2006 年版，第 173—178 页。

② 方玉润：《诗经原始》，中华书局 1986 年版，第 496 页。

③ 关于西周的助祭制度，可参见许继起《周代助祭制度与〈诗经〉中的助祭乐歌》，《文学遗产》2012 年第 2 期。

④ 郑玄注，孔颖达疏：《礼记正义·乐记》，《十三经注疏》本，中华书局 1980 年版，第 1542 页。

王克殷纣，求禹之后，得东楼公，封之于杞，以奉夏后氏祀。”封宋之事，则比较复杂。武王克商之初，始封武庚奉殷祀，其后武庚三监叛乱，被周公平定后，又以宋国国君微子以代殷后。《有客》所歌颂的主角就是宋国开国之君微子，郑玄笺云：“成王既黜殷命，杀武庚，命微子代殷后。既受命，来朝而见也。”对此，三家诗说都没有异议。[①] 孔颖达疏更补充说：“周公摄政二年，杀武庚，命微子代为殷后，乃来朝而见于周之祖庙。”《振鹭》虽然“二王之后”并提，但着重突出的也是微子。[②] 因为一方面“杞小微，其事不足称述”[③]，另一方面殷尚白，《振鹭》所言之鹭就为白鸟。除此文外，《左传·僖公二十四年》也载皇武子之言曰：“宋，先代之后也，于周为客。”故方玉润就径改《振鹭》之序为“微子来助祭也”[④]。何楷《诗经世本古义》更认为《振鹭》“与《有瞽》、《有客》皆一时之诗，为微子作也”。这一说法是可以成立的，因为《有瞽》和《振鹭》中都有“我客戾止”语。

那么，《有瞽》为什么要突出让微子来观礼呢？这恐怕具有礼仪和政治的双重意义。主要表现在：

第一，观成。《有瞽》中的“始作乐”，除了让“先祖是听”外，还要让微子“永观厥成”。这里的“成”，当有三义：其一，奏乐完成，即方玉润所说的“乐阕也。如‘箫韶九成’之成也”[⑤]；其二，制乐完成，即孔颖达所说的“谓周公摄政六年，制礼作乐，一代之乐功成”；其三，功业完成，即《史记·乐书》所说的“乐者，象成者也”，《史记集解》引王肃曰：“象成功而为乐。”而这三者又是紧密相连，因功成而始作乐，因乐成而始奏之，始奏之而请微子观之。既曰观，则表明有舞，这又为陈启源的“始作乐”是“始作《大武》”提供了证据。

让微子“永观厥成”，大概也是有特殊用意的：首先，在殷商旧贵族中，微子是精于礼乐之事的。据《史记·宋微子世家》载：“周武王伐纣

---

① 王先谦：《诗三家义集疏》，中华书局 1987 年版，第 1033 页。

② 清人姚际恒曰：“‘我客戾止’，虽或有他王之后在，然自以微子为重。书亦曰‘虞宾在位’，重先代后也。此诗微类《商颂·那篇》，固知古人为文亦有蓝本也。”参见《诗经通论》，中华书局 1958 年版，第 339 页。

③ 司马迁：《史记》卷 36《杞世家》，中华书局 1959 年版，第 1585 页。

④ 方玉润：《诗经原始》，中华书局 1986 年版，第 601 页。

⑤ 同上书，第 606 页。

克殷，微子乃持其祭器造于军门。”而且他还与当时的乐官太师、少师私交很好，其奔周之举，就是听从了两人的劝告。众所周知，在周人制礼作乐之前，曾大量使用殷礼。[1] 而周之礼乐始成后，就让微子这个内行来观看，大概有让其品鉴的意思在内。再者，乐成以象功成，故“二王之后，亦观于周乐，而永仰天下之大成焉”[2]。是向微子宣示自己天下共主的地位。如此则可以表示国基永固，礼乐长存，使众客无复辟之志，故亦含威吓与教戒之深意。[3] 这说明周人请微子观乐，也有宣威的目的在内。

第二，和同。在众多殷贵族中，微子是主动投诚的。《左传·僖公六年》载微子启“面缚衔璧，大夫衰绖，士舆榇”，向周武王投降，从而受到周人的优待，“武王亲释其缚，受其璧而祓之，焚其榇，礼而命之，使复其所”。后武庚随管叔、蔡叔叛乱被杀，周成王才让微子代为殷后，以奉祭祀。从这个角度来说，微子又是周人主动安抚的对象。故以新乐招待之，又具有和同的意味在内。《有瞽》孔颖达疏曾详叙“始作乐”的细节和背景：

> 毛以为，始作《大武》之乐，合于太庙之时，有此瞽人，有此瞽人，其作乐者，皆在周之庙庭矣。既有瞽人，又使人为之设其横者之业，又设其植者之虡，其上刻为崇牙，因树置五采之羽以为之饰。既有应之小鼓，又有田之大鼓，其鼓悬之虡业，为悬鼓也。又有鞉有磬，有柷有圉，皆视瞭设之于庭矣。既备具，乃使瞽人击而奏之。又有吹者，编竹之箫，并竹之管，已备举作之，喤喤然和集其声。此等诸声，皆恭敬和谐而鸣，不相夺理，先祖之神于是降而听之。于时我客二王之后，适来至止，与闻此乐，其音感之，长令多其成功。谓感于和乐，遂入善道也。此乐能感人神，为美之极，故述而歌之。

以乐导其入善道，是周人作乐的一大宗旨。《乐记》载圣人作乐“可以善民心”和“移风易俗”，而“乐在宗庙之中，君臣上下同听之，则莫不和敬”。正是在此基础上，周人建立起一套用乐规范，并在诸侯邦交中

---

① 王晖：《商周文化比较研究》，人民出版社 2000 年版，第 233—239 页。
② ［日］竹添光鸿：《毛诗会笺》第 5 册，大通书局 1975 年版，第 2110 页。
③ 陈子展：《诗经直解》，复旦大学出版社 1983 年版，第 1101 页。

起到了非常重要的作用。[①]

故周初的“始作乐”，从技术层面言之，确立了独特的用乐范式；从制度层面言之，开创了新的乐舞体制；从意识形态层面言之，又具有礼仪和政治的双重意义。

第二节 由乐官迁移看两周雅乐制度的形成与消解

《周礼》中载有以大司乐为首的乐官体系，约一千六百多人。[②] 如此庞大的音乐机构，是支撑西周礼乐文化得以施行的保障。当然，这还不包括各诸侯国的乐官，[③] 故这些乐官的迁移和聚散，成为影响两周音乐文化传播的重要因素。大致而言，乐官的迁移，主要有三种途径：其一，是从王朝到王朝，如商周更迭之际的殷乐官奔周事件。其二，从王室到诸侯国，这一途径包括常态和异态两种。常态者，如周王室对各诸侯国乐官的培训和赐乐，保证了雅乐制度在各诸侯国的严格执行；而异态者，则是因某些偶然事件，使周王室的雅乐得以下移。其三，从诸侯国到诸侯国，如《左传》《国语》中屡屡出现的赠送乐官事件。可以说，乐官的迁移，是了解西周雅乐制度从形成到消解的一条重要线索。

一 殷乐官奔周与西周雅乐制度的形成

《史记·殷本纪》载商末时，“纣愈淫乱不止。微子数谏，不听，乃与太师、少师谋，遂去。……殷之太师、少师乃持其祭乐器奔周。周武王于是遂率诸侯伐纣”。《周本纪》亦载此事，曰：“居二年，闻纣昏乱暴虐

---

① 姚小鸥、李文慧：《〈周颂·有瞽〉与周代观乐制度》，《文艺研究》2012年第3期。

② 如《隋书·音乐志》就认为“《周官·大司乐》，一千三百三十九人”。近人对此数多不赞同，杨荫浏以为是“一千四百六十三人”（《中国古代音乐史稿》，人民音乐出版社1981年版，第34页），陈应时以为是“一千六百一十人”（《有关周朝乐官的两个问题》，《艺术探索》1995年第1期），黎国韬则认为“不会少于一千六百五十人”（《先秦至两宋乐官制度研究》，广东人民出版社2009年版，第65页）。

③ 清人顾栋高曾对《左传》中出现的诸侯乐官进行过纂集，可参见《春秋大事表》卷10《官制表》，中华书局1993年版，第1071—1073页。

滋甚，杀王子比干，囚箕子。太师疵、少师彊抱其乐器而奔周。”殷乐官奔周是历史上的一件大事，从表面看，这标志着纣王的众叛亲离，因为：第一，上古之时，乐官以其独特的技术职能，成为天道的洞悉者。《国语·周语下》就载单穆公之言曰：“吾非瞽、史，焉知天道?”知天道者的离去，从一定程度上说明了天命对纣王的遗弃。第二，殷乐官奔周时，还将“祭乐器”一道带走。① 殷商之祭，主要祭上帝和祖先。如果掌握了祭祀权，就掌握了政权。②《礼记·郊特牲》载：“殷人尚声，臭味未成，涤荡其声。乐三阕，然后出迎牲。声音之号，所以诏告于天地之间也。”对声音的重视，是殷商祭祀的主要要特征。故祭乐器的转移，同时代表了祭祀权的转移。这为周武王伐纣的正义性提供了舆论支持。

但从深层次了解，殷乐官之所以奔周，还与纣王的用人政策有关。商朝的覆亡，很大程度上与其不用旧臣有关。《诗经·大雅·荡》曾说：“文王曰咨，咨女殷商。匪上帝不时，殷不用旧。虽无老成人，尚有典刑。曾是莫听，大命以倾。”对这一问题，曹胜高先生有专文进行讨论，兹不重叙。③ 归结到音乐制度方面，则表现为断弃先祖之乐而用新乐。《史记·周本纪》载周武王作《太誓》云：“今殷王纣……乃断弃其先祖之乐，乃为淫声，用变乱正声，怡说妇人。”此虽不见于今本《尚书·泰誓》，但据梁玉绳的意见，司马迁所见之《太誓》可能是伏生所传，亦较可信。④ 太师疵、少师彊，跟箕子、微子、比干等人一样，都属于旧臣行列。纣王既然断弃先祖之乐，自然会对原先执掌祭乐的太师、少师有所疏远，而重用熟习新乐的师延等人。《韩非子·十过》即借师旷之口述殷末旧事：

> 昔者卫灵公将之晋，至濮水之上，税车而放马，设舍以宿。夜

---

① 对于“祭乐器”的解释，有不同的意见，如凌稚隆、梁玉绳、崔适等人均以“祭”为衍字。但日人泷川资言却认为“祭字不必衍，祭祀亦大师、少师所掌”（《史记会注考证》，文学古籍社 1955 年版，第 226 页）。泷川资言的说法是合理的，因为甲骨文中有大量祭祀用乐的记载，所以称“祭乐器”并无不妥。

② 曹胜高：《先秦诸子天论的形成及其演变》，《古代文明》2007 年第 1 期。

③ 曹胜高：《士的演进与殷周文化之转型》，《浙江师范大学学报》2012 年第 1 期。

④ 梁玉绳：《史记志疑》，中华书局 1981 年版，第 84 页。

分，而闻鼓新声者而说之，使人问左右，尽报弗闻。乃召师涓而告之，曰："有鼓新声者，使人问左右，尽报弗闻，其状似鬼神，子为我听而写之。"师涓曰："诺。"因静坐抚琴而写之。师涓明日报曰："臣得之矣，而未习也，请复一宿习之。"灵公曰："诺。"因复留宿。明日，而习之，遂去之晋。晋平公觞之于施夷之台，酒酣，灵公起，公曰："有新声，愿请以示。"平公曰："善。"乃召师涓，令坐师旷之旁，援琴鼓之。未终，师旷抚止之，曰："此亡国之声，不可遂也。"平公曰："此道奚出？"师旷曰："此师延之所作，与纣为靡靡之乐也，及武王伐纣，师延东走，至于濮水而自投，故闻此声者必于濮水之上。先闻此声者，其国必削，不可遂。"平公曰："寡人所好者，音也，子其使遂之。"师涓鼓究之。平公问师旷曰："此所谓何声也？"师旷曰："此所谓清商也。"公曰："清商固最悲乎？"师旷曰："不如清徵。"

师延所作之曲，在卫灵公时尚被视为新声，可见其与西周的正统雅乐有很大不同。但从另一角度看，则表明晚商时期的音乐水平已经达到很高的水准，远远领先于僻在西土的"小邦周"。仅在乐器方面，也是"小邦周"所难企及的。《吕氏春秋·侈乐》载："夏桀、殷纣作为侈乐，大鼓、钟、磬、管、箫之音，以钜为美，以众为观，俶诡殊瑰，耳所未尝闻，目所未尝见，务以相过，不用度量。"就出土实物来看，晚商的乐器也比周初的先进很多。周代乐器的发展，存在着一个从模仿商代乐器到逐渐建立自身特色的过程。①

这也恰恰说明，在商王朝内部，存在着两派乐官系统：一派是恪守传统的太师、少师等人，他们服务于祭祀典礼的用乐；另一派是擅长新声的师延等人，他们服务于君主的耳目娱乐。《史记·殷本纪》载："帝纣……好酒淫乐……于是使师涓作新淫声，北里之舞，靡靡之乐。""师涓"当为"师延"之误。无有独偶，此类记载还有很多，像《管子·七臣七主》载："（纣）鼓乐无厌，瑶台玉餔不足处，驰车千驷不足乘，材女乐三千人，钟石丝竹之音不绝。"《说苑·反质》也说纣时"妇女优倡，

---

① 陈致：《从礼仪化到世俗化：〈诗经〉的形成》，上海古籍出版社 2009 年版，第 19—37 页。

钟鼓管弦，流漫不禁”。可见，商纣试图以新乐替代旧乐，用淫祀代替传统祭祀，故重用师延等人。师延的自投于濮水，或许就是有感于纣王的知遇之恩，为殷商殉节。

至于当时失势的旧乐官，一方面因为君主的冷落，另一方面出于对旧传统的坚持，从而出奔于周。《史记·宋微子世家》载微子奔周就出自太师、少师的建议，其中，太师若曰：“王子，天笃下灾亡殷国，乃毋畏畏，不用老长。今殷民乃陋淫神祇之祀。今诚得治国，国治身死不恨。为死，终不得治，不如去。”“不用老长”，是对自身失势的感触；“今殷民乃陋淫神祇之祀”，则是对纣王用新乐淫祀的不满。正是这两条原因，促使这些旧乐官萌生了奔周的想法。而他们的奔周，为先周音乐文化的发展注入了新鲜的血液。

《殷本纪》言太师、少师在奔周时“持其祭乐器”，《周本纪》则言“抱其乐器”，恐怕都是象征性的说法。因为在当时，乐官是专业性职官，其知识技能的传授多由父子相承，属于广义的畴官。[①] 故太师、少师的奔周，应该是阖族动迁，而不仅是这两个人。《汉书·董仲舒传》载：“至于殷纣，逆天暴物，杀戮贤知，残贼百姓。……守职之人皆奔走逃亡，入于河海。”乐官就是所谓的守职之人。太师疵、少师彊的后人，大概一直服务于西周的乐官机构。《论语·微子》载乐官流散之事，其中有太师挚适齐、少师阳入于海。对此二人，段玉裁言：“挚即疵，阳即彊，音皆相近，惟传闻异辞，则载所如不一，而其事则一。”[②] 将两事视为一事，或有不确。但认为“挚即疵，阳即彊”，却有一定道理。上古之氏号，多在族内传承，故至周厉王时，尚有太师挚之称。如《史记·十二诸侯年表》就载：“太史公读《春秋历谱谍》，至周厉王，未尝不废书而叹也。曰：呜呼，师挚见之矣！”前人不明乎此，遂对《论语》所解，众说纷纭，难有定见。其实，《论语》所载的太师挚、少师阳，极有可能就是太师疵、少师彊的后人，因世代传其祖业，一直承此名号。故这些乐官的出走，既为西周的乐器制造业带去先进的技术，又为西周雅乐的创制提供了智力

---

① 《史记》卷26《历书》如淳注：“家业世世相传为畴。律，年二十三传之畴官，各从其父学。”中华书局1959年版，第1259页。

② 段玉裁：《尚书撰异》，参见阮元编《清经解》第4册，上海书店出版社1988年版，第65页。

支持。

可以说，西周雅乐体系的建立，是在对殷鉴的反思中完成的：其一，因有感于纣王“断弃先祖之乐”，所造成的离心离德，西周首先完善了自己的祭乐系统。据甲骨文和古文献记载，殷商的先祖之乐，主要有《九招》《大濩》《隶舞》《羽舞》《万舞》《般乐》《桑林》等，[①] 再加上现存的《商颂》五首，都被纳入了周乐系统中。或者这些乐舞，就是由太师疵和少师彊所带入。当然，不止如此，西周的乐舞体系，还将华夏、东夷两大部族的乐舞都编排进去，如《云门大卷》《大咸》《大夏》都是华夏族舞蹈；《大韶》《大濩》则是东夷族乐舞。周公将这些乐舞体系化，用于不同的祭祀之中，像舞《云门》以祀天神、舞《咸池》以祀地示、舞《大韶》以祀四望、舞《大夏》以祭山川、舞《大濩》以享先妣。但在具体使用这些乐舞时，却主要以《大夏》和《大武》为主，并不常用其他四乐。这可能与周人在地缘观念基础上，所形成的对华夏观念的认同有关。《荀子·儒效》言：“（周公）反而定三革，偃五兵，合天下，立声乐，于是《武》、《象》起而《韶》、《护》废矣。”尽管对东夷文化有所吸收，但骨子里却不完全认同。所以，早期对殷商先祖之乐的吸收利用，是为了争取殷商内部的反对派；定鼎天下后，则作新乐以代之，以图跟商乐分庭抗礼。[②]

其二，因不满于殷纣王用淫声变乱正声，西周在建国后，设立了新的音乐评价标准，这主要表现在将殷纣时的新乐判定为淫乐，并设立严格的禁令。《周礼·春官·大司乐》载：“凡建国，禁其淫声、过声、凶声、慢声。”“建国”者，孙诒让释为“始建王国及诸侯国也”[③]。这就是周公制礼作乐时，针对商乐流弊，对乐官所下的禁令。[④] 《汉书·礼乐志》：“自《雅》《颂》之兴，而所承衰乱之音犹在，是谓淫、过、凶、嫚之声，

---

① 杨公骥：《中国文学》第一分册，吉林人民出版社1957年版，第99—105页。

② 在《诗经》中，亦有这一过程的反映。根据甲骨文可知，“颂”为殷商的主要音乐形式，却被西周所仿造和使用；但西周建国后，又仿夏乐以制雅乐，从而形成自己民族的文化自尊。可参见陈致《从礼仪化到世俗化：〈诗经〉的形成》，上海古籍出版社2009年版，第19—195页。

③ 孙诒让：《周礼正义》，中华书局1987年版，第1792页。

④ 孙诒让曰：“云‘禁其淫声、过声、凶声、慢声’者，宪禁令众乐官不得作也。”《周礼正义》，中华书局1987年版，第1792页。

为设禁焉。”颜师古曰：“言若周时尚有殷纣之余声。”可知，这四声就是殷纣时主要的音乐：

1. 淫声，郑玄注：“若郑卫也。”这是以今律古的解释方法。其实，淫声，就是过分的声音。《左传·昭公元年》有“烦手淫声”之说，孔颖达解释说：“五降不息，则非复正声。手烦不已，则杂声并奏。”因声杂而被称为“淫”。

2. 过声，郑玄注：“失哀乐之节。”贾公彦疏：“若《玉藻》云：‘御瞽几声之上下。’上下，谓哀乐，瞽人歌诗以察乐之哀乐，使得哀乐之节。若失哀乐之节，则不可也。”

3. 凶声，郑玄注：“亡国之声，若桑间、濮上。”即上文师延所作之新声，其特征若《乐记》所谓的“亡国之音哀以思”。

4. 慢声，郑玄注：“惰慢不恭。”《乐记》说宫、商、角、徵、羽“五者皆乱，迭相陵，谓之慢”。

四声之次第，“由轻而重，则声之失莫甚于慢矣”，[①] 故《乐记》言：“郑卫之音，乱世之音也，比于慢矣。”除此之外，在很多先秦典籍中，都有禁淫声的记载。如《荀子·王制》：“声，则非雅声者举废。”又说：“修宪命，审诗商，禁淫声，以时顺修，使夷俗邪音不敢乱雅，大师之事也。”《礼记·王制》：“作淫声、异服、奇技、奇器以疑众，杀。”都是周礼对乐官提出的要求，一直保存在后代的典章类文献中。

其三，对商声或商调的排斥。“周乐戒商”是中国古代音乐史上最为聚讼的问题之一，因为在《周礼·春官·大司乐》记述中，三大祭祀的用乐，只有宫、角、徵、羽四声或四调，而唯独无商声或商调。对此，后人形成了两派不同的意见：一、以为无商声。古人如郑玄、贾公彦等，都主此说；二、以为无商调。唐人赵慎言及宋人朱熹，都主此说，清人方苞、李光地、惠士奇、江永、陈沣等，近人钱穆、杨荫浏等，亦遵从之。[②] 随着音乐考古学的发展，学者们又借助考古材料，重新讨论这一问题，但仍未能脱离上述两派的意见。如冯洁轩、王子初等人均认为是无商

① 孙希旦：《礼记集解》，中华书局 1989 年版，第 981 页。

② 吴高歌：《〈周礼·大司乐〉三大祭中的五音无商说考》，《中国历史文物》2004 年第 6 期。

音，方建军、任飞等人认为是无商调。[①] 因涉及问题比较复杂，这里暂不讨论。但不可否认的是，周人对“商声”或“商调”始终保持着一种戒慎的态度。如《乐记》载孔子与宾牟贾论《大武》乐时，曾提到“声淫及商”，亦目“商”音为“淫”。这可能与“商”音声悲有关，方苞《周官集注》引《管子》曰：“商声如离群羊然，则其音最悲，非祭祀所宜也。”说商音最悲是有根据的，像濮上之音重“清商”就非常伤悲，而声悲恰是新声的主要表现表征，这不符合西周崇尚中和的审美标准。

所以殷乐官的奔周，一方面为西周带来了先进的音乐文化，另一方面又让西周建立起以中和为美的雅乐体系。可以说，如果没有殷乐官的帮助，蔚为大观的西周礼乐文明是不可能存在的。

二　赐乐制度与西周雅乐的下移

西周建国之后，开始着手进行制度建设，具体而言即周公的制礼作乐，目的是“纳上下于道德，而合天子诸侯卿大夫士庶民以成一道德之团体”[②]。而礼以别异，乐以合同。这一道德团体的建立，既需要制度的保障，还要弥合不同阶层之间的差异。所以，礼和乐成为西周治国过程中交叉互补的两个方面。

周公行封建之初，已有对礼乐制度的筹划在内，即试图通过礼器、乐器以及守职之人的分配，一方面，将各诸侯国纳于周王室的宏观调控之下，形成不同的治理模式；另一方面，又消解殷商遗民的凝聚力，从而方便管理。具体方式，见《左传·定公四年》：

> 昔武王克商，成王定之，选建明德，以蕃屏周。故周公相王室，以尹天下，于周为睦。
>
> 分鲁公以大路、大旂，夏后氏之璜，封父之繁弱，殷民六族：条氏、徐氏、萧氏、索氏、长勺氏、尾勺氏，使帅其宗氏，辑其分族，

① 冯洁轩：《论郑卫之音》，《音乐研究》1984 年第 1 期；任飞：《“商”声、“商”调之辨》，《天津音乐学院学报》2007 年第 4 期；方建军：《〈周礼·大司乐〉商声商调考》，《中央音乐学院学报》2008 年第 3 期；王子初：《周乐戒商考》，《中国历史文物》2008 年第 4 期。

② 王国维：《殷周制度论》，《观堂集林》，河北教育出版社 2003 年版，第 232 页。

将其类丑，以法则周公。用即命于周。是使之职事于鲁，以昭周公之明德。分之土田陪敦、祝、宗、卜、史，备物、典策，官司、彝器；因商奄之民，命以《伯禽》而封于少皞之虚。

分康叔以大路、少帛、綪茷、旃旌、大吕，殷民七族：陶氏、施氏、繁氏、锜氏、樊氏、饥氏、终葵氏；封畛土略，自武父以南及圃田之北竟，取于有阎之土以共王职；取于相土之东都以会王之东蒐。聃季授土，陶叔授民，命以《康诰》而封于殷虚。皆启以商政，疆以周索。

分唐叔以大路、密须之鼓、阙巩、沽洗，怀姓九宗，职官五正。命以《唐诰》而封于夏虚，启以夏政，疆以戎索。三者皆叔也，而有令德，故昭之以分物。

这段史料，是研究分封制的经典文献，还原了周初封建的具体操作过程。其中，很重要的一方面，就是对乐器和乐人的分配，这为各诸侯国雅乐体制的建立，提供了物质基础和人才保障。如乐器方面，曾分给康叔“大吕”，分给唐叔“密须之鼓”和“沽洗”。孔颖达曰：“周铸无射，鲁铸林钟，皆以律名名钟。知此大吕、沽洗皆钟名也。其声与此律相应，故以律名焉。”而钟和鼓，是雅乐演奏的最重要乐器，往往成为雅乐的代称，像《乐记》就称“钟鼓干戚，所以和安乐也”。乐人方面，虽无明确记载，但相信也会有的。这里的殷民六族、殷民七族，都是工匠之家，可能也包括制造乐器的家族在内。“祝、宗、卜、史”，《左氏会笺·定公四年》言：“皆艺人畴人也。”肯定也包括乐人。而且这只是对殷商守职之人的分配，还不包括三叔所带领的本国守职之人。故这里大致可以推测，在分封之初，已经初步确立了各国的用乐体制和演奏规模。

当然，以上所论，是开国之初的情形，还属特例。而在雅乐体制成型以后，天子赐乐之事，在西周似已成为一种制度。像《礼记·王制》载：“天子赐诸侯乐，则以柷将之；赐伯子男乐，则以鼗将之。”俞樾认为这一断句有误，当为“天子赐诸侯乐则，以柷将之；赐伯子男乐则，以鼗将之”[1]，因

---

① 俞樾：《群经平议》卷19，《续修四库全书》第178册，上海古籍出版社2002年版，第314页。

“乐则”为一名词，属九赐之一。[①] 而《韩诗外传》卷八：“传曰：诸侯之有德，天子锡之。……四锡乐器。”则将“乐则”理解为“乐器”，故“乐则”其实就是“乐悬”。柷、鼗均为节乐之器，其中柷“节一曲之始，其事宽，故以将诸侯之命。鼗所以节一唱之终，其事狭，故以将伯子男之命”。[②] 简而言之，因金石之器比较笨重，所以天子赐诸侯乐器时，以柷作为代表；赐伯子男乐时，以鼗作为代表。言及于此，似乎跟乐官毫无关系，但天子赐乐，恐怕不仅赐乐器那么简单，因西周掌乐之人为专职，若赏赐乐器，亦当配备相关乐人。《仪礼·乡射礼》郑玄注云：“君赐大夫乐，又从之以其人，谓之大师也。”相信各诸侯国雅乐演奏体制的最终完备，亦来自于周王室的赏赐和培训。这一说法，还可在铭文中找到证据。周孝王时的《大克鼎》，就载天子册命膳夫克，赐其“史小臣、霝、籥、鼓钟”等。史小臣等官当为祝、史、乐工之类，之所以赏赐这些乐人和乐器，不仅代表着一种特别的荣宠，还意味着允许其使用礼仪乐舞。[③] 这对雅乐的传播，有着非常重要的作用。

除赏赐乐器和乐人外，还有赏赐乐舞之说。《史记·乐书》：“天子之为乐也，以赏诸侯之有德者也。德盛而教尊，五谷时熟，然后赏之以乐。故其治民劳者，其舞行缀远。其治民逸者，其舞行缀短。故观其舞而知其德；闻其谥而知其行也。”由此可知，天子赐乐舞，含有政治评价的目的在内。首先，不是所有诸侯都有受赏的资格，必须是“有德者”方可。张守节《史记正义》曰：“陈其合赏也。若诸侯孝德明盛，教令尊严，年谷丰稔，故天子赏乐也，天下因而法之也。”其次，赏赐乐舞，亦兼及舞人，并通过舞人人数的多寡进行褒贬。所谓“治民劳者，其舞行缀远”，张守节《史记正义》：“此明虽得乐赐，而随功德优劣为舞位行列也。缀

---

① “九赐”，又叫“九锡”，其名目众说不一，如《公羊传·庄公元年》据《礼纬·含文嘉》云：“九锡，一曰车马，二曰衣服，三曰乐则，四曰朱户，五曰纳陛，六曰虎贲，七曰弓矢，八曰鈇钺，九曰秬鬯。”孔颖达《礼记·曲礼上》疏云：“其公羊说九赐之次，与《含文嘉》不同，一曰加服，二曰朱户，三曰纳陛，四曰舆马，五曰乐则，六曰虎贲，七曰斧钺，八曰弓矢，九曰秬鬯。”可见，各说文虽有差异，却大略相同。

② 郑玄注，孔颖达疏：《礼记正义·王制》，《十三经注疏》本，中华书局 1980 年版，第 1332 页。

③ ［日］白川静：《西周史略》，袁林译，三秦出版社 1992 年版，第 99 页。

谓缵列也。若诸侯治民劳苦，由君德薄，王赏之以乐，则舞人少，不满，将去缵疏远也。”而“治民逸者，其舞行缀短”，张守节《史记正义》：“若诸侯治民暇逸，由君德盛，王赏舞人多，则满，将去缵促近也。”并引庾蔚之言曰：“此为虞夏礼也。虞犹淳，故可随功赐乐；殷周渐浇，易生忿怨，不宜犹有优劣，是以同制。诸侯六佾，故与《周礼》不同也。”考西周乐制，舞行之长短并无不同。其差异者，仅是舞者人数的不同，如天子八佾、诸侯六佾、卿大夫四佾、士二佾，每佾八人。即通过对舞者人数的严格规定，完成尊卑秩序的界定。

可以说，西周的赐乐制度，是雅乐体制中很重要的一部分，保证了以宗周为中心点，使雅乐向四方诸侯国辐射传播。乐器和乐舞之赐，既保证尊卑秩序的合理运作，又对各诸侯的功德进行了表彰；而乐人之赐，为各国的雅乐演奏提供了专业人才，从而保证了雅乐制度在各国的准确执行。而且，天子还定期巡狩，以检查各诸侯国礼乐的施行情况，《礼记·王制》载天子五年一巡狩，“命典礼考时月，定日同律，礼乐、制度、衣服正之”，而“变礼易乐者为不从，不从者君流”，将变更礼乐制度的人进行流放。可能这些措施的制定，在西周早期能够保证礼乐制度的施行，是属于常态的。

但随着礼崩乐坏的到来，周王室与诸侯国之间的音乐交流，开始发生了变化，属于异态的。《论语·微子》载：“大师挚适齐，亚饭干适楚，三饭缭适蔡，四饭缺适秦，鼓方叔入于河，播鼗武入于汉，少师阳、击磬襄，入于海。”对此八乐官的时代问题，历代屡有争竞，程树德《论语集释》搜罗最全。大致而言，其说有四：

> 太师挚等八人，有谓为周平王时人者，郑康成注本之，《汉书古今人表》是也。有谓八人为周厉王时人者，叶石林据司马迁论周厉王事，曰“师挚见之矣”是也。有谓殷纣时人者，颜师古是也。以此说为最有力。

程氏着力批驳了“殷纣时人”说，并力主八人为鲁哀公时人。[①] 实事求是地讲，现有的材料并不足以解决这一问题，但从太师、少师及亚饭等

① 程树德：《论语集释》，中华书局1990年版，第1291页。

称号，我们更倾向于他们是周天子的乐官，应该是西周时人，或许即平王东迁时，因战乱而流散各国。因文献缺失的问题，尚不能完全评判，这些乐官流亡对诸侯国所造成的影响有多大，但其产生过影响，则是很可能的。这些人专守一职，将西周的雅乐带往各国，即便当时被视为蛮夷的楚国，亦因周乐官的到来，有了较完备的雅乐体制。《国语·楚语上》载楚庄王时，与申叔谈及太子的教育问题，申叔提到："教之乐，以疏其秽而镇其浮。"表明楚国上层对西周的雅乐还是十分熟悉的。

除此之外，东周之时，周景王去世，王子朝叛乱，将王室的一批守职之人和典籍带到了楚国。《左传》载昭公二十二年（前520年），"丁巳，葬景王。王子朝因旧官、百工之丧职秩者，与灵、景之族以作乱"，而在昭公二十六年（前516年），"王子朝及召氏之族、毛伯得、尹氏固、南宫嚚奉周之典籍以奔楚"。此一记述，十分简略，但很可能在这些旧官、百工中，也有乐官的参与。而且，王子朝奔楚，还将大批的典籍带到了楚国，相信这些典籍中也有乐典。此种偶然因素所造成的文化下移，也为雅乐在各诸侯国的传播，提供了助力。

三　赂乐制度与郑卫之音的传播

尽管西周立国之初，对殷商的"淫声"下过严格的禁令，但并未彻底断绝其发展路径。这股音乐潜流，继续在殷商旧地存在，成为阻碍雅乐发展的一股暗流。之所以出现这一情况，一方面，因西周行封建之制，允许各诸侯国自由选择国策。像齐国采取"因其俗，简其礼，通工商之业，便鱼盐之利"的治国方针，[①] 很快就成为大国，并未完全遵循周礼的约束。再像前文所引卫国"皆启以商政，疆以周索"、晋国"启以夏政，疆以戎索"，都采取了因地制宜的政策。这就为殷商音乐的发展，保留了空间。另一方面，则因周王室的行政控制能力有限，不能有效约束各诸侯国，以至于其所设置的禁令形同虚设。特别是在礼崩乐坏之后，这种情况尤甚。《汉书·礼乐志》："是时，周室大坏，诸侯恣行，设两观，乘大路。陪臣管仲、季氏之属，三归《雍》彻，八佾舞廷。制度遂坏，陵夷而不反，桑间、濮上，郑、卫、宋、赵之声并出，内则致疾损寿，外则乱政伤民。巧伪因而饰之，以营乱富贵之耳目。庶

① 司马迁：《史记》卷32《齐太公世家》，中华书局1959年版，第1480页。

人以求利，列国以相间。”

综观班固所列众新声，几乎都出自殷商故地。“桑间、濮上”在卫地，是殷之旧都，《汉书·地理志》载：“河内本殷之旧都，周既灭殷，分其畿内为三国，《诗风》邶、庸、卫国是也。”郑国初封于郑（今陕西华县），后经过迁移，东徙至河南，与卫国南北接邻，属于故商的南疆。[①]宋为微子启封国，奉殷商祭祀，更无疑问。另外还有齐音，亦饱受诟病，殷商旧属东夷，齐为东夷发源地，故其音声亦有相类。《礼记·乐记》：“郑音好滥淫志，宋音燕女溺志，卫音趋数烦志，齐音敖辟乔志，此四者，皆淫于色而害于德，是以祭祀弗用也。”用雅乐标准来衡量，郑、卫之音的特征是“淫”，宋音的特征是“过”，齐音的特征是“慢”。将四地音乐作为新声的代表。当然，这是从正统雅乐的观点，对四音乐所进行批判，不一定有道理。需要指出的是，新声之所以在这些地方迅速发展起来，正与其地缘因素有关。可以说，新乐之新，并非出自原创，更大程度上是殷商旧乐的重新抬头。

至于新乐的总体特征，《礼记·乐记》载：“今夫新乐，进俯退俯，奸声以滥，溺而不止；及优侏儒，獶杂子女，不知父子。乐终，不可以语，不可以道古。此新乐之发也。”即舞行的杂乱不齐，音声的沉溺放纵，舞容的侏儒子女杂糅。其中，新乐与雅乐最重要的差别，即舞人的不同，雅乐以国子为舞人，而新乐则以女乐和侏儒等为舞人。上引《管子·七臣七主》说纣时“材女乐三千人，钟石丝竹之音不绝”，也是如此。这既说明了新乐与殷商音乐的密切关系，也说明女乐的大量使用，是新乐不同于雅乐的最主要特征。

春秋时，一些诸侯国出于政治原因，或为分化敌国，或为结好强国，都会向对方赠送一定数量的女乐和乐官。在《国语》《左传》等典籍中，有大量这样的记载，现按其时代罗列如下：

1.《韩非子·内储说下》载：“晋献公伐虞、虢，乃遗之屈产之乘，垂棘之璧，女乐二八，以荣其意而乱其政。”晋献公假道伐虞，发生在鲁僖公五年（前655年），故赠送女乐之事当在此前。

2.《吕氏春秋·不苟》载：“秦缪公见戎由余，说而欲留之，由

① 冯洁轩：《论郑卫之音》，《音乐研究》1984年第1期。

余不肯。缪公以告蹇叔。蹇叔曰：‘君以告内史廖。’内史廖对曰：‘戎人不达于五音与五味，君不若遗之。’缪公以女乐二八人与良宰遗之。戎王喜，迷惑大乱，饮酒，昼夜不休。”秦穆公于前659—前621年在位。（《韩非子·十过》亦有类似记载）

3.《左传》载鲁襄公十一年（前562年）：“郑人赂晋侯以师悝、师触、师蠲，广车、軘车淳十五乘，甲兵备，凡兵车百乘；歌钟二肆，及其镈、磬，女乐二八。晋侯以乐之半赐魏绛。”《国语·晋语七》则作“十二年，公伐郑，军于萧鱼。郑伯嘉来纳女、工、妾三十人，女乐二八，歌钟二肆，及宝镈，辂车十五乘。公锡魏绛女乐一八、歌钟一肆”。这里的“十二年”是指晋悼公十二年，合鲁襄公十一年。

4.《左传》载鲁襄公十五年（前558年）：“郑尉氏、司氏之乱，其余盗在宋。郑人以子西、伯有、子产之故，纳赂于宋，以马四十乘，与师茷、师慧。三月，公孙黑为质焉。司城子罕以堵女父、尉翩、司齐与之，良司臣而逸之，托诸季武子，武子置诸卞。郑人醢之三人也。师慧过宋朝，将私焉。其相曰：‘朝也。’慧曰：‘无人焉。’相曰：‘朝也，何故无人？’慧曰：‘必无人焉。若犹有人，岂其以千乘之相易淫乐之矇？必无人焉故也。’子罕闻之，固请而归之。”

5.《左传》载鲁襄公二十五年（前548年）：“晋侯济自泮，会于夷仪，伐齐，以报朝歌之役。齐人以庄公说，使隰鉏请成，庆封如师。男女以班。赂晋侯以宗器、乐器。自六正、五吏、三十帅、三军之大夫、百官之正长、师旅及处守者皆有赂。”

6.《论语·微子》载：“齐人归女乐，季桓子受之。三日不朝，孔子行。”《韩非子·内储说下》：“仲尼为政于鲁，道不拾遗，齐景公患之，黎且谓景公曰：‘去仲尼犹吹毛耳。君何不迎之以重禄高位，遗哀公女乐以骄荣其意。哀公新乐之，必怠于政，仲尼必谏，谏必轻绝于鲁。’景公曰：‘善。’乃令黎且以女乐二八遗哀公，哀公乐之，果怠于政，仲尼谏，不听，去而之楚。”《史记·孔子世家》则详载齐人“选齐国中女子好者八十人，皆衣文衣而舞《康乐》，文马三十驷，遗鲁君。陈女乐文马于鲁城南高门外。……桓子卒受齐女乐，三日不听政”。此事之发生，有很多记载，不一一罗列。但对其年代，有定公十四年、定公十二年、定公十三年三说。经学者考辩，当系于定公十三年（前 497 年）。①

从以上材料看，春秋时的“赂乐”制度，存在一定的共性：其一，从贿赂的方式来看，所赠以女乐为主，且有一定的规格，一般都是“女乐二八”，即十六人。从小处说，女乐在各国的存在，已十分普遍；从大处说，新乐已经成为主要的娱乐形式。在这些女乐中，又以郑国的女乐最受欢迎。《说苑·善说》载雍门周说孟尝君曰：“今若足下，千乘之君也。居则广厦邃房，下罗帷，来清风，倡优侏儒处前，迭进而谄谀；燕则斗象棋而舞郑女，扬《激楚》之切风，练色以淫目，流声以虞耳。”虽是战国之事，也说明郑女为“女乐”之佼佼者，为新乐之代表，经久不衰。其二，从“施赂国”与“被赂国”的关系看，两者在经济文化上有着一定程度的落差。像“秦与戎”“郑与晋”“齐与晋”“齐与鲁”等，郑、齐两国都是新乐的兴盛之所。而晋、鲁两国，则都是姬姓诸侯，因受周礼影响，新乐并不发达。在这种文化落差中，施贿国一方面很容易达到自己的政治目的，即“骄荣其意”“必怠于政”；另一方面，又为新声的传播，提供了便利途径。从被贿国的反应来看，新乐的娱乐性特征是十分明显的，以致上层统治者都非常喜欢。春秋末期的魏文侯就公开宣称：“吾端冕而听古乐，则唯恐卧；听郑卫之音，则不知倦。”② 上之所好，下必甚焉，这会为郑卫之音的传播大开方便之门。其三，被赠送的除了女乐外，还有乐工。郑国就两次将本国乐工赠送他国，从他们任意被赠送的情况看，他们的地位是不高的。大概这些乐工都是掌俗乐的，师慧就称自己是“淫乐之矇”，恐怕不仅是自谦之语。而除了郑国赠送过自己的乐工外，并未找到其他诸侯国赠送乐工的记载，恰说明郑国的乐工，因精通新乐，而被各国所喜爱。即便连新乐发达的宋国，也喜欢郑国的乐工。

郑国女乐和乐工的广受欢迎，正是新乐兴盛的标志。但也激起了有识之士的反对，一方面是因为新乐具有强大感染力，使上层统治者怠于政事；另一方面，又因为新乐需“大鼓钟磬管箫之音”，“宋之衰也，作为

① 梁涛、刘宝才：《中国学术思想编年·先秦卷》，陕西师范大学出版社 2005 年版，第 158—160 页。

② 郑玄注，孔颖达疏：《礼记正义·乐记》，《十三经注疏》本，中华书局 1980 年版，第 1538 页。

千钟。齐之衰也，作为大吕。楚之衰也，作为巫音”,[①] 大大消耗民力和民财。儒家的反对着重在前者，《论语·阳货》载孔子言：“恶郑声之乱雅乐也。”墨家的反对则着重在后者，《墨子·非乐》：“乐器反中民之利。”而儒、墨两家之所以如此不遗余力地攻击新乐，也从侧面反映了雅乐的衰微和消解。

由此可见，乐官的迁移，在雅乐的形成和消解过程中，起到了很重要的作用。殷乐官奔周，为西周雅乐体制的建立，提供了资源和借鉴；周乐官被赐予诸侯国，既为雅乐的下行提供了技术人才，又保证了雅乐制度在各诸侯国的准确执行；而雅乐之衰微，又跟新乐的冲击有关，郑国女乐和乐官的广受欢迎，是了解这一现象的重要线索。

第三节 “夷夏之争”与《韶》乐传承

《大韶》为六代古乐之一，历来存在很大争议：其一，仅《韶》之乐名，就有《韶》《韶箾》《箫韶》《韶舞》《大韶》《招》《大磬》《九韶》《九歌》《九招》《九辩》《九代》《招箾》等十几种之多；[②] 其二，《韶》之作者又有帝喾时咸黑、帝舜时夔、夏后启等不同说法；其三，《韶》之形制、舞容等，也因文献缺失，难以遽定。但这些问题并非是不可解决的，可以借助于传世文献和考古材料，运用二重证据法，对《韶》之乐名、作者、形制等问题进行考论。

一 《韶》乐源自东夷部落考

首先可以肯定的是，《韶》之乐名虽多，所指却是一致。如《吕氏春秋·古乐》《墨子·三辨》《山海经·大荒西经》等均作《九招》；《庄子·至乐》《古本竹书纪年》《列子·周穆王》等则作《九韶》；其他亦有简称《招》《韶》者，不一而足。盖“招”、“韶”因古音相同，可以相互假借，《汉书·礼乐志》颜师古注：“招，读为韶。”吴大澂《韶字

---

① 陈奇猷：《吕氏春秋新集释》，上海古籍出版社2002年版，第269页。

② 韩玉德：《〈韶〉乐考论》，《学术月刊》1997年第3期。

说》云："古文召、绍、韶、招、佋、昭为一字。"[①] 独《周礼·春官宗伯·大宗伯》作《大磬》，段玉裁云："经典舜乐字皆作韶，惟此作磬。……是则《周礼》为古文假借字也。"[②]《楚辞·离骚》《天问》《山海经·大荒西经》又言其为《九辩》《九歌》，因《大荒西经》云："（夏后）开上三嫔于天，得《九辩》与《九歌》以下。……开焉得始歌《九招》。"以《九辨》《九歌》《九招》为一事。[③] 之所以出现这种情况，可能是因字形相近导致的讹误。姜亮夫就考证"辩"为"韶"字之误，因为这两个字的小篆字形非常接近。[④]

《吕氏春秋·古乐》详细记载了《九招》的流传情况：

> 帝喾命咸黑作为《唐歌》[⑤]——《九招》、《六列》、《六英》。有倕作为鼙鼓钟磬吹苓管埙篪鞀椎钟。帝喾乃令人抃或鼓鼙，击钟磬，吹苓展管篪。因令凤鸟、天翟舞之。帝喾大喜，乃以康帝德。……
>
> 舜立，仰延乃拌瞽叟之所为瑟，益之八弦，以为二十三弦之瑟。帝舜乃令质修《九招》、《六列》、《六英》，以明帝德。……
>
> 殷汤即位，夏为无道，暴虐万民，侵削诸侯，不用轨度，天下患之。汤于是率六州以讨桀罪，功名大成，黔首安宁。汤乃命伊尹作为《大护》，歌《晨露》，修《九招》、《六列》，以见其善。

这里对《九招》进行制作和修订的人，都属东夷族或与东夷族有着渊源关系。但上古历史杳渺难寻，原始部族亦迁徙不定，要探索某一部落之族属颇为困难。在帝喾、帝舜和商汤三人中，可以确定属东夷族的是帝舜，《孟子·离娄下》载："舜生于诸冯，迁于负夏，卒于鸣条，东夷之

---

① 方诗铭、王修龄：《古本竹书纪年辑证》，上海古籍出版社 1981 年版，第 3 页。

② 孙诒让：《周礼正义》，中华书局 1987 年版，第 1729 页。

③ 有学者认为："'九招'、'九韶'、'九歌'、'九辩'，当为一事。"方诗铭、王修龄：《古本竹书纪年辑证》，上海古籍出版社 1981 年版，第 3 页。

④ 姜亮夫：《楚辞通故》第 4 辑，云南人民出版社 1999 年版，第 775 页。

⑤ 原文作《声歌》，现据毕沅、陈奇猷等人意见改为《唐歌》。《唐歌》即《康歌》，包括《九招》《六列》《六英》三乐。参见陈奇猷《吕氏春秋新校释》，上海古籍出版社 2002 年版，第 304 页。

人也。”赵岐注：“诸冯、负夏、鸣条，皆地名，负海也，在东方夷服之地。”具体来说，诸冯在今山东菏泽境内，负夏在今山东兖州北，鸣条在济南历城附近；《墨子·尚贤中》也载：“古者舜耕历山，陶河濒，渔雷泽。”一般认为历山即济南历城山，雷泽在山东鄄城境内；《韩非子·难一》亦载：“东夷之陶者器苦窳，舜往陶焉，期年而器牢。”故可知，舜的活动范围在东夷海岱地区，是有文献依据的。

帝舜所在的有虞氏世典乐舞，故后代多将《韶》乐的制作归功于他。如《竹书纪年》载“有虞氏舜作《大韶》之乐”、《汉书·礼乐志》载“舜作《招》”、《风俗通义·声音》载“舜作《韶》”、《晋书·音乐志》载“舜作《大韶》”等，都主此说。但《吕氏春秋》却认为《九招》并非由舜创作，他只让夔进行过修订，高诱注云：“‘质’当作‘夔’。”夔也属东夷族，《山海经·大荒东经》载：“东海中有流波山，入海七千里。其上有兽，状如牛，苍身而无角，一足，出入水则必风雨，其光如日月，其声如雷，其名曰夔。”此事虽经过神话化了，却足以说明以夔为图腾的原始部族是存在的，且地在东海；《左传·昭公二十八年》也载：“昔有仍氏生女，……乐正后夔取之，生伯封，……有穷后羿灭之，夔是以不祀。”有穷氏属东夷族，是毫无疑问的。[①] 正因两个部族相互毗邻，才会有灭族之事发生。

《吕氏春秋》言《九招》是帝喾臣子咸黑所作。咸黑其人，已不可考。但古人将帝喾作为东夷族祖先，是可以找到证据的。在甲骨文中，屡有祭祀高祖夒的卜辞，如：

叀高祖夒祝用，王受佑。《合集》30398
于夒高祖桒。《合集》30399

且其祀典也非常隆重：

甲子卜，争贞：桒年于夒，燎六牛。《合集》10067

---

① 后羿为东夷族，文献中多有明证。如《左传·襄公四年》：“寒浞，伯明氏之谗子弟也。伯明后寒弃之，夷羿收之。”《楚辞·天问》载：“帝降夷羿，革孽夏民。”《吕氏春秋·勿躬》：“夷羿作弓。”屡称“夷羿”，可见其为东夷部落首领无疑。

壬申贞，求禾于夒，燎三牛，卯三牛。《合集》33277

“夒”，原型作“□”（《殷契佚存》519）、“□”（《殷虚文字甲编》2604）等，很“像人头插羽毛，手拿牛尾巴，独脚跳跃的摸样”[①]，可能是模仿舞蹈形象而来。王国维、郭沫若等人均释“夒”为“喾”之本字，[②] 近代学者亦多有赞成者。[③] “夒”因形讹又写作“夋”，是帝喾之别名，《初学记》卷九引《帝王世纪》云：“帝喾生而神灵，自言其名曰夋。”《史记·五帝本纪》司马贞《索引》引皇甫谧云：“帝喾，名夋也。”而帝舜亦写作帝俊，《山海经·大荒西经》郭璞注：“俊即舜字，假借音也。”《礼记·祭法》言：“殷人禘喾而郊冥。”《国语·鲁语上》则言：“商人禘舜而祖契。”故闻一多说：“帝即帝俊，一曰帝喾，又曰帝舜，殷人东夷之天帝也。”[④] 将帝喾与帝舜视为同一个人，或许难以定论。但将其作为同一部族原型的演化，则约略可通。

在传世文献中，对帝喾的记载屡有抵牾。一般认为帝喾是华夏族的首领，《史记集解》引皇甫谧言其“都亳，今河南偃师是”，在华夏族的活动范围内。而殷人又将其追认为东夷族的祖先。据《大戴礼记·帝系》：

> 帝喾卜其四妃之子，而皆有天下。上妃有邰氏之女也，曰姜原氏，产后稷；次妃有娀氏之女也，曰简狄氏，产契；次妃曰陈隆氏，产帝尧；次妃陬訾氏，产帝挚。

可见不止一族将其作为祖先。在殷商民族的起源传说中，商祖契是简狄吞鸟卵而生，属于感生神话类型，这一现象在母系氏族时期十分普遍。但进入父系氏族时期后，为了掩盖圣人无父的丑行，商人才将帝喾作为其名义上的祖先加以祭祀。上古祭祀讲究“神不歆非类，民不祀非族”[⑤]，

---

① 刘志琴：《中国歌舞探源》，《学术月刊》1980 年第 10 期。

② 王国维：《古史新证》，清华大学出版社 1994 年版，第 6—9 页；郭沫若：《卜辞通纂》，科学出版社 1983 年版，第 325—326 页。

③ 王晖：《出土文字资料与五帝新证》，《考古学报》2007 年第 1 期。

④ 闻一多：《天问疏证》，生活·读书·新知三联书店 1980 年版，第 54 页。

⑤ 杨伯峻：《春秋左传注》，中华书局 1981 年版，第 334 页。

故起源于东夷的帝契部落，[①] 为将帝喾打造成自己部落的祖先神，不惜编造出很多与东夷图腾凤鸟有关的神话，如《今本竹书纪年》载帝喾"生而骈齿，有圣德，初封辛侯，代高阳氏王天下。使鼓人拊鞞鼓，击钟磬，凤皇鼓翼而舞"。《山海经》中亦有大量凤鸟神话，多与帝俊或帝舜有关：

> 有中容之国。帝俊生中容，中容人食兽、木实，使四鸟：豹、虎、熊、罴。
>
> 有司幽之国。帝俊生晏龙，晏龙生司幽，司幽生思士，不妻；思女，不夫。食黍，食兽，是使四鸟。
>
> 有白民之国。帝俊生帝鸿，帝鸿生白民，白民销姓，黍食，使四鸟：虎、豹、熊、罴。
>
> 有黑齿之国。帝俊生黑齿，姜姓，黍食，使四鸟。
>
> 有五采之鸟，相乡弃沙。惟帝俊下友，帝下两坛，采鸟是司。
>
> ——《大荒东经》
>
> 有人三身，帝俊妻娥皇，生此三身之国，姚姓，黍食，使四鸟。
>
> 帝舜生无淫，……爰有歌舞之鸟，鸾鸟自歌，凤鸟自舞。爰有百兽，相群爰处。百谷所聚。
>
> ——《大荒南经》

东夷族的图腾为凤鸟，已为多数学者所认同。而《大韶》舞容很重要的一个场景，就是令凤鸟起舞，《吕氏春秋》言帝喾"因令凤鸟、天翟舞之"，《尚书·益稷》也言帝舜"《箫韶》九成，凤皇来仪"，都表明《九招》是东夷族的图腾乐舞，并且这一乐舞，只在东夷族内部传承和修订。

《吕氏春秋·古乐》中的音乐史料，很明显经过吕不韦门客的剪裁和加工。他们继承了商人的观念，将帝喾作为东夷部落的首领，故有命咸黑

---

① 目前学界对商族起源地望有不同的说法，但我们更赞成王国维、郭沫若、徐中舒、胡厚宣、王玉哲等先生提出的"东方说"（其他说法可参见江林昌《商族先公的起源发展与相关史事》，《考古发现与文史新证》，中华书局 2011 年版，第 170—171 页）。另外，现代考古学也确实证明了商民族不管在宗教信仰还是在意识形态诸多方面，都与东夷部族有着密切的血缘关系（王树明：《泰山缘起》，《东岳论丛》1985 年第 3 期）。

作《九招》之事。又将帝舜与帝喾分为二人，并言其曾命乐正夔修订过《九招》。至商汤时，起源于东夷地区的先商部落虽已迁徙到河南偃师附近，却仍秉持着先公的传统对《九招》进行修订。汤修《九招》，又见《墨子·三辩》："汤放桀于大水，环天下自立以为王，事成功立，无大后患，因先王之乐，又自作乐，命曰《护》，又修《九招》。"亦可与《吕氏春秋》相印证。而在甲骨卜辞中，则屡有"隶舞"记载，如：

戊申卜，今日隶舞，㞢从雨。——《铁云藏龟拾遗》7. 16

乙未卜，今日隶舞，㞢从雨。——《殷墟书契前编》3. 30. 4

庚寅卜，辛卯隶舞，雨。——《殷墟文字》甲编 3069

据陈梦家先生考证，隶舞就是代舞，隶代二字音近义通，可以相互假借，故隶舞即《九代》。《九代》为《九招》之别名，可见商代对《九招》的演奏是十分频繁的。[①]《左传·襄公二十九年》载季札"见舞《韶濩》者"，杜预注："殷汤乐。"《濩》为商乐，没有疑问，而《韶濩》并称者，亦说明两者间存在承袭关系。

另外，需要指出的是，除咸黑不可考外，负责修订《九招》的夔和伊尹都是东夷族人。夔属东夷，前文已论。至于伊尹，《吕氏春秋·本味》说他生于空桑之中，被有侁氏采桑女子发现，献给国君。有侁氏即有莘氏，高诱注："侁读曰莘。"又曰："空桑，地名，在鲁也。"可知有莘氏在东夷地区，高士奇《春秋地名考略》则具体考证有莘氏所在的莘城，即山东曹县县城西北的莘冢集，现代学者也通过对曹县西北的龙山文化群的考察，认为夏代的有莘氏就在这一带。[②]

由上可知，《韶》乐是东夷族的图腾乐舞，创制年代应该很早，其传承也只在东夷部落之内进行。上古之时，对古乐进行修订者往往与制作者同享其名，因帝舜声名最为显赫，故后代多将《韶》乐的创制归功于他，而遮蔽了前人的光芒。商族深受东夷文化影响，也具备修订《九招》的资格。

① 陈梦家：《商代的神话与巫术》，《燕京学报》1936 年第 20 期，第 540—543 页。

② 张学海：《论东夷文明的诞生与发展》，《古代文明》第 1 卷，文物出版社 2002 年版，第 148—149 页。

二　启盗《九招》解

还有一种意见，认为《九招》是夏后启创作的。其根据是《山海经·大荒西经》：

> 西南海之外，赤水之南，流沙之西，有人珥两青蛇，乘两龙，名曰夏后开。开上三嫔于天，得《九辩》与《九歌》以下。此天穆之野，高二千仞，开焉得始歌《九招》。

认为夏后开于天帝之所始得《九招》之乐。夏后开即夏后启，因避汉景帝之讳而改。这一说法多有应和者，如《楚辞·离骚》："启《九辩》与《九歌》兮，夏康娱以自纵。"《天问》："启棘宾商，《九辩》、《九歌》。"《今本竹书纪年》载夏帝启十年，"帝巡狩，舞《九韶》于大穆之野"。夏后氏属华夏族，这就与前面的推论相互矛盾。其实，这只是对史料的简单解读，并未得其深意。事实上，夏后启舞《九招》的背后，有着很深的政治背景，与上古社会形态的演进有关。

据文献记载，夏后启并未创制《九招》，而是到天帝之所偷盗所得。郭璞注《九辩》与《九歌》云："皆天帝乐名也，开登天而窃以下用之也。开筮曰：'昔彼《九冥》，是与帝《辩》同宫之序，是谓《九歌》。'又曰：'不得窃《辩》与《九歌》以国于下。'义具见于《归藏》。"这与帝舜、商汤名正言顺地修《九招》不同。故于东夷族则为修，于华夏族则为盗，表现出态度的截然不同。而且，夏后氏的图腾为龙，"有人珥两青蛇，乘两龙"即其明证，与东夷氏族的凤鸟图腾亦有不同。但夏后启为什么会盗取东夷族的乐舞呢？

传世文献中的古史记载，多以中原华夏部族为主角，从而削弱了其他部族、邦国的文化传统。但考古发现却表明，五帝时代是一个部落林立的时代，处于海岱地区的东夷族，可能创造了比华夏族更为先进的文化。尧、舜、禹的禅让，就是华夏族和东夷族相互结盟制衡的结果。[①] 揆之《尚书》等古籍，这一说法是有依据的：最先担任部落联盟首领的是尧，

---

① 江林昌：《五帝时代中国文明的重心不全在中原》，《东岳论丛》2007年第2期。

属华夏族；紧接着则是舜，属东夷族；舜之后又是华夏族的禹；禹之后，本该再由东夷族的皋陶继任。[①] 但因皋陶早逝，便又推举其子伯益为接班人。不过，随着社会财富的增多和私有制的出现，夏后启不再遵循华夏族与东夷族轮流执政的禅让传统，试图将首领之位垄断在自己手中。[②]

不过，当时的民主禅让传统还有很大影响力，以致夏后启在继承君位的过程中遭到了激烈的抵抗。面对这种形式，夏后启采取了两种态度：一方面，依靠武力对东夷反对者进行了镇压。《古本竹书纪年》载："益干启位，启杀之。"《史记·夏本纪》也载："有扈氏不服，启伐之，大战于甘。"《尚书》中的《甘誓》即夏后启讨伐有扈氏时所作的誓师之辞。一般认为有扈氏为夏的同姓部落，在今陕西户县一带。但据顾颉刚、刘起釪的考证，有扈氏并非夏之同姓部落，而是东夷少昊族的"九扈"，地点在今郑州以北黄河北岸的原武一带。[③] 对有扈氏进行镇压之后，夏后启的君位才稍稍坐稳。另一方面，又依靠"神道设教"的方式对东夷族加以笼络。具体来说，就是"上三嫔于天，得《九辩》与《九歌》以下"，通过献美女于上帝，将东夷族的乐舞《九招》掌握到手中。因为在古人的观念中，掌握了某氏族的乐舞，就等于掌握了控制对方的密码。[④] 夏后启本没有资格继承东夷族的乐舞，故不惜编造出得之于上帝的神话，又言"乘两龙"，更别具深意，有以龙图腾取代凤图腾的嫌疑。[⑤] 而且《今本竹书纪年》《帝王世纪》都说他继位十年才舞《九韶》，在伐益与有扈之后，正是武力之后的拉拢。《山海经·海外西经》载："大乐之野，夏后启于此舞《九代》。……一曰大遗之野。"郝懿行云："《大荒西经》作天穆之野，此注云大穆之野，《竹书》天穆、大穆二文并见。此经文又云大遗之

---

① 《史记·夏本纪》张守节《正义》引《帝王世纪》曰："皋陶生于曲阜。曲阜偃地，故帝因之而以赐姓曰偃。"中华书局 1959 年版，第 83 页。

② 俞伟超在《早期中国的四大联盟集团》中说："在军事民主制或文明时代初期，结为联盟的各部落常常轮流为长。启、益争统反映出夏、夷两大集团本是结为联盟而轮流执长的，而至大禹死后这个传统制度发生了剧变。"俞伟超：《古史的考古学探索》，文物出版社 2002 年版，第 133 页。

③ 顾颉刚、刘起釪：《尚书校释译论》，中华书局 2005 年版，第 865—868 页。

④ 刘怀荣：《赋比兴与中国诗学研究》，人民出版社 2007 年版，第 6 页。

⑤ 有学者言："《九辩》、《九歌》，疑启以家天下为事，乃追述祖德以欺世人，托言上帝天乐尔。"沈祖绵：《屈原赋证辨》，中华书局 1960 年版，第 15 页。

野、大乐之野，诸文皆异，所未详。”虽然地名难详，但在如此隆重的地方舞蹈，很可能有集会诸侯的用意在内。《尚书大传》卷二载“尧推尊舜属诸侯，致天下于大麓之野”，也是集合诸侯于大麓之野，宣布舜继位的合法性。同理可证，夏后启在“大乐之野”舞《九招》，就是为获得东夷族的归附而做出的努力。

当然，夏后启在盗用《九招》的同时，还进行了改造，将《九招》原配乐歌改成了夏代的《九歌》。《山海经》言其“得《九辩》与《九歌》以下”，在盗得《九招》的同时，还盗取了《九歌》。屈原的《离骚》就多次提到《九歌》，如“奏《九歌》而舞《韶》”一句，王逸注云：“《九歌》，《九德》之歌，禹乐也。《韶》，《九韶》，舜乐也，《尚书》：《箫韶》九成。是也。”就结合了东夷的舞和夏代的歌；又如“启《九辩》与《九歌》兮”一句，王逸注：

> 《九辩》、《九歌》，禹乐也。言禹平治水土，以有天下，启能承先志，缵叙其业，育养品类，故九州之物，皆可辩数，九功之德，皆有次序，而可歌也。

“辩”为“韶”之误，为王逸所不察，故误。洪兴祖就对王注将《九辩》《九歌》释为禹乐表示不满，认为“王逸不见《山海经》，故以为禹乐”。[①] 其实，王逸并非没有见过《山海经》，《天问》有“启棘宾商，《九辩》《九歌》”句，王注曰：“《九辩》《九歌》，启所作乐也。言启能修明禹业，陈列宫商之音，备其礼乐也。”又释《九辩》《九歌》为启所作乐，可能王逸已经意识到夏启伪托天帝之乐的用心。前后注释的矛盾，则可能是因撰述时的不审慎而致。但前注言“启能承先志，缵叙其业”，后注则言“启能修明禹业”，是相一致的。

故《九歌》之作，是为了歌颂夏禹的功德。《左传·文公七年》引《夏书》曰：

> 戒之用休，董之用威，劝之以九歌，勿使坏。九功之德皆可歌也，谓之九歌；六府、三事，谓之九功；水、火、金、木、土、谷，

① 洪兴祖：《楚辞补注》，中华书局1983年版，第21页。

谓之六府；正德、利用、厚生，谓之三事。

夏启在盗用《九招》之时，也加入了一些新的元素，将赞美夏禹功德的《九歌》配上东夷族的《韶》舞演奏。一方面可借夏禹之威塞天下悠悠之口，另一方面又通过舞《九招》来笼络东夷部落。恩威并用，最终将部落首领的职位垄断在自己手中。

由上可知，在先秦时，至少存在两个版本的《韶》乐：其一，东夷族内部传承版本，由帝喾而至舜，再由舜而至汤，屡经修订，越加精美。其二，夏后启盗用改编版本，这一版也是承舜乐而来，但经过夏后启的改造，后被纳入周代大司乐体系中。《周礼·春官宗伯·大司乐》载："《九德》之歌、《九磬》之舞，于宗庙之中奏之。"但周公制礼作乐，是对上古乐舞进行的一次系统整理，与夏后启盗取《九招》的用意不同。而周人屡以夏人后裔自居，①故其"《九德》之歌、《九磬》之舞"亦承夏人而来。另外，夏朝末年，商汤讨伐夏桀，将其流放到南楚，《九歌》亦被带至楚地，后被屈原所吸收，发展为楚辞《九歌》。②

三　《韶》乐形制及其传承

《韶》乐既屡经修订，演奏形态也不断增嬗。其原始形制，见《吕氏春秋·古乐》所载帝喾一节，是歌、乐、舞合一的艺术形态。后帝舜命夔修订《韶》乐，但修订情形为何，未做详细交代。幸运的是，舜时《韶》乐的演奏形态，具载于《尚书·皋陶谟》之中：

> 夔曰："戛击鸣球、搏拊、琴瑟，以咏。"祖考来格，虞宾在位，群后德让。下管鼗鼓，合止柷敔。笙镛以间，鸟兽跄跄；《箫韶》九成，凤皇来仪。夔曰："於！予击石拊石，百兽率舞，庶尹允谐。"

---

① 如《尚书·君奭》："惟文王尚克修和我有夏。"《逸周书·商誓》："在昔后稷，惟上帝之言，克播百谷，登禹之绩。"《诗经·閟宫》亦说后稷"奄有下土，缵禹之绪"，都证明周人不但自称"有夏"，其居地亦为夏禹故地。

② 曹胜高：《〈河伯〉"以女妻河"考》，《古籍整理研究学刊》2010年第2期。

王夫之即以此为“《韶》乐之谱”[1]，现将其与帝喾时的演奏形态稍作比较：

其一，乐器方面。帝喾奏《九招》时，“令人抃或鼓鼙，击钟磬，吹苓（即笙），展管篪。因令凤鸟、天翟舞之”，所用乐器仅数种。至舜奏《箫韶》，乐器有鸣球（即玉磬）、搏拊（一种小鼓）、琴瑟、鼗鼓、柷、敔、笙、镛（大钟）、箫、石等十余种，愈趋复杂。更为重要地是，舜将自己新发明的乐器——箫加入进去，所谓“《箫韶》九成”是也。《世本·作篇》：“舜造箫，其形参差象凤翼，长二尺。”汉人应劭也说：“《韶》，舜乐，名舜乐者，其秉箫乎？”[2] 以排箫为乐器或舞具。《箫韶》又作《箾韶》，《说文·竹部》：“箾，从竹，削声。虞舜乐曰《箾韶》。”《左传·襄公二十九年》：“见舞《象箾》、《南籥》者。”杜预注：“《象箾》，舞所执。”以为是舞者所执的一种竹竿。其实箫、箾为通假字，《襄公二十九年》又云：“见舞《韶箾》者。”孔疏云：“箾，即箫也。”《九招》本即东夷的图腾舞蹈，排箫又“象凤翼”，按照同类相感的原则，舞者执箫或奏箫，很可能就是为了招致凤凰，从而达到“凤凰来仪”的目的。

其二，乐歌方面。《吕氏春秋》载“帝喾命咸黑作为《唐歌》”，其一即《九招》，说明《九招》是可歌的，但演唱方式却不得而详。《尚书》则有“戛击鸣球、搏拊、琴瑟，以咏”，《周礼·大司乐》疏引郑玄注云：“以咏者，谓歌诗也。”并有玉磬、小鼓、琴瑟等伴奏，是堂上之乐，类似于周之升歌，蔡沈言：“乐之始作，升歌于堂上。则堂上之乐，惟取其声之清者，与人声相比，故曰‘以咏’。盖戛击鸣球、搏拊、琴、瑟以合咏歌之声也。”[3] 王夫之以为“祖考来格，虞宾在位，群后德让”三句，“皆升歌以配磬瑟之诗，其辞不传，而大旨所咏，则不外此三者也”[4]，是《九招》的歌词大意。如果此说可信，那么《九招》之歌所咏者，一是祭祀先祖；二是让前代君王后裔助祭；三是使其他部落首领以德揖让。有借先祖神灵为号召，团结部落联盟的意图在内，无怪乎夏后启会

---

① 王夫之：《尚书稗疏》，《船山全书》第2册，岳麓书社1988年版，第42页。
② 孙星衍：《尚书今古文注疏》，中华书局1986年版，第130页。
③ 蔡沈：《书集传》，凤凰出版社2010年版，第37页。
④ 王夫之：《尚书稗疏》，《船山全书》第2册，岳麓书社1988年版，第42页。

用《九招》来笼络东夷部族。

其三，乐舞方面。帝喾时《九招》之舞容为“因令凤鸟、天翟舞之”，现代学者多解释为化妆表演，即由乐工打扮成凤鸟、天翟的样子跳舞。《尚书》则以“鸟兽跄跄”“凤皇来仪”“百兽率舞”为《九招》舞容。王夫之以为：“‘鸟兽跄跄’，下管之所舞也。‘凤凰来仪’，《韶》第九成吹箫之所舞也。‘百兽率舞，庶尹允谐’，乐终击磬之所舞也。”[①] 故可知，《九招》之演奏，于堂上奏歌，于堂下奏舞，跟《礼记·明堂位》中“升歌《清庙》，下管《象》，朱干玉戚，冕而舞《大武》，皮弁素积，裼而舞《大夏》”的舞蹈形态是一致的。而唯一不同的是，《大韶》是以模仿动物形态为主的表演，这可能与东夷族是以狩猎为主的部族有关。《大武》《大夏》则是以人为主体的表演，主要表现了武王伐殷及夏禹治水的功绩。故可知，《山海经·大荒南经》中：“帝舜生无淫，……爰有歌舞之鸟，鸾鸟自歌，凤鸟自舞。爰有百兽，相群爰处。”也是对《韶》乐舞容的具体反映。

据《皋陶谟》记载，在乐舞即将结束时，帝舜和皋陶有对唱的环节，即后人所谓的《股肱歌》：

> 帝庸作歌曰：“敕天之命，惟时惟几。”
>
> 乃歌曰：“股肱喜哉！元首起哉！百工熙哉！”
>
> 皋陶拜手稽首，飏言曰：“念哉！率作兴事，慎乃宪，钦哉！屡省乃成，钦哉！”
>
> 乃赓载歌曰：“元首明哉，股肱良哉，庶事康哉。”
>
> 又歌曰：“元首丛脞哉，股肱惰哉，万事堕哉。”
>
> 帝拜曰：“俞，往钦哉。”

王夫之认为“此歌盖舜及陶所作，而夔以被之管弦，则亦《大韶》升歌之遗音，故系之‘庶尹允谐’之后”，[②] 也是《韶》乐的一个组成部分。《股肱歌》通过君臣间的相互戒饬，共通协作，表达了一起将部落联盟治理好的意愿。

---

① 王夫之：《尚书稗疏》，《船山全书》第2册，岳麓书社1988年版，第42页。

② 同上书，第45页。

另外，《股肱歌》还为《大韶》是东夷乐舞提供了一个有力佐证。《皋陶谟》后一部分主要记录了舜和禹两人的谈话，但在文章结尾的《韶》乐表演中，负责跟舜唱和的却不再是夏禹，而变成了东夷族的皋陶。这表明夏禹并不具备舞《韶》的资格，但据《史记·五帝本纪》："四海之内咸戴帝舜之功。于是禹乃兴《九招》之乐，致异物，凤皇来翔。天下明德皆自虞帝始。"《夏本纪》亦载："于是天下皆宗禹之明度数声乐，为山川神主。"《集解》引徐广曰："《舜本纪》云禹乃兴《九韶》之乐。"均言夏禹曾参与过《韶》乐的创作，然此处"禹"当为"夔"之误，已为有识者所论。[①] 故禹不能参与《韶》乐表演，很可能与其华夏族身份有关。

《韶》乐在商周两代，多用于祭祀之中。商之《隶舞》多用以求雨，如上文所论。西周则多用于祭四望、礼人鬼，《周礼·春官宗伯·大司乐》："乃奏姑洗，歌南吕，舞《大磬》，以祀四望。……《九德》之歌，《九磬》之舞，于宗庙之中奏之，若乐九变，则人鬼可得而礼矣。"

春秋时，季札在鲁国观赏过《韶》乐。《左传》载襄公二十九年（前544年），吴季札在鲁"见舞《韶箾》者，曰：'德至矣哉！大矣！如天之无不帱也，如地之无不载也。虽甚盛德，其蔑以加于此矣。观止矣！若有他乐，吾不敢请已！'"鲁国礼乐承西周而来，所存《韶》乐是经夏后启改造过的版本，故所配乐歌也是夏代的《九德》之歌。

季札聘鲁时，孔子方八岁。后孔子三十五岁时，在齐国也观赏过《韶》乐，《论语·述而》载："子在齐闻《韶》，三月不知肉味。曰：'不图为乐之至于斯也！'"《八佾》也载子谓《韶》"尽美矣，又尽善也"。据《史记·孔子世家》，孔子适齐在鲁昭公二十五年（前517年），当时已颇有名气。如果鲁国保存有《韶》乐，他应该观赏过。而且他还至周向苌弘访过乐，也可能见过东周保存的《韶》乐。但在齐闻《韶》，

---

① 清人张照就认为："按'禹'字疑当作'夔'字，盖夔为典乐之官而禹无作乐之事。《九招》乐作，致异物，凤凰来翔，不归功于夔不可，其叙二十二人之成功，除四岳无有分职不叙外，而独遗典乐之夔亦不可。且其叙禹于诸臣之后者以禹功为最大也，而大乐之作所以告成功，故又叙夔于禹之后，其次序固秩然不紊也。《夏本纪》'舜德大明，于是夔行乐'一段尤可为'夔'字证明。"张照等：《殿本史记考证》，文渊阁《四库全书》本。

为何又发出如此赞叹？① 因为孔子在齐所闻的是另一版本的《韶》乐，《汉书·礼乐志》："至春秋时，陈公子完奔齐。陈，舜之后，《招乐》存焉。故孔子适齐闻《招》，三月不知肉味。"这一版本只在东夷内部传承，其所配的乐歌也由虞舜一系传下。故《史记·孔子世家》载孔子"与齐太师语乐，闻《韶》音，学之"，言"闻《韶》音"者，主要是对齐《韶》之歌的学习和欣赏。

《韶》在秦汉时仍有流传，《宋书·乐志一》载："周存六代之乐，至秦唯余《韶》、《武》而已。……汉高祖改《韶舞》曰《文始》，以示不相袭也。"秦汉对《韶》乐的传承，似乎仅承其舞而未承其歌。《汉书·礼乐志》亦载：

> 高庙奏《武德》、《文始》、《五行》之舞；孝文庙奏《昭德》、《文始》、《四时》、《五行》之舞；孝武庙奏《盛德》、《文始》、《四时》、《五行》之舞。……《文始舞》者，曰本舜《招舞》也，高祖六年更名曰《文始》，以示不相袭也。……诸帝庙皆常奏《文始》、《四时》、《五行舞》云。高祖六年又作《昭容乐》、《礼容乐》。……《礼容》者，主出《文始》、《五行舞》。舞人无乐者，将至至尊之前不敢以乐也；出用乐者，言舞不失节，能以乐终也。大氐皆因秦旧事焉。

从这段史料，一可见汉代演奏《韶舞》的频繁程度；二可知汉人对《韶舞》进行过改编，重新创制出《礼容乐》。汉之乐舞多承秦而来，其所传《招舞》是出自《齐韶》，据《隋书·儒林传》载何妥言曰："秦始皇灭齐，得齐《韶》乐。汉高祖灭秦，《韶》传于汉，高祖改名《文始》，以示不相袭也。"即是明证。

三国时，魏文帝曹丕又将《文始》复名《大韶》，《南齐书·乐志

① 傅斯年也有此疑问，认为："《韶》并已亡于鲁，《论语》：'子在齐闻《韶》，三月不知肉味。曰："不图为乐之至于斯也！"'孔子适齐在年三十以后，见《孔子世家》，若《韶》还存在鲁国，孔子不会到了齐始闻到，乐得那样"。（傅斯年：《诗经讲义稿》，中国人民大学出版2004年版，第23页）但其认为《韶》已亡于鲁，则值得商榷。

三》："《凯容舞》，执羽籥。……本舜《韶》舞，汉高改曰《文始》，魏复曰《大韶》。"可知，《韶》之乐名，因时而变。但自秦之后的《韶舞》传承，都是仅得其形，未究其意。故《旧唐书·音乐志》言："及始皇一统，傲视百王。钟鼓满于秦宫，无非郑、卫；歌舞陈于汉庙，并匪《咸》、《韶》。而九成、六变之容，八佾、四悬之制，但存其数，罕达其情。而制氏所传，形容而已。"至此，《大韶》遗音，已久不复闻矣。

第二章　乐官设置与周代雅乐的运行机制

讨论周代的乐官系统，可依据的材料有二：其一是传统文献《周礼》。不可否认，《周礼》所记载的职官系统，并不能完全作为周代的典实，因为其中既有理想的成分，也有部分现实的依据。因此，对其进行考察，在一定程度上仍可以了解西周乐官的真实情况，不能完全废弃。《周礼》中的乐官，除《春官》所载的诸职外，还有《地官》中的鼓人、舞师等，约一千六百多人。如此庞大的乐官机构，若没有统一的管理体制，是不可想象的。故对《周礼》中的乐官体系进行探讨，既需通观其职，遵循《周礼》的整体治官思想，又要注重其独立性，考虑乐官体系的个性化特征。其二是铜器铭文。在西周的铜器铭文中，则有乐官师嫠升迁的记载。通过对师嫠这一乐官个案的研究，既可以还原西周乐官的擢升机制，又能够印证《周礼》内容的真实性。

第一节　《周礼》乐官的人员设置与管理机制

关于《周礼》乐官的人员设置情况，在《春官·叙官》一节有详细的描述：

大司乐，中大夫二人。乐师，下大夫四人，上士八人，下士十有六人。府四人，史八人，胥八人，徒八十人。

大胥，中士四人。小胥，下士八人，府二人，史四人，徒四十人。

大师，下大夫二人。小师，上士四人。瞽矇：上瞽四十人，中瞽百人，下瞽百有六十人。视瞭三百人。府四人，史八人，胥十有二人，徒百有二十人。

典同，中士二人，府一人，史一人，胥二人，徒二十人。

磬师，中士四人，下士八人，府四人，史二人，胥四人，徒四十人。

钟师，中士四人，下士八人，府二人，史二人，胥六人，徒六十人。

笙师，中士二人，下士四人，府二人，史二人，胥一人，徒十人。

镈师，中士二人，下士四人，府二人，史二人，胥二人，徒二十人。

韎师，下士二人，府一人，史一人，舞者十有六人，徒四十人。

旄人，下士四人，舞者众寡无数，府二人，史二人，胥二人，徒二十人。

籥师，中士四人，府二人，史二人，胥二人，徒二十人。

籥章，中士二人，下士四人，府一人，史一人，胥二人，徒二十人。

鞮鞻氏，下士四人，府一人，史一人，胥二人，徒二十人。

典庸器，下士四人，府四人，史二人，胥八人，徒八十人。

司干，下士二人，府二人，史二人，徒二十人。

除此之外，明确可推断为乐官的，还有鼓人和舞师二职，见于《地官》，其《叙官》云：

鼓人，中士六人，府二人，史二人，徒二十人。

舞师，下士二人，胥四人，舞徒四十人。

为方便说明，特列《周礼》乐官人员设置表如下：[1]

---

① 本表在绘制过程中，曾参考过张国安先生的《大司乐机构人员构成、秩位及其命官特征一览表》，但有所不同。张国安：《先秦乐政与乐教研究》，博士学位论文，扬州大学，2004年，第3—4页。

<table>
<tr><th colspan="2" rowspan="2">爵位
官名</th><th colspan="5">爵秩</th><th colspan="5">属吏</th></tr>
<tr><th>中大夫</th><th>下大夫</th><th>上士</th><th>中士</th><th>下士</th><th>府</th><th>史</th><th>胥</th><th>徒</th><th>备注</th></tr>
<tr><td rowspan="4">大司乐系统</td><td>大司乐</td><td>2</td><td></td><td></td><td></td><td></td><td rowspan="2">4</td><td rowspan="2">8</td><td rowspan="2">8</td><td rowspan="2">80</td><td rowspan="2"></td></tr>
<tr><td>乐师</td><td></td><td>4</td><td>8</td><td></td><td>16</td></tr>
<tr><td>大胥</td><td></td><td></td><td></td><td>4</td><td></td><td rowspan="2">2</td><td rowspan="2">4</td><td rowspan="2"></td><td rowspan="2">40</td><td rowspan="2"></td></tr>
<tr><td>小胥</td><td></td><td></td><td></td><td></td><td>8</td></tr>
<tr><td rowspan="4">瞽矇系统</td><td>大师</td><td></td><td>2</td><td></td><td></td><td></td><td rowspan="4">4</td><td rowspan="4">8</td><td rowspan="4">12</td><td rowspan="4">120</td><td rowspan="4">瞽矇、视瞭无秩</td></tr>
<tr><td>小师</td><td></td><td></td><td>4</td><td></td><td></td></tr>
<tr><td>瞽矇</td><td colspan="5">上瞽 40；中瞽 100；下瞽 160</td></tr>
<tr><td>视瞭</td><td colspan="5">300</td></tr>
<tr><td rowspan="13">专业职事乐官</td><td>典同</td><td></td><td></td><td></td><td>2</td><td></td><td>1</td><td>1</td><td>2</td><td>20</td><td></td></tr>
<tr><td>磬师</td><td></td><td></td><td></td><td>4</td><td>8</td><td>4</td><td>2</td><td>4</td><td>40</td><td></td></tr>
<tr><td>钟师</td><td></td><td></td><td></td><td>4</td><td>8</td><td>2</td><td>2</td><td>6</td><td>60</td><td></td></tr>
<tr><td>笙师</td><td></td><td></td><td></td><td>2</td><td>4</td><td>2</td><td>2</td><td>1</td><td>10</td><td></td></tr>
<tr><td>镈师</td><td></td><td></td><td></td><td>2</td><td>4</td><td>2</td><td>2</td><td>2</td><td>20</td><td></td></tr>
<tr><td>韎师</td><td></td><td></td><td></td><td></td><td>2</td><td>1</td><td>1</td><td></td><td>40</td><td>舞者 16 人</td></tr>
<tr><td>旄人</td><td></td><td></td><td></td><td></td><td>4</td><td>2</td><td>2</td><td>2</td><td>20</td><td>舞者众寡无数</td></tr>
<tr><td>籥师</td><td></td><td></td><td></td><td>4</td><td></td><td>2</td><td>2</td><td>2</td><td>20</td><td></td></tr>
<tr><td>籥章</td><td></td><td></td><td></td><td>2</td><td>4</td><td>1</td><td>1</td><td>2</td><td>20</td><td></td></tr>
<tr><td>鞮鞻氏</td><td></td><td></td><td></td><td></td><td>4</td><td>1</td><td>1</td><td>2</td><td>20</td><td></td></tr>
<tr><td>典庸器</td><td></td><td></td><td></td><td></td><td>4</td><td>4</td><td>2</td><td>8</td><td>80</td><td></td></tr>
<tr><td>司干</td><td></td><td></td><td></td><td></td><td>2</td><td>2</td><td>2</td><td></td><td>20</td><td></td></tr>
<tr><td rowspan="2">其他乐官</td><td>鼓人</td><td></td><td></td><td></td><td>6</td><td></td><td>2</td><td>2</td><td></td><td>20</td><td rowspan="2">属《地官》系统</td></tr>
<tr><td>舞师</td><td></td><td></td><td></td><td></td><td>2</td><td></td><td></td><td>4</td><td>40</td></tr>
</table>

《叙官》所述内容，一在说明各乐官之名称和爵位，一在介绍各乐官之属吏情况。以往之研究，多重乐官之职能，对其人员的设置和管理情况，少有讨论。鉴于乐官在两周礼乐文明的建构中的重要作用，本章试论之。

一　《周礼》乐官的人员组成和内在层级

由上表可知，《周礼》乐官的人员组成，可以分为两个层级：其一是乐官层级。他们皆有爵位，属贵族阶级。其中，最大的为中大夫，最小的为下士。为便于说明情况，再按其爵位描述如下：

中大夫：大司乐2人，共2人。

下大夫：乐师4人，大师2人，共6人。

上士：乐师8人，小师4人，共12人。

中士：大胥4人，典同2人，磬师4人，钟师4人，笙师2人，镈师2人，籥师4人，籥章2人，鼓人6人，共30人。

下士：乐师16人，小胥8人，磬师8人，钟师8人，笙师4人，镈师4人，韎师2人，旄人4人，籥章4人，鞮鞻氏4人，典庸器4人，司干2人，舞师2人，共70人。

可见，在《周礼》系统中，有爵位的乐官共120人。其中，中大夫约占2%，下大夫约占5%，上士约占10%，中士约占25%，下士约占58%。爵级的不同，代表着身份的不同。而按爵级的不同，乐官在权责、资格、薪俸、特权、礼遇等方面，享受着不同的待遇。① 像以上所列乐官，都是由周天子任命的。在任命时，都需举行册命之礼。按照爵位的不同，《周礼》还为受册命官员设置了一套命服制度，像大夫四命，上士三命，中士二命，下士一命。如在乐官系统中，大司乐和大师在被册命时，举行的恐怕就是四命之仪。不过，从官阶角度探讨乐官各方面的礼遇，固然有其可行性，却很难突出其个性，这里就不多做讨论了。

不过，在乐官系统中，有两类乐官比较特殊，即瞽矇和视瞭。这主要表现在两官有其职而无其爵。在《周礼·春官·叙官》中，瞽矇只是按才艺的高下，分为上瞽、中瞽、下瞽三等，视瞭则不分等级。而这又与府、史、胥、徒等属吏，只举其数不列其职有异。之所以如此，是因为瞽矇更大程度上是乐工而非乐官。若《仪礼》中通谓瞽矇为工，掌登歌。而《大射仪》中又有上工、群工之分，孙诒让就认为上工即上瞽，而群

① 近年来，阎步克先生从官阶角度对中国古代官制进行了探索，他提出了品秩五要素，即权责、资格、薪俸、特权、礼遇。这基本涵盖了不同级别官员的身份特征。可参见《中国古代官阶制度引论》，北京大学出版社2010年版。

工包括中瞽和下瞽，是有一定道理的。[①]

这些乐工身份比较低微，属于庶人。孙诒让说："在官庶人见于五官者……春官之瞽矇、视瞭、韎师、舞者、神士。"[②] 在《左传》《国语》中，就屡有各国赠送乐工的记载。尽管如此，瞽矇在当时还是非常受人尊重的。孔子就非常尊重瞽矇，《论语·子罕》载："子见齐衰者、冕衣裳者与瞽者，见之，虽少必作；过之，必趋。"《卫灵公》也载："师冕见，及阶，子曰：'阶也。'及席，子曰：'席也。'皆坐，子告之曰：'某在斯，某在斯。'师冕出。子张问曰：'与师言之道与?'子曰：'然。固相师之道也。'"之所以如此，是因为：第一，出于对残疾人的同情。残疾人的特殊身份，使瞽矇被纳入社会保障体系之中。故出于人道主义的考虑，对这些人的同情和尊重，就成为理所必然的事情。《论语》将瞽矇与服丧者相提并论，可能就是对其不幸遭遇的同情；第二，出于对瞽矇特殊职能的尊重。在先秦时期，就已形成比较健全的残疾人保障体系。除各方面的优待和定期的慰问外，国家还设定了"各以其器食之"的残疾人就业政策，[③] 像《国语·晋语四》所载："官师之所材也，戚施直镈，蘧蒢蒙瞍，侏儒扶卢，蒙瞍修声，聋聩司火。"瞽矇因为无目，于音特审，从而成为天道的体察者，也成为王者行政的重要辅助者，《国语·周语上》载："故天子听政，使公卿至于列士献诗，瞽献曲，史献书，师箴，瞍赋，矇诵，百工谏……瞽、史教诲。"可见瞽矇乐官的重要地位。《礼记·礼运》也载："王前巫而后史，卜筮瞽侑，皆在左右。"这些说法，并非毫无根据的，像《左传》《国语》中就屡有师旷参与政治决策的记载。

至于视瞭，虽是瞽矇的辅助者，却也有专职。《叙官》载瞽矇共三百人，视瞭也三百人，是一瞽一相的配置。如此众多的人数，如果只以辅助乐工为职，存在很大的人员浪费。故《周礼》设官时，也让他们兼习乐事。胡匡衷云："《视瞭职》云：'凡乐事相瞽。'瞽之于相，不可须臾离。周公设官，使视瞭专其职，因兼习乐事，庶作乐之际，工与相两相谙熟，

① 孙诒让：《周礼正义》，中华书局1987年版，第1270页。

② 同上书，第23页。

③ 陆德阳：《夏商西周残疾人事业研究》，《上海交通大学学报》2008年第6期。

而器数之用，亦从而不乱，此相工所以使视瞭之意也。”[①] 即乐工与视瞭为一整体，有一瞽必有一相，如各国赠送乐官之时，其相亦必随行。

故这些乐工介于乐官与属吏之间，因其无爵，故身份低于乐官；但因技能特殊，又高于属吏。而且，若乐工的德行技能特别突出，还是有资格获取爵位的。如郑玄即云：“凡乐之歌，必使瞽矇为焉。命其贤知者以为大师、小师。”[②] 即大师、小师的选拔，是从众乐工中挑出来的。这与府、史、胥、吏等属官，世隶其职，难以翻身，还是有很大不同的。

其二是属吏层级。《周礼》中属吏的标准配置，可分府、史、胥、徒四种，乐官机构亦不能外。《周礼·天官》言宰夫“掌百官府之征令，辨其八职。……五曰府，掌官契以治藏。六曰史，掌官书以赞治。七曰胥，掌官叙以治叙。八曰徒，掌官令以征令”。据贾公彦解释，府负责典藏文书及器物，史负责起草文书，胥为徒之长，负责指派所属之徒的任务分配工作；徒则供长官召呼掌奔走之事。四类属吏之级别，亦有高下之分。如府、史级别稍高，郑玄即认为：“凡府史皆其官长所自辟除。”[③] 是由官长亲自聘请的，即乐官系统的府、史，都由大司乐召辟；[④] 而胥、吏级别稍低，郑玄云：“此民给徭役者，若今之卫士矣。”[⑤] 孙诒让云：“郑以胥徒卑于府史，非官长所辟除，乃平民来应征调，供公家徭役者。”[⑥] 则是服徭役之人。近来又有学者指出，胥徒并非“民给徭役者”，应该是服务于宫廷及官府中的一个相对稳定的仆役群体。[⑦] 从一些职官，特别是乐官的专业性质来看，其属下的胥徒不可能经常调换，故我们也倾向于是稳定仆役群体这一说

---

① 孙诒让：《周礼正义》，中华书局1987年版，第1271页。

② 郑玄注，贾公彦疏：《周礼注疏》，《十三经注疏》本，中华书局1980年版，第754页。

③ 同上书，第640页。

④ 郑玄注：“庶人在官，谓府史之属，官长所除，不命于天子国君者。”孔颖达疏：“官长谓冢宰为天官之长，司徒为地官之长，自所命，或若大府为府藏官之长，大司乐为乐官之长是也。”《礼记正义》，《十三经注疏》本，中华书局1980年版，第1322—1323页。

⑤ 郑玄注，贾公彦疏：《周礼注疏》，《十三经注疏》本，中华书局1980年版，第640页。

⑥ 孙诒让：《周礼正义》，中华书局1987年版，第22页。

⑦ 赵伯雄：《〈周礼〉胥徒考》，《中国史研究》2000年第4期。

法。但不管怎么说，“府史与胥徒皆无爵，同为庶人在官者。析言之，则府史尊于胥徒”[①]。若再析言之，则府尊于史，因为《周礼》中的人员设置之例，基本上是府少而史多；[②] 而胥又尊于徒，郑玄言胥为“什长”，即《周礼》的胥徒设置，基本上采取1/10的比例，一胥管十徒。

乐官的属吏配置，基本符合《周礼》的一般规定。但作为掌乐之官，根据具体职事的不同，又有其独特性，这表现在：

1. 多官共用一套属吏班子。如大司乐和乐师，贾公彦疏：“乐师教国子小舞，与大司乐职别而同府史，亦谓别职同官者也。”[③] 盖大司乐掌教国子大舞，乐师掌教国子小舞；大司乐掌乐事之大者，乐师掌“国之小事用乐者”，两官互为补充，故共用一套属吏班子。

又如大胥和小胥，两官同属教务类职官，像大胥“掌学士之版，以待致诸子”，小胥“掌学士之征令而比之，觵其不敬者，巡舞列，而挞其怠慢者”。故贾公彦说两官“与大司乐教乐同类，是亦礼事，故列职在此。但小胥掌乐县之法，亦与大胥别职而同官者”[④]。

再如大师、小师、瞽矇、视瞭系统，其属吏“府四人，史八人，胥十有二人，徒百有二十人”的记载，各版本不同，像唐石经本，就缺此句。故贾公彦以为“此下直云瞽矇三百人，无府史胥徒者，以其无目，不须人使，是以有视瞭三百人而已”，又说：“案其职，大师、少师及瞽矇、视瞭四者皆别职，又无府史，而并言之者，以其大师、少师为长，故连类言之。”[⑤] 对此，清儒多有考辩，像冯登府以为此句为后人所补，阮元则以为“四官分职，府史胥徒统属于四官，故经文合并为一条，如‘大司乐’、‘乐师’合为一条之例”，并非“瞽矇无

---

① 孙诒让：《周礼正义》，中华书局1987年版，第21—22页。

② 贾公彦疏：“《周礼》之内，府、史大例皆府少而史多，而府又在史上。”郑玄注，贾公彦疏：《周礼注疏》，《十三经注疏》本，中华书局1980年版，第640页。

③ 郑玄注，贾公彦疏：《周礼注疏》，《十三经注疏》本，中华书局1980年版，第754页。

④ 同上。

⑤ 同上。

府史胥徒也”[①]。当以阮校为是。

2. 因职位需要，某些乐官会更改对属吏的标准配置。这表现在：第一，某些乐官的属吏配置并不齐全。一般《周礼》的胥徒设置，都是有胥必有徒，而有徒不必有胥，像乐官的大胥、小胥、韎师、司干以及鼓人，就有徒而无胥。对此，贾公彦解释为“空有徒无胥者，得徒则足，不假长帅故也”[②]。但恐怕也没有这么简单，像大胥、小胥不备此吏，可能与名称相似有关。据郑玄注：“胥读如谞，谓其有才知。”贾公彦又谓“周室之内称‘胥’者，多若大胥、小胥、胥师之类，虽不为什长，皆是有才智之称”[③]。两官之所以不设胥者，可能一方面出于避讳，另一方面则大胥、小胥本就负责杂事之处理，如大胥之职就有“序宫中之事”，不必重复设职。又有府史不具者，像舞师。贾公彦解释说：“府、史俱无者，以其专官行事，更无所须故也。”[④]当然，这也可能与舞师的具体情况有关，若舞具之类，由司干等专官负责，故无府；其又有“帅而舞山川之祭祀”等职责，经常外出，故而无史。因没有直接证据，这里也只能大胆臆测。

第二，某些乐官对属吏的类型有所更改。像韎师、旄人、舞师属下都有舞人。韎师有舞者十六人，旄人有舞者众寡无数，舞师有舞徒四十人。这些舞人多由野人担任，属庶民阶层。不过，应注意的是，三官所掌舞人称呼有所不同，韎师、旄人之属均称舞者，舞师之属则称舞徒。对此，有两种不同的说法：一种认为舞徒是一特定称呼，如郑玄以为舞徒是“给繇役能舞者以为之”，贾公彦亦认为“余官直言徒，此官徒言舞者，徒是给繇役之人，今兼云舞，即徒中使能舞者以充徒数也”[⑤]。这是最常见的说法。另一种则认为舞徒非专称，或因阙文所致。如俞樾就认为“徒给繇役，不得即以舞者为之，疑舞下有阙文，当云舞者若干人，徒四十人。《春官·叙官·韎师》曰‘舞者十有六人，徒四十人’，旄人曰‘舞者众寡无数’，又曰‘徒二十人’，

---

① 郑玄注，贾公彦疏：《周礼注疏》，《十三经注疏》本，中华书局 1980 年版，第 756 页。

② 同上书，第 640 页。

③ 同上。

④ 同上。

⑤ 同上书，第 697 页。

皆其例也。传写夺误，遂以舞徒连文，注家即从而为之说，殆失之矣”。孙诒让也认为此说可通。[①] 其实，两说都存在一定误区，即均以徒为服徭役之人，郑、贾即以此为之说，故俞樾对其产生怀疑。不过，俞氏亦未能跳出此窠臼，仍从徒服徭役之说，迫不得已，只好另创新说，以为经有阙文。而俞说也没有实质性证据，且不说阮元校勘《周礼》经文时所据各本都无此争议，若再推翻徒为服徭役之人的证据，[②] 其说更失去立论的基础。所以，之所以为舞师专设舞徒一职，可能与其经常外出服务于山川、社稷之类的祭祀有关。《说文》曰："徒，步行也。"本就是供奔走之人。

二　《周礼》乐官的官职设定和任官程序

早期官职的设置，主要有两个目的，一在于事神，二在于治民。特别是颛顼绝地天通之后，这一分野更为明显。早期乐官的设立，就是用以事神的。《周易・豫卦・象传》："先王以作乐崇德，殷荐之上帝，以配祖考。"故刘师培认为古之掌乐之官就是降神之官，乐官由巫官兼掌，[③] 后随着分工的明确，乐舞的作用又具备了宣导其民的作用。[④] 其动作的规范性，渐为礼仪所借用；而乐之陶冶精神，又成为教育的手段。故舜命夔典乐，教胄子。这是乐官设置的最早记录，其设官的程式更大程度上是官、职、人三位一体的。《尚书・周官》追溯当时是"官不必备，惟其人"，《辽史・百官志》也说"官生于职，职沿于事，而名加之"，这基本可以概括早期官职设立的模式。若夔典乐是其职，教胄子是其事，为乐正是其官。[⑤]

---

① 孙诒让：《周礼正义》，中华书局1987年版，第650—651页。

② 赵伯雄：《〈周礼〉胥徒考》，《中国史研究》2000年第4期。

③ 刘师培：《舞法起于祀神考》，《清儒得失论》，中国人民大学出版社2004年版，第282页。

④ 《吕氏春秋・古乐》："昔陶唐氏之始，阴多滞伏而湛积，水道壅塞，不行其原，民气郁阏而滞著，筋骨瑟缩不达，故作为舞以宣导之。"

⑤ 《尚书・尧典》载舜时的设官模式是：先询问四岳有谁能任某事，四岳推荐某人之后，帝舜任命此人以官，被任命人推辞，再推荐与其能力差不多的人，帝舜坚持，此人才正式担任。像伯夷的官为秩宗，职是典三礼，而据郑玄注，其事是主天事、地事和人事之礼。《尧典》虽不载夔之官，但据上博简《容成氏》载："舜乃欲会天地之气，而听用之，乃立夔以为乐正。"说明战国时人将其视为乐正。

即便在西周的现实官制中，这一模式仍被遵循，就是或虽有其事，官职的设立却很不稳定；或虽设其官，其职事范围却经常变动；又或仅有其事而无其官。[①] 金文中的官制，就提供了很多这方面的证据。那么，《周礼》这样分工明确、体系严谨、规模宏大的官制体系的可信性，就很值得怀疑。对此，清人黄以周的解释是"《周官》一书为设官分职而作，故详于分设，略于兼摄"[②]。故作为一部理想的官制蓝图，《周礼》是有一以贯之的内在理路的。特别是其"设官分职"思想，对了解西周乐官的行政运作程序，还是有很大帮助的。

《周礼》"设官分职"的宗旨，在因事而设官。若《天官·大宰》掌建邦之六典，其"六曰事典，以富邦国，以任百官，以生万民"。朱熹也云："今人不信《周官》。若据某言，却不恁地。盖古人立法无所不有，天下有是事，他便立此一官，但只是要不失正耳。"[③] 而"祀，国之大事也"[④]，故《周礼》设春官宗伯以掌"建邦之天神、人鬼、地示之礼，以佐王建保邦国"，其属下各官亦都是围绕"邦礼"而设。若礼乐相将，则乐官的礼官属性，是其设官的基础。

《周礼》在设官分职的同时，又对官员的任职资格进行了品位化管理。归结到乐官方面，就表现为通过爵位的分等，对职位进行了规定。而按职责的轻重和文化地位的不同，乐官的品位亦有异：从纵向序列考虑，级别越高者，职责越重，像乐官之长大司乐二人，须由中大夫担任；乐工之长太师二人，由下大夫担任。即便同一乐官，也可能由爵级差别很大的几个人同时担任。如任职乐师的，有下大夫四人、上士八人、下士十六人。爵位虽有不同，但通称为乐师。此亦为诸官体例，按贾公彦的解释：下大夫四人当为官首，上士八人为之佐，下士十六人理众事。[⑤] 结构呈金

---

① 楼劲、刘光华：《中国古代文官制度（修订本）》，中华书局2009年版，第13—14页。

② 黄以周：《礼书通故》，中华书局2007年版，第1407页。

③ 黎靖德编：《朱子语类》第6册，中华书局1986年版，第2205页。

④ 杜预注，孔颖达正义：《春秋左传正义》，《十三经注疏》本，中华书局1980年版，第1839页。

⑤ 《周礼·天官·叙官》载："宫正，上士二人，中士四人，下士八人。"贾公彦疏："宫正上士二人为官首，中士四人为之佐，下士八人理众事。"诸官体例皆然，今依例释之。

字塔形递增，这就为处于底层的乐官提供了晋升的机会。众乐官中，除乐师外，磬师、钟师、笙师、镈师、籥章的职官设置，也都是这种模式。铭文中就有乐官从副职升为正职的记载，《师嫠簋》："隹十又一年九月初吉丁丑，王在周，各于大室，即位，宰琱生入佑师嫠，王呼尹氏册命师嫠，王曰：师嫠，才昔先王小学，汝敏可使，既命汝更乃祖考司小辅；今余惟重敦乃命，命汝司乃祖旧官小辅、罘鼓钟。"这一乐官继承了父亲的职位，属于世官的范畴，但不同的是，他原来只掌管一种乐器，经过这次册命，开始同时兼掌鼓、钟的演奏。[①] 郭沫若即以为这里的小辅，就是《周礼》中的镈师，[②] 其实并不正确，我们稍后再论。在具体的乐奏过程中，同一乐官的爵级不同，所受待遇也不一样。像笙师，《仪礼·乡饮酒礼》载："笙入堂下，磬南北面立。乐《南陔》、《白华》、《华黍》。主人献之于西阶上，一人拜。"郑玄注："一人，笙之长者也。笙三人，和一人，凡四人。《乡射礼》曰：'笙一人拜于下。'"孙诒让认为"笙师中士二人者，即其长"[③]。

从横向序列考虑，不同乐官间因所承担职责的文化地位不同，其爵级也有异同。同者，如同为乐器演奏之官的钟、磬二师，任职者均为中士四人、下士八人；异者，则同为掌舞之官如旄人和籥师，其任职者就一为下士、一为中士。之所以如此，是因为各乐官所掌有雅乐和俗乐之分。磬师、钟师、笙师、镈师、籥师、籥章等乐官，所掌都与雅乐的演奏有关，故其最高长官都是中士；韎师、旄人、鞮鞻氏等官，所掌都是散乐和四夷之乐，故其长官都是下士；至于典庸器和司干，一掌乐器的收藏，一掌舞具的收藏，属典藏类乐官，职责较轻，爵级亦低，也是下士。

说完爵级，再说乐官名称的设定。乐官名称的设定，由两方面组成：一方面遵循《周礼》的整体设官思想，如称"司"、称"师"、称"典"、称"人"、称"氏"等，在《周礼》中都属定例。对此，方苞解释言："凡命官曰正者，总其政也。曰司者，察其事也。曰典者，守其法也。曰职者，主其业也。曰掌者，专其任也。曰师者，训其徒也。曰氏者，世其

① 许倬云：《西周史（增补二版）》，生活·读书·新知三联书店2012年版，第235页。

② 郭沫若：《辅师嫠簋考释》，《考古学报》1958年第2期。

③ 孙诒让：《周礼正义》，中华书局1987年版，第1274页。

官也。曰人者，称其材也。”[①] 尽管如此，这些职官的名称设定，似乎并不稳定。在《左传》《国语》《仪礼》《礼记》等典籍中，乐官的称呼很多，像“钟师”又可以被称为“钟人”，“大司乐”也可以被称为“大乐正”，故孙诒让认为“官名可以互称”，“以诸职考之，似皆随事立名，本无定例”。[②] 孙氏之疑，似嫌太过。因《周礼》有统一的治官之法，《天官》记宰夫“掌百官府之征令，辨其八职：一曰正，掌官法以治要；二曰师，掌官成以治凡；三曰司，掌官法以治目；四曰旅，掌官常以治数。……”将百官之职，分为八类，故凡“掌官法以治要”者，皆“正”一级长官，贾公彦疏：“正，长也，每职各为一官之长，故总谓之正也。”[③] 这也就能解释“大司乐”为什么又叫“大乐正”了。而且在春秋时，称呼乐官，有通称和专称的不同：通称者，凡乐官多称师某；专称多加其名，像师旷职为晋国太师，却常被称为“师旷”[④]。又如《论语·微子》载乐官有太师挚、鼓方叔、播鼗武、击磬襄等，也都是专称。

另一方面又兼顾到自身的特点。乐官立名之特征：一因其生理特征，如瞽矇、视瞭均如是。瞽矇，是有目盲之人的通称。当时，目盲之人主要有三种，即瞽、矇、瞍，郑司农注曰：“无目眹谓之瞽，有目眹而无见谓之矇，有目无眸子谓之瞍。”[⑤] 三者均无见，于音审，所以都被纳入瞽矇系统负责修声，像《国语·晋语四》中“矇瞍修声”、《诗经·大雅·灵台》中“矇瞍奏公”，言其无别；而《国语·周语上》说“瞽献曲……师箴，瞍赋，矇诵……瞽史教诲”，又因生理特征的不同，各有职司。视瞭，一作眡瞭。“视”与“眡”为古今字；瞭，郑玄注为“目明者”，贾公彦也说：“眡瞭目明者，以其扶工，故使有目者为之也。”[⑥]

---

① 方苞：《周礼析疑》，《续修四库全书》第79册，上海古籍出版社2002年版，第6页。

② 孙诒让：《周礼正义》，中华书局1987年版，第24页。

③ 郑玄注，贾公彦疏：《周礼注疏》，《十三经注疏》本，中华书局1980年版，第655页。

④ 《国语·晋语八》韦昭注：“师旷，晋主乐太师子野。”上海师范大学古籍整理组校点：《国语》，上海古籍出版社1978年版，第461页。

⑤ 郑玄注，贾公彦疏：《周礼注疏》，《十三经注疏》本，中华书局1980年版，第754页。

⑥ 同上。

二因其职事特征，多数乐官都以此名官。像大司乐掌邦国用乐之事，故曰“司乐”；胥，除是“有才知”之称外，还有视察之义，可引申为督察、督导，[①] 故大胥“掌学士之版”、小胥“掌学士之征令而比之”，类似与民国学校里的学监。至于诸称“师”的乐官，都与教乐有关，其中有教乐舞、乐歌者，像乐师、大师、小师、韎师、籥师等。有教具体乐器演奏的，如磬师、钟师、笙师、镈师等；其他乐官，则专掌一职，如典同掌律吕，典庸器、司干掌乐舞器的典藏等。但这些乐官的命名，虽与职责有关，但却只取某一代表性职事，如典同掌六律、六同，却以同为“名”；磬师掌击磬和编钟，则以“磬”为名；籥师掌舞羽吹籥，却以“籥”为名，等等。

三因其装饰特征，这类乐官较少，仅有旄人和鞮鞻氏。旄人之得名，与其所执舞具有关。郑玄注：“旄，旄牛尾，舞者所持以指麾。”[②] 鞮鞻氏的命名，是与其所穿鞋子特殊有关，郑玄注“鞮鞻”为“四夷舞者所扉也”。[③] 这里的“扉”，据贾公彦等解释，是一种不系带的皮靴。因与中国传统舞者的服饰不同，故作为命官的标示。同时，这也表明四夷乐舞的表演特征就是边踏地边歌舞。

故《周礼》乐官的设置，既兼顾了职官的整体特征，又体现了自己的独特个性，成为西周礼乐制度的主要支撑者。

三　《周礼》治官“八法”与乐官的管理机制

《周礼》有着整体的治官思想，主要见于《天官·大宰》中。大宰负责“以八法治官府”：

> 一曰官属，以举邦治。二曰官职，以辨邦治。三曰官联，以会官治。四曰官常，以听官治。五曰官成，以经邦治。六曰官法，以正邦治。七曰官刑，以纠邦治。八曰官计，以弊邦治。

---

① 张国安：《先秦乐政与乐教研究》，博士学位论文，扬州大学，2004年，第4页。

② 郑玄注，贾公彦疏：《周礼注疏》，《十三经注疏》本，中华书局1980年版，第754页。

③ 同上。

孙诒让说："此八法为治百官之通法，全经六篇，文成数万，总其大要，盖不出此八科。"① 同样，乐官之管理，亦遵从此八法。彭林先生曾立足全书，对《周礼》的职官思想进行过探讨。但其研究思路是宏观的，对具体职官寓目不多。② 我们在其宏观思路的启发下，立足乐官一类，做更具体微观的讨论：

（一）乐官的官属与官职

官属和官职是官员的编制和职责。其中，"官属"者，据孙诒让解释："属犹言属别，谓以爵秩尊卑相领属。……凡官属，有总属，有分属，有当官之属，有冗散之属。"③ 在乐官中，大司乐爵为中大夫，是乐官之总长，统领全部乐官。而总属者，若大司乐之属大宗伯；分属者，若众乐官属大司乐；当官之属，若乐师中之上士、下士，属下大夫；冗散之属，若四方之以舞仕者属旄人。

"官职"者，就是有关官吏职责的规定。以官职之偏重分类，整个乐官系统，又可以分为五大体系：第一，大司乐、乐师、大胥、小胥组成的学政体系；第二，大师、小师、瞽矇、视瞭组成的盲乐工体系；第三，典同、磬师、钟师、笙师、镈师、籥师、籥章组成的器乐演奏和教学体系；第四，韎师、旄人、鞮鞻氏组成的四夷乐舞体系；第五，由典庸器、司干组成的乐器典藏体系。

这五大体系，看似是自成系统的平行结构，其实却相互关联，层级交错。五大体系，以第一、第二体系为主，因为乐师掌全乐官之事，其职有"凡乐官掌其政令"文；大师掌乐工之事，其职有"凡国之瞽矇正焉"文。两官之最高爵级是下大夫，仅次于大司乐，属于高层乐官。他们虽有具体职掌，但同时也是乐官系统的管理者。而第三体系的设置，是为了辅助前两大体系的，像多数的器乐演奏乐官，都有教导视瞭的责任；而籥师又辅助大司乐和乐师教导国子。典同则专门负责乐器声音的校准工作，属专业性服务人员。这些乐官的最高爵级，多为中士。而第四类乐官自成体

---

① 孙诒让：《周礼正义》，中华书局1987年版，第63页。

② 彭林：《〈周礼〉主体思想与成书年代研究（增订版）》，中国人民大学出版社2009年版，第73—93页。

③ 孙诒让：《周礼正义》，中华书局1987年版，第64页。

系，以教习演奏四夷之乐和散乐为主，目的在于“纳夷蛮之乐于大庙”，[①]以象征先王之道德“覆被夷狄”。[②] 算是对雅乐演奏的补充。至于第五体系，典庸器掌乐器的典藏和陈设，司干掌舞器的典藏和授受，服务于整个乐官体系。这两系乐官的爵级均为下士。

而相互间的关系，可如下所示：

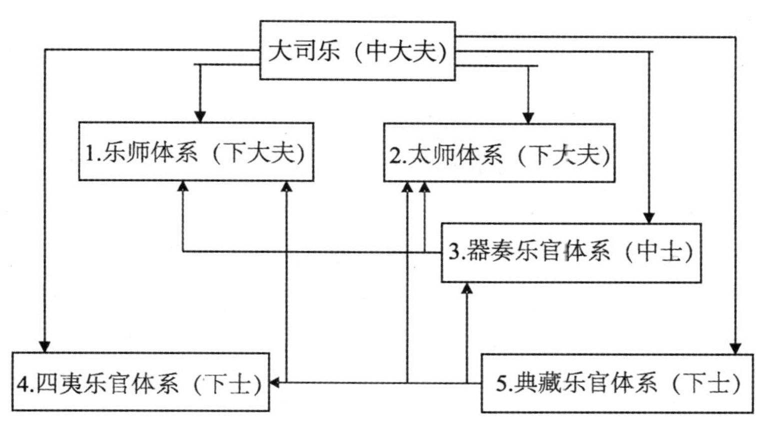

《周礼·春官》乐官分属

有研究者认为，大司乐并非一个完备的乐官机构。[③] 但不可否认的是，以大司乐为首的乐官体系，层级分明，秩序谨严，有着相当成熟的管理体制。

（二）乐官的官联与官常

之所以出现如上图那样复杂的关系，是因为乐官的职责不是单一的。像乐师既掌学政，又掌乐政；笙师既负责乐奏，又要教视瞭等。这些具体职事，属于“官常”；但一些乐事，必须通过不同职官间的相互协作才能完成，即所谓的“官联”。贾公彦疏云：“官联言官，欲取会合众官，乃

① 郑玄注，孔颖达正义：《礼记正义·明堂位》，《十三经注疏》本，中华书局1980年版，第1489页。

② 《白虎通义·礼乐》载：“谁制夷狄之乐？以为先圣王也。先王推行道德，调和阴阳，覆被夷狄。故夷狄安乐，来朝中国，于是作乐乐之。”陈立：《白虎通疏证》，中华书局1994年版，第110页。

③ 陈应时：《有关周朝乐官的两个问题》，《艺术探索》1995年第1期。

始得治；官常言官，欲取官有常职，各自治其官。”[①] 那么，“官常”保证了在乐官行使职责时的独立性，“官联”又不致让乐官成为一个封闭的系统。

孙诒让还认为，官联有大事之联和小事之联，又有异官之联和同官之联。大事者，若祭祀、宾客、丧荒、军旅、田役、敛弛等，“其事众多，则六官之属相佐助共举之”；小事者，“则不必合六官，或异官，或同官，凡各属共为一事，亦得为联”[②]。一般在举行祭祀、宾客等大型典礼时，都由其他职官和乐官共同完成，这是大事之联。而一些小事，只在乐官体系内就能完成，不必联合他官。举例来说：异官之联，像司干与司兵、司戈盾就互为官联，其中，司干所掌为舞器；司兵、司戈盾均隶属于夏官大司马，所掌为兵器。据孙诒让解释，司干所掌舞器，包括大、小文舞所用的羽籥等器和大武舞所用的朱干玉戚。而大、小武舞所用的其他舞器，则由司兵和司戈盾所掌。因为，大武舞所用的干戚，是经过装饰的，所谓“朱干设锡，饰戚以玉”，是专门的舞器，而非军事所用之兵；其他大、小武舞所用干戈，没有朱玉的装饰，就与兵器无异，故“大舞之兵掌于司兵，小舞之兵掌于司戈盾，此三官职掌各异之微意也”[③]。同官之联，如乐官教国子，《礼记·文王世子》：“小乐正学干，大胥赞之；籥师学戈，籥师丞赞之。胥鼓南。春诵夏弦，大师诏之。”则乐舞、乐歌之教，是由不同的乐官的相互协作，共同完成的。又如镈师掌金奏之鼓，“与鼓人、钟师为官联也”[④]。因为在举行乐事时，有以钟鼓奏《九夏》的规定。其次序为先击钟镈，由钟师掌之；再击晋鼓，由镈师鼓之。再如旄人与鞮鞻氏互为官联，若《旄人》贾公彦疏云：“旄人教夷乐而不掌，鞮鞻氏掌四夷之乐而不教，二职互相统耳。”[⑤]

《荀子·王制》云：“职而不通，则职之所不及者必队（坠）。”官联的使用，正使各官之间能够相通而不滞，保证了行政效率的提高。

---

① 郑玄注，贾公彦疏：《周礼注疏》，《十三经注疏》本，中华书局1980年版，第646页。

② 孙诒让：《周礼正义》，中华书局1987年版，第64页。

③ 同上书，第1923—1924页。

④ 同上书，第1900页。

⑤ 郑玄注，贾公彦疏：《周礼注疏》，《十三经注疏》本，中华书局1980年版，第801页。

（三）乐官的官成与官法

官成与官法是官员办事所遵循的规则。官成者，郑玄注云：“谓官府之成事品式也。”是因经验积累所形成的办事成例，可依而行之；官法者，郑玄注：“谓职所主之法度。”孙诒让曰：“谓邦之大事，各有专法，著其礼节名数，若今会典、通礼之属，一官秉之，以授众官，使各依法共治之，是谓官法。”[①] 是有严格规定的法规制度。

至于乐官之官成，《周礼》虽不具载。但因其所传授以知识和技能为主，这当中自然会有很多积累性的经验在内。像《礼记·王制》所载：“乐正崇四术，立四教，顺先王《诗》、《书》、《礼》、《乐》以造士，春秋教以《礼》、《乐》，冬夏教以《诗》、《书》。”《文王世子》云：“凡学世子及学士，必时：春夏学干戈，秋冬学羽籥，皆于东序。”恐怕都是由经验而来的课程安排，在必要的时期，可以自由调配。这些经验性的办事规则，可以使乐官的行政更具科学性和效率性。

乐官之官法，见于大司乐。其职有“掌成均之法”，孙诒让说这是“大司乐教学之官法”[②]。具体而言，即以乐德、乐语、乐舞三者教国子。孙氏又言：“此乐德、乐语、乐舞以下，并乐官之官法也。”[③] 小胥之职有“正乐县之位”，是“辨天子、诸侯、卿大夫、士乐县差次之异，亦乐官之官法也”[④]。太师之职有“掌六律、六同，以合阴阳之声”者，属“审音调乐之通义”，故“六律、六同、五声、八音、六诗，并乐官之官法也”[⑤]。故可知，学政之官法掌于大司乐，乐县之官法掌于小胥，乐政之官法掌于太师，此虽系于三官之下，却是整个乐官团体所共同遵循的宗旨。

同时，官成和官法还是考核官员的重要依据。因为行事合乎规则，是官员的分内之事；行事不依规则，可能会产生失职行为。这也就联系上了八法中的官刑和官计。

---

① 孙诒让：《周礼正义》，中华书局 1987 年版，第 66 页。

② 同上书，第 1711 页。

③ 同上书，第 1723—1724 页。

④ 同上书，第 1823 页。

⑤ 同上书，第 1833 页。

（四）乐官的官刑与官计

官刑和官计是相互配套的官员考核制度。其中，官计是考核百官的方法，郑玄注云："官计谓小宰之六计，所以断群吏之治。"因为《天官·小宰》之职有：

> 以听官府之六计，弊群吏之治。一曰廉善，二曰廉能，三曰廉敬，四曰廉正，五曰廉法，六曰廉辨。

"廉"者，可以训为"察"[①]。故六计之中，"善""能"是对官吏行政能力的要求；"敬""正"是对官吏职业道德的要求；"法""辨"是对官吏执法品质的要求。考核之后，就是对官吏奖惩的问题。《管子·立政》："君之所审者三：一曰德不当其位，二曰功不当其禄，三曰能不当其官。此三本者，治乱之原也。"若德能当位、功能当禄、能能当官，则奖之；反之则惩之。其中，官刑就是惩罚的措施，钱玄等云："盖官有失职，则惩之以刑。"[②]

从大处说，乐官的考核与奖惩，也遵循《周礼》治官的一般标准；但从小处说，乐官又实行内部化管理。这里着重论述后者。乐官之考核，由大胥掌之，其职有"比乐官，展乐器"。比者，考校也，[③] 就是对乐官德行技艺的考察，如将瞽矇分为上瞽、中瞽、下瞽，就是考核的结果。考核完成后，对乐官的处置，不外是对德行技艺优良者加以奖赏，前文引郑玄注："凡乐之歌，必使瞽矇为焉。命其贤知者以为大师、小师。"即其例；对不合格者，则以官刑处罚之，若小胥职有"掌学士之徵令而比之，觵其不敬者；巡舞列，而挞其怠慢者"，所谓的不敬、怠慢，正是冒犯了"六计"中的"廉敬"一条，故加以惩罚，孙诒让说"挞其怠慢者"属

---

① 孙诒让：《周礼正义》，中华书局1987年版，第178页。

② 钱玄、钱兴奇：《三礼辞典》，江苏古籍出版社1998年版，第473页。

③ 郑玄注："比犹校也。杜子春云：'次比乐官也。'郑大夫读比为庀，庀，具也，录具乐官。"（郑玄注，贾公彦疏：《周礼注疏》，《十三经注疏》本，中华书局1980年版，第795页）则汉人对其训释有两种意见，一是考校，一是登记。按，《国语·齐语》："比校民之有道者。"韦昭注："比，比方也。校，考合也。谓考其德行道艺而兴贤者。"故释为考校是合适的。

“乐官之官刑也”，是很有道理的。[①] 从一定程度上说，考核的分等，也代表了身份和待遇的不同。这可以有效地对乐官进行管理。

除了考核之外，乐官的内部管理多由乐师完成，因其职有“凡乐官，掌其政令，听其治讼”。政者，乐政也，即举行乐事时，乐官必须听从乐师的指挥；令者，戒令也，针对技术性官员，有一些行为是被严令禁止的，像“凡建国，禁其淫声、过声、凶声、慢声”，此虽大司乐之职掌，但具体实施，可能由乐师执行。治者，陈请也，是听取下层乐官的请求；讼者，争讼也，是处理乐官间存在的矛盾。可以说，涉及了乐官工作过程中的方方面面。

由上可知，以大司乐为首的乐官体系，人员构成合理，职能分工明确，管理体制完备。能够为两周文学活动的有序进行，提供有效的保障机制。

第二节　《周礼》乐官的职能属性及文化特征

《周礼·春官》中所载诸乐官，其职能并非单方面的。因此，要讨论乐官的职能属性，必须从三方面入手：其一，乐官统属于《春官》，具有礼官属性；其二，乐官掌有教职，具备教官属性；其三，乐官自身还有独特的专业属性。

一　礼官属性

《周礼》中的音乐机构，是以大司乐统辖的乐官二十职为主体的。但大司乐一职，并非独立的职官，而是隶属于大宗伯之下。《周礼·春官·叙官》部分对此有非常明晰的记载：

> 礼官之属：
> 大宗伯，卿一人；小宗伯，中大夫二人。……
> 大司乐，中大夫二人；乐师，下大夫四人。……
> 内史，中大夫一人，下大夫二人。

① 孙诒让：《周礼正义》，中华书局1987年版，第1822页。

故从官阶的设置上，大司乐为中大夫，与小宗伯、内史平起平坐，都是大宗伯的属官。之所以如此，是因为在周代的典礼之中，乐处于礼的从属地位，正如郑玄所谓“凡用乐必有礼，用礼则有不用乐者”。[①] 故在具体的典礼中，乐官是作为礼官的辅佐存在的。

《周礼·春官》从礼仪角度对乐官的职责有严格的规定。根据乐官内在层级的不同，可以分为指挥者、实施者和辅助者三类：指挥者，是大司乐、乐师之类的高级乐官，负责乐事的指挥；实施者，则多为大师、小师、瞽矇、磬师、笙师、镈师、韎师、籥师、籥章、鞮鞻氏等乐官，级别稍低，负责不同礼仪中的乐事演奏；辅助者，则是帮助乐官演奏的职官，如视瞭，虽然在具体乐事时，有“播鼗，击颂磬、笙磬”的职责，但其主要职责还是“掌大师之县”和“相瞽”，即负责为大师悬挂乐器和搀扶瞽矇。至于典庸器和司干，更是乐器的典藏者、摆放者和分发者，类似于后勤人员。

具体到礼仪中的乐事，乐官的作用，大致表现在三个方面：第一，礼仪前的乐悬与指挥。在举行礼仪之前，某些乐官会对乐器进行摆放。以大祭祀为例，其中有乐悬之仪，就是由大司乐、典庸器、视瞭、小胥等共同完成的。具体步骤为：

> 1.《大司乐》云：“凡乐事，大祭祀宿县。”贾公彦疏：“凡乐事，言‘凡’，语广，则不徒大祭祀而已。而直言大祭祀者，举大祭祀而言，其实中祭祀亦宿县也。但大祭祀中有天神、地祇、人鬼。中小祭祀亦宿县，至于飨食燕宾客有乐事，亦兼之矣。言宿县者，皆于前宿豫县之。”
>
> 2.《典庸器》：“及祭祀，帅其属而设筍簴。”郑玄注：“设筍簴，视瞭当以县乐器焉。”
>
> 3.《视瞭》：“掌大师之县。”孙诒让疏云：“凡乐县，皆典庸器设其筍簴，而此官以乐器县之，大师小师咸莅其事，故谓之大师之县。”
>
> 4.《小胥》：“正乐县之位。王宫县，诸侯轩县，卿大夫判县，

---

① 郑玄注，孔颖达正义：《礼记正义》，《十三经注疏》本，中华书局 1980 年版，第 1384 页。

士特县。辨其声。"《大司乐》："以声展之。"郑玄注："叩听其声，具陈次之，以知完不。"

即一般由大司乐指挥，在祭祀的前夕悬挂乐器。其中，典庸器率领自己的徒属摆放笱簴，视瞭为之悬挂乐器。然后由小胥"正乐县之位"和"辨其声"，即负责端正乐器悬挂的位置和辨别所悬挂乐器的声音是否合律。最后再由大司乐将悬挂好的乐器试奏检查，从而保证正式礼仪用乐的万无一失。

第二，礼仪中的乐事与指挥。如大祭祀的举行，先由大司乐指挥钟师奏《九夏》，为与会人员的进入伴奏，《周礼·春官·大司乐》就载："王出入则令奏《王夏》，尸出入则令奏《肆夏》，牲出入则令奏《昭夏》。"尽管不同礼仪，有细节的不同。[①] 但大体模式，不外如是。在具体的用乐程式中，则包括登歌和演舞两部分。《礼记·明堂位》就记载过大型祭礼中的用乐情况："升歌《清庙》，下管《象》，朱干玉戚，冕而舞《大武》，皮弁素积，裼而舞《大夏》。《昧》，东夷之乐也。《任》，南蛮之乐也。纳夷蛮之乐于大庙。"其中，升歌即登歌，是在堂上伴瑟而歌，由大师及众瞽矇为之。大师除"帅瞽登歌"外，还要"令奏击拊；下管播乐器，令奏鼓朄"，其所令者为小师，因为小师有"大祭祀，登歌，击拊；下管，击应鼓"的职责，"下管"就是《明堂位》中的"下管《象》"。演舞则分六大舞和四夷舞的不同：六大舞即《大武》《大夏》之类，由大司乐指挥，众国子为舞人，司干在舞蹈之前，发放舞具，其中羽籥舞的奏乐工作，由籥师担任；[②] 四夷舞即《昧》《任》之类，具体由韎师"帅其属而舞之"，鞮鞻氏与之为官联，"掌四夷之乐与其声歌，祭祀则吹而歌之"。在举行完祭祀礼仪之后，往往还要奏燕乐为礼仪参与人员的宴饮助兴，其乐由磬师、笙师等奏之，其舞则由旄人率人舞之。

第三，礼仪后的彻乐与指挥。一般在礼仪结束之后，还有彻乐之礼。《乐师》载："凡国之小事用乐者，……及彻，帅学士而歌彻，令相。"这

① 《周礼·春官·大司乐》："大飨不入牲，其他皆如祭祀。大射，王出入令奏《王夏》；及射，令奏《驺虞》；诏诸侯以弓矢舞。"

② 《周礼·春官·籥师》："祭祀则鼓羽籥之舞。宾客飨、食，则亦如之。"

里的“国之小事”，亦指祭祀而言。[①]《小师》也载：“彻，歌。”彻乐器所歌，当为《诗经·周颂·雍》篇，《论语·八佾》云：“三家者以《雍》彻。子曰：‘“相维辟公，天子穆穆”，奚取于三家之堂？’”所言即歌彻之事。一般而言，学士专主舞，瞽矇专主歌，故有人就对学士“歌彻”之事颇感怀疑。对此，孙诒让解释说：“歌诗虽是瞽矇专职，当彻之时，盖小师帅瞽矇，乐师帅学士相和而歌，二官为联事也。”[②] 是有一定道理的。因为乐师还有“令相”的职责，是命令视瞭搀扶瞽矇离开，说明乐师是可以指挥瞽矇系统的。另外，在祭祀结束时，司干还要收回发放给国子的舞具，即《周礼》所谓“既舞则受之”。

由此可见，乐官参与了礼仪的全程。当然，有些礼仪的用乐程式与此不同，也有些礼仪是不用乐的，像嘉礼中的婚礼、士冠礼等，而凶礼中更有禁乐之事。这在一定程度上说明了乐官在礼仪活动中的附属地位。

二 教官属性

乐官以其独特的技能，还掌有教职，具有教官属性。《周礼》中负责教乐的职官，有兼职者，亦有专职者。兼职者，如《地官》载大司徒施十二教，其四曰“以乐礼教和，则民不乖”；又“以乡三物教万民”，其三曰“六艺：礼、乐、射、御、书、数”。保氏教国子以六艺，其二曰“六乐”。因其与本书关系不大，故存而不论。专职者，则《地官》之鼓人、舞师及《春官》中的大司乐系统。[③] 而大司乐系统中的乐官，又可分为两系：其一是由乐师统率的乐官一系，其二是由大师统率的乐工一系，统归大司乐管理。[④] 当然，两者之间的分工并非十分明显，而是互为官联，有着千丝万缕的联系。故《周礼》在对其进行编排时，就交错设置，没有截然分开。在这些乐官中，因教学对象的不

---

① 郑玄注：“小事，小祭祀之事。”参见《周礼注疏》，《十三经注疏》本，中华书局1980年版，第794页。

② 孙诒让：《周礼正义》，中华书局1987年版，第1809页。

③ 鼓人、舞师虽不是大司乐属官，但从其职能看，也属专职乐官，故这里将其放在一起讨论。

④ 黎国韬：《先秦至两宋乐官制度研究》，广东人民出版社2009年版，第62页。

同，也可分三种：

其一，乐教国子。西周的国子教育，是以培养行政人才为目的，故专设成均之学以教之，由大司乐“掌成均之法，以治建国之学政，而合国之子弟焉”，并以乐德、乐语、乐舞三者教国子。孙诒让认为“成均之法”即大司乐教学之官法；[①] 乐师亦“掌国学之政，以教国子小舞”；籥师则“掌教国子舞羽吹籥”，说明西周对培养国子有一套完备的教学程序。因国子年龄的不同，其所学内容亦有不同。这点后文会有详细讨论，今从略。然行文至此，仍有两事值得注意：第一，大司乐掌乐教，仅为六艺之一，为何由其掌国之学政，而非他官？第二，大司乐既为学官之首，为何立于礼官之属春官，而不立于教官之属的地官？[②]

先回答前一问题。从传统看，三代之前就以乐官司教职。刘师培认为：“古代教育之法，则有虞之学名曰成均。均字即韵之古文，古代教民，口耳相传，故重声教。而以声感人，莫善于乐。观舜使后夔典乐，复命后夔教胄子，则乐师即属教师。”[③] 揆诸典籍，《尚书·尧典》有舜命夔典乐及教胄子事；商则立瞽宗，以乐造士。[④]《礼记·明堂位》：“瞽宗，殷学也。”此亦能甲骨文中找到证据，饶宗颐先生认为契文“□”即瞽字，《南地》4338片卜辞中，已有于瞽宗奏“商”祭乐祖的记载。[⑤] 而最近新出土的花东卜辞中，亦有大量花东子学舞的记录。[⑥] 证明商代造士，最重乐教。至周仍袭成均之法和瞽宗之学，故俞正燮言：“通检三代以上

---

① 孙诒让：《周礼正义》，中华书局1987年版，第1711页。

② 杨天宇先生亦有此疑问，认为：“《大司乐》‘掌成均（大学）之法’，《乐师》‘掌国之学政’，《大胥》‘掌学士之版’，《小胥》‘掌学士之征令’，等等，则似当属之地官。”《〈周礼〉的内容、行文特点及其史料价值》，《史学月刊》2001年第6期。

③ 刘师培：《古政原始论》，《清儒得失论》，中国人民大学出版社2004年版，第189页。

④ 马端临《文献通考·学校考》言：“殷人以乐造士。”中华书局1986年版，第379页。

⑤ 饶宗颐：《释□与瞽宗》，《容庚先生百年诞辰纪念文集（古文字研究专号）》，广东人民出版社1998年版，第172—177页。

⑥ 韩江苏：《从殷墟花东H3卜辞排谱看商代舞乐》，《中国史研究》2008年第1期。

书，乐之外无所谓学。”[①] 正说明乐之于学的重要性。

从现实看，乐教虽为六艺之一，地位却最为崇高，是教民之本。[②]《晏子春秋·内篇·谏上》：“夫乐亡而礼从之，礼亡而政从之，政亡而国从之。”将乐教作为教化的本源。《论语·泰伯》：“兴于诗，立于礼，成于乐。”又将乐作为“造士”之终。更为重要的是，大司乐所掌，并非局限于乐教之一端。《礼记·王制》载：“乐正崇四术，立四教，顺先王《诗》、《书》、《礼》、《乐》以造士，春秋教以《礼》、《乐》，冬夏教以《诗》、《书》。”对此，孙希旦释曰：

> 至周，以《诗》、《书》、《礼》、《乐》并列为四教，然大司乐之职但言教《乐》之事，而他未有及焉。以《文王世子》考之，则教《乐》者为大乐正、小乐正、胥之属，教《诗》者为大师，教《礼》为执礼者，教《书》为典书者，而总其教者，大司成也。……大司成与执礼、典书之人，无定人，无专职，但有道德而精于业者则充之，故其职掌不见于《周官》也。大司成以道德为师，而使掌其政令之烦，则非所以尊师而重道。而四术之教，惟《乐》为尤深，其声容舞蹈，审音识微，非专其业者不能精，而亦非一人所能尽，故使乐官之长率其属以掌学政，而专司教乐之事焉。此先王设官之精意也。[③]

其论颇为剀切，足以发千古之微。考之《周礼》职官，能司教国子者，确实只有乐官系统。即便大司徒专掌邦教，却是面向全国的，与大司乐的精英教育，专为培养行政人才不同。

再回答后一问题，大司乐机构为什么不设于地官。杨天宇先生以为“盖因作者对职官的分工尚不够严密所致”[④]，所言有一定道理，却并未深究。其实，这可从礼乐关系的角度进行考察。前引郑玄言“凡用乐必有

---

① 俞正燮：《癸巳存稿》，辽宁教育出版社2003年版，第65页。

② 刘师培：《古政原始论》，《清儒得失论》，中国人民大学出版社2004年版，第189页。

③ 孙希旦：《礼记集解》，中华书局1989年版，第365页。

④ 杨天宇：《周礼译注》，上海古籍出版社2004年版，第258页。

礼，用礼则有不用乐者”，证明乐官具有礼官的性质。但礼与乐还有另一关系，即“礼乐相须为用，礼非乐不行，乐非礼不举”[①]。《周礼·春官宗伯·叙官》贾公彦疏亦言：“大司乐掌教国子六乐六舞等，在此者，以其宗伯主礼，礼乐相将，是故列职于此。”因为大司乐对国子的培养，更大程度上，也是为礼事服务的，因为国子正是各大礼仪中的舞者。《叙官》又言春官宗伯“掌邦礼，以佐王和邦国”，贾公彦疏云：“乐主和同，礼主简别。案《乐记》云：‘乐胜则流，礼胜则离。’郑云：‘离谓析居不和，恐其不和，是以礼言和。’”礼乐之间必须相互借助，才能不偏不倚，达到“和邦国”的目的。所以说，西周的教育，是政教合一、官师不分的。故从身份地位上，大司乐是大宗伯属官，被编排在礼官之列；而从文化地位上，大司乐所掌为立国之本，又具有非常重要的意义。

其二，艺传乐工。《周礼》中的乐官机构，还有大量专业乐官的存在，像瞽矇系统以及笙、磬诸师等，负责乐歌的演唱、乐器的演奏等具体事务，是各类典礼中专司乐事的主体。这些乐官的教育和培训，也是两周乐教的重要方面。如：

1. 鼓人：“掌教六鼓、四金之音声。”贾公彦疏：“言掌教者，必教他官。……其五鼓是眡瞭击之，则此所教者，当教眡瞭也。其晋鼓当教镈师，故其职云‘掌金奏之鼓’。”

2. 大师：“教六诗，曰风、曰赋、曰比、曰兴、曰雅、曰颂。”郑玄注：“教，教瞽矇也。”贾公彦疏：“郑知此‘教’是教瞽矇者，按下《瞽矇职》云‘讽诵诗’，故知教者，教瞽矇也。”

3. 小师：“掌教鼗、柷、敔、埙、箫、管、弦、歌。”郑玄注：“教，教瞽矇也。”贾公彦疏：“郑知教瞽矇者，按瞽矇所作乐器，与此所要者同，明此教，教瞽矇也。”

4. 磬师：“掌教击磬，击编钟。”郑玄注：“教，教视瞭也。”贾公彦疏：“郑知‘教，教视瞭’者，《视瞭》职云：‘掌播鼗，击笙磬、颂磬。’若然，视瞭不言击钟，知亦教视瞭击编钟者，以磬是乐县之首，故特举此言，其实编钟亦视瞭击之。”

5. 笙师：“掌教吹竽、笙、埙、籥、箫、篪、篴、管，舂牍、

① 郑樵：《通志二十略·乐略·乐府总序》，中华书局1995年版，第883页。

应、雅，以教祴乐。”郑玄注：“教，教视瞭也。”贾公彦疏：“此乐器《瞽矇》有，《视瞭》无，所以知不教瞽矇者。……笙师所教文在《视瞭》之下，不可隔《视瞭》教瞽矇，其《视瞭》虽不云其器，明所教教视瞭也。”

6. 镈师：“掌金奏之鼓。”郑玄注：“谓主击晋鼓，以奏其钟镈也。然则击镈者亦视瞭。”

这些乐官所教者，皆是瞽矇和视瞭的专业技能。《周礼》本文虽未详载，却被注疏标出，还是大体可信的。在西周的乐官系统中，由大师统属的乐官有七百五十人之多，占乐官总人数的大半。而仅瞽矇和视瞭就有六百人。他们是两周各类乐事的主要演奏者。因此，这六百人的教育，也是体系化的。教瞽矇者，为大师和小师，是同一体系内的转相授受，即由贤者教其不贤者，郑玄云：“凡乐之歌，必使瞽矇为焉。命其贤知者以为大师、小师。”[①] 瞽矇所学者，则有乐器和乐歌。教视瞭者，却以其他乐官为主，由专业的器乐演奏者负责。他们所学的，主要是器乐演奏。试想，如此庞大的视瞭集团，只以扶持乐工为主要工作，会使人员太过浪费。因此，就安排视瞭做一些器乐演奏的事。

其三，舞授野人。西周的教育体制虽然是“学在官府”，但其教育对象却并非只针对贵族，对平民的教育亦十分发达。在《周礼·地官》中，就有大量负责教万民的职官，像乡大夫、乡师等，负责各乡之政教禁令。

然关于“乐”的教育，特别是“舞”的教育，则由专职乐官教之。若：

舞师：“掌教兵舞，帅而舞山川之祭祀；教帗舞，帅而舞社稷之祭祀；教羽舞，帅而舞四方之祭祀；教皇舞，帅而舞旱暵之事。凡野舞，则皆教之。”贾公彦疏：“云‘掌教兵舞’，谓教野人使知之。”郑玄注：“野舞，谓野人欲学舞者。”

旄人：“掌教舞散乐，舞夷乐。……凡四方之以舞仕者属焉。”郑玄注：“散乐，野人为乐之善者，若今黄门倡矣。自有舞。”贾公

① 郑玄注，贾公彦疏：《周礼注疏》，《十三经注疏》本，中华书局1980年版，第754页。

彦疏："此即野人能舞者，属旄人，选舞人当于中取之故也。"

二官以舞为教，却一属《地官》，一属《春官》，且所教者均为野人。野人即郊外之人，相对于国人而言。贾公彦疏《周礼·地官·泉府》："云国人者，谓在国城之内，即六乡之民也；云郊人者，即远郊之外六遂之民也。"《诗经·卫风》有《氓》之一篇，其中的"氓"，就是野人。《战国策·秦策》有"不爱民氓"句，高诱注云"野民曰氓"；赵岐注《孟子·滕文公上》亦云"氓"是"野人之称"。野人虽是无爵禄之人，①却有受礼乐教育的权力，《论语·先进》云："先进于礼乐，野人也。"野人亦有善歌舞者，像《左传·定公十四年》载："大子蒯聩献盂于齐，过宋野，野人歌之曰：'既定尔娄猪，盍归吾艾豭。'"

故乐官从中选取善歌舞者，加以培训。其目的是：（1）用于特定的祭祀，如舞师教兵舞，是为了舞山川之祭祀。具体来说，即凡野人欲学舞者，皆由舞师先教之。若国有山川祭祀等事，则在舞师带领下，前往舞之。《论语·先进》云："春服既成，冠者五六人，童子六七人。浴乎沂，风乎舞雩，咏而归。"贾疏以为舞师诲野人能舞者，兼有此童子和冠者。②此说有一定道理，《续汉书·礼仪志》："其旱也，公卿官长以次行雩礼求雨。闭诸阳，衣皂，兴土龙，立土人舞僮二佾。"因舞山川或舞旱暵，皆有具体地域，舞师不可能帅朝廷乐官前往，而于本地野人中选取，更为符合常理。另外，需要指出的是，舞师所教，仅有四小舞，较《乐师》所教国子少人舞、旄舞二舞。对此，贾公彦解释说："案《春官·乐师》有六舞，并有旄舞施于辟雍，人舞施于宗庙。此无此二者，但卑者之子不得舞宗庙之酎，祭祀之舞亦不得用卑者之子。彼乐师教国子，故有二者，此教野人，故无旄舞、人舞。"③

（2）用于娱乐，如旄人掌教之散乐。旄人于舞师所教野人中，择取

① 清人刘宝楠云："野人者，凡民未有爵禄之称也。"《论语正义》，中华书局1990年版，第438页。

② 郑玄注，贾公彦疏：《周礼注疏》，《十三经注疏》本，中华书局1980年版，第816页。

③ 同上书，第721页。

为乐之善者，授之散乐，[①] 若汉之黄门倡。黄门倡是专门演唱俗乐的乐人，[②] 郑玄举以比况，正说明了散乐的俗乐性质。据现代学者研究，散乐当指礼乐之外的乐舞及优戏、杂技等表演形式，其范围当包括优戏、女乐、民间巫舞及杂技、角抵、说唱等，[③] 更具民间性。《周礼·叙官》载旄人属下有“舞者众寡无数”，其来源是“凡四方之以舞仕者属焉”。其实，这句话当有两解：其一，从经过培训的野人中选取。即贾公彦疏所云：“此即野人能舞者，属旄人，选舞人当于中取之故也。”[④] 其二，则是搜罗民间艺人。《列子·汤问》载周穆王西游返国时，欣赏到了外族的傀儡百戏，为之神魂颠倒，并将名叫偃师的乐工带了回来。或许这一传说并不可信，却为旄人管理四方之舞者提供了旁证。正因为西周的雅乐制度并未彻底断绝俗乐的生存空间。在礼崩乐坏之后，俗乐才能够蓬勃兴盛起来。

三　专业属性

不可否认的是，乐官的前两个属性都有共同的基础，即乐官自身的专业属性。乐官的主要职责是典乐。一般认为，雅乐的基本形态是歌、乐、舞三位一体的。但具体到乐官，则是各有分职。不同的职官，有不同的职掌，他们互相协作，才能完成整个乐事的演奏。但这里要讨论乐官的专业属性，除对其在礼典中的乐职进行重点考察外（参见其礼官属性），更应该着眼他们在日常生活中的专业训练。乐官的专业训练和专业技能，都是围绕歌、奏、舞及其附加职能展开的。因此，以乐为职的乐官，其实可以分为三系：一是以歌为主者，二是以舞为主者，三是单纯的器乐演奏者。

第一类乐官以瞽矇系统为主。上文引郑玄云：“凡乐之歌，必使瞽矇为焉。”但歌并非其唯一职责，他们还兼掌乐器的演奏，但这些演奏是为歌伴奏的。《周礼》载其职为“掌播鼗、柷、敔、埙、箫、管、弦、歌，讽诵诗、世奠系，鼓琴瑟。掌《九德》、六诗之歌，以役大师”。他们在

---

① 此据孙诒让的意见，参见《周礼正义》，中华书局1987年版，第1902页。

② 王运熙：《说黄门鼓吹乐》，《乐府诗述论》，上海古籍出版社2006年版，第225—232页。

③ 康保成：《先秦的散乐与夷乐》，《文化遗产》2008年第3期。

④ 郑玄注，贾公彦疏：《周礼注疏》，《十三经注疏》本，中华书局1980年版，第801页。

日常礼事中负责“登歌”，但登歌之时，多由乐器伴奏。《仪礼·乡饮酒礼》就载乐工的奏乐程式，有登歌、笙奏等。其中，登歌即瞽矇乐工在堂上鼓瑟而歌《鹿鸣》《四牡》《皇皇者华》三诗，鼓瑟就是这里的弦。笙奏则是指乐工在堂下笙吹《南陔》《白华》《华黍》三诗。若是大型祭祀典礼，笙奏一般由管奏《象》所代替。笙、管其实就是上文的箫、管。至于鼗、柷、敔等乐器，都是用来节乐的。视瞭为瞽矇的辅官，掌奏而不掌歌，上文已论，不再赘述。

另外，前文还讲到，瞽矇的这些专业技能，是由其长官大师、小师教授的。可见，大师、小师更为精通乐歌。瞽矇就是在大师的组织下进行日常训练的，所谓“以役大师”当有此意。瞽矇类乐官因盲于目却聪于耳，对音声有着特别的敏感。而大师是其长官，由瞽矇之最贤者担任，故专业素养也最高。因此，除了日常的歌、奏训练外，还有协曲配乐的工作，《周礼》载其“掌六律、六同，以合阴阳之声”。据考察，大师主要是为诗制曲。另有典同之官，亦属瞽矇系统，“掌六律、六同之和，以辨天地、四方、阴阳之声，以为乐器”，他们的主要工作是为乐器校准音律。这说明，典律也是乐官的专业属性之一。

在第二类乐官中，凡教舞者，本身亦精通乐舞。像上文所言大司乐以六大舞教国子，乐师以六小舞教国子，舞师以小舞教野人，旄人教舞散乐、夷乐等。而这些乐官，有的只教不舞，像大司乐、乐师，在典礼中只充当指挥者，而不充当表演者；有的则既是教官又充当舞者，像舞师“帅而舞山川之祭祀”等，韎师“掌教韎乐，祭祀则帅其属而舞之”，旄人“凡祭祀、宾客，舞其燕乐”等。

值得注意的是籥师，他不但掌教职，同时还有演舞、奏器双重职责。《周礼》载其职为“教国子舞羽吹籥，祭祀则鼓羽籥之舞”。籥师掌教文舞，自当精于此道。此处“吹籥”与一般的器乐演奏不同，一般的器乐演奏由专业乐官负责，而这里的“吹籥”是由舞者边吹边舞。《诗经·邶风·简兮》即言：“左手执籥，右手秉翟。”孔颖达疏：“籥虽吹器，舞时与羽并执，故得舞名。”《小雅·宾之初筵》：“籥舞笙鼓，乐既和奏。”《毛传》也载：“秉籥而舞，与笙鼓相应。”籥师亦参与乐舞的演奏。

第三类乐官，多以所掌乐器而名官，像磬师、钟师、笙师、镈师等。亦分两类：一类是金鼓类乐官，以磬师、钟师、镈师为主，三官间有联系又有区别。联系者，三官在奏乐时共同协作；区别者，三官所奏之器各有不同。像磬师掌“教击磬、击编钟”，郑玄注：“磬亦编，于钟言之者，钟有不编，不编者钟师击之。”钟师则掌奏金奏，郑玄注：“金奏，击金以为奏乐之节。金谓钟及镈。”所击为不编之钟及镈；镈师虽以“镈”为名，却不奏镈钟，《周礼》言其“掌金奏之鼓”，郑玄注：“谓主击晋鼓，以奏其钟镈也。”即在奏乐时，击晋鼓配合钟镈的演奏。另一类则是吹管类乐官，主要有笙师。笙师“掌教吹竽、笙、埙、籥、箫、篪、篴、管，舂牍、应、雅，以教《祴乐》”。笙师所教乐器亦分两种，一是竽、笙、埙、籥、箫、篪、篴、管之类的吹管乐器。其中，笙乐为其主业。“笙师”之名，亦恐怕由此而来，因为“凡祭祀、飨、射，共其钟笙之乐。燕乐亦如之”，郑玄注：“钟笙，与钟声相应之声。”孙诒让疏：“谓作乐时，下管、笙奏、间歌、合乐诸节，皆钟笙并奏，笙之声应钟之均，是谓钟笙之乐。”[①] 一是舂牍、应、雅之类的捣地乐器。因后三器不常见，稍加以解释，按郑司农注云：“舂牍，以竹大五六寸，长七尺，短者一二尺，其端有两孔，髤画，以两手筑地。应，长六尺五寸，其中有椎。雅，状如漆筩而弇口，大二围，长五尺六寸，以羊韦鞔之，有两纽，疏画。”[②] 尽管对此三乐器的解释有不同意见，但可以肯定的是，三种乐器并非吹管乐器。[③] 这三器是奏《祴乐》的重要乐器，《祴乐》即《陔夏》，据郑玄的意见，之所以奏此乐，是“宾醉而出，奏《祴夏》，以此三器筑地，为之行节，明不失礼”[④]。

最后，值得一提的是，在众多乐官中，亦有歌、舞同时典掌的，即鞮鞻氏。其职是“掌四夷之乐与其声歌，祭祀则吹而歌之，燕亦如之”，郑玄注：“王者必作四夷之乐，一天下也。言与其声歌，则云乐者主于舞。”故掌“四夷之乐”即掌“四夷之舞”。而云“与其声歌者”，亦兼及歌也。

可以说，正是这些乐官各有分职、互相协作，才最终造就了文质彬彬的西周雅乐文化。

---

① 孙诒让：《周礼正义》，中华书局1987年版，第1899页。

② 郑玄注，贾公彦疏：《周礼注疏》，《十三经注疏》本，中华书局1980年版，第801页。

③ 孙诒让：《周礼正义》，中华书局1987年版，第1896页。

④ 郑玄注，贾公彦疏：《周礼注疏》，《十三经注疏》本，中华书局1980年版，第801页。

第三节　由“师嫠二簋”看西周乐官的擢升体制

在西周的铜器铭文中，反映乐官身份和职能的情况不多，有限如大克鼎、辅师嫠簋、师嫠簋等。其中，“师嫠二簋”详细记载了周王对师嫠的册命情况。为方便起见，现将两簋铭文迻录于下：

惟王九月，既生霸甲寅，王在周康宫，各大室，即立（位）。荣伯入右辅师嫠，王乎作册尹册命嫠，曰：更乃祖考𤔲辅。赐汝载市、素黄、銮旂，今余曾乃令，赐汝玄衣黹屯、赤市、朱黄、戈彤沙琱戟、旂五日，用事。嫠拜稽首，敢对扬王休令，用作宝尊簋，嫠其万年子子孙孙永宝用事。——《辅师嫠簋》（《集成》4286）

惟十又一年，九月初吉丁亥，王在周，各于大室，即立（位），宰琱生内右师嫠，王呼尹氏册命师嫠，王曰：师嫠，在昔先王小学，汝敏可使，既命汝更乃祖考𤔲小辅，今余惟申就乃命，命汝𤔲乃祖旧官小辅眔鼓钟，赐汝叔市、金黄、赤舄、攸勒，用事。夙夜勿废朕命。师嫠拜手稽首，敢对扬天子休，用作朕皇考辅伯尊簋，嫠其万年，子子孙孙永宝用。——《师嫠簋》（《集成》4324、4325）

其中，《师嫠簋》为传世器，《辅师嫠簋》则在1957年出土于陕西西安兆元坡。后者甫一出土，郭沫若就注意到两器器主不但名同，均称嫠；而且职掌中也相同，均有“辅”字，故将做器者视为同一人。[①] 我们也赞同这一观点。[②] 基于这一认识，我们一方面可了解部分西周乐官的身份和

① 郭沫若：《辅师嫠簋考释》，《考古学报》1958年第2期。

② 近来，也有学者从类型学角度提出异议，认为师嫠簋器形、纹饰均与辅师嫠簋不类，作器者似非一人，也非同时之器。其中，辅师嫠簋为西周中期器，师嫠簋为厉王前后器，彼此相距太远（王世民、陈公柔、张长寿：《西周青铜器分期断代研究》，文物出版社1999年版，第65、90页）。李学勤先生赞司此说，并进一步认为辅师嫠簋与师嫠簋之所以名同，且职掌中都有“辅”字，仅是巧合。其实两官并不一样，辅师嫠是工官而师嫠是乐官（李学勤：《西周青铜器研究的坚实基础》，《文物》2005年第5期）。我们以为，不能简单地以巧合视之，两器苴然形制差别很大，年代也相隔较远，焉知师嫠不是长寿之人。

职能情况，另一方面又可以还原西周官制中的擢升体制。对此，学界还缺乏系统讨论，本节试论之。

一　师嫠的三次册命

由二簋的铭文来看，师嫠的生活历经二王，受过三次册命，反映了其仕途轨迹。为方便起见，依次论述如下：

第一次是“更乃祖考𤔲辅。赐汝䵼市、素黄、銮旜”，所赐内容包括䵼市、素黄、銮旜（镳）三种。先说䵼市，市者，据《说文》：“韠也。上古衣蔽前而已，市以象之。”即衣裳前的敝膝。而䵼字，不见于《说文》，是古代对颜色的一种称呼。至于䵼市具体是什么颜色，孙诒让从声类推之，以䵼当于纔相近，应为雀头色，而䵼市即礼经之爵韠。[①] 郭沫若赞同此说，以为“䵼市即雀色皮革所为之市”[②]。陈梦家则将䵼释为缁，认为是黑色。[③] 总之，各家均从声训角度，将之视为黑色或微黑色之物。再说素黄，郭沫若认为黄即经传中的“衡”、“珩”，是佩玉。[④] 唐兰有不同意见，认为铭文之衡本身不是佩玉而是系佩玉的带。[⑤] 当以唐说近是。故素黄为白色衣带。至于銮旜，学者基本达成共识，认为是有銮铃且有旃的旂。[⑥] 可见，此次周王所赐之物主要包括服饰和旗帜。

第二次是“今余曾乃令，赐汝玄衣黹纯、赤市、朱黄、戈彤沙琱䣄、旂五日”，所赐内容包括服饰、兵器、旗帜三者。服饰即玄衣黹纯、赤市、朱黄三者。玄衣黹纯是指黑赤色且边上画有黼纹的衣服。玄者，《说文》曰：“黑而有赤色为玄。”黹者，或以为即黼之省文，《说文》即言：“黼，白与黑相次文。从黹，甫声。”屯者，即纯之省文，《说文》：“缘，衣纯也。”即以黼纹为饰的衣边。《尚书·顾命》有“黼纯”之说，《诗经·小

---

① 孙诒让：《古籀余论》，《续修四库全书》第904册，上海古籍出版社2002年版，第85页。

② 郭沫若：《辅师嫠簋考释》，《考古学报》1958年第2期。

③ 陈梦家：《西周铜器断代》（上），中华书局2004年版，第147页。

④ 郭沫若：《金文丛考》，人民出版社1954年版，第180页。

⑤ 唐兰：《毛公鼎“朱韨、葱衡、玉环、玉瑹”新解》，《光明日报》1961年5月9日版。

⑥ 郭沫若：《辅师嫠簋考释》，《考古学报》1958年第2期。

雅·采菽》又有“玄衮及黼”之说，可证。[1] 赤市，为红色敝膝，朱黄，为红色之带，自不待言。兵器者，即戈彤沙琱戟。此为戈之一种，册命铭文中多见。戈后四字为修饰语，彤沙是指戈之末端系以红缨，琱戟是指有琱饰花纹之戟。[2] 至于旂，是指有铃的旗帜。《尔雅·释天》：“有铃曰旂。”《说文》也曰：“旂，旗有众铃，以令众也。”旂五日者，则是说旂上画有日形状，数目为五。

第三次是“赐汝叔市、金黄、赤舄、攸勒”。叔市即素市，郭沫若就以叔为素之假借。[3] 金黄为金色腰带。赤舄为红色重底鞋，崔豹《古今注》曰：“舄，以木置履下，干腊不畏泥湿也。”是规格较高的赐物，《诗经·豳风·狼跋》：“公孙硕肤，赤舄几几。”《大雅·烝民》：“王锡韩侯……玄衮赤舄。”攸勒为马饰，典籍中多作“鞗革”，《诗经·小雅·蓼萧》：“鞗革冲冲，和鸾雝雝之，万福攸同。”陈奂传疏：“鞗当作鋚。革古文勒。《说文》云：‘鋚，辔首铜也。’‘勒，马头络衔也。’‘衔，马勒口中也。’是辔之络马首者谓之勒，勒关马口者谓之衔。勒，以革为之，故字从革。勒络马首所垂之辔其上饰谓之鋚。鋚以金为之。”可见，攸、勒为二物，同为驭马的用具。

师嫠的三次册命，因身份不同，所赐之物也有异。其一，从赐物数量来看，第一次为三种，第二次为五种，第三次为四种。虽不十分严格，但还是符合爵位越高赐物越多的规律。其二，从赐物种类来看，第一次有服饰和旗帜两类，第二次有服饰、兵器、旗帜三类，第三次虽然只有服饰、马饰两类，但却是较高规格的赐物。其三，就同类赐物而言，颜色不同，又显示了师嫠身份的改变。三次赐物中，均有市和黄，但颜色不同。其中，市色是叔高于赤，赤高于䩛；黄色是金高于朱，朱又高于素。

但揆之典籍，可能小有出入。以市为例，《礼记·玉藻》载：“韠，君朱，大夫素，士爵韦。”韠即市，朱市应该高于素市，与铭文稍异。故师嫠的仕途，应该是由士而进于大夫。素市是否高于赤市，虽不得而知。但据赤舄之赐，可知第三次册命的规格还是很高的。故我们大致还是可以

---

① 屈万里：《释黹屯》，《书佣论学集》，联经出版公司 1984 年版，第 351 页。

② 陈汉平：《西周册命制度研究》，学林出版社 1986 年版，第 258 页。

③ 郭沫若：《两周金文辞大系图录考释》，上海古籍出版社 1999 年版，第 122 页。

确定，师𩛥的爵位是越来越高的。初次册命时，是士级，应该是中士；后两次册命，进入大夫级，前者或为下大夫，后者或为中大夫。[①]

二　师𩛥的身份及职能

在此基础上，可进一步了解师𩛥的身份及职能。铭文载师𩛥之职能，曰“辅师”，曰“𤔲辅”，曰“𤔲小辅”。对此，后人多有考释。如吴大澂认为“小辅”当读作“少傅”，张亚初、刘雨等先生从之；[②] 郭沫若先生则以辅师即《周礼·春官》之镈师，[③] 今人从之者甚众。两说之释读思路，皆就其字形相近而论之，然后再去印证传世典籍中的具体职官，最后得出“类似于”或“相当于”某类职官的意见。可以说，这一思路，是文献缺少条件下的不得已之举。但不可否认，这两种意见，还是存在问题的。对于少傅之说，陈梦家曾驳之曰：“小辅既与鼓钟为官联，应皆是乐官。”[④] 陈先生的意见是正确的。但将辅师看成镈师，也不确，因为此说影响最大，故不得不驳。

就职能来看，镈师“掌金奏之鼓”，[⑤] 其实，镈师虽以“镈”为名，却并不掌钟类金奏乐器，据郑玄解释：“谓主击晋鼓，以奏其钟镈也。然则击镈者亦视瞭。”言外之意，镈师只是负责在奏钟镈时候敲击晋鼓而已，并不符合师𩛥是兼管“鼓钟”的记载。对此，陈梦家曾加以弥缝，认为“小辅（辅师）与鼓钟相当于《周礼》的镈师与钟师……据《周礼》钟师、镈师皆掌击鼓钟、镈之事，故为官联”[⑥]。其依据是《周礼·春官》所载“钟师掌金奏。凡乐事，以钟鼓奏《九夏》”经文。这从职能上固然讲得通，但就爵位来看，镈师、钟师与小辅的地位并不对等。前文已论，师𩛥的仕途经历了从士到大夫的擢升，故小辅（辅师）一官的任职者，也应包括从士到大夫的不同层级。据《周礼·春官·叙官》的记载，钟师包括“中士四人，下士八人”，镈师则包括“中士二人，下士四人”，这固然也在两官内部提供了一定的升迁渠道，即由下士升为中士。

---

① 陈汉平：《西周册命制度研究》，学林出版社1986年版，第302页。

② 张亚初、刘雨：《西周金文官制研究》，中华书局1986年版，第11页。

③ 郭沫若：《辅师𩛥簋考释》，《考古学报》1958年第2期。

④ 陈梦家：《西周铜器断代》（上），中华书局2004年版，第196页。

⑤ 《周礼·春官·镈师》，《十三经注疏》本，中华书局1980年版，第801页。

⑥ 陈梦家：《西周铜器断代》（上），中华书局2004年版，第196页。

但相对于小辅从士到大夫的升迁级别，还是相差很远。所以，将小辅或辅师等同为钟师或镈师，都是不合适的。

那么，在乐官内部，真正能够符合这一升迁渠道的，只有大司乐系统和大师系统。据《周礼·春官·叙官》记载：“大司乐，中大夫二人。乐师，下大夫四人，上士八人，下士十有六人。……大师，下大夫二人。小师，上士四人。”但很明显，大师系统均由瞽矇组成，似不可能。故要想探讨师嫠的真正身份，只能从大司乐系统内寻求突破。如果说，爵位上的相似，仅能够为我们寻找师嫠的真实身份提供某些线索。那么职能上的相近，则可以为我们的猜想提供细节上的证据。

就师嫠的职能而言，可兹注意者有二：一是“在昔先王小学，汝敏可使”。陈梦家先生以为“师嫠盖亦故旧之臣尝与先王同在小学者”[①]，不确。从“汝敏可使”句可知，师嫠曾在先王的小学中任职，而非与先王同学。这与乐师的职能很相近。《周礼·春官》载乐师之职有“掌国学之政，以教国子小舞”，孙诒让就认为：“国学者，在国城中王宫左之小学也。学小舞之国子，未入大学，则此国学为小学明矣。”[②] 二是“𤔲乃祖旧官小辅眔鼓钟”。小辅一官，虽不能明确。但“眔鼓钟”，却说明师嫠是主钟鼓之事的。此一职能，亦是乐师主掌。《周礼·春官》载其职有“凡国之小事用乐者，令奏钟鼓”、“飨食诸侯，序其乐事，令奏钟鼓”、“乐出入，令奏钟鼓”等。《国语·晋语五》也载晋灵公伐宋时，“戒乐正，令三军之钟鼓必备”，韦昭注：“乐正主钟鼓。”盖乐正者，有大乐正、小乐正之分。大乐正即相当于《周礼》大司乐之职，小乐正则相当于乐师一职。可见，“令奏钟鼓”是其主要职能之一。

故从师嫠二簋的赐物规模来看，周王对其事很重视的，似乎并非如郭沫若先生所说的镈师，而应该是类似于乐师的职官。那么，铭文中的辅字，似乎不应另作他解，而取其辅佐、辅弼之本意。我们以为，所谓“辅师”应该是大司乐（大乐正）的佐官。而师嫠经过三次册命，由士而大夫。这在一定程度上，还原了乐官内部的升迁轨迹，为我们了解西周官制的某些细节提供了线索。

---

① 陈梦家：《西周铜器断代》（上），中华书局2004年版，第237页。

② 孙诒让：《周礼正义》，中华书局1987年版，第1795页。

第三章　大司乐系统与两周的国子教育

《周礼·春官宗伯》载大司乐掌国之学政，负责教育国子，其职责为：

> 以乐德教国子中、和、祗、庸、孝、友，以乐语教国子兴、道、讽、诵、言、语，以乐舞教国子舞《云门大卷》、《大咸》、《大韶》、《大夏》、《大濩》、《大武》。

另外，作为大司乐的助手，乐师也负责教国子“小舞”和“乐仪”。这主要包括两方面的教育：一是道德教育，即以乐德教国子；二是才能教育，即以乐语、乐仪、乐舞教国子。本章主要讨论后者，选择乐语、乐仪、乐舞三个视角，探讨两周的国子教育。其中，乐语之教主要培养国子作诗、用诗及解诗能力，作为行政、外交及参与各种仪式的话语手段；乐仪之教主要培养国子的气质威仪，使其在各类典礼中有威可畏，有仪可象，成为民之表率；乐舞之教则是培养国子的舞蹈技能，使其能够参与各种祀典，这是周代礼乐文化的核心。

第一节　乐语之教与国子传《诗》

《周礼·春官宗伯》载大司乐“以乐语教国子兴、道、讽、诵、言、语”。郑玄注：“兴者，以善物喻善事。道，读曰导。导者，言古以剀今也。倍文曰讽，以声节之曰诵，发端曰言，答述曰语。”从表面看，乐语是六种话语表述方式。但深入考察，却发现其与诗乐有密切关联，孙诒让即认为乐语是“言语应答，比于诗乐，所以通意恉、远鄙倍也”。[①] 可见，乐语之教融诗、乐二者于一体。然从内容言之，六种乐语并不在同一逻辑层面：兴与道，是修辞手段，与诗之创作机制有关；讽与诵，是声音手段，与诗之传播途径有关；言与语，是表现手段，则与诗之阐释方式有关。从作用言之，则乐语是政治话语的六种表述方式，具有诤谏方面的意义。

一　兴道与国子献诗

《国语·周语上》载：“故天子听政，使公卿至于列士献诗。”《晋语六》也载：“在列者献诗使勿兜。”说明列士以上都有献诗的职责。然献诗的前提是作诗，作诗也需要经过培训。考其为国子时所受乐教，只有乐语中的兴、道二教与诗的创作有关。

兴是中国诗学史上的一个重要理论范畴，历代争论很多，有认为是用诗之法，有认为是创作之法，还有人认为是接受之法等。但在不同语境中，其意义是不同的，应该具体情况具体分析。这里主要讨论作为创作之法的“兴”。

在《周礼·春官》的乐官体系中，有两官负责教“兴”，一是大司乐所教的乐语之“兴”，对象是国子；一是大师所教的六诗之“兴”，对象是瞽矇。职守、对象的不同，亦表明两“兴”的意义，存在很大的不同。在这里看来，乐语之“兴”，更接近于创作方式，即郑玄所谓的“以善物喻善事”；六诗之“兴”，则是瞽矇整理诗章的方式。究其根本原因，是国子有创作之责，而瞽矇无之。汉人不明乎其中区别，从同一维度去阐释其义，故导致了理解的分歧。郑玄在注六诗之“兴”时也说道：“见今之美，嫌于媚谀，取善事以喻劝之。”[②] 可见，其理解维度是一致的，但以此解乐语之“兴”则可，解六诗之“兴”则不可。

除郑玄外，孔颖达也继承此说，认为乐语之“兴”不仅包括“以善

---

① 孙诒让：《周礼正义》，中华书局 1987 年版，第 1724 页。

② 郑玄注，贾公彦疏：《周礼注疏》，《十三经注疏》本，中华书局 1980 年版，第 796 页。

物喻善事”，还包括“以恶物喻恶事”[①]，也都是从修辞角度言之。可以说，他们的理解角度是十分到位的。因为在乐语中，“兴”与“道”处于同一逻辑层面，“道”是以古讽今，则“兴”为借物言事，两者在思路上是一致的。

至于说“兴”是作诗之法，一方面，据孔颖达疏：“‘导者，言古以剀今也’者，谓若《诗》陈古以刺幽王、厉王之辈皆是。”[②] 兴与道既在同一逻辑层面，那么兴也是一种作诗之法；另一方面，据王逸说：“《离骚》之文，依《诗》取兴，引类譬喻。故善鸟香草，以配忠贞；恶禽臭物，以比谗佞；灵修美人，以媲于君；宓妃佚女，以譬贤臣；虬龙鸾凤，以托君子；飘风云霓，以为小人。”[③] 屈原正是发展了《诗经》的取兴之法，用以创作楚辞。所以说，兴、道二语之教，在很大程度上，正是为了培养国子的作诗才能。《礼记·学记》说：“不学博依，不能安诗。”博依者，广譬喻也。孔颖达就认为这是教诗之法，因为“若欲学诗，先依倚广博譬喻。若不学广博譬喻，则不能安善其诗”，说明学“博依”是写好诗之辞的先决条件。正因受过这样的教育，才有《国语·周语下》中“公卿至于列士献诗”的说法。

作为创作之法的“兴”，至少表现在两个方面：一是手法的一致性；二是体式的相似性。前者主要指广譬喻的创作手法，后者则主要指以兴发端的创作体式。这两方面，可以由刘勰所说的“毛公述传，独标兴体”看出。[④]《毛传》是现存最完整的汉代解诗之作，其最大的贡献，就是对《诗经》中的用兴情况做了标示。从统计数据上看，《诗经》现存305篇，《毛传》在116篇的注释中，标示出“兴也”的字样，其中《国风》72篇，占全部（160篇）的45%；《小雅》38篇，占全部（74篇）的51%还多；《大雅》4篇，约占全部（31篇）的13%；三《颂》两篇，仅占全部（40篇）的5%。由此可见，“兴”之运用，多集中在《国风》与《小雅》两部分中。大家知道，《国风》采自各国，《小雅》由公卿、大

---

① 郑玄注，贾公彦疏：《周礼注疏》，《十三经注疏》本，中华书局1980年版，第787页。

② 同上。

③ 洪兴祖：《楚辞补注》，中华书局1983年版，第2—3页。

④ 范文澜：《文心雕龙注·比兴》，人民文学出版社1958年版，第601页。

夫、列士所献，目的多以劝谏为主。而以颂功为主的《大雅》和三《颂》，基本不采用此法。这表明，创作用“兴”，是经过刻意安排，符合乐语的政治性表达功能的。

在创作手法上，各诗用“兴”法，是有一定共性的。首先，兴句大多取于一定的物象：或鸟兽虫鱼，或花草树木，或日月星辰，或山水泉泽等，如《周南·桃夭》言“桃之夭夭，灼灼其华”，以桃花之盛喻人之少壮；《召南·摽有梅》言“摽有梅，其实七兮”，以梅子坠落喻盛极将过；《何彼襛矣》言“何彼襛矣，唐棣之华”，以棠棣花之艳丽，喻王姬颜色之美盛；《小雅·棠棣》言“常棣之华，鄂不韡韡”，以花之繁盛，喻兄弟之和乐；《伐木》言“伐木丁丁，鸟鸣嘤嘤”，以鸟声应答喻朋友相处；《棠棠者华》言“裳裳者华，其叶湑兮”，以花之繁盛喻君得贤人辅佐之多；《大雅·棫朴》言“芃芃棫朴，薪之槱之”，也以树木之繁盛喻贤人众多。这些多是先民习见之物，以之起兴，其喻义或隐或显，甚至还不乏附会之嫌。但不可否认的是，这些都在国子所学“博依”之列。无怪乎孔子以《诗经》教徒时，会说“多识于鸟兽草木之名”，即多据“兴语”而言。之所以如此，一方面，古人的思维比较简单，必须借助于具体的物象，才能表达复杂的事物和情感；另一方面，借用物象还可以使语言的表达具备“微言相感”的性质，不至于过于直接，有失“温柔敦厚”的诗教特征。

再次，某些物象多作为固定兴象，被用于诗歌创作之中。在《诗经》中，诗人在创作时经常会使用相同的兴象，如《周颂·振鹭》有“振鹭于飞，于彼西雝。我客戾止，亦有斯容”句，《毛传》：“兴也。振振群飞貌。鹭，白鸟也。雝，泽也。客，二王之后。”据《郑笺》，这是以白鹭之颜色，喻杞、宋两国之君有洁白之德。同样，《鲁颂·有駜》亦以“振鹭”起兴：“振振鹭，鹭于下。鼓咽咽，醉言舞，于胥乐兮。”《毛传》言：“鹭，白鸟也，以兴洁白之士。”《有駜》传为颂鲁僖公君臣之作，是春秋时的作品，较《振鹭》为晚。从两者共用同一兴象，可知“振鹭”在当时是有固定寓意的。又如以“谷风”为兴的有两首，一是《邶风·谷风》，一是《小雅·谷风》；以“杕杜”为兴的有三首，即《唐风·杕杜》、《唐风·有杕之杜》、《小雅·杕杜》。各诗虽然喻义或有不同，但起兴之物却相同。对此，有学者认为这些固定的兴语属套语的范畴，是诗人经过学习、烂熟于心的，故能在创作时随时借用、出口成章。[①]

在创作体式上，“兴”也有两方面的特征：其一，“兴”多见于篇首。其中，标于首章次句下的有99篇，首章三句下的有8篇，首章四句下的有3篇，首章首句下的有3篇，首章次句下、三章次句下、一章末句下各一篇。[②] 故标于首章次句之下，是较为常用的方式，这也说明“兴语”具有“发端”的意义；其二，兴句之后必有应句，兴句和应句之间存在着一定的逻辑关系。这些逻辑关系，或清晰，或模糊，或直接，或婉转，但都是联系兴句和应句的纽带。[③] 这些逻辑关系所反映出的政治意义，正是国子献诗的目的所在。而受众对这些逻辑关系的推求，则属于诗歌接受的范畴，稍后再论。可以说，固定的标示位置和兴、应句之间逻辑关系的构思，恰恰说明当时的诗歌创作，存在一定程度的模式化。而只有经过系统的学习，以及在固定的创作背景下，才会形成较为统一的诗歌体式。

由此可见，“兴”在诗之创作过程中的重要作用。当然，《毛传》解诗的政治化倾向，难免有牵强附会的毛病，但一百多首诗中，不可能全都牵强附会。既然列士以上有献诗以讽的传统，那么相信通过考察这些作品，就可以印证《毛传》中的合理成分。我们知道，列士以上受过国子教育，其所献之诗，都是己作，多集中在《小雅》中。较有名的如《巷伯》，是公卿列士献诗的典范，也是《诗经》中少有的、能准确考察其作者的作品之一，因篇末有“寺人孟子，作为此诗”为证。此诗就使用了兴法，首章二句“萋兮斐兮，成是贝锦”，《毛传》即注为“兴也”，《郑笺》则释为“兴者，喻谗人集作己过，以成于罪，犹女工之集采色以成锦文”，从后两句“彼谮人者，亦已大甚”可知，毛、郑二人的解释是正确的。

至于“导”的创作手法，是道古以规今。这也包括两个方面：一是戒，一是刺，戒是对未发生行为的警示，刺则是对已发生行为的规劝。两者的表现形式，都是拿古代圣王、明王的所作所为来劝谏时王，即“陈古以谏”。

---

① 王靖献撰，谢谦译：《钟与鼓：〈诗经〉的套语及其创作方式》，四川人民出版社1990年版，第4页。

② 鲁洪生：《〈毛诗〉标兴本义考》，《中国诗歌研究》2002年第1辑。

③ 葛晓音：《“毛公独标兴体”析论》，《中国文化研究》2004年春之卷。

《礼记·乐记》载子夏与魏文侯论古乐时说："君子于是语，于是道古，修身及家，平均天下，此古乐之发也。"这里的"道古"，是典礼中的固定步骤，属"合语"的组成部分。据孙希旦解释："道古者，合语之时，论说父子、君臣、长幼之道，并道古昔之事也。"[①] 更倾向于阐释方式。然"道古"中所含之义理，即便是微言大义，也是由诗人赋予的。在《大雅》中，存在大量颂祖德之作，都是典型的"道古"之诗。这类诗歌多通过追述古圣王，如开国之祖后稷、太王，甚至文王、武王的功绩和行为，一方面，让其作为宗庙祭祀的对象存在；另一方面，还使之成为后世子孙的榜样。所以，这些诗歌兼具史诗和戒诗两种身份。史诗方面，前人研究甚多，兹不赘述。而作为戒诗，却是乐语之教的主要目的。

《大雅》中有若干篇章，如《大明》《思齐》《绵》《皇矣》《生民》《公刘》等篇，往往被视为周部族的"史诗"。据后人的解释，这些诗歌基本上都是为"戒"成王而作，如《毛诗序》就说《公刘》是"召康公戒成王也。成王将莅政，戒以民事，美公刘之厚于民，而献是诗也"。至于其他诗，《毛序》虽没有明言，但朱熹《诗集传》却有所补充，如说《文王》是"周公追述文王之德，明周家所以受命代商者，皆由于此，以戒成王"，说《大明》"此亦周公戒成王之诗"，说《绵》"此亦周公戒成王之诗，追述大王始迁岐周以开王业，而文王因之以受命也"，等等。对于其主旨，或仍有值得商榷之处。但在客观上，这些"史诗"，通过在祭祀过程中追述古圣王的事迹，让时王了解到开国的艰难，从而保持一种谨慎的态度。这在一定程度上，也确实起到了"戒"的作用。而到了王朝中后期，仅通过先王的榜样力量，已很难以约束周王的行为，故献诗的卿大夫们，也不再顾及君主的尊严，开始直接采用"刺"的形式进行劝谏。

不过，"刺"也存在"直刺"和"婉刺"的不同。直刺者，如《小雅·节南山》言："家父作诵，以究王讻。"就是直斥周王之凶恶。另外，如《小雅》之《正月》《十月之交》《雨无正》《小旻》《小宛》《小弁》《巧言》等，《大雅》之《民劳》《板》《荡》《抑》《桑柔》《瞻卬》《召旻》等，颇多哀苦之言，都是直刺厉王、幽王之作。婉刺者，即孔颖达所说的"陈古以刺幽王、厉王"。据《毛诗序》，《小雅》中有大量题为

① 孙希旦：《礼记集解》，中华书局1989年版，第1014页。

“刺幽王”的诗，其中大概有十余首诗，又被说成是“思古”之作：

> 1.《楚茨》，刺幽王也。政烦赋重，田莱多荒，饥馑降丧，民卒流亡，祭祀不飨，故君子思古焉。
>
> 2.《信南山》，刺幽王也。不能修成王之业，疆理天下，以奉禹功，故君子思古焉。
>
> 3.《甫田》，刺幽王也。君子伤今而思古焉。
>
> 4.《瞻彼洛矣》，刺幽王也。思古明王能爵命诸侯，赏善罚恶焉。
>
> 5.《裳裳者华》，刺幽王也。古之仕者世禄，小人在位，则谗谄并进，弃贤者之类，绝功臣之世焉。郑笺：古者，古昔明王时也。小人，斥今幽王也。
>
> 6.《鸳鸯》，刺幽王也。思古明王交于万物有道，自奉养有节焉。
>
> 7.《鱼藻》，刺幽王也。言万物失其性，王居镐京，将不能以自乐，故君子思古之武王焉。
>
> 8.《采菽》，刺幽王也。侮慢诸侯，诸侯来朝，不能锡命以礼，数征会之而无信义，君子见微而思古焉。
>
> 9.《瓠叶》，大夫刺幽王也。上弃礼而不能行，虽有牲牢饔饩，不肯用也。故思古之人。不以微薄废礼焉。

从《毛诗序》看，这批诗歌主要的创作手法，就是通过“思古”以刺今。但是，现代研究者多认为《诗序》的解释有牵强附会的成分在内。而仔细品味这些诗歌，似乎也并无讽刺意味在内，像《楚茨》言祭祖和宴饮，《信南山》与《楚茨》略同，也言祭祖祈福，《甫田》言祭四方神、土地神和农神，均与周之祭礼有关；《瞻彼洛矣》言周天子在洛水之上检阅六军，与军礼有关；《裳裳者华》言世禄，与制度有关；《鸳鸯》言天子新婚，与昏礼有关；《鱼藻》言周天子在镐京饮酒作乐，与饮酒礼有关；《采菽》言天子赏赐诸侯，与锡命礼有关；《瓠叶》也言饮酒礼。除《瓠叶》外，其余诗歌都是回顾古制，并不见有愤激怨刺之言，无怪乎清人范家相会提出疑问：“刺幽之诗自《节南山》以下莫不愤悲疾苦，何此十篇乐易平和如此?"[①] 从而引起了争论。不过，据王小盾等的解释，《诗序》是与乐教有关的，是对采诗与献诗制度的文本化总结。[②] 如果此说成立，那么《诗序》中的说法就不是毫无道理了。这些诗歌的作者，很可能通过陈述古礼来侧面反映今之缺失。因此，如果不单从诗歌的文本内容入手，而是结合国子献诗的背景，就可以了解这些诗歌创作的真正目的了。

二　讽诵与国子用诗

乐语中之讽、诵，兼具三层含义：一是背诵之法，二是表现之法，三是讽谏之法。据郑玄注："倍文曰讽，以声节之曰诵。"[③] 《汉书·贾谊传》颜师古注言："倍读曰背。"则"讽"是背诵的手段，《汉书·艺文志·小学》："太史试学童，能讽书九千字以上，乃得为史。"贾公彦认为诵"亦皆背文"，也有背诵之义。《周礼·春官》说瞽矇有"讽诵诗"之职，郑玄注"讽诵"为"谓暗读之不依咏也"，所谓"暗读"即不明读，是背诵之法。若从这一角度，讽、诵是可以互训的，《说文》言："诵，讽也。"段玉裁注："《周礼》经注析言之，讽诵是二；许统言之，讽诵是一也。"[④] 则"讽"与"诵"又是有区别的，主要在表现方式上：如贾公彦疏云："讽是直言之，无吟咏；诵则非直背文，又为吟咏，以声节之为异。"徐养原也认为："讽如小儿背书声，无回曲；诵则有抑扬顿挫之致。"[⑤] 若此，则讽、诵是不同的声音表现手段：讽是最直接，也是最简单的表现方式；诵则是较为艺术化的表现方式。除此之外，讽、诵还是一种讽谏之法，讲求微言相感。如讽，《广雅》释为"谏也"，《集韵》也说是"谏刺也"；诵，《国语·周语上》载天子听政，有"蒙诵"之说，韦昭注云："诵，谓箴谏之语也。"国子在学诗、用诗的过程中，就是对这三种技巧的灵活运用。

---

① 范家相：《诗渖》，文渊阁《四库全书》本。

② 王小盾、马银琴：《从〈诗论〉与〈诗序〉的关系看〈诗论〉的性质与功能》，《文艺研究》2002 年第 2 期。

③ 郑玄注，贾公彦疏：《周礼注疏》，《十三经注疏》本，中华书局 1980 年版，第 787 页。

④ 段玉裁：《说文解字注》，上海古籍出版社 1988 年版，第 90 页。

⑤ 孙诒让：《周礼正义》，中华书局 1987 年版，第 1725 页。

对国子而言，讽、诵首先是学诗的重要手段。《礼记·内则》言国子“十有三年，学乐、诵诗、舞《勺》”，《文王世子》载：“凡学，世子及学士必时……春诵夏弦。”《荀子·大略》也载：“少不讽诵，壮不论议，虽可，未成也。”国子自少时，就通过讽、诵来学习诗乐，在进入大学后，仍需太师教之。故大致可以推测，在国子学习过程中，所偏重的讽、诵训练，应是背诵之法和表现之法。

因为通过背诵，可以熟习诗篇，这一方面可以培养国子的作诗能力，所谓熟能生巧，林黛玉教香菱学作诗时，就让她先将王维、杜甫、李白的诗“细心揣摩透熟了”[①]，以今律古，自不能外。当对已结集的诗篇背诵熟之后，就能“多识于鸟兽草木之名”[②]，这正是学习“兴语”的基础；另一方面，又可以使国子在用诗时，能够随口援引，不至于出现差错。因为在当时，如果不熟悉诗篇的意义，就会闹出笑话。在《左传》中，就有四次这样的记载：一是襄公十六年，晋平公宴诸侯，齐高厚歌诗不类，被人所共讨；二是襄公二十七年，齐大夫庆封聘鲁，鲁大夫叔孙赋《相鼠》讽刺他，他却不懂；三是襄公二十八年，庆封因内乱投于鲁，叔孙又请乐工诵《茅鸱》，他仍然不懂；四是昭公十二年，宋华定聘鲁，昭公亲自享之，为赋《蓼萧》，华定既不懂，又不答赋。叔孙昭子就认为他“必亡”。之所以如此，就是因为这些人对诗篇的意义不熟悉，从而被人所耻笑。

而通过对不同表现方式的学习，可以为礼仪用诗，打下坚实的基础。这是因为，在不同的场合，所采用的表现方式也有不同。春秋时期，国子对诗的使用，主要有两种，一种是赋诗，一种是引诗。其中，赋诗的形式，更偏重于“诵”；引诗的形式，更偏重于“讽”。

先说赋诗。赋诗是国子为了一定的政治意图，对诗的全篇或某章加以吟诵，试图通过婉转的方式，表达自己的政治意图。在《左传》《国语》等典籍中，有大量关于赋诗的记载。以《左传》为例，第一次赋诗发生在僖公二十三年，当时秦穆公招待流亡在外的重耳，重耳赋《河水》，穆公赋《六月》；赋诗的高峰期则在成、襄、昭三公时代，期间诸侯宴飨会

① 曹雪芹、高鹗：《红楼梦》，人民文学出版社1982年版，第664页。

② 何晏注，邢昺疏：《论语注疏·阳货》，《十三经注疏》本，中华书局1980年版，第2525页。

盟，许多国际争端，都是借助这一形式得以解决的。至定、哀时期，赋诗这一形式才几乎停止。据统计，在大概一百三十年的时间内，共赋诗三十三场次，七十六篇次。[①] 可以说，赋诗是春秋时期的一大文化景观。

关于“赋诗”的形式，有很多不同的说法：或曰赋诗即歌诗，依据见《国语·鲁语下》载：“公父文伯之母欲室文伯，飨其宗老，而为赋《绿衣》之三章。……师亥闻之曰：‘……诗所以合意，歌所以咏诗也。今诗以合室，歌以咏之，度于法矣。’”顾颉刚、朱自清等人皆持此说；或曰赋诗即诵诗，依据见《汉书·艺文志》引《传》曰：“不歌而诵谓之赋。”这是自古以来的主流意见；或曰赋诗是一种独特的表达方式，与“歌”“诵”无关，这是近来学者所提出的新观点。[②] 历代所论，多不出此三者。

据《墨子·公孟篇》：“诵诗三百，弦诗三百，歌诗三百，舞诗三百。”则先秦时诗歌之表现形式以此四者为主。四者之中，弦诗、舞诗自与赋诗无涉，而诵诗、歌诗既有争端，则当用排除法，去其嫌疑最大者，取相似率最大者。首先，歌诗作为典礼的重要仪注，往往是程式化的，更注重诗之乐章义；诵诗虽也出现在典礼中，但却是随意性的，更偏重诗之篇章义。《汉书·艺文志》：“古者诸侯卿大夫交接邻国，以微言相感，当揖让之时，必称《诗》以谕其志，盖以别贤不肖而观盛衰焉。”说明赋诗言志就是通过诗章的引申义，表达赋诗者的个人志意。其次，先秦文献中，也有以诵诗为赋诗的间接证据。《论语·子路》：“诵诗三百，授之以政，不达；使于四方，不能专对；虽多，亦奚以为？”这里的使于四方，即行人赋诗。所以，“不歌而诵谓之赋”的说法，也不是毫无依据的。

但在先秦文献中，为何不直言“诵诗”，而言“赋诗”呢？通过对《国语》《左传》中各个具体案例的分析，会发现：凡言“赋”，均发生在正式场合，主体都是受过良好国子教育的贵族，其目的则不限于讽谏，还有颂美、请求、建议等方面。如文公三年，鲁文公至晋，晋襄公设宴款待，席间，晋侯赋《青青者莪》，取“既见君子，乐且有仪”句，以君子喻文公，有颂美之义；鲁侯则答赋《嘉乐》，取“显显令德，宜民宜人，受禄于天”句，颂襄公有“令德”。

---

① 王清珍：《〈左传〉赋诗现象分析》，《国学研究》2005 年第 15 卷。

② 毛振华：《〈左传〉赋诗研究百年述评》，《湖南大学学报》2007 年第 4 期。

凡言“诵”，则不限正式场合，其主体也不限贵族，还有乐工、野人、舆人、国人等。正式场合的诵诗有两例：一是襄公十四年，卫献公与其臣孙文子、宁惠子有隙。有一次，孙文子之子孙蒯入朝请命，献公“饮之酒，使大师歌《巧言》之卒章。大师辞。师曹请为之。初，公有嬖妾，使师曹诲之琴，师曹鞭之。公怒，鞭师曹三百。故师曹欲歌之，以怒孙子，以报公。公使歌之，遂诵之”。《巧言》之卒章，即“彼何人斯，居河之麋。无拳无勇，职为乱阶”，献公本意是让大师歌之，点明孙文子欲为乱的居心，因为不合礼制，故大师请辞。倒是怨恨献公的师曹，主动请缨，以诵的形式将辞章表达出来。之所以用“诵”，据杜预注：“恐孙蒯不解故。”[①] 则歌诗与诵诗当有不同，歌诗之乐章义，有时会隐蔽其篇章义；而诵诗含抑扬顿挫之节，可以自由调节轻重音，所以能更直截了当表达其篇章义。因此，师曹采用了这一形式。二是上文所言襄公二十八年，庆丰投奔于鲁，“叔孙穆子食庆封，庆封氾祭。穆子不说，使工为之诵《茅鸱》，亦不知”，也是采用诵的形式讽刺庆丰。另外，《左传》还载有非正式场合之诵，像僖公二十八年的“舆人之诵”，襄公四年的“国人诵之”，三十年的“舆人诵”，皆是怨词，属讽谏之法。

故可知，赋诗虽然采取了诵的形式，但却不是诵所能包含的。一方面，言“赋”是有身份象征的，《诗经·鄘风·定之方中》之《毛传》言君子有九能，可以为大夫，其五即“升高能赋”，据周勋初考证，升高能赋就是指登堂赋诗。[②] 《说苑·复恩》也载跟重耳流亡的舟之侨言曰：“君子为赋，小人请陈其辞。”可见，赋诗是与贵族的身份贴合在一起的。另一方面，诵专为讽谏讥刺，赋却兼有颂美。上文已论，诵有三义，若取背诵之义，则君子亦可用“诵”，《论语》的“诵诗三百”，就含“背诗三百”的意思。若取讽谏之义，则君子不用，以赋代之，如同样是讽刺庆丰，叔孙穆子亲自诵，则言“为赋《相鼠》”，与乐工“为之诵《茅鸱》”称呼不同，用意却一。

再说引诗。引诗的类型有言辞引诗和著述引诗两种。言辞引诗，主要

---

① 杜预注，孔颖达正义：《春秋左传正义》，《十三经注疏》本，中华书局 1980 年版，第 1957 页。

② 周勋初：《“登高能赋说”演变和刘勰创作论的形成》，《文心雕龙研究》第 2 辑，北京大学出版社 1996 年版，第 164—176 页。

指春秋时代的君主、大臣等，出于外交、政事的需要，通过征引诗篇，以增强自己言辞权威性的表述方式，这主要集中在《左传》《国语》两书中。据统计，在《左传》中，人物引诗有八十六回；《国语》中，人物引诗则只有十六回。[①] 著述引诗，则是为了著书立说的需要，通过征引诗篇，以增强自己观点的权威性，这主要体现在《左传》《国语》文末的“君子曰”评述和先秦诸子的著作当中。不过，因著述引诗与诗之表现方式无关，暂不讨论。

相对于赋诗，引诗的形式比较简单，即通过背诵的方式援引诗中章句。赋诗存在“赋全篇”和“赋某章”两种方式，前者如襄公八年，范宣子赋《摽有梅》，季武子赋《角弓》《彤弓》等；后者如成公八年，穆姜赋《绿衣》之卒章等。其取义类型，也有取全诗之义和取断章之义两种，前者如昭公二年，北宫文子赋《淇奥》、韩宣子赋《木瓜》，因两诗都是重章复沓，故不管取哪一章，其所言之志都是相同的；后者即我们所说的断章取义，也分两种形式：一是赋全篇者只取某章之义，如襄公二十七年，子大叔赋《野有蔓草》，杜预注：“取其‘邂逅相遇，适我愿兮’。”[②] 等等；一是赋断章则只取本章之义，如前引穆姜赋《绿衣》之卒章，就取“我思古人，实获我心”两句。

而引诗，主要集中在对话中，或引某章，或引某句，要求引诗者对文本的记忆能力更强，因为在背诵诗文时，能整篇背诵是一个层面，能随意引用又高一个层面。有时候为了说明问题，甚至不惜连续引诗，如《左传·襄公三十一年》载，北宫文子见楚国令尹子围后，向卫侯论“威仪”之事。在交谈过程中，北宫文子就连引五诗：一引《大雅·荡》“靡不有初，鲜克有终”句，预言令尹之结局；二引《大雅·抑》“敬慎威仪，惟民之则”句，言令尹无威仪，不为民则，故难有善终；三引《邶风·柏舟》“威仪棣棣，不可选也”句，言威仪之多，君臣、上下、父子、兄弟、内外、大小皆有之；四引《大雅·既醉》“朋友攸摄，摄以威仪”句，言朋友相交，需训以威仪；五引《大雅·皇矣》“不识不知，顺帝之则”，述文王故事，论威仪的象征作用。可以说，除第一诗外，北宫文子

---

① 林岗：《论引诗》，《文艺理论研究》2007 年第 4 期。

② 杜预注，孔颖达正义：《春秋左传正义》，《十三经注疏》本，中华书局 1980 年版，第 1997 页。

的议论，都是围绕诗句展开，李炳海先生就认为这是“带有专题引诗的特点”①。

以此为例，可以探讨国子引诗的特点：从引诗主体来看，《左传》《国语》中的引诗者均为贵族，受过良好的国子教育。统计两书中的引诗者，其身份或君主太子，或执政之卿，最低也是大夫。如北宫文子的爵位就是卿。这些人中，有人极善引诗论事，除卫之北宫文子外，还有鲁国的季文子、叔孙穆子、郑国的子产、晋国的叔向等，他们在当时都有贤名。当然，也有例外，襄公二十六年，孔子弟子子赣（即子贡）在回答卫出公之使者时，曾引过《周颂·烈文》。然此时，春秋时代已接近尾声，孔子开创私学，并以诗授徒，故“引诗”也得以向下层开放。至战国时，更是如此。《战国策》卷一曾载，温人在回答周君使者时，说：“臣少而诵诗，《诗》曰：‘普天之下，莫非王土；率土之滨，莫非王臣。’”这里的“诵”，当指背诵，说明诗文本已经成为公共资源，为下层所掌握。

从引诗文本来看，引诗与赋诗不同。赋诗所用，《风》《雅》《颂》皆有之，随意使用；而引诗，则以《雅》《颂》为主，偶有《周南》《召南》及《邶风》《豳风》之诗。之所以如此，一方面，固然与《诗》之结集情况有关，因为当时《国风》还没有结集成书；另一方面，又与文本的选择有关，《雅》《颂》的特殊性质，使其承担起神圣文本的角色，可以作为权威论证的依据。②

从表现方式来看，引诗都是将诗句作为论点或论据展现在对话之中。因此，对其表现方式要求也不高，既不用合乐，也不需吟咏，只要随口背出即可。在乐语中，符合这一方式的就是“讽”。

三　言语与国子说诗

徐干在《中论·艺纪篇》中提到：“大胥掌学士之版，春入学，舍采合万舞；秋班学合声，讽诵讲习，不解（即懈）于时。”是对《周礼》乐官职责的补充阐释，其言“讽诵讲习，不解于时”，可谓深得言外之旨。特别是讲习之法，就是对诗乐的讲授，在诸乐语中，只有言、语二教符合

---

① 李炳海：《春秋后期引诗、赋诗、说诗的样态及走向》，《社会科学战线》2011 年第 1 期。

② 林岗：《论引诗》，《文艺理论研究》2007 年第 4 期。

其特点。

然大胥更类似于行政人员，不是专职教师。故诗乐的讲习，是由小乐正、大乐正、大司成三官共同完成的。据《礼记·文王世子》载：

> 凡祭与养老乞言、合语之礼，皆小乐正诏之于东序。大乐正学舞干戚；语说、命乞言，皆大乐正授数，大司成论说在东序。

在这一过程中，言、语是礼仪的组成部分。养老乞言者，陈澔注言："谓行养老之礼时，因乞善言之可行者于此老人也。"[①] 是向年高德劭之人请教至道之善言。《小雅·鹿鸣》第一章有"人之好我，示我周行"语，据马瑞辰《毛诗传笺通释》解释："《传》训'周行'为'至道'，即善道也。"[②] 据学者研究，《诗经》中的不少作品，如《小雅·棠棣》《伐木》等，很可能就是根据老者所道之"善言"改编而成的。[③] 所以，这里的"言"，其实是颇类似于诗辞的一种特殊言说形式。

合语者，陈澔亦曰："谓祭及养老，与乡射、乡饮、大射、燕射之礼，至旅酬之时，皆得言说先王之法，合会义理而相告语也。"[④] 是在礼仪过程中，对所用诗乐的义理性阐发。从时间上来看，合语的举行在旅酬之时，《仪礼·乡射记》载："古者于旅也语。"旅酬一节，宾主要依次相互敬酒。这一过程中，可能还要说一些类似今之祝酒词一类的话。只不过所说内容，必须是对所奏诗乐中蕴含的先王之道的阐发，《礼记·文王世子》载："登歌《清庙》，既歌而语，以成之也。言父子、君臣、长幼之道，合德音之致，礼之大者也。"郑玄注："既歌，谓乐正告正歌备也。语，谈说也。歌备而旅，旅而说父子君臣长幼之道，诸合乐之所美，以成其意。"这里的合语，就是歌《清庙》之后，对其中所蕴义理的解释。同样，《乐记》也记载孔子向宾牟贾论说《大武》之义时，提到"且女独未闻牧野之语乎？"孙希旦《礼记集解》引张子曰："古乐于旅也语，说此

---

① 陈澔：《礼记集说》，凤凰出版社 2010 年版，第 159—160 页。

② 马瑞辰：《毛诗传笺通释》，中华书局 1989 年版，第 493 页。

③ 祝秀权：《周礼与〈小雅〉部分诗篇的创作》，《燕京学报》2010 年第 28 期。

④ 陈澔：《礼记集说》，凤凰出版社 2010 年版，第 160 页。

乐之义。牧野之语，语《武》也。”[①] 可见，“牧野之语”就是贵族们观赏完《大武》乐之后“合语”时所留下来的，这为了解《大武》乐的创作背景，留下了线索。

故分而言之，言、语有所不同：乞言是三老五更的对先王之法的主动言说；合语是对诗中所蕴先王之道的被动性解说。前者自由性较强，后者则较程式化。但合而言之，乞言、合语都与诗乐有关联，是对先王之道的阐发，孔颖达疏谓：“养老既乞言，自然合语也。”[②] 两者没有本质上的差别。

通过孙希旦的解释可知，乞言、合语之礼的教授，包括小乐正“诏之”（即教其威仪）、大乐正“授数”（即“授以篇数使习之”）、大司成“论说”（即“明其义”）三个步骤。[③] 一般认为，小乐正相当于《周礼》之乐师，大乐正则相当于大司乐。至于大司成，则是司徒之属。三者都是教官，教授对象为国子。此一系列的培训，本意是为了使国子能够熟练地应对各类典礼，但意想不到的是，这却开启了春秋时的“说诗”风气，并影响到汉代四家诗“传”、“序”等解诗体裁的形成。

在《国语》《左传》等典籍中，有不少贵族说诗的记载。如晋国的叔向，《国语·周语下》载其两说《诗》：

> 晋羊舌肸聘于周，发币于大夫及单靖公。靖公享之，俭而敬；宾礼赠饯，视其上而从之；燕无私，送不过郊；语说《昊天有成命》。……
>
> 单之老送叔向，叔向告之曰：“……且其语说《昊天有成命》，《颂》之盛德也。其诗曰：‘昊天有成命，二后受之，成王不敢康。夙夜基命宥密，於，缉熙！亶厥心肆其靖之。’是道成王之德也。成王能明文昭，能定武烈者也。夫道成命者而称昊天，翼其上也。二后受之，让于德也。成王不敢康，敬百姓也。夙夜，恭也。基，始也。命，信也。宥，宽也。密，宁也。缉，明也。熙，广也。亶，厚也。

① 孙希旦：《礼记集解》，中华书局 1989 年版，第 1026 页。

② 郑玄注，孔颖达正义：《礼记正义》，《十三经注疏》本，中华书局 1980 年版，第 1405 页。

③ 孙希旦：《礼记集解》，中华书局 1989 年版，第 558—559 页。

肆，固也。靖，和也。其始也，翼上德让，而敬百姓。其中也，恭俭信宽，帅归于宁。其终也，广厚其心，以固和之。始于德让，中于信宽，终于固和，故曰成。单子俭敬让咨，以应成德。单若不兴，子孙必蕃，后世不忘。”

“《诗》曰：‘其类维何？室家之壸。君子万年，永锡祚胤。’类也者，不忝前哲之谓也。壸也者，广裕民人之谓也。万年也者，令闻不忘之谓也。胤也者，子孙蕃育之谓也。单子朝夕不忘成王之德，可谓不忝前哲矣。膺保明德，以佐王室，可谓广裕民人矣。若能类善物，以混厚民人者，必有章誉蕃育之祚，则单子必当之矣。单若有阙，必兹君之子孙实续之，不出于他矣。”

叔向即羊舌肸，单之老为单靖公家臣。单之老在送叔向时，叔向所说两诗，一是转述单靖公享礼时“宴语所及”的《昊天有成命》，出自《周颂》；二是引《大雅·既醉》之句，并加以解说，称颂单靖公之德行。前者严格遵循合语之礼，道成王之德；后者则属合语之礼的变形，单纯说诗以称德。

通过单子对《昊天有成命》的解说，会发现国子讲习诗义是有一定的模式的，包括三个方面，一是明言诗旨，即“是道成王之德也。成王能明文昭，能定武烈者也”，这是对诗篇主旨的整体把握，颇类似于《毛诗》的小序。但其义却有不同，《毛诗》以此为“郊祀天地”之作。倒是贾谊《新书·容经》释此诗时承继叔向之说。二是训其辞句，有两种方式：（1）对分句加以解释，即“夫道成命者而称昊天，翼其上也。二后受之，让于德也。成王不敢康，敬百姓也”；（2）对关键词加以训诂，像释“夙夜”、“基”、“命”、“宥”、“密”、“缉”、“熙”、“亶”、“肆”、“靖”等，均被《毛传》所吸收，胡承珙即云：“《毛诗》此篇《传》义，悉本《国语》叔向之释此诗，故训最详。”[1] 三是总评义理，对诗中章句具体阐释完成之后，又总评其义理，其体式如“其始也”、“其中也”、“其终也”，言先王诸德行。这是对《昊天有成命》最早的义理性阐释，

① 胡承珙：《毛诗后笺》，黄山书社1999年版，第1518页。

无怪乎有学者认为这是将《诗》作为知识来对待的，最具有学究气。[①]

“合语”中的这一解诗模式，影响到了春秋时的说诗方式。据李炳海先生研究，在春秋末期，主要有训诂说诗、义理说诗、以事说诗三种主要方式。[②] 训诂说诗，如前面提到的叔向说《大雅·既醉》。或如《左传》所载，襄公四年鲁叔孙豹解《皇皇者华》、昭公二十八年晋成鱄释《大雅·皇矣》等，都是分别对诗章中的关键字辞加以训诂；义理说诗，则如襄公三十一年卫北宫文子引诗说威仪、昭公二十年齐晏婴引诗说和同等，不是对所引字句逐一训解，而是对整个诗句的义理加以说解，并借此宣扬自己的理念；以事说诗，如昭公十二年的楚子革说《祈招》，主要通过具体事件对所引诗句或诗篇加以解释，其所举事件或涉现实、或据历史，对诗之创作背景和创作意图有所交代。不过，这三种说诗的手段，在单子语说《昊天有成命》时都已用到。

而且，不独如此，传统文献中，战国时的诸子说诗；出土文献中，郭店简的《五行》说诗、上博简的《孔子诗论》说诗等，无不受其影响。及至汉代，其解经体式，如传、故、说等，也都萌芽于此。[③] 可以说，随着时间的推移，说诗体式虽然经历了由简到繁的发展历程，但其基本阐释模式却并未发生重大变化。这为了解《诗经》阐释史的起源和演进，提供了新的思考路径。

综上所述，乐语之教作为特殊的技能手段，是培养国子作诗、用诗及解诗的重要途径。其中，兴、道是作诗手段，目的是服务于国子的献诗；讽、诵是传播手段，目的是服务于国子的赋诗和引诗；言、语是说诗手段，是最早的《诗经》阐释方式。

第二节　乐仪之教与君子威仪

《周礼·春官》所载乐官中，有乐师一职，由下大夫四人、上士八

---

① 刘毓庆、郭万金：《从文学到经学：先秦两汉诗经学史论》，华东师范大学出版社2009年版，第48页。

② 李炳海：《春秋后期引诗、赋诗、说诗的样态及走向》，《社会科学战线》2011年第1期。

③ 刘立志：《从著述体式看汉代〈诗经〉学的发展与演进》，《中国诗歌研究》2007年第4辑。

人、下士十六人共同担任，其职责有“教乐仪”一节，据孙诒让解释，是“教作乐以节仪，仪与乐必相应也”[①]。从表面看，乐仪之教确实是对节礼之乐的教授；但继续考察就会发现，乐仪之教对先秦君子威仪的培养，有着极其重要的作用。对此，前人未曾着眼，本书试论之。

一　商周乐官的容礼之教

在进入讨论之前，有必要对“威仪”这一概念加以解释。在先秦文献中，“威仪”有二义：一是指人的仪容举止，如《诗经·邶风·柏舟》：“威仪棣棣，不可选也。”《毛传》曰：“君子望之俨然可畏，礼容俯仰各有宜耳。”孔颖达疏：“此言‘君子望之俨然可畏’，解经之威。‘礼容俯仰各有宜耳’，解经之仪也。”一是指各类典礼中动作仪节，如《礼记·中庸》有“礼仪三百，威仪三千”之说，孔颖达疏：“‘威仪三千’者，即《仪礼》行事之威仪。《仪礼》虽十七篇，其中事有三千。”而后一义可能是由前一义引申而来，更偏重容礼的一面。[②] 当然，威仪二义也是紧密联系在一起的，君子必须习于各类典礼，才能培养出庄重的仪态，从而让人敬畏效法。

对于威仪，春秋时的北宫文子曾做过一番详细的解释，见于《左传·襄公三十一年》：

> 有威而可畏谓之威，有仪而可象谓之仪。……故君子在位可畏，施舍可爱，进退可度，周旋可则，容止可观，作事可法，德行可象，声气可乐，动作有文，言语有章，以临其下，谓之有威仪也。

则“威仪”既可分而论之，又可合而论之。自其分者言之，威与仪是不同的：威者，和顺积中，英华发外，是静态的；仪者，盛文饰，尊瞻视，动作周旋无不中礼，属动态的。而且，“威”还与地位阶层有关，故

---

① 孙诒让：《周礼正义》，中华书局 1987 年版，第 1799 页。

② 在先秦文献中，最常见的是前一义，后一义并不常见。而且，“威仪”一词，最早见于《尚书·顾命》，即“思夫人自乱于威仪”，说的也是前一义。

曰“在位可畏”；仪则是对特殊阶层的后天培养，具有文化和教养的意义。[①] 故仅从仪的意义上说，这属于贵族特有的礼容文化。自其合者论之，威仪又是不可分开的：威之形成，必须经过仪之规范；仪之动作，也需要威作为前提。故无威则仪流于形式，无仪则威无所依傍。只有两者相互结合，才成为贵族阶级的固有属性。

可以说，先秦君子威仪的培养，是从容礼的教授开始的。一般认为，容礼之教，出于师保之教。[②] 这是有道理的，因为《周礼·地官》所载保氏养国子之道，需教之六仪：“一曰祭祀之容，二曰宾客之容，三曰朝廷之容，四曰丧纪之容，五曰军旅之容，六曰车马之容。”《大戴礼记·保傅》也载，如果天子“不闲于威仪之数”，是“太师之任”；而“处位不端，受业不敬，言语不序，声音不中律，进退节度无礼，升降揖让无容，周旋俯仰视瞻无仪，安顾咳唾，趋行不得，色不比顺，隐琴瑟，凡此其属，太保之任也”。虽然师保负责教国子，太师、太保负责教天子，地位有着很大不同，但其职责还是有相类之处的。

若细加考察，乐官在教授容礼的过程中，也起着很重要的作用。一方面，师保本就有教乐之责，《周礼·地官》载保氏负责教六艺，其二即六乐，属于广义的乐官；另一方面，师保之教必须与乐师为官联才能完成，孙诒让就说乐师“佐大司乐，而与舞师、师氏、保氏为官联也”[③]。因为在行礼的过程中，往往需要伴有乐节，这需要乐官的配合。

以乐官教容礼，并非西周的独创。早在殷商末年，就由乐官负责教容礼。《史记·殷本记》载周武王灭商之后，曾“表商容之闾”。《史记索隐》引郑玄之言：“商家典乐之官知礼容，所以礼署称容台。”商容为乐官，是有文献记载的，《韩诗外传》卷二：“商容尝执羽籥，冯于马徒，欲以伐纣而不能，遂去，伏于太行。”其执羽籥之举，表明是教乐舞之官。郝懿行即云：“商容盖礼乐之官，故尝执羽籥。”[④]《艺文类聚》卷四十四引《尸子》也载：“商容观舞。”故其职与周之乐师相类，因为《周

---

① 阎步克：《中古士族的容止崇尚与古代选官的以貌取人》，《国学研究》2005年第15辑。

② 沈文倬就持此说，可参见《菿闇述礼·容礼考》，《菿闇文存》下册，商务印书馆2006年版，第625页。

③ 孙诒让：《周礼正义》，中华书局1987年版，第1795页。

④ 许维遹：《韩诗外传集释》，中华书局1980年版，第53页。

礼》载乐师所教的六小舞中，就有羽舞。商之乐官，已有太师、少师等，又以商容为乐官，可能就是专教容礼的。因为殷人在行礼时，是十分重视容的。《尚书·洪范》载箕子向武王陈五事，就将“貌”放于首位。①

另外，据周原出土的微氏家族铜器铭文，微氏家族入周后，一直担任“司威仪”的职责，如《史墙盘》载其“青幽高祖，在微灵处”，在周克商之后，“微史烈祖乃来见武王。武王则令周公舍宇于周，卑处甬”。同窖出土的《𤼈钟》则有“微史烈祖来见武王，武王则令周公舍宇，以五十颂处”的记载，《𤼈簋》也云：“显皇祖考司威仪，用辟先王。”裘锡圭结合三者，认为这里的“甬”、“颂”即是“容”，说明微氏在西周时是专司容礼的，且其威仪有五十种之多。② 一般认为微氏之名，取自微子启始封之国，在西周为世袭史官，但从《史墙盘》的“在微灵处”，以及《史记·宋微子世家》“周武王伐纣克殷，微子乃持其祭器造于军门”可知，微氏当属广义的“巫史瞽师”之职，非史官一职所能局限。江林昌就认为史墙的始祖，可能就是持祭乐器奔周的太师、少师一类。③

故以乐官教威仪，既有典籍文献记载，又有出土材料的证明，是十分可信的。当然，国子的威仪之教，并非一官所独任，需要保氏和乐师相互配合。最很可能的情况是，由保氏教其礼容，乐官教其节奏。

据《周礼·春官》记载，乐师所教之乐仪，包括：“行以《肆夏》，趋以《采荠》，车亦如之。环拜以钟鼓为节。凡射，王以《驺虞》为节，诸侯以《狸首》为节，大夫以《采蘋》为节，士以《采蘩》为节。”不过，这里的乐仪并不全面。若参校其他礼书，乐仪大致可分为四类，即行步之节、乘车之节、行礼之节与射节，都是构成君子威仪的重要方面。现依次讨论之。

二 行步之节与君子威仪

古之贵族行步，需要以乐为节，可分为两种：其一，日常行步。日常行步，需以玉为节。《礼记·玉藻》言：“古之君子必佩玉。”其目的，除作为装饰外，还有节步的作用，如《礼记·经解》云：“行步，则有环佩

---

① 曹建墩：《先秦礼制探赜》，天津人民出版社2010年版，第189页。

② 裘锡圭：《史墙盘铭解释》，《文物》1978年第3期。

③ 江林昌：《中国上古文明考论》，上海教育出版社2005年版，第454页。

之声。”《大戴礼记·保傅》：“行则鸣佩玉。”贾谊《新书·容经》：“古者圣王，……鸣玉以行。”而所谓“鸣玉者，佩玉也，上有双珩，下有双璜，冲牙蠙珠，以纳其间，琚瑀以杂之”。董增龄解释说：

> 佩之上，横曰珩，下系三组，贯以蠙珠。中组之半，贯一大珠，曰瑀。末悬一玉，两端皆锐，曰卫牙。两旁组半，各悬一玉，长博而方，曰琚。其末各悬一玉，如半璧而内向，曰璜。又以两组贯珠上，系珩两端，下交贯于瑀，而下系于两璜。行则卫牙触璜而有声。①

如此多的配件，在人行走时自然会叮当作响。但人在行步时，玉声并非杂乱无章的，而是要合于音律，即《礼记·玉藻》所谓“右徵角，左宫羽”，这就要求君子在行走时，遵循一定的步伐，因为步伐一乱，玉撞击之声就会凌乱；而通过听玉声，又可以使自己的步伐得到规范，随时保持庄敬之心，这样“非辟之心无自入也”。贵族上朝之前，还须私下演习容礼，听佩玉之声。《礼记·玉藻》云：“既服，习容，观玉声，乃出。”孔颖达疏：“既服，著朝服已竟也。服竟而私习仪容，又观容听已珮鸣，使玉声与行步相中适。”如此，上朝时才能保持威仪，不致失态。

但需要注意的是，古代贵族因身份的不同，佩玉不同，步伐也有异，如《礼记·曲礼下》言：“天子穆穆，诸侯皇皇，大夫济济，士跄跄，庶人僬僬。”郑玄注：“皆行容止之貌也。……凡行容，尊者体盘，卑者体蹙。”大致而言，身份越尊者，步履越从容；身份越卑者，步履越急促。若身份发生改变时，就要“改步改玉”或“改玉改行”，即通过改变佩玉的贵贱，改变步履的节奏。② 据《左传·定公五年》载，季平子卒时，阳虎想以玙和璠为其陪葬，因当初鲁昭公被逐，季平子曾暂行君事，可以佩玙和璠祭祀宗庙。但向仲梁怀索要时，仲梁怀不给，理由是“改步改玉”，即如今定公继位，季平子就必须改变步伐，不该再佩戴象征君主身份的玙与璠。而且，在当时，如果随意改变步伐，不合玉声之节，就被视为弃德。《国语·周语下》载：“柯陵之会，单襄公见晋厉公，视远步

① 阎振益、钟夏校注：《新书校注》，中华书局2000年版，第240页。

② 杨伯峻：《春秋左传注》，中华书局1981年版，第1550—1551页。

高。"单子就评价说："足高，日弃其德。"韦昭注："人君容止，佩玉有节。今步高失宜，弃其德也。"在当时人看来，弃德会招致祸患。

其二，典礼行步。典礼行步，自然也要以玉声为节，如《国语·楚语下》："赵简子鸣玉以相。"韦昭注："鸣玉，鸣其佩玉以相礼也。"但除此之外，还要奏乐以为行步之节，主要有两种：一是出入宗庙大门之仪；二是出入朝廷大寝之仪。

前者因典礼不同，场合不同，节步之乐也有异。《周礼·春官·大司乐》就载：

> 凡乐事，大祭祀……王出入则令奏《王夏》，尸出入则令奏《肆夏》，牲出入则令奏《昭夏》。……大飨不入牲，其他皆如祭祀。大射，王出入令奏《王夏》。

先言大祭祀之礼，贾公彦疏："王出入，谓王将祭祀，初入庙门，及祭祀讫出庙门，皆令奏《王夏》也。"孙诒让则解释说："此令奏并谓令乐官奏钟鼓，以为出入之节。"[①] 同样，尸出入庙门时，则以钟鼓奏《肆夏》为节；牲出入庙门时，则以钟鼓奏《昭夏》为节。大飨礼也在宗庙中举行，因不入牲，故不奏《昭夏》，其他则均如大祭祀之仪。[②] 至于大射礼，王出入时要奏《王夏》，地点却不在宗庙，而在大学辟雍。据孙诒让解释："谓将祭郊庙，择士而与诸侯卿大夫士射，王出入于大学辟雍之乐。"[③] 但因其与宗庙之事有关，故王之节步用乐也与宗庙时相同。若是诸侯举行大射，所用节步之乐为《骜夏》，《仪礼·大射》："公入，《骜》。"是说诸侯从射宫返回国都时，要奏《骜夏》。

另外，一般在重大礼事活动后，还要举行燕礼，招待宾客。因需饮酒，容易致醉，为了不失威仪，故在燕礼结束时，要奏《陔夏》以节制宾客步伐。《仪礼》之《乡饮酒礼》《乡射礼》《燕礼》及《大射》中均

---

① 孙诒让：《周礼正义》，中华书局1987年版，第1780页。

② 郑玄注："大飨，飨宾客也。不入牲，牲不入，亦不奏《昭夏》也。其他，谓王出入、宾客出入亦奏《王夏》、《肆夏》。"贾公彦疏："言不入牲，谓飨亦在庙，其祭祀则君牵牲入杀，今大飨亦在庙，诸侯其牲在庙门外杀，因即烹之，升鼎乃入，故云不入牲也。"《周礼注疏》，《十三经注疏》本，中华书局1980年版，第791页。

③ 孙诒让：《周礼正义》，中华书局1987年版，第1783页。

有“宾出，奏《陔》”的记载，郑玄注：“《陔》，《陔夏》也。陔之言戒也。终日燕饮酒罢，以《陔》为节，明无失礼也。”[①]《陔夏》又叫《祴夏》，也属钟师所奏《九夏》之一，据《周礼·春官·笙师》，《陔夏》的伴奏乐器有舂牍、应、雅三器，目的是“宾醉而出，奏《祴夏》，以此三器筑地，为之行节，明不失礼”[②]。《陔夏》亦于宗庙中奏之，故《说文·示部》说：“宗庙奏《祴》乐，从示戒声。”

后者即乐师所教的“行以《肆夏》，趋以《采荠》”，对此“乐仪”之解释，可兹注意者有三：

（一）举行之场所。据郑玄注，这是“教王以乐出入于大寝朝廷之仪”[③]，目的是为了“步迎宾客”。大寝即路寝，是天子处理政事的正殿，也是除宗庙之外举行典礼的另一地点。此时迎接宾客，贾公彦认为是为了举行燕礼，孙诒让则认为“其王以他礼事出入大寝，亦当放此”，则不限于燕礼迎宾客，而是“王常时出入路寝之礼，与祭祀不同”[④]。其实，孙氏此论更为合理，因为天子之威仪应该时刻保持，不独用于某一典礼。而且，乐师教乐仪，亦并非用于正式典礼中，只是日常的教学训练。

（二）行趋之顺序。行是慢走，趋是疾行，用于不同的场合。据郑玄注：“行者，谓于大寝之中，趋谓于朝廷。”[⑤]传天子所居之处有五门，自内而外，分别为路门、应门、雉门、库门、皋门。其中，路门之内为大寝之庭；路门之外、应门之内是朝廷所在。故《周礼》记载的顺序是先行而后趋，即从大寝至路门为行，奏《肆夏》为节；从路门至应门为趋，奏《采荠》为节，方向是由内出外。另外，还有与之相反的说法，如《礼记·玉藻》：“趋以《采荠》，行以《肆夏》。”则是先趋而后行，方向为由外入内。

---

① 郑玄注，贾公彦疏：《仪礼注疏》，《十三经注疏》本，中华书局1980年版，第989页。

② 同上书，第801页。

③ 同上书，第793页。

④ 孙诒让：《周礼正义》，中华书局1987年版，第1799、1888页。

⑤ 郑玄注，贾公彦疏：《周礼注疏》，《十三经注疏》本，中华书局1980年版，第793页。

（三）乐节之舒缓。从《周礼》和《礼记》的记载来看，《肆夏》节奏较缓，故用以节行；《采荠》节奏较急，故用以节趋。另外，还有另一种说法，即《大戴礼记·保傅》所载："行以《采茨》，趋以《肆夏》。"贾谊《新书·容经》也载："行以《采荠》，趋以《肆夏》。"若此，则应是《采荠》节奏较缓，《肆夏》节奏较急。限于材料，很难辨明两说孰是孰非。但《保傅》中有"及秦不然"语，明是汉代文献。所以，这一说法，出自汉人之口，不一定可信。所以我们更认同《肆夏》节缓、《采荠》节急的说法。

故周王出入大寝朝廷，必须以《肆夏》《采荠》两乐作为节奏，与步伐相应，不致紊乱，从而保持君主的威仪。

三　乘车之节与君子威仪

《周礼·地官》载保氏教六仪，其六为"车马之容"。车马之容也是君子威仪的重要组成部分。《礼记·少仪》："车马之美，匪匪翼翼。鸾和之美，肃肃雍雍。"前者是作为整体的车马之容，学者已有讨论，兹不重叙。[①] 后者则是作为配件的车马之容，在众多配件中，有四器是用来发声的，即《左传·桓公二年》所说："锡、鸾、和、铃，昭其声也。"四器中，除锡是缀有半月形金属的皮革饰物，其余鸾、和、铃均为铃类响器。关于其位置，杜预注："锡在马额，鸾在镳，和在衡，铃在旂，动皆有鸣声。"《周礼·夏官·大驭》郑玄注则曰："鸾在衡，和在轼，皆以金为铃。"两说不同，但考古发现却证明了后说是正确的。[②] 故鸾、和作为乐器，有两方面的意义：一是作为装饰的威仪之美，一是作为节奏的乐仪之声。《白虎通·阙文》即言："所以有鸾和者何？以正威仪，节行舒疾也。"[③]

行车之时，必有乐节，也由两部分组成：一是出入大寝朝廷的奏乐之节。《韩诗外传》卷一载："古者天子左五钟。将出，则撞黄钟，而右五钟皆应之。马鸣中律，驾者有文，御者有数，立则磬折，拱则抱鼓，行步

---

① 参见扬之水《说〈大雅·韩奕〉——〈诗经〉名物新证之三》，《中国文化》1996年第14期。

② 王平：《说鑾与金甬》，《考古》1962年第7期。

③ 陈立：《白虎通疏证》，中华书局1994年版，第583页。

中规，折旋中矩，然后太师奏升车之乐，告出也。”由此可见，从马鸣的合于乐律之声，到驾车者行动的合乎乐器之形，都是天子威仪的组成部分。最重要的是，当天子登车时，会有乐师奏升车之乐。关于所奏之乐，《周礼·春官·乐师》：“行以《肆夏》，趋以《采荠》，车亦如之。”《夏官·大驭》也载：“凡驭路，行以《肆夏》，趋以《采荠》。”据郑玄注：“王如有车出之事，登车于大寝西阶之前，反降于阼阶之前。”则与天子出入大寝时的行步之节相同，也是从路寝到路门马车缓行，中《肆夏》之节；从路门到应门马车疾行，中《采荠》之节。

二是行车之时的鸾和之节。《周礼·夏官·大驭》：“凡驭路仪，以鸾和为节。”《礼记·玉藻》：“君子在车则闻鸾和之声，行则鸣佩玉，是以非辟之心无自入也。”《经解》：“升车则有鸾和之音。”《仲尼燕居》：“和鸾中《采齐》。”可见，行车以鸾和为节，是当时人的共识。《大戴礼记·保傅》：“居则习礼文，行则鸣佩玉，升车则闻和鸾之声，是以非僻之心无自入也。在衡为鸾，在轼为和，马动而鸾鸣，鸾鸣而和应。声曰和，和则敬，此御之节也。”这就要求君子的动作，与鸾和之声相应，一方面可展现其优雅的风度，另一方面又能培养其和敬之心。因此在《诗经》中，就屡有观车乘以省威仪的说法。如《小雅·采菽》：“君子来朝，言观其旂。其旂淠淠，鸾声嘒嘒。载骖载驷，君子所届。”郑玄笺：“诸侯来朝，王使人迎之，因观其衣服车乘之威仪，所以为敬，且省祸福也。”若诸侯衣服车乘之威仪合乎法度，且内有和敬之心，就能够避祸为福。

四　行礼之节与君子威仪

《周礼》载乐师教乐仪，有“环拜以钟鼓为节”句。环拜者，据郑玄注引郑司农云：“环谓旋也。拜，直拜也。”是两种不同的仪节程式。环即《礼记·玉藻》所说的“周还中规，折还中矩”，也即北宫文子所说的“周旋可则”，是行礼时旋转身体的仪态。拜则为《周礼·春官》中大祝所掌的九拜，包括稽首、顿首、空首、振动、吉拜、凶拜、奇拜、褒拜、肃拜。九拜中，除肃拜为妇人之仪，凶拜为丧事之仪外，其余七拜都要与乐节相应。故环、拜二仪均需以钟鼓为节。

然环拜时所奏之乐为何？孙诒让以“未闻”答之。[①] 可见记载这一仪

① 孙诒让：《周礼正义》，中华书局1987年版，第1800页。

节的典章制度很少。但尽管很少，并非无蛛丝马迹可循。如《仪礼》中就有详细记载，不过是针对燕礼而言。因为在举行大射之前，会先举行燕礼。据《大射》言：

> 奏《肆夏》。宾升自西阶。主人从之，宾右北面至再拜。宾答再拜。主人降洗，洗南西北面。宾降阶西，东面。主人辞降，宾对。主人北面盥，坐取觚洗。宾少进辞洗。主人坐，奠觚于篚，兴对。宾反位。主人卒洗，宾揖升。主人升。宾拜洗。主人宾右奠觚答拜，降盥。宾降。主人辞降，宾对。卒盥，宾揖升。主人升，坐取觚。执幂者举幂。主人酌膳。执幂者盖幂。酌者加勺，又反之。筵前献宾。宾西阶上拜，受爵于筵前，反位。主人宾右拜送爵。宰胥荐脯醢。宾升筵。庶子设折俎。宾坐，左执觚，右祭脯醢，奠爵于荐右，兴取肺，坐绝祭，哜之，兴加于俎，坐捝手，执爵，遂祭酒，兴席末坐，啐酒，降席坐，奠爵，拜告旨，执爵兴。主人答拜。乐阕。……
>
> 主人盥，洗象觚，升，酌膳，东北面献于公。公拜受爵。乃奏《肆夏》。主人降自西阶，阼阶下北面拜送爵。宰胥荐脯醢，由左房；庶子设折俎，升自西阶。公祭如宾礼，庶子赞授肺。不拜酒，立卒爵，坐，奠爵拜，执爵兴。主人答拜。乐阕。升受爵，降奠于篚。

在整个行礼过程中，曾两奏《肆夏》。第一次从宾进入射宫门起，至主人对宾客行一献之礼结束。这一过程中，不断出现升、降、环、拜的仪节。如升，有“宾升自西阶”“主人升”等字眼；降，则有“主人降洗”“宾降阶西”等字眼；环，则有“北面”“西面”及“反位”等字眼，说明行礼过程中有身体的旋转；拜，则有“再拜”“拜洗”“揖升”等字眼，说明不止使用了一种拜礼。而这些仪节恰恰都在《肆夏》的伴奏下完成。第二次则是主人献公之时，其过程也主要有升、降、环、拜等仪节组成。

《礼记·仲尼燕居》则记载了大飨中行礼时的揖拜之仪：“两君相见，揖让而入门，入门而县兴；揖让而升堂，升堂而乐阕。”揖礼与拜礼相似，也是向人表示尊敬的一种礼节，只不过一站一跪，有隆杀的不同。通过考察揖让升堂的奏乐过程，也有助于了解行礼过程中的钟鼓之节。孙希旦云：

“县，钟鼓之县也。兴，作也。入门县兴，谓大飨纳宾，金奏《肆夏》之三也。凡《九夏》之诗，皆以钟鼓奏之，下文独言‘金作’者，以金为重也。阕，止也。升堂而乐阕者，升堂之时，主人献宾，宾饮卒爵而酢主人，主人又饮，卒爵而乐止。”[①]

从入门一刻起，至一献之礼结束，均以《肆夏》之三为乐节。据《国语·鲁语下》，《肆夏》之三为《樊》《遏》《渠》，[②] 故在这一过程中，从入门起奏《肆夏》，以节制步伐为主；至揖让而升堂，则以节制行礼为主，故不管是揖让、盘桓，还是登降之仪，都以《肆夏》之三为节。

可以推测，孙诒让所说的未闻之乐，就是《肆夏》。这说明，《肆夏》不但是节步之乐，同样也是行礼之乐。正因其节奏性很强，能够使参加行礼的国君、卿、大夫、士等人，各自保持相应的威仪，不致失态。

五　射节与君子威仪

周之射礼，一般包括四种：大射、乡射、燕射、宾射，其中大射和乡射是其主体，两者除级别不同，参加者有异外，在具体仪程上是相似的。[③]

射礼于五礼属嘉礼，在周礼中，以威仪众多而著称。故《仪礼》十七篇中，有“大射仪”之称，不似其他均称为礼，如“燕礼”“乡饮酒礼”等。对此，据贾公彦解释为：“不言‘礼’，言‘仪’者，以射礼盛，威仪多，故以仪言之。”[④] 则射礼是展现先秦君子威仪的最重要典礼。

而在众多威仪中，必须与乐节相配合。《周礼·地官》载乡大夫之职有“以乡射之礼五物询众庶：一曰和，二曰容，三曰主皮，四曰和容，

---

① 孙希旦：《礼记集解》，中华书局1989年版，第1270页。

② 对于《肆夏》之三为何，历代注疏有不同说法。参见许兆昌《“九夏”考述》，《古代文明》2008年第4期。

③ 关于射礼的具体情形，可参见杨宽《“射礼”新探》，《西周史》，上海人民出版社2003年版，第716—741页；彭林《立德正己之礼：射礼》，《中国古代礼仪文明》，中华书局2004年版，第150—165页。

④ 郑玄注，贾公彦疏：《仪礼注疏》，《十三经注疏》本，中华书局1980年版，第1027页。

五曰兴舞”，这五项，是乡大夫考察射手表现的重要标准。所谓和，是指容体要与心志和谐；容，是指容体要合于礼仪；主皮，是看射手射中目标与否；和容，是指射手要按照乐节发射；兴舞，则是指射手的容体要和于乐节，与舞蹈颇为相似。[①] 其中，有两项是跟乐节有关的。在大射礼中，和容之乐由太师奏之，如《仪礼·大射仪》云：“乐正命太师曰：‘奏《狸首》，间若一。’”兴舞之仪，则由大司乐诏之，如《周礼·春官·大司乐》载：“大射，……诏诸侯以弓矢舞。”郑玄注：“舞，谓执弓挟矢揖让进退之仪。”《礼记·射义》也言天子选拔参与祭祀人员，必须是“其容体比于礼，其节比于乐，而中多者，得与于祭”。由此可见，射中与否，并非射手的首要目标。而能否展现威仪、合乎乐节，才是射手的主要追求。

可以说，乐节是营造射礼威仪的最重要因素。这主要表现在两个方面：其一，通过唱获者的呐喊营造礼事的氛围。一般射礼的过程，要举行三番射。每番射中，都要扬旌唱获，如《乡射礼》《大射仪》中都有“举旌以宫，偃旌以商”的说法，获者是观察和报告射中情况的人员，当射手射中箭靶时，要扬旌唱获：举旗时，唱获声要高亢，与宫声相应；偃旗时，唱获声要低沉，与商声相应。在大射仪中，唱获者的许诺声也要合乎宫商，《仪礼·大射仪》载：“（司马正）命去侯。负侯皆许诺，以宫趋直西，及乏南又诺，以商至乏，声止，授获者，退立于西方。”据郑玄注：“负侯，获者也。”则获者的许诺声，经历了从高到低的转变：即先由侯向西，至于乏的正南方，以宫声应答；再折而向北，走向乏前，这时则声音转低，变为商声。但在乡射礼中，获者许诺，却不必合乎宫商。《乡射礼》言：“获者执旌许诺，声不绝，以至于乏。”郑玄注：“声不绝，不以宫商，不绝而已。乡射威仪省。”从表面看，这是说乡射之规格比要大射低，故很多威仪有所减省。进一步而言，则唱获、许诺之声，都是威仪的组成部分，相当于北宫文子所说的“言语有章”。有学者将其称为“饰礼之乐”，是有道理的。[②]

其二，通过乐工的奏乐指导射礼的进程，也即前面所说的“和容”。

---

① 凌廷堪：《礼经释例》卷7《周官乡射五物考》，《续修四库全书》第90册，上海古籍出版社2002年版，第148—149页。

② 许兆昌：《先秦乐文化考论》，黑龙江人民出版社2010年版，第181—186页。

在乐师所教乐仪中，有“凡射，王以《驺虞》为节，诸侯以《狸首》为节，大夫以《采蘋》为节，士以《采蘩》为节”之说，说明在大射之时，不同身份者使用的节射之乐也不同。四诗中除《狸首》外，均见于今本《诗经·召南》，而《狸首》亦见于《礼记·乐记》，所谓“散军而郊射，左射《狸首》，右射《驺虞》，而贯革之射息也”。其具体仪节，在第三番射之时，见《仪礼·大射仪》：“乐正命太师曰：‘奏《狸首》，间若一。’大师不兴，许诺。乐正反位，奏《狸首》以射。三耦卒射。”由此可知，一方面《狸首》之奏，并非一遍，而且每遍的长短是一致的；另一方面，射手要听其节奏“循声而发”，陈澔注云：“谓射者依循乐声而发矢也”[①]。

六　乐仪的选曲及其意义阐释

通过以上论述，可以发现，作为乐仪的曲目，主要有《九夏》《采茅》《驺虞》《狸首》《采蘋》《采蘩》等。这些曲目有佚有存：佚者，《九夏》《采茅》《狸首》等，均不见今之《诗经》；存者，《驺虞》《采蘋》《采蘩》，俱见今之《诗经·召南》。

之所以选择这些曲目，是有一定标准的。首先，这些曲目具有非常强的节奏感。以《九夏》为例，阮元《释颂》：“礼：君子趋行、宾出入、尸出入，皆奏‘夏’。‘夏’即人容，以金奏为之节也。”[②] 金奏者，以钟鼓奏之也，据《周礼·春官》，钟师“凡乐事，以钟鼓奏《九夏》”，其次序是先击钟，后击鼓，主要取其节奏感。至于如何演奏，因文献缺失，已不能明了。倒是射礼和投壶礼之鼓节，被《礼记》保存了下来，可供参考。《投壶》篇云：

> 鼓：○□○○□□○□○○□半○□○□○○○□□○□○，鲁鼓；○□○○○□□○□○○□□○□○○□□○半○□○○○□□○，薛鼓。取半以下为投壶礼，尽用之为射礼。

这是鲁、薛两国的鼓节。据郑玄注，圆者为击鼙，方者为击鼓。其

---

① 陈澔：《礼记集说》，凤凰出版社2010年版，第482页。

② 阮元：《揅经室集》，中华书局1993年版，第21页。

中，射礼击全部，投壶只击半以下部分。以射礼言之，此鼓节与射仪所用的《驺虞》等相应。孙希旦云："每奏诗一终为一节，而鼓节与之相应，每奏诗一终则鼓亦一终也。"[①] 除此之外，还有佩玉的相撞声、和鸾的击鸣声以及言语许诺声等，都因符合一定的节奏，而被作为君子威仪的重要组成部分。

其次，这些乐曲还能够营造一定的礼仪氛围。以《肆夏》为例，《肆夏》并非简单的节步之乐、节礼之乐，还具备多层次的意义：从规格言之，此为天子享诸侯之乐。《国语·鲁语下》："夫先乐金奏《肆夏》：《樊》、《遏》、《渠》，天子所以飨元侯也。"从作用言之，则为"示情"之乐。如《礼记·仲尼燕居》："入门而金作，示情也。"《郊特牲》："宾入大门而奏《肆夏》，示易以敬也。"郑玄注："易，和悦也。"可以营造出一种和悦庄敬的氛围。其实，不止《肆夏》，所有乐节，无不以"和"、"敬"为追求目标，像前面提到的乘车之节，要求"马动而鸾鸣，鸾鸣而和应。声曰和，和则敬"。

再次，这些乐曲本身还具备一定的象征意义。再以射礼之乐节为例，不同的乐节有不同的象征，《礼记·射义》云：

> 其节：天子以《驺虞》为节，诸侯以《狸首》为节，卿大夫以《采蘋》为节，士以《采蘩》为节。《驺虞》者，乐官备也；《狸首》者，乐会时也；《采蘋》者，乐循法也；《采蘩》者，乐不失职也。是故天子以备官为节，诸侯以时会天子为节，卿大夫以循法为节，士以不失职为节。故明乎其节之志，以不失其事，则功成而德行立。德行立，则无暴乱之祸矣。功成则国安，故曰："射者，所以观盛德也。"

这段材料系统阐释了射礼乐节的象征意义：其一，不同的乐节，是不同身份的象征，是政治秩序的体现。据《周礼·夏官·射人》载，《驺虞》九节，《狸首》七节，《采蘋》五节，《采蘩》五节，故通过节数的不同，来象征身份的差异。其二，不同的乐节，又蕴含不同的政治意义。《驺虞》象征天子的百官齐备，《狸首》象征诸侯的按时朝贡，《采蘋》象

---

① 孙希旦：《礼记集解》，中华书局1989年版，第1396页。

征卿大夫的依循法度，《采蘩》象征士的不失职守。此皆由乐诗之本义引申而来，据郑玄注及孔颖达疏，因《驺虞》有“壹发五豝”句，以喻得贤才之多；《狸首》其诗已逸，谓诸侯不来朝，射其首，是乐会及盟也；《采蘋》有“于以采蘋，南涧之滨”句，言循涧以采蘋，喻循法度以成君事；《采蘩》有“被之僮僮，夙夜在公”，喻士之不失职守。可见，这些节射之乐诗的选择，是有所依据的。

总而言之，乐仪是礼乐关系的交集部分。因为，就礼乐关系言之，两者既是并行概念，又是相须为用的，所谓“礼非乐不行，乐非礼不举”是也。故从表面看，乐仪只是一种节奏，更偏重“礼”的层面；但在节奏的背后，还有意义层面的因素，是乐与礼结合之后，所展示的内容。正因为两者相辅相成，才成就了先秦典礼中的彬彬威仪：表现在外是为“仪”，涵养于中是为“威”。所以，在繁复的礼仪过程中，乐仪既可以起到调整节奏、文饰典礼的作用，又能够发挥涵养德行、培育和敬的功能。正是通过乐仪的教育，培养了先秦君子的威仪，使其一举一动，都有威可畏，有仪可象，成为民之表率。

第三节　乐舞之教与两周祀典

《周礼·春官》载大司乐以乐舞教国子，其中包括《云门大卷》《大咸》《大韶》《大夏》《大濩》《大武》，被称为六代乐舞。这些乐舞既有承自先王者，又有周人所制作者，是周代雅乐的核心部分。然历来研究者多从个案角度对六代之舞进行探索，缺乏整体性观照。其实，六代乐舞统掌于大司乐，是周公制礼作乐时对上古乐舞的一次系统性整合，关涉周代祭祀体系的奠定和乐教结构的完善。故对周代的六舞之教进行整体性研究，可以从一定程度上还原周人制礼作乐的初衷。

一　周初分封与六代乐舞的整合

关于六代之乐，有两种说法：其一，见于《周礼·春官·大司乐》：“以乐舞教国子，舞《云门大卷》、《大咸》、《大韶》、《大夏》、《大濩》、《大武》。”据郑玄注，除《大武》是武王乐外，其余均为先王之乐，如《云门大卷》是黄帝之乐，《大咸》是帝尧之乐，《大韶》是帝舜之乐，《大夏》是夏禹之乐，《大濩》是商汤之乐；其二，见于《礼记·乐记》：

“《大章》，章之也。《咸池》，备矣。《韶》，继也。《夏》，大也。殷周之乐尽矣。”据郑玄注，《大章》是帝尧乐名，《咸池》是黄帝乐名，帝尧增修而用之，其余则与《大司乐》注无异。可见，周存六代之乐的说法是有一定依据的，只不过在名称上稍有差异。

不过，在先秦文献中，所记载的上古帝王乐舞，并不局限于此。像《吕氏春秋·古乐》述古乐舞最详，传有朱襄氏、葛天氏、阴康氏、黄帝、颛顼、帝喾、帝尧、帝舜、夏禹、殷汤、周文王、周武王、周成王历代诸帝王的作乐之事，可谓是一部详细的上古乐舞史。另外，两汉文献如《史记·乐书》《汉书·礼乐志》《白虎通义·礼乐》及《乐纬》等，亦有类似记载，但都没有超出《吕氏春秋·古乐》的范围。

通过这些记载，与《周礼·大司乐》和《礼记·乐记》相对比，发现自帝舜至周武王的四代之乐，各文献记载基本相同。存在争议的主要集中在黄帝至帝尧这一段，表现在两点：一是黄帝之乐和帝尧之乐名称的差异；二是中间诸帝所作乐舞是否可信。对于这些问题，许兆昌先生曾给出较为稳妥的解释，[①] 不再赘述。这里想要解决的是，周人在众多乐舞中，为何只选取黄帝、帝尧、帝舜、夏禹、商汤及武王六代之乐，而不用其他乐舞？是其他帝王之乐均已丢失？还是这六代之乐对周人有特殊意义？杨华先生以为这与周人立国之初的政治观、历史观有极大关系，至于具体原因为何，却认为“已无从可考”。[②] 其实，前人已有相关解释，如贾公彦疏云：

> 案《孝经纬》云：“伏牺之乐曰《立基》，神农之乐曰《下谋》，祝融之乐曰《属续》。”又《乐纬》云：“颛顼之乐曰《五茎》，帝喾之乐曰《六英》。”注云：“能为五行之道，立根茎。六英者，六合之英。”皇甫谧曰：“少昊之乐曰《九渊》。”则伏牺已下皆有乐。今此惟存黄帝尧舜禹汤者，案《易·系辞》云：“黄帝尧舜垂衣裳。”郑注云：“金天、高阳、高辛遵黄帝之道，无所改作，故不述焉。”则此所不存者，义亦然也。然郑惟据五帝之中而言，则三皇之乐不存

① 许兆昌：《先秦乐文化考论》，黑龙江人民出版社2010年版，第29—36页。

② 杨华：《先秦礼乐文化》，湖北教育出版社1996年版，第70—71页。

者，以质故也。[①]

贾氏所言，皆据谶纬而论，可信性自不高。但在先秦文献中，也能发现这一问题的蛛丝马迹：

首先，从周初的政治形式考虑，这可能与周武王的分封有关。武王克商之后，曾分封过一批诸侯。其中，最先被封的是先王之后。据《礼记·乐记》载：

> 武王克殷反商，未及下车，而封黄帝之后于蓟，封帝尧之后于祝，封帝舜之后于陈；下车而封夏后氏之后于杞，投殷之后于宋。

《史记·乐书》所载并同。另外，《吕氏春秋·慎大》也载：

> 武王胜殷，入殷，未下轝，命封黄帝之后于铸，封帝尧之后于黎，封帝舜之后于陈；下轝，命封夏后之后于杞，立成汤之后于宋以奉桑林。

通观两条材料，大同而小异，均言武王克殷后，曾封黄帝、帝尧、帝舜、夏后氏、殷五代之后。这五代之后，恰恰是六代之乐中前五代的主要保存者。周曾为商之封国，且武王克商之前，殷之太师、少师已携祭乐器奔周，故《大濩》为周人所耳闻目睹，是没有的问题的。周人尊夏，常以夏人自居，武王克殷之后，就曾演奏过《夏籥》九成，故周人保存《大夏》之乐，也是有文献可证的。且《论语·为政》载孔子曰："殷因于夏礼，所损益，可知也；周因于殷礼，所损益，可知也。"周既损益两代之乐，那么存其乐舞，也就于理可通了。

故唯一不太明确的是黄帝、尧、舜三代之乐。我们知道，在周代的分封体系里，有"三恪"之说，《左传·襄公二十五年》载子产之言曰："昔虞阏父为周陶正，以服事我先王。我先王赖其利器用也，与其神明之后也，庸以元女大姬配胡公，而封诸陈，以备三恪。"或以为"三恪"指

---

① 郑玄注，贾公彦疏：《周礼注疏》，《十三经注疏》本，中华书局1980年版，第788页。

黄帝、尧、舜之后。[①] 恪者，敬也，可见黄帝、尧、舜之后在周代封国中的重要地位。

其实，武王克商之后，局势并不稳定，故通过对先代君王的尊崇，可以有效团结异姓贵族，从而达到巩固周之统治地位的目的。《论语·尧曰》说："兴灭国，继绝世，举逸民，天下之民归心焉。"就是此义。不过，武王之世，百废待兴，大概尚无精力和条件对三恪之乐进行整合，所以在天下安定之后，周公始有精力制礼作乐，其完善六代之乐，也是从文化角度对武王政治措施的延续。故武王既然如此看重这三代，周公自然会加意保存其乐舞。这一方面，可表明对三代之后的尊崇；另一方面，又可象征周之正统地位。

不过，在《史记·周本纪》中，还有另一种说法："武王追思先圣王，乃褒封神农之后于焦，黄帝之后于祝，帝尧之后于蓟，帝舜之后于陈，大禹之后于杞。"即在"三恪"之外，还有褒封神农之后说，[②] 如果此说成立，周代应该也保存神农之乐才对，因为《孝经·援神契》曾传："神农乐名曰《扶持》，亦曰《下谋》。"汉人谶纬之说，可能是后人附会，不尽可信。但相信神农之部族应该也是有自己的乐舞存在的。神农又称炎帝，或以为《咸池》就是炎帝部族之乐，因为咸池是传说中太阳初升时沐浴之处，故这一乐曲应该与原始部族的太阳崇拜有关。据《左传·昭公十七年》记载："炎帝氏以火纪，故为火师而火名。"在《庄子·天运》中，曾记载黄帝"张《咸池》之乐于洞庭之野"，其臣子对其并不熟悉，反而是有焱氏曾为之颂曰："听之不闻其声，视之不见其形，充满天地，苞裹六极。"至于后世多视《咸池》为黄帝之乐，可能是炎黄大战之后，炎帝部落臣服黄帝部落，其乐舞也被黄帝部落所吸收改造而

---

① 关于"三恪"，有两种不同的说法：一种以虞、夏、殷之后为三恪，如杜预注即持此说；另一种则以黄帝、尧、舜之后为三恪，《礼记·郊特牲》孔颖达疏引《古春秋左氏说》即持此说。我们以为，杜预之说不足据，因为《乐记》有"投殷之后于宋"之说，既云"投"，何恭敬之有？故不得言为恪。

② 褒封与新封不同。褒封是原有其地，今扩大之而已；新封则是原无其地，今立其国。其中，褒封是对针对先王之后，新封是针对子弟和功臣。金景芳：《〈周礼〉与〈王制〉封国之制平议》，《金景芳古史论集》，吉林大学出版社1991年版，第200—201页。

致。[①] 而又视为帝尧之乐者，可能如郑玄注《礼记·乐记》时所说："《咸池》，黄帝所作乐名也，尧增修而用之。"神农之乐既被系于尧下，故周人虽封其后，却不存其乐。这点还可从后代文献中得到印证，如《周易·系辞下》："神农氏没，黄帝尧舜氏作，……黄帝尧舜垂衣裳而天下治。"由此可见，周人之重视黄帝、尧、舜，不言自明。

如此看来，周所存的六代之乐，从封国体系而言，包括两个系统：一个是三恪系统的乐舞，即黄帝、尧、舜的乐舞。举例而言，如陈为舜后，就存有《韶》乐，《汉书·礼乐志》就言："陈，舜之后，《招乐》存焉。"另一个则是三王系统，即夏、商、周的乐舞。如宋为商后，奉桑林之祀，也保存有《大濩》之乐。

再者，周代乐舞的沿袭和整合，还有着族群认同方面的意义。周属华夏族，黄帝为华夏族之祖先，故周人以黄帝之乐为六乐之首。《国语·周语下》载伶州鸠言曰："我姬氏出自天鼋。"郭沫若就以为天鼋即轩辕，指黄帝。[②] 且周人之姓，也出自黄帝。据《晋语四》记载，"黄帝以姬水成……故黄帝为姬"，因"同姓则同德"，故以《云门》为六乐之首，正体现了周人对族类起源的追溯，郑玄注即云："黄帝曰《云门大卷》，黄帝能成名万物，以明民共财，言其德如云之所出，民得以有族类。"[③] 陶唐氏帝尧，也是出自黄帝之后。帝尧为祁姓，《国语·晋语四》载："凡黄帝之子，二十五宗，其得姓者十四人，为十二姓。"其中就有祁姓。且尧所居之地，在晋南一代，也是周人发源地之一，故周人存有帝尧之乐，也是可以理解的；周有虞、夏之乐，一方面，周之祖先后稷曾服事两代，[④] 肯定接触过其乐舞。另一方面，周人尊夏，在《大武》创制之前，就以夏乐为部族乐舞。夏人还改编过《大韶》，故周人所用的《九韶》之舞，也是从夏人处继承而来。至于商代乐舞《大濩》，可能是由商之太师、少师奔周时带入，为周人所亲闻目见，故也将之列入祀典。

---

① 杨华：《先秦礼乐文化》，湖北教育出版社 1996 年版，第 54—55 页。

② 郭沫若：《两周金文辞大系图录考释》，上海书店出版社 1999 年版，第 31 页。

③ 郑玄注，贾公彦疏：《周礼注疏》，《十三经注疏》本，中华书局 1980 年版，第 787 页。

④ 《国语·周语上》："昔我先王世后稷，以服事虞、夏。"上海师范大学古籍整理组校点：《国语》，上海古籍出版社 1978 年版，第 2 页。

其实，周人所存的六代之乐是经过选择的。这些乐舞在五帝之乐中最有代表性，如《云门》是图腾之舞，因为黄帝部族是以云为图腾的，《左传·昭公十七年》说："昔者黄帝氏以云纪，故为云师而云名。"而据《吕氏春秋·古乐》，颛顼之乐名为《承云》，也是以云为图腾的乐舞，《楚辞·远游》王逸注："《承云》，即《云门》，黄帝乐也。"认为《承云》即《云门》之乐，此说或乏确证，但将之与《云门》视为同一性质的乐舞，还是约略可通的。故周人选择了前者，而未用后者。《咸池》之乐，前文已论，是以太阳崇拜为图腾的乐舞，可能出自炎帝，经过黄帝、帝尧两代修订，可以代表另一类型的乐舞。《大韶》之乐，据《吕氏春秋·古乐》记载，最早由帝喾臣子咸黑所作，后又经舜时乐官质和汤时臣子伊尹加以修订，虽系于舜名下，却是东夷族的代表性乐舞。故周虽存六代之乐，实际上将五帝三王之乐都包括在内。

总而言之，周人所存的六代之乐，是融合了华夏、东夷两族的重要乐舞而来。虽然周公在制礼作乐时，尽量弥合两族乐舞的畛域，但在实际使用时，还是更重华夏乐舞而轻东夷乐舞。《荀子·儒效》："武王……立声乐，于是《武》、《象》起，而《韶》、《护》废矣。"故在祭祀、大飨等重大典礼中，周人都是《大夏》《大武》共用，对其他乐舞的使用并不频繁。

二　六代乐舞与周代祭祀体系的构建

周公制礼作乐，首先完善的是祭祀系统，《礼记·祭统》谓："凡治人之道，莫急于礼。礼有五经，莫重于祭。"而六代乐舞的继承和创制，目的就在于对周代祭礼进行整合。

据《大司乐》经文载，六代乐舞的使用，有常祭用乐和特祭用乐两种。常祭，即例行祭祀，是每年都要按时举行的祭祀活动。其用乐的形式表现为："分乐而序之，以祭，以享，以祀。"具体而言：

乃奏黄钟，歌大吕，舞《云门》，以祀天神；
乃奏大蔟，歌应钟，舞《咸池》，以祭地示；
乃奏姑洗，歌南吕，舞《大韶》，以祀四望；
乃奏蕤宾，歌函钟，舞《大夏》，以祭山川；
乃奏夷则，歌小吕，舞《大濩》，以享先妣；

乃奏无射，歌夹钟，舞《大武》，以享先祖。

即将六代之乐按照时间的先后加以排列，用于不同的祭祀活动中。[①]为便于说明情况，现从不同的角度进行讨论：

第一，从承祀对象来说，六大祭礼涵盖了从感生神、自然神到祖先神的神灵体系。这一祭祀体系是由尊至卑排列的。据郑玄注，[②] 天神包括“五帝及日月星辰也”。五帝即五方帝，是东方太皞、南方炎帝、中央黄帝、西方少皞、北方颛顼五者。一般以为这是战国时才形成的神灵体系，然据《左传·昭公十七年》，郯子朝鲁，叔孙昭子向其问及少皞氏为何以鸟名官时，郯子曾提到过黄帝氏、炎帝氏、共工氏、太皞氏等古帝王，恰合五帝之数。这说明，至晚在春秋时，就已具备了五方感生帝的神灵体系。日月星辰者，则是古人在天象观测基础上，所形成的对日月神和星辰诸神的崇拜。[③] 地示包括“神州之神及社稷”。神州之神或许起源于战国时期，是指包括九州诸侯在内的整个中国的土地神。[④] 但社稷之神，却是西周所固有，《左传·昭公二十九年》载晋国史官蔡墨之言曰：“共工氏有子曰句龙，为后土，……后土为社。稷，田正也。有烈山氏之子曰柱，为稷，自夏以上祀之。周弃亦为稷，自商以来祀之。”四望和山川为同一类型的神灵，只是有大小之别。其中，四望是指遥祀四方的名山大川及河海等自然界的神灵，《礼记·王制》就言：“天子祭天下名山大川。”郑玄以为四望包括“五岳、四镇、四窦”，五岳指东岳泰山、南岳衡山、西岳华山、北岳恒山、中岳嵩山；四镇指扬州之会稽山、青州之沂山、幽州之医无闾、冀州之霍山；四窦又称为四渎，指江（长江）、河（黄河）、淮（淮河）、济（济水）四水。而山川者，则是指“岳渎之外小山川也”[⑤]，《礼记·祭法》也云：“山林、川谷、丘陵能出云，为风雨，见怪物，皆

---

① 据《周礼·春官·舞师》云：“凡小祭祀则不兴舞。”故凡用六乐者，皆是大祭祀。

② 本部分所探讨内容，多据郑玄注。参见郑玄注，贾公彦疏《周礼注疏》，《十三经注疏》本，中华书局 1980 年版，第 788—789 页。

③ 此之天神不包括“昊天上帝”者，是因为昊天上帝在禘大祭的范围之内。

④ 詹鄞鑫：《神灵与祭祀：中国传统宗教综论》，江苏古籍出版社 1992 年版，第 65 页。

⑤ 孙希旦：《礼记集解》，中华书局 1989 年版，第 151 页。

曰神。”故山川是指小山小水的神灵。先妣是指姜嫄，因为“姜嫄履大人迹，感神灵而生后稷，是周之先母也”；先祖是指“先王、先公”，自后稷以下，周王之祖先皆谓之。

由此可知，六代之乐所祭神灵，基本包括了周王所该祭祀的所有神灵，正如《礼记·曲礼下》所谓：“天子祭天地，祭四方，祭山川，祭五祀，岁遍。”

第二，就祭祀用乐而言，按照承祭对象的尊卑，用乐规格也不一样。根据贾公彦疏所言，是“尊者用前代，卑者用后代”，从而“使尊卑有序”，[①] 如祀天神最尊，需奏阳声第一，歌阴声第一，舞年代最早的《云门》，正如郑玄所谓：“黄钟，阳声之首，大吕为之合奏之，以祀天神，尊之也。”[②] 其余依次类推，至享先祖最卑，则奏阳律第六，歌阴律第六，舞年代最近的《大武》。

这就打破了六代乐舞的原始意义，赋予了其各自新的礼制意义。众所周知，在文字尚不发达的时代，乐舞具有纪事的功能。[③] 故不同的先王之乐，保存了不同时代的历史记忆，因而不同的乐舞，也承载着不同的功能。《吕氏春秋·古乐》就对上古乐舞的不同功能进行了记录，如颛顼命飞龙作《承云》，是为了“祭上帝”；帝尧命夔作《大章》，也是为了“祭上帝”；帝舜命夔修《九招》，是为了“明帝德”；夏禹命皋陶作《夏籥》九成，是为了“昭其功”；商汤命伊尹作《大濩》，是为了“见其善”；即便《大武》之作，也是为了歌颂武王的牧野之功。可见，乐舞的创制，经历了从“殷荐上帝”到“歌颂王功”的功能性转换。而周人在使用这些乐舞时，却对其原始功能有所改造，赋予其道德意义，上引《乐记》：“《大章》，章之也。《咸池》，备矣。《韶》，继也。《夏》，大也。殷周之乐尽矣。”郑玄注曰：

《大章》，尧乐名也。言尧德章明也。……《咸池》，黄帝所作乐

---

① 郑玄注，贾公彦疏：《周礼注疏》，《十三经注疏》本，中华书局1980年版，第788页。

② 同上。

③ 许兆昌：《先秦乐文化考论》，黑龙江人民出版社2010年版，第36—41页。

名也，尧增修而用之。咸，皆也。池之言施也。言德之无所不施也。……《韶》，舜乐名也，韶之言绍也，言舜能继绍尧之德。……《夏》，禹乐名也，言禹能大尧、舜之德。……殷周之乐，《周礼》曰《大濩》、《大武》。尽，言尽人事也。

《乐记》为儒家文献，其对六代之乐的论述，大致是继承了西周的乐德传统，而郑玄注也能大致把握《乐记》的思想内涵。故其对六代之乐的申说，还是基本可信的。但周人在制礼作乐时，将六代乐舞用于祀典中，却往往不考虑其意义，而只是按照年代的先后加以使用。如《大濩》本是商人歌颂商汤武功的乐舞，却被周人用来祭祀先妣姜嫄。《大武》的创作初衷，本是纪念武王伐纣之功，这里也被用以祭祀先祖。

第三，从奏乐程式而言，六代乐舞的使用也是有一定的仪节的。由上文可知，祭礼用乐采取了“奏××，歌××，舞《××》”的模式，所谓“奏”“歌”“舞”，正代表了用乐的不同阶段。[①] 西周的奏乐程式是固定化的，“古乐大节凡五，先金奏，次升歌，次下管笙入，次间歌，而终以合乐，合乐则兴舞，此宾祭大乐之恒法也”[②]。仍以祀天神之礼为例：奏黄钟者，属金奏，是以黄钟宫的调式演奏钟磬，此为迎尸之乐，即《大司乐》职所云“大祭祀……王出入则令奏《王夏》，尸出入则令奏《肆夏》，牲出入则令奏《昭夏》”之类，其所奏乐曲当为《九夏》，演奏者为钟师，地点在堂下；歌大吕者，属升歌，是以大吕宫的调式演唱，此为降神之乐，即《大师》职所云“大祭祀，帅瞽登歌”之类，其所歌或为《诗经·周颂·昊天有成命》，因《毛传》释曰：“《昊天有成命》，郊祀天地也。”歌者为太师、少师及瞽矇等人，地点在堂上；舞《云门》者，属合乐兴舞，发生在荐献之后，即《大司乐》职所云“大祭祀……帅国子而舞”之类。如此看来，六代之乐的舞者均为国子，唐人杜佑就说：“昔唐虞讫三代，舞用国子，欲其早习于道也。”[③] 然国子众多，在举行典

① 关于“奏”、“歌”、“舞”的解释，历代治《周礼》者有不同意见，这里主要采用了孙诒让的观点。孙诒让：《周礼正义》，中华书局1987年版，第1739—1740页。

② 孙诒让：《周礼正义》，中华书局1987年版，第1732页。

③ 杜佑：《通典·乐典·乐六·清乐》，中华书局1988年版，第3718页。

礼时，当有所选择，对此，贾公彦疏就说："凡兴舞，皆使国之子弟为之，但国子人多，不必一时皆用，当递代而去，故选当用者，帅以往为舞之处也。"① 可见，舞者的选用，应是以年龄为主要标准的。至于六代之乐的舞容、舞制、舞具等具体问题，因文献缺失，已不可知。现在可以考知的，只有《大夏》和《大武》，《礼记·明堂位》载："朱干玉戚，冕而舞《大武》，皮弁素积，裼而舞《大夏》。"

特祭，主要指禘大祭。关于禘大祭的性质，历来众说纷纭，难有定论。② 但可以确知的是，禘大祭应属特祭，是规模盛大的祭礼，而且并非每年都举行。《尔雅·释天》载："禘，大祭也。"《说文》也载："禘，禘祭也。周礼五岁曰一禘。"故其用乐也与常祭不同，如《周礼·春官·大司乐》所云：

> 凡乐，圜钟为宫，黄钟为角，大蔟为徵，姑洗为羽，雷鼓、雷鼗，孤竹之管，云和之琴瑟，《云门》之舞，冬日至，于地上之圜丘奏之，若乐六变，则天神皆降，可得而礼矣。
>
> 凡乐，函钟为宫，大蔟为角，姑洗为徵，南吕为羽，灵鼓、灵鼗，孙竹之管，空桑之琴瑟，《咸池》之舞，夏日至，于泽中之方丘奏之，若乐八变，则地示皆出，可得而礼矣。
>
> 凡乐，黄钟为宫，大吕为角，大蔟为徵，应钟为羽，路鼓、路鼗，阴竹之管，龙门之琴瑟，《九德》之歌，《九韶》之舞，于宗庙之中奏之，若乐九变，则人鬼可得而礼矣。

郑玄注："此三者，皆禘大祭也。"孙诒让也认为"此三者为最大之祭"，并进一步解释说："此天神之祭为圜丘祭昊天，地示之祭为方丘祭大地，人鬼之祭为大祫，通谓之禘。"③ 可见，禘大祭是常祭的升级版，故用乐也更为隆重，这主要表现在：

第一，从乐律方面来看，按照承祀对象的不同，使用旋宫转调的方

---

① 郑玄注，贾公彦疏：《周礼注疏》，《十三经注疏》本，中华书局 1980 年版，第 790—791 页。

② 邹昌林：《中国古代国家宗教研究》，学习出版社 2004 年版，第 279—283 页。

③ 孙诒让：《周礼正义》，中华书局 1987 年版，第 1752 页。

式，确定不同音高的三种调式，从而组成乐曲，用为降神之乐。据《礼记·礼运》所载："五声六律十二管，旋相为宫。"可知，十二律是可以旋相为宫的。但为什么降天神时选择以"圜钟为宫，黄钟为角，大蔟为徵，姑洗为羽"，降地示时选择以"函钟为宫，大蔟为角，姑洗为徵，南吕为羽"，降人鬼选择以"黄钟为宫，大吕为角，大蔟为徵，应钟为羽"？这样使用，是经过周人的精心安排。据郑玄注，这与星占学有关：

> 圜钟，夹钟也。夹钟生于房心之气，房心为大辰，天帝之明堂。函钟，林钟也。林钟生于未之气，未坤之位，或曰天社在东井舆鬼之外，天社，地神也。黄钟生于虚危之气，虚危为宗庙。

如此看来，夹钟为天之宫，林钟为地之宫，黄钟为人之宫，三者各自用于与之相配的祭祀之中。[①] 这也说明调门不同的音乐，用以礼敬等级不同的神灵，从而体现出一定的尊卑秩序。[②] 另外，需要注意的是，三大祭并不用商调，这可能与周人对殷鉴的反思有关，因前文已有论述，兹不重叙。

第二，从乐器方面来看，三大祭所使用的乐器是经过特意挑选的。如降天神使用的是"雷鼓、雷鼗，孤竹之管，云和之琴瑟"，降地示使用的是"灵鼓、灵鼗，孙竹之管，空桑之琴瑟"，降人鬼使用的是"路鼓、路鼗，阴竹之管，龙门之琴瑟"。这包括不同形制、不同材质及不同产地的乐器。形制不同者，是鼓、鼗之类，《周礼·地官·鼓人》也载："以雷鼓鼓神祀，以灵鼓鼓社祭，以路鼓鼓鬼享。"与《大司乐》的使用基本相同，据郑玄注，雷鼓、雷鼗是八面鼓，灵鼓、灵鼗是六面鼓，路鼓、路鼗是四面鼓，在形制上也表现出一定的尊卑差异；材质不同者，是管类乐

---

① 或以为郑玄所注，受汉代谶纬之学影响，并不一定符合周之实际。然据战国时的《石氏星经》佚文，已有相关方面的记载，像贾公彦疏引《石氏星经》曰："房心为天帝之明堂，布政之所出。"考虑到掌星占之人的畴人性质，石氏所记可能有更早的来源；而《国语·周语下》载伶州鸠答周景王问律之事，也是从星占学的角度回答的，这说明至迟在春秋时，已经将星占与律历的使用结合起来的，故郑玄所注，还是有一定的道理的。

② 杨英：《祈望和谐：周秦两汉王朝祭礼的演进及其规律》，商务印书馆 2009 年版，第 104 页。

器，据郑玄注，孤竹是一种独生的竹，孙竹是由横生的竹根所生出的小竹，阴竹是生于山北面的竹；产地不同者，是琴、瑟两种乐器，云和、空桑、龙门均为山名。这些地方，都出产优质材木，可以做为琴、瑟。如空桑，《汉书·礼乐志》载："空桑琴瑟结信成。"颜师古曰："空桑，地名也，出善木，可为琴瑟也。"至于其地，或曰在楚，或曰在鲁，仍需考辨；又如龙门，枚乘在《七发》中也说："龙门之桐，高百尺而无枝，……琴挚斫斩以为琴。"其地或在秦。不同乐器的使用，还具有政治方面的意义，就像周王祭祀，需楚国进贡包茅用以缩酒一样，[①] 这一方面象征着周天子穷天下之物以事神；另一方面，又表示天下奉周天子为共主。

第三，从乐舞方面来看，禘大祭只用前三代之乐，如降天神用《云门》，降地示用《咸池》，与常祭的乐舞使用基本一致。唯独降人鬼，使用的是《九德》之歌，《九韶》之舞，与常祭不同。这说明，《大韶》之舞，不但可以用于祭四望，还可以用于祭祖先。其用意，还是如贾公彦疏所言："天用《云门》，地用《咸池》，宗庙用《大韶》者，还依上分乐之次序，尊者用前代，卑者用后代为差也。"[②] 这也说明了六代乐舞的使用，更大程度上是以年代先后为次序，而非乐舞的原始意义。另外，需要说明的是，因周公之勋劳，鲁国具天子之礼乐，可以举行禘大祭。据《礼记·祭统》载：

> 昔者周公旦有勋劳于天下，周公既没，成三、康王追念周公之所以勋劳者，而欲尊鲁，故赐之以重祭。外祭则郊、社是也，内祭则大尝禘是也。夫大尝禘，升歌《清庙》，下而管《象》；朱干玉戚以舞《大武》，八佾以舞《大夏》，此天子之乐也。

郊、社之礼的用乐，已不可知。祭祀祖先的用乐，即"升歌《清庙》，下而管《象》；朱干玉戚以舞《大武》，八佾以舞《大夏》"。《礼

---

① 《左传·僖公四年》载齐桓公率诸侯伐楚的理由是："尔贡包茅不入，王祭不共，无以缩酒，寡人是征。"

② 郑玄注，贾公彦疏：《周礼注疏》，《十三经注疏》本，中华书局1980年版，第790页。

记·明堂位》也载鲁国于季夏六月，“以禘礼，祀周公于大庙”，其用乐是：

> 升歌《清庙》，下管《象》，朱干玉戚，冕而舞《大武》，皮弁素积，裼而舞《大夏》。《昧》，东夷之乐也。《任》，南蛮之乐也。纳夷蛮之乐于大庙，言广鲁于天下也。

如此看来，即便是使用天子之乐，在规格上也有所降低。周天子以《大韶》合乐降人神，鲁公则是以《大武》《大夏》合乐降人神。

由此可见，将六代乐舞“分乐而序”，用于不同的祀典，是周代制礼作乐的一大内容。这不但几乎整合了周代的所有祭礼，还对六代乐舞的原始功能进行了改造，赋予其新的道德意义和仪式功能。

第四章　瞽矇乐官的文化职能

先秦乐官多由瞽矇担任。这些盲乐官在先秦的文化舞台上非常活跃，相传舜父瞽叟即是早期的盲乐官，被上博简《子羔篇》称为“有虞氏乐正”；夏代也有瞽矇伐鼓救日的传说；《国语·周语下》里则瞽、史并提，认为他们是“知天道”者，这说明瞽瞍是继巫觋之后最早的知识阶级。瞽矇凭借高超的技术，能够体天道以验人道，因而被称为圣人，其主要手段就是“听风”。及至西周，瞽矇类乐官地位开始下降，成为各类仪礼活动中的主歌者，专门负责先秦歌诗的艺术生产活动。同时，他们还与史官互为官联，对先秦的历史书写起到了很重要的作用。

第一节　“耳听为圣”与瞽矇乐官的听声职能

先秦之乐官，多以瞽者为之，因其盲于目而聪于耳。《尹文子》佚文曰：“瞽者无目，而耳不可以蔽。察视也，精于听也。”[①] 正因为“精于听”的生理特征，使他们能够专心于乐律，达到很高的造诣。传师旷为了“绝塞众虑，专心于星算音律之中”，就“熏目为瞽人”[②]。此虽小说家言，却很有代表性，古人就常以“师旷之聪”形容人听力之好。《逸周书·太子晋解》也载师旷说自己：“瞑臣无见，为人辩也，唯耳之恃。”可知，“精于听”是乐官的必备特质，而“听风协律”则是对其耳力的具体应用。不过，从来源上说，乐官之“聪”源自巫觋之“聪”，目的是为了“以耳通神”。所以，“以耳通神”也是了解巫官向乐官演进的一条重

① 李昉等：《太平御览》卷740，中华书局1960年版，第3284页。

② 王嘉：《拾遗记》卷3，中华书局1981年版，第78页。

要线索。本书试论之。

一　上古乐官的听风职能和律历制作

《世说新语·贤媛篇》说："至于眼耳，关于神明。"在古人看来，耳目作为接收外部信息的重要器官，是能够通神的。古人还认为，成为圣人的必备条件即"聪"——听觉十分发达，《说文》："圣，通也，从耳。"段玉裁注："圣从耳者，谓其耳顺。《风俗通》曰：'圣者，声也。言闻声以知情。'"而在古文字系统中，声、听、圣三字同源，本为一字。① 可以说，圣人观念的形成，从一开始就与听力有关。郭店楚简《语丛一》："圣，耳也。"《五行篇》："闻而知之，圣也，圣人知天道也。"马王堆帛书《五行》："聪也者，圣之藏于耳者也；……聪，圣之始也。"《老子》甲本卷后古佚书之四《德圣》也言："圣者，声也。圣者知，圣之知知天，其事化翟。其谓之圣者，取诸声也。"因此，圣人之所以被称为圣人，从来源上讲，是因为精于听声；从功能上讲，是因为能以声知天道。

在原始时代，能知天道者，唯有巫觋。《国语·楚语下》载："古者民神不杂。民之精爽不携贰者，而又能齐肃衷正，其智能上下比义，其圣能光远宣朗，其明能光照之，其聪能听彻之，如是则明神降之，在男曰觋，在女曰巫。"巫觋就是最早的圣人，一因其有"聪能听彻之"的能力，即善听；一因其能降明神，即通天道。完全符合后人的两大界定。② 当然，巫觋还具备其他特质，像"明能光照之"，是对视力的要求。但巫师在进入失神状态前，通常会闭上双眼以求全神贯注，③ 这反而更凸显了听的特质。

听之境界，有"以神听""以心听""以耳听"的不同，巫觋降神时的精神状态，就与"以神听"非常接近。④ 郑玄《诗谱》言："古代之

---

① 徐中舒主编：《甲骨文字典》，四川辞书出版社2003年版，第1287页。

② 有日本学者指出，圣之最初含义是对神的祝祷，聆听神的应答和启示。［日］白川静：《字统》，日本东京：平凡社1994年版，第323—324页。

③ ［美］马文·哈里斯：《文化人类学》，李培茱、高地译，东方出版社1988年版，第316页。

④ 《文子·道德》："凡听者，将以达智也，将以成行也，将以致功名也，不精不明，不深不达。故上学以神听，中学以心听，下学以耳听。……凡听之理，虚心清静，损气无盛，无思无虑，目无妄视，耳无苟听，专精积稸，内意盈并，既以得之，必固守之，必长久之。"王利器：《文子疏义》，中华书局2000年版，第218页。

巫，实以歌舞为职。”《说文》亦言：“巫，祝也，女能事无形以舞降神者也。”巫师有时候就借助乐舞，将“听”的生理机能无限扩大，使自己进入迷狂失神状态。这就使巫觋成为最早的乐官。

乐官起源于巫官，主要就继承了巫觋善听的生理特征。传说乐律的起源，就是黄帝时乐官伶伦听凤凰鸣而作。《吕氏春秋·古乐》：

> 昔黄帝令伶伦作为律。伶伦自大夏之西，乃之阮隃之阴，取竹于嶰溪之谷，以生空窍厚钧者、断两节间、其长三寸九分而吹之，以为黄钟之宫，吹曰“舍少”。次制十二筒，以之阮隃之下，听凤皇之鸣，以别十二律。其雄鸣为六，雌鸣亦六，以比黄钟之宫，适合。黄钟之宫，皆可以生之，故曰黄钟之宫，律吕之本。

伶又与灵相通，《说文》云：“灵，巫也，以玉事神。”说明伶伦也兼有巫的身份。[①] 其听凤鸣制律之举，其实就是“听风作乐”的形象化表述。古人以风为风神，《甲骨文合集》14225：“……于帝史凤。”是为上帝之使者。在甲骨文中，凤、风又为同一字，故伶伦听凤鸣制律，实际上就是听风声而作律。《淮南子·主术训》言：“乐生于音，音生于律，律生于风，此声之宗也。”则是对乐律制作的学理化解释。《吕氏春秋·古乐》载飞龙“作效八风之音，命之曰《承云》，以祭上帝”，也是听风声作乐的具体事例。《国语·周语下》载单穆公言曰：“吾非瞽、史，焉知天道?”瞽为乐官，是“以声而知天道”者。[②] 具体来说，就是通过别风声、制乐律来体察天道的。《后汉书·律历制》刘昭注引《月令章句》云：“上古圣人，本阴阳，别风声，审清浊，而不可以文载口传也。”可见，在上古时，乐官也是被当作圣人来看待的。

《史记·律书》：“王者制事立法，物度轨则，壹禀于六律，六律为万事根本焉。”古人认为音律与世间万物有着密切联系。但在原始社会，乐律主要与农业生产有关。《国语·周语上》载：“夫民之大事在农，上帝之粢盛于是乎出，民之蕃庶于是乎生，事之供给于是乎在，和协辑睦于是

① 黎国韬：《先秦至两宋乐官制度发展史》，广东人民出版社 2009 年版，第 42 页。

② 朱申：《周礼句解》，文渊阁《四库全书》本。

乎兴，财用蕃殖于是乎始，敦庬纯固于是乎成。”在以农业生产为主的氏族部落里，对历法的掌握是非常必要的，《尚书·尧典》就将“历象授时”作为首要的行政措施。《吕氏春秋·首时》也说：“圣人之所贵唯时也。”其实，伶伦制律就有“观象授时”的背景在内，在先民的观念里，凤鸟是掌管天时的历正，《左传·昭公十七年》载郯子之言：“我高祖少皞挚之立也，凤鸟适至，故纪于鸟，为鸟师而鸟名。凤鸟氏，历正也。”杜预注：“凤鸟知天时，故以名历正之官。”少皞为东夷始祖，以凤鸟为图腾。故凤鸟与律、历有着很密切的关系。而所谓的“瞽史知天道”，其实就是对天时历法的掌握，故《国语·周语上》韦昭注言：“瞽，乐太师；史，太史也。掌阴阳、天时、礼法之书，以相教诲者。”

上古对历法的测定，可以分为不同的阶段。颛顼绝地天通之前，巫觋综合素质较强，都懂历法，顾炎武即言：“三代以上，人人皆知天文。”[①]但“绝地天通”之后，巫觋出现分层，因特质的不同，测定历法的手段亦出现分化。像重、黎这样担任火正的巫师，因“其明能光照之”，主要靠观测天象来定历法；[②]而像虞幕、瞽瞍这样担任乐正的巫师，则因“其聪能听彻之”，主要靠“听风协律”来定历法。具体来说，一是听协风以知天时，《国语·郑语》：“虞幕能听协风，以成乐物生者也。”《郑语》将虞幕与夏之始祖禹、商之始祖契、周之始祖弃并列为四，说明他是有虞氏始祖无疑。在原始时代，部落首领往往身兼大巫之职，而“听风”正是他用以组织农业生产的巫术仪式。《周语》亦载“瞽告有协风至”，韦昭注云：“瞽，乐太师，知风声者也。协，和也，风气和，时候至也。立春日融风也。”通过听协风以预知天时的到来，这正是虞幕所举行的风土巫术的遗留。二是“考中声而量之以制”，这是古之神瞽的职责。韦昭注：“神瞽，古乐正，知天道者也，死以为乐祖，祭于瞽宗，谓之神瞽。考，合也。谓合中和之声而量度之，以制乐者。”即听中和之声而制之以律。前引师旷熏目为瞽人后，能够“专心于星算音律之中，考钟吕以定

---

① 顾炎武著，黄汝成集释：《日知录集释》，上海古籍出版社 2006 年版，第 1673 页。

② 《史记·天官书》载：“昔之传天数者，高辛之前重、黎。”张守节《正义》曰：“《左传》云蔡墨曰：‘少昊氏之子曰黎，为火正，号祝融’，即火行之官，知天数。”中华书局 1959 年版，第 1343 页。

四时，无毫厘之异"，就是此意。

古代律历不分，将十二月与十二律联系起来，既可由律吕而知月历，又能因月历而定律吕，形成了一个互动的联系机制。《淮南子·天文训》："律之数六，分为雌雄，故曰十有二钟，以副十二月。"而对于其衍生模式，《吕氏春秋·音律》有详细记载：

> 大圣至理之世，天地之气，合而生风。日至则月钟其风，以生十二律。仲冬日短至，则生黄钟。季冬生大吕，孟春生太蔟，仲春生夹钟，季春生姑洗，孟夏生仲吕；仲夏日长至，则生蕤宾，季夏生林钟，孟秋生夷则，仲秋生南吕，季秋生无射，孟冬生应钟。天地之风气正，则十二律定矣。

这是由十二月之风气制定乐律的学理化解释，与伶伦制律的神话化解释不同。而古代的"候气法"则是由律管推定月历的具体应用。[①] 其中，气在律历的相互转化中起着关键作用，所谓"天地之气，合而生风"，古之乐官正是通过自己敏锐的听力，感知风气的运行规律，从而完成律历的制定的。

上古乐官，正是通过善听的生理特质，以乐律为手段，使农业生产得到合理的安排。《国语·周语下》载伶州鸠言："乐以殖财。"韦昭注："古者以乐省土风而纪农事，故曰：'乐以殖财。'"传为舜所作之《南风歌》，有"南风之时兮，可以阜吾民之财兮"之句，南风为长养之风，是古人对自然规律的一种认识。舜所处的部落属于夷夏联盟，在今中原山东一带，属于暖温带季风气候，一到夏季，来自海洋的南风和东南风就会影响这一地区。南风按时到来，万物就会繁殖，从而达到"殖财"的目的。舜为虞幕之后，其父瞽瞍也是有虞氏乐正，故舜一身兼部落首领、大祭司和乐官三重身份。[②]

正因为乐官善听的生理特质，可以预知天时，组织生产，从而被氏族成员视为圣人。而圣人的德行不在其他，正在顺天时，郭店简《成之闻

---

① 候气法的具体操作，参见拙作《论〈乐纬〉解乐模式及其思想背景》，《天津音乐学院学报》2010 年第 2 期。

② 许兆昌：《虞舜乐文化零证》，《史学集刊》2007 年第 5 期。

之》言："'圣人天德'何？言慎求之于己，而可以至顺天常矣。"天常即天时也。

二　卜辞"四风"与商代乐官的听风职能

当然，上节论述难逃理论推演的痕迹，因所用文献都经过周代史官或诸子的加工。即便反映时代最早的《尚书·尧典》，也被认为是春秋战国的作品。[①] 现在所能判定的最早文献，是商之甲骨文。幸运的是，甲骨卜辞里已有乐官听风的记载。《甲骨文合集》第 14294 片有对四方风名的具体记载：

> 东方曰析，风曰劦。
> 南方曰因，风曰岂。
> 西方曰東，风曰彝。
> ［北方曰］夗，风曰阹。

这段文字刻在武丁时的一片牛胛骨上。除此之外，武丁时的另一片龟腹甲刻辞，也详载了四方风名，被收在《合集》14295 中，内容为：

> 辛亥卜，内贞，褅于北方曰夗，风曰阹，桒年，一月。一二三四
> 贞，褅于东方曰析，风曰劦，桒年。一二三四
> 辛亥卜，内贞，褅于南方曰岂，风夷，桒年，一月。一二三四
> 贞，褅于西方曰彝，风曰東，桒年，一二三四
> 辛亥卜内，生二月戋㞢圣（听）。一二三四
> 戋亡其圣（听）。一二三四

这是片祈年卜辞，屡经拼缀，仍有缺失部分，后经胡厚宣、饶宗颐、李学勤等先生的研究，已经大体可读。[②] 卜辞原分三组，今所录为后两

---

① 蒋善国：《尚书综述》，上海古籍出版社 1988 年版，第 140 页。

② 胡厚宣：《释殷代求年于四方和四方风的祭祀》，《复旦学报》1956 年第 1 期；饶宗颐：《四方风新义》，《中山大学学报》1988 年第 4 期；李学勤：《申论四方风名卜甲》，《中国古代文明研究》，华东师范大学出版社 2005 年版，第 28—32 页。

组。第二组是禘祭四方之神；第三组的“圣”字，则被饶宗颐先生释为“听”，如果此说可信，这组卜辞记载的是乐师“戋”在二月听协风之事。故武丁时的乐师“戋”，在立春之日，[①] 听风以预告农时。这说明“听协风”已成为当时藉田礼的一个重要环节。商代行藉日礼，卜辞有载。据《合集》卜辞1：“……［王］大令众人曰：劦田，其［受］年。十一月。”劦田礼即藉田礼，是天子率百官“祈年于田祖”的一种仪式。[②] 据《国语·周语上》中虢文公之言可知，在藉田礼中，太史“顺时脈土”的职责，乐官则有“告协风”和“帅音官以风土”的职责。虢文公亦言这一仪式出自古时，故说殷商时有较为成熟的史官系统和乐官系统，还是大体可信的。

其实，关于四方风，在《尚书·尧典》和《山海经》中亦有记载。《尧典》载尧分派羲、和二氏到四方去观测星象，以定节气：

> 乃命羲和，钦若昊天，历象日月星辰，敬授人时。
>
> 分命羲仲，宅嵎夷，曰旸谷。……以殷仲春。厥民析，鸟兽孳尾。
>
> 申命羲叔，宅南交，曰明都。……以正仲夏。厥民因，鸟兽希革。
>
> 分命和仲，宅西，曰昧谷。……以殷仲秋。厥民夷，鸟兽毛毨。
>
> 申命和叔，宅朔方，曰幽都。……以正仲冬。厥民隩，鸟兽氄毛。
>
> 帝曰：“咨！汝羲暨和。期三百有六旬有六日，以闰月定四时成岁。”

这里虽未提到四方风，但羲、和二氏分居四方以测定仲春、仲夏、仲秋、仲冬四气，就很有启示性。而“析”、“因”、“夷”、“隩”，就与古

---

① 殷历为建子，据李学勤推测，只有在公元前1249年时，立春恰在二月范围之内。李学勤：《申论四方风名卜甲》，《中国古代文明研究》，华东师范大学出版社2005年版，第31页。

② 郑玄注，贾公彦疏：《周礼注疏》，《十三经注疏》本，中华书局1980年版，第801页。

文字学者所释读的四方风名很相似。《山海经》中亦载：

1. 有神名曰折丹，东方曰折，来风曰俊，处东极以出入风。——《大荒东经》

2. 有神名曰因因乎，南方曰因乎，夸风曰乎民，处南极以出入风。——《大荒南经》

3. 有人名曰石夷，西方曰夷，来风曰韦，处西北隅以司日月之长短。[①] ——《大荒西经》

4. 有人名曰鹓，北方曰鹓，来之风曰狻，是处东极隅以止日月，使无相闲出没，司其短长。——《大荒东经》

这里的部分句式与《合集》14294 如出一辙，都是“×方曰×，来风曰×”的句式；而且某些神名和风名也是相同的，如东方神名为折，卜辞作析，《说文》即言：“析，一曰折也。”当然也有一些神名和风名是不同的，但不可否认的是，两个版本是出于同一知识系统的。《山海经》记载四方神不但掌管四方之风，还负责“司日月之长短”，即掌管时令。至于各版本的神名和风名的异同，可参见下表：[②]

神名、风名 / 方位 / 出处	东		南		西		北	
	神名	风名	神名	风名	神名	风名	神名	风名
甲骨卜辞	析	劦	因	完	彝	束	夗	段
《尚书·尧典》	析		因		夷		隩	
《山海经》	折	俊	因乎	民	夷	韦	鹓	狻

近人对四方风名的讨论，意义有二：其一，判定最晚至殷商时已有明确的四方观念；其二，判定最晚至殷商时已有明确的四时观念。其实，这

① 袁珂认为：“‘有人名曰石夷’句下，疑脱‘西方曰夷’四字。”今补全。《山海经校注》，巴蜀书社 1993 年版，第 448 页。

② 冯时曾比对殷墟卜辞和《尚书》《山海经》中的四方风名，做过详细研究。冯时：《殷卜辞四方风研究》，《考古学报》1994 年第 2 期。

两者是二而一的关系。因为中国古代的空间观与时间观是密不可分的，传统时间体系的建立，是通过空间的测定来完成的。① 故可以推测，上古对节气的确定，主要依靠对四方风规律的观测来完成的。作为“通天道”的乐师，正是依靠风向的不同，从而测定出四季的。

但乐师又是如何听风定历的呢？卜辞没有明确记载，《尧典》记载的是大巫观象制历，《山海经》所载则神话色彩很浓。因此，要想了解这一问题，必须借助后代的八风观念对其进行还原。

八风观念是在殷商四风的基础上发展起来的，其记载最早见于《左传》和《国语》中。《左传·隐公五年》载众仲言曰：“夫舞所以节八音，而行八风。”《襄公二十九年》载季札评价“颂”时言：“五声和，八风平，节有度，守有序，盛德之所同也。”《昭公二十年》载晏婴言曰：“一气，二体，三类，四物，五声，六律，七音，八风，九歌，以相成也。”《国语·周语下》载伶州鸠言曰：“物得其常曰乐极，极之所集曰声，声应相保曰和，细大不逾曰平。如是，而铸之金，磨之石，系之丝木，越之匏竹，节之鼓而行之，以遂八风。”可见，在春秋时期以八风论乐已经成为学术主流。八风正是在四方之风的基础上，重新加上四维之风而成的。而且有理由相信，在当时八风是各有专名的。②

古人有以八风应八节的配属模式，如孔颖达疏《左传·昭公二十年》：“八方之风以八节而至，但八方风气寒暑不同，乐能调阴阳，和节气，故乐以八风相成也。”其实，这一模式，在纬书系统中最为明显。《易纬·通卦验》载：“八节之风，谓之八风。立春条风至，春分明庶风至，立夏清明风至，夏至景风至，立秋凉风至，秋分阊阖风至，立冬不周风至，冬至广莫风至。”将八风与八节完美地搭配到一起。当然在纬书系统中，配属模式非常复杂，还有将八方——八风——八卦——八节——八音相次的分配方式。

---

① 冯时：《中国古代的天文与人文》，中国社会科学出版社2006年版，第9页。

② 先秦文献虽屡次提到八风，但八风之专名，却最早见于《吕氏春秋·有始》：“何谓八风？东北曰炎风，东方曰滔风，东南曰熏风，南方曰巨风，西南曰凄风，西方曰飂风，西北曰厉风，北方曰寒风。”但在当时，亦有不同的说法。参见拙文《论〈乐纬〉解乐模式及其思想背景》，《天津音乐学院学报》2010年第2期。

乐师就是凭借敏锐的听力，准确地听到八风到来时所发出的声响，并将其与特定音高的乐音相配合，然后用乐音来测定八风的到来与否。这就是乐师“掌知音乐风气”的职责。[①]《淮南子·天文训》载：“何谓八风？距日冬至四十五日，条风至；条风至四十五日，明庶风至；明庶风至四十五日，清明风至；清明风至四十五日，景风至；景风至四十五日，凉风至；凉风至四十五日，阊阖风至；阊阖风至四十五日，不周风至；不周风至四十五日，广莫风至。”将一年分为八个相等时段，每一时段都有相对应的风。但需要指出的是，从某一风向另一风的转换并不是突然的，肯定是经过了细微的形态变化，乐师就是负责侦知这些细微变化的。《国语·晋语八》：“夫乐以开山川之风也，以耀德于广远也。风德以广之，风山川以远之，风物以听之，修诗以咏之，修礼以节之。”所谓“风物以听之”，是指当风气作用于万物时，万物会表现出不同的物态。乐师就是凭借对不同的物态的感知，了解风气的转换。商代虽不具备完整的八风系统，但其对四风的祭祀，再加上对乐官听协风的具体记载，都足以说明通过感知风向的转变以测定节气的到来，是殷先民重要的物候学知识之一。

但当风气不调时，则会出现一些给人带来灾害的风。像甲骨卜辞里的凶风和虚风，《合集》第27459片：

> 癸亥卜，⿰大象贞，有大⿵风凶。
> 癸亥卜，⿰大象贞，今日亡大⿵风凶。

《怀特》第251片：“贞……戌风……□（方）。”第1319片：“王……戌风。”其中，“⿵风凶”即凶风，“戌风”即“虚风”，都是对人有害的风。[②] 当出现这样的风时，乐官还有正风宣气的职责。众仲所讲的“舞所以节八音，而行八风”，是以舞行风。其实，乐官最常用还是“以音律省风土”，即依靠十二律与十二月相配的模式，将乐律上的定点与历法上的定点相对应，如《吕氏春秋·音律》言：“孟夏生仲吕”，而奏仲

---

① 李纯一：《先秦音乐史》，人民音乐出版社1994年版，第4页。

② 沈建华：《释卜辞中的“凶风”和“虚风”》，《初学集》，文物出版社2008年版，第57—61页。

吕之律又可以“宣中气”[1]，韦昭注：“四月，仲吕，坤上六也。……阳气越于中，至四月宣散于外，纯乾用事，阴闭藏于内，所以助阳成功也，故曰正月。正月，正阳之月也。”这虽是伶州鸠的说法，但却托名于古之神瞽，正说明“正风宣气”学说起源很早。贾湖骨笛的出土亦为这一说法提供了实物证据，早在八千余年前，原始先民就已掌握了七声音阶的存在，并将其作为巫术手段用于实际生活之中，这为后代的“听声成乐”工作奠定了坚实的基础。[2]

三　《周礼》乐官及其听声职能的扩大

乐官在周代的政治文化生活中，占有非常重要的地位。其中，《春官宗伯》载周代的“大司乐机构”，共设二十官。在这二十官中，有明确记为“瞽矇”的，也有可以推知其为瞽矇的，还有一些是视力完好的，并非所有乐官都由盲者担任。

通过对这二十官的考察会发现，凡有掌六律、六同职责的乐官，都是善听的。大司乐是乐官系统的总首领，有“以六律、六同、五声、八音、六舞大合乐”的职责，他是乐官中的“有道者、有德者”，颇像《国语·楚语下》所提到的“民神不杂”时的巫觋，是乐官里最优秀的，兼有掌乐和司教的双重职能，死后会被尊为“乐祖”，“祭于瞽宗”，这与韦昭所说的神瞽是相同的，是被当作圣人来对待的。故可以推知，大司乐的听力应该是非常好的。除大司乐外，大师和典同也是以“听声”为主要职责的。

先说太师，其首要职责是“掌六律、六同，以合阴阳之声”，贾公彦疏曰：“此太师无目，于音声审，故使合六律六同及五声八音也。”据记载，太师的听声职责有二：

一是听人声以合律。太师有教瞽矇风、赋、比、兴、雅、颂六诗之职，诗是可歌的，但不同的人音色不同，所适合歌唱的诗亦有不同。故大师在教授前，会先“以六律为之音”。郑玄注为：“以律视其人为之音，知其宜何歌。”据贾公彦解释，即太师吹律使人歌唱，听人声可与五声中

---

① 上海师范大学古籍整理组校点：《国语》，上海古籍出版社1978年版，第133页。

② 饶宗颐：《从贾湖遗物谈先民音乐智慧的早熟》，《文物》1987年第1期。

的哪一声相合，以裁定其适合唱何诗?[①]《礼记·乐记》曾有子贡见师乙而问："赐闻声歌各有宜也，如赐者，宜何歌也?"师乙就是鲁国太师。《韩非子·外储说右上》也说："夫教歌者，使先呼而诎之，其声反清徵者，乃教之。"即让学唱歌的人先放声歌唱，然后再转变音调，如果能转到清徵者，才可以教。

二是"执同律以听军声，而诏吉凶"。其实，殷商时代的太师已具备"吹律听声"的职责。《小屯南地甲骨》119 版刻有四个字：

自叀律用。

《怀特氏等收藏甲骨文》B1581 版亦有：

自叀聿用。

"律"与"聿"相同，仅是繁简不同。在《周易·师卦》中亦有："师出以律，否臧凶。"一般传统注家将"律"训为"律令"，如王弼注即云："齐众以律，失律则散，故师出以律，律不可失。"近代学者亦有相从者。[②] 但通过太师的执掌可知，将"律"训为"律令"是错的，应该训为"音律"才对。[③]

至于"吹律听军声"的依据，《周礼·春官·大师》郑玄注引《兵书》曰："王者行师出军之日，授将弓矢，士卒振旅，将张弓大呼，大师吹律合音。商则战胜，军士强；角则军扰多变，失士心；宫则军和，士卒同心；徵则将急数怒，军士劳；羽则兵弱，少威明。"其所据原理，是五行相配学说。据贾公彦解释，可列下表：

---

① 郑玄注，贾公彦疏：《周礼注疏》，《十三经注疏》本，中华书局 1980 年版，第 796 页。

② 肖楠：《试论卜辞中的师和旅》，《古文字研究》第六辑，中华书局 1981 年版。

③ 刘钊先生在《卜辞"师惟律用"新解》一文中有详细论述。张永山主编：《胡厚宣先生纪念文集》，科学出版社 1998 年版，第 140—143 页。

音阶	方位	属性	性质	结果
商	西方	金	刚断	军士强
角	东方	木	曲直	军扰多变，失士心
宫	中央	土	生长	军和，士卒同心
徵	南方	火	熛怒	将急数怒
羽	北方	水	柔弱、幽暗	兵弱，少威明

贾公彦还认为，郑玄所引《兵书》是周武王出兵之书，依据很可能是《史记·律书》："武王伐纣吹律听声，推孟春以至季冬，杀气相并，而音尚宫。"这一记载，可注意者有二：一是推孟春以至季冬，可见由吹律可以推定历法，是瞽知"天道"的具体表现；二是音尚宫，说明伐纣之师上下同心，《尚书·泰誓上》载武王大会诸侯于孟津时说："同力度德，同德度义。受有臣亿万，惟亿万心；予有臣三千，惟一心。"说明上下一心是武王胜纣的重要条件。武王伐纣"吹律听声"的记载，还见于《国语·周语下》，更为详细。据伶州鸠之言曰：

> 王以二月癸亥夜陈，未毕而雨。以夷则之上宫毕，当辰。辰在戌上，故长夷则之上宫，名之曰羽，所以藩屏民则也。王以黄钟之下宫，布戎于牧之野，故谓之厉，所以厉六师也。

是将乐律与时、空两大因素结合起来，作为战前安排的依据。而所吹之律，不管是"夷则之上宫"，还是以"黄钟之下宫"，都是宫声，与《史记》所载一致。

大师"执同律以听军声"的具体实例，还见于《左传·襄公十八年》所载的晋楚之战：

> 晋人闻有楚师，师旷曰："不害。吾骤歌北风，又歌南风，南风不竞，多死声。楚必无功。"杜预注："歌者吹律，以咏八风，南风音微，故曰'不竞'也。师旷唯歌南北风者，听晋、楚之强弱。"

师旷为晋国主乐太师，听军声以定胜败是其职责。南风代表楚军，不与律声相应，故师旷判定其会失败。这也是乐官听风职能的扩大。

需要指出的是，大师听协风的职能，既然如此重要，在《周礼》中却未得到体现。这可能与自周宣王时就“不籍千亩”有关，《国语·周语上》载虢文公曾为此事劝谏宣王，并说“太史脈土”、“瞽听协风”这些仪式是出自“古制”。其实，在《诗经》中有大量有关“耕藉礼”的诗歌，像《载芟》传为周成王时“春籍田而祈社稷”的乐歌;[①]《臣工》与《噫嘻》则是周天子在耕藉礼中训诫臣工与农夫的诗等。这说明耕藉礼在西周初期是经常举行的。但自厉王时，耕藉礼就已废弛，至宣王时已不被了解。所以，很可能到《周礼》作者时，人们已经不了解乐官在耕藉礼中所承担的职能，故略而不存。

另据《周礼·秋官》中设有“大行人”一官，有协助周天子安抚各国诸侯的职责。在第九年时，大行人会“属瞽、史，谕书名，听声音”，即召集各诸侯国的乐官和史官，对其进行培训，告知他们文字，让他们习听声音。可见，“听声音”是大师培养机制的重要组成部分。

再说“典同”，典同是负责乐器校正的质检员。《周礼·春官》载其“掌六律、六同之和，以辨天地四方阴阳之声，以为乐器”，具备听律辨声的职责。当新乐器制造出来时，典同负责听声，以检验乐器是否合格。依据的标准就是“以十有二律为之数度，以十有二声为之齐量”，古代定律，或以律管，或以均钟。十二律即前面提到的六律、六同，是古人以律管的长短为定声的标准；十二声则是均钟定律时容易出现的缺点，必须加以纠正。《周礼》载铸钟时容易存在十二种毛病：“高声䃘，正声缓，下声肆，陂声散，险声敛，达声赢，微声韽，回声衍，侈声筰，弇声郁，薄声甄，厚声石。”据郑玄注，是说钟体上部过大，会导致声音在钟体内回旋，难以散出；钟体上下过直，会导致声音迟滞缓慢；钟体下部过大，会导致声音放肆外出，不能保留；钟口一边偏大，会导致声音离散，不能内敛；钟体一边偏窄，会导致声音敛而不扬；钟体过大，会导致声音亦过于宏大；钟体过小，会导致声音亦过于喑哑；钟体过圆，导致声音亦过于婉转；钟体中央口径过小，会导致声音过于急迫；钟体中央口径过大，会导致声音郁滞难出；钟壁过薄，会导致声音剧烈震荡；钟壁过厚，会导致声音像敲击石头那样，难以发声。典同就是专门负责检查这些缺点的。《续

---

① 毛亨传，郑玄笺，孔颖达正义：《毛诗正义》，《十三经注疏》本，中华书局1980年版，第601页。

汉书·律历志》刘注引《月令章句》云："古之为钟律者，以耳齐其声；后不能，则假数以正其度，度数正则音亦正矣。钟以斤两尺寸中所容受升斗之数为法，律亦以寸分大小长短为度。"最初的钟律校准工作，是由乐官凭借良好的听声能力完成的。后随着乐官自身素质的下降，就必须依靠管律来校准钟律。朱载堉也说："上古造律，其次听律，其后算律。"① 可见，上古音律校准，经历了一个从感性认知到理性计算的发展过程。

在古籍中，典同听律校钟是有例可循的，据《国语·周语下》载周景王将铸大林钟，被伶州鸠劝阻，景王不听，于"二十四年，钟成，伶人告和"，然伶州鸠却独持异议，后"二十五年，王崩，钟不和。"另《吕氏春秋·长见》亦载：

> 晋平公铸为大钟，使工听之，皆以为调矣。师旷曰："不调，请更铸之。"平公曰："工皆以为调矣。"师旷曰："后世有知音者，将知钟之不调也，臣窃为君耻之。"至于师涓，而果知钟之不调也。是师旷欲善调钟，以为后世之知音者也。

这里的"伶人"和"工"，恐怕就是"典同"类乐官。但与大师相比，典同的职业素养还是偏低。故晋平公所铸大钟不调，只有伶州鸠、师旷和师涓这样的圣人才能听出来。②

同时，典同还负责调整旧乐器的音律。《周礼》载："凡和乐，亦如之。"郑玄注："和谓调其故器也。"

综言之，瞽、史作为最早的知识阶级，是从巫觋集团中分化出来的，有预知天道的特殊能力，因此被当作圣人对待。其中，瞽（大师）主要是依靠其善听的职能得以实现的。在氏族部落时期，乐官利用其听协风职能，实现了对历法的制作和农业生产的安排；在甲骨卜辞中，四方风的存在证明了乐官听协风的现实操作性；《周礼》详细记载了乐官的听声职能，但对其听协风职能却有所弱化，这很可能与周宣王时"不籍千亩"

---

① 朱载堉：《律学新说》，《乐律全书》第1册，商务印书馆1935年版，第3页。

② 王逸言："师旷，圣人也，字子野，生无目而善听，当晋平公时。"洪兴祖：《楚辞补注》，中华书局1983年版，第286页。

而导致乐官这一职能的消失。

第二节　“工史书《世》”与瞽矇乐官的历史书写

《论语·八佾》载孔子曰：“夏礼，吾能言之，杞不足征也；殷礼，吾能言之，宋不足征也。文献不足故也，足则吾能征之矣。”“文献”者，朱熹注为：“文，典籍也；献，贤也。”则上古文献应包含两部分：一是已经固定下来的成文典籍，二是由贤人记诵所传下来的口述材料。[①] 在先秦时期，瞽矇乐官以其特殊的身份和文化职掌，经历了从圣人到贤人的身份转变。即便到了春秋时期，他们也是贤人团体的重要组成部分。而且，因为视觉感官的缺失，瞽矇乐官注定与文字无缘。他们对知识的传承，所凭借的更多是自己的记忆和口述。因此，除了对乐事的执掌外，瞽矇乐官对当时的文化传播、古史编辑及史诗创作都有着重要的作用。

一　“工史书《世》”与帝王世系的传承

“瞽矇”是周代乐官的重要组成部分。因其目盲，有很多不便。但惟其如此，他们又有很多优于普通人的特质，表现在两方面：一是精于听声；二是长于记诵。前者处理的是天与人的关系，使其成为天道的体现者，前文已有所论述。后者处理的是古与今的关系，使其成为历史记忆的传递者。因为在文字尚不发达的时代，历史经验的传播，主要靠的是口耳相传。在文字成熟之后，瞽矇仍在古史的书写过程中占有很重要的地位。这主要表现在，通过对上古世系的记诵，为史官提供必要的素材。在《国语·鲁语上》中，这一过程被概括为“工史书《世》”。

首先，所谓“工史”者，韦昭注为：“工，瞽师官也。史，太史也。”其实，这一解释并不准确。一方面，“瞽师官”的解释比较含糊。《周礼》所载盲人乐官，有太师、小师和瞽矇三种，“瞽师官”具体指哪一种，说不清楚。今人饶宗颐另辟新说，认为“工指臣工，谓工祝一类官员”[②]，亦不确。另一方面，《周礼》载太史爵为下大夫，职位较高。考其职责，

---

① 宋瑞芝：《口述史学在史学研究中的功用》，《史学理论研究》1995年第3期。

② 饶宗颐：《史与礼》，《传统文化与现代化》1996年第5期。

也无书《世》一说。因此，将“史”释为“太史”，也不准确。我们以为，这里的“工”专指“瞽矇”，“史”则专指“小史”。理由是：在三礼中，太师、小师是作为乐官存在的，只有瞽矇才被称为“工”，《仪礼·大射仪》中就有上工、群工之分，孙诒让就认为上工即上瞽，而群工包括中瞽和下瞽。[①] 更重要的是，《周礼》所载“瞽矇”的职责，有“讽诵诗，世奠系”之说，即指“书《世》”而言。同样，在诸史官当中，只有小史负责“奠系世”。两官互为官联，故而可以合称“工史”。

其次，关于《世》为何书，《国语·楚语上》载：“教之《世》，而为之昭明德而废幽昏焉。”韦昭注：“《世》，谓先王之世系也。”言《世》为氏族谱牒之书，这是没有问题的。有问题的是，《周礼·春官》记瞽矇负责“世奠系”，而小史负责“奠系世”，两者记载不太一致。之所以如此，据郑玄注引杜子春语，奠“读为定”，故“世奠系，谓《帝系》，诸侯卿大夫《世本》之属是也”[②]。然而，此经有误倒，当为“奠系世”，也即“定系世”。其中，《帝系》，见《大戴礼记》第六十三篇，“记黄帝至禹世系所出”[③]；《汉书·艺文志》记“春秋家”有《世本》十五篇，已佚，刘向《别录》云：“《世本》，古史官明于古事者之所记也。录黄帝已来帝王诸侯及卿大夫系、谥、名、号，凡十五篇也。”[④] 对于其中分别，《周礼·春官·小史》贾公彦疏：“天子谓之《帝系》，诸侯谓之《世本》。”当然，瞽矇和小史所定的“系世”，也许并非此两文，但肯定是对现实中或传说中的帝王传位“系”列，和诸侯、卿大夫爵位和职分的继承“世”次，亦即对王位君位的继承情况进行认定、排列和表达，这也是“奠”之本义。[⑤] 在先秦时期，“系世”类的书比较多。据《史记》记载，司马迁就自称读过《五帝德》《帝系姓》《谍记》《历谱谍》《五帝系谍》《春秋历谱谍》等书，都是此类。

再次，关于“工史书《世》”，还有一个程序性的问题，即由“工”提供素材给“史”记录，还是由“史”提供典籍给“工”讽诵？对此，

---

① 孙诒让：《周礼正义》，中华书局1987年版，第1270页。

② 郑玄注，贾公彦疏：《周礼注疏》，《十三经注疏》本，中华书局1980年版，第797页。

③ 孙诒让：《周礼正义》，中华书局1987年版，第1867页。

④ 严可均辑：《全汉文》，商务印书馆1999年版，第391页。

⑤ 钱杭：《宗族的世系学研究》，复旦大学出版社2011年版，第55页。

都可以找到相关的说法：

1. 由“工”至“史”，如韦昭《国语·鲁语上》注云：“世，世次先后也。工诵其德，史书其言也。”

2. 由“史”至“工”，如《周礼·春官·瞽矇》郑玄注引杜子春云：“小史主次序先王之世，昭穆之系，述其德行。瞽矇主诵诗，并诵世系，以戒劝人君也。”

对此，我们以为，这一问题并非非此即彼的，而是互有兼容。在文字尚不发达的时代，世系的传承确以口耳相传为主。在《大戴礼记》中，有《帝系》和《五帝德》两篇，对夏禹以前的世系情况进行了记载。吕思勉即以为“《大戴记》之《帝系姓》，乃古系、世之遗，《五帝德》则瞽矇所讽诵者也”[①]，这一推测是有道理的。《五帝德》和《帝系姓》两篇，相传都是由孔子传下来的，因其文不雅驯，被后人所诟病。《史记·五帝本纪》说：“孔子所传《宰予问五帝德》及《帝系姓》，儒者或不传。余尝西至空峒，北过涿鹿，东渐于海，南浮江淮矣，至长老皆各往往称黄帝、尧、舜之处，风教固殊焉，总之不离古文者近是。”司马迁走访各地，询之长老，发现各地传述虽有不同，但大致是相似的。这说明在各地仍有口传的版本遗留，可与文献相订正。而这些文献的不雅驯，恰恰说明在被记录之前，经过口头传述，也有失真的地方存在。[②] 即便如此，这一世系还是有合理的成分在内。饶宗颐通过对湖北包山楚简中楚国世系的考察，论证了《帝系》所说的可信性。[③] 后随着史官系统的发达，才被整理成文。其大概时期，也许在西周。这属于前期世系。

还有《世本》一书，虽然早佚，但经过清人的辑佚，也大致可见其

---

① 吕思勉：《周官五史》，《吕思勉读史札记（增订本）》上册，上海古籍出版社2005年版，第217页。

② 像《帝系》一篇，记上古帝王的传承谱系，其模式是“××产××，是为××”。宋人欧阳修就通过其与《尚书》等传说的记载相比对，认为如果按《帝系》的说法，帝舜所娶尧之二女，其实是自己的曾祖姑，故于人伦不合。参见欧阳修《帝王世次图后序》，李逸安点校：《欧阳修全集》，中华书局2001年版，第593页。

③ 饶宗颐：《史与礼》，《传统文化与现代化》1996年第5期。

体例。[①] 其中包括的史料，主要有两部分，一是传说时代的史料，一是比较可信的殷商史料和两周史料。[②] 传说时代的史料，主要以《帝系》和《作》两篇为主，传播模式当以瞽矇口述为主，后被加以记录；其他则属信史时代的史料，可能是文字成型之后，被史官直接记载的，故准确性也大大提高。当然，这只是一个大致的分别，并非绝对的。因为，具体到各篇中，情况也比较复杂，既有传说时代的史料，又兼有信史时代的记载。不过，这一大致分别，也足以昭示世系的传播和演进线索。

考察有文字记载的最早世系，见于甲骨卜辞中，据《甲骨文合集》32384：

乙未……上甲十，报乙三，报丙三，报丁三，示壬三，示癸三，大乙十，大丁十，大甲十，大庚十，小甲三……祖乙十……

卜辞中类似的记载还有很多，是有关商王世系最重要证据，虽然都以祀谱的形式出现，却是后来世系之谱的原型。[③] 这至少表明，商代的史官系统开始有意识记录商王的世系来进行祭祀。再加上商人"有册有典"，[④] 可能也确实存在世系类的作品。也许正是从这一阶段开始，从"工诵史书"的记录模式，开始转换为"史书工诵"的传播模式。然而，瞽矇在"定世系"的过程中所起到的作用如何，因文献缺失，难以判定。

从西周开始，瞽矇在"定世系"中所起的作用，就十分明晰了。归其原因，是谥法的发明。《逸周书·谥法解》载："维周公旦、大公望开嗣王业，攻于牧野之中，终葬，乃制谥叙法。"《礼记·檀弓上》也说："死谥，周道也。"而谥号又是世系中很重要的一部分，《世本》中

---

① 清代从事《世本》辑佚工作的，有十余家，后多数被收入《世本八种》，包括：王谟辑本、孙冯翼辑本、陈其荣补订孙本、秦嘉谟《世本辑补》、张澍稡集补注本、雷学淇辑本、茆泮林辑本、王梓材《世本集览》。参见《世本八种》，商务印书馆1957年版，第4页。

② 周晶晶：《〈世本〉研究》，博士学位论文，浙江大学，2011年，第7页。

③ 王震中：《商代史》卷3《商族起源与先商社会变迁》，中国社会科学出版社2010年版，第170页。

④ 孔安国传，孔颖达疏：《尚书正义·多士》，《十三经注疏》本，中华书局1980年版，第220页。

就专有《谥法》一篇，《玉海》卷54引《中兴书目》载沈约《谥法序》曰："《大戴礼》及《世本》，旧并有《谥法》。"可惜其书已亡，其实难窥。

但可以确定的是，谥号的拟定，是由太师和太史、小史共同完成的。据《周礼·春官》记载，太师有"大丧，帅瞽而廞，作柩，谥"之职，太史有"小丧赐谥"之职，小史有"卿大夫之丧，赐谥、读诔"之职。不过，太师所作谥号，在大丧之时，是针对周王、王后、世子的；太师、小史所赐谥号，在小丧之际，是针对诸侯及卿大夫的。大丧之时，太师与太史相为官联，因太史有"大丧……遣之日读诔"的职责，郑玄注云："遣，谓祖庙之庭大奠，将行时也。人之道终于此。累其行而读之，太师又帅瞽廞之而作谥。瞽史知天道，使共其事，言王之诔谥成于天道。"对此，孙诒让更认为太史读诔，是以太师之谥为节，先诔后谥，同在一时。① 所以，不管是诔文也罢，还是谥号也好，性质是一样的，都是对周王一生行为的总结和评判。《荀子·礼论》言："其铭诔系世，敬传其名也。"就是指此。同样，小丧之时，则太史和小史互为官联，太史负责赐谥，小史负责读诔。这些谥号和诔文，不但是《帝系》《世本》的重要组成部分，还是史诗创作的重要素材。

因此，西周成文世系的完成，是经过很多步骤的：内容的拟定，是由瞽乐官和史官共同协作完成的；文本的记录，则是由小史单独完成的；成书的背诵，则是由瞽矇主要承担的。最直接的证据，即《史记·十二诸侯年表》："太史公读《春秋历谱谍》，至周厉王，未尝不废书而叹也。曰：呜呼，师挚见之矣！"世系类文献的完成，瞽矇类乐官也起到很大所用，故"师挚见之"，乃情理中事。②

二　"帅瞽而廞"与"治功之诗"的创作

前面提到太师有作谥号的职责，与之相关，他还有"大丧，帅瞽而廞；作柩，谥"的职责。对此，郑玄注为："廞，兴也，兴言王之行，谓讽诵其治功之诗，故书'廞'为'淫'，郑司农云：'淫，陈也。陈其生

① 孙诒让：《周礼正义》，中华书局1987年版，第1855页。

② 阎步克：《乐师、史官文化传承之异同及意义》，《乐师与史官》，生活·读书·新知三联书店2001年版，第92页。

时行迹，为作谥。'”可见，先郑、后郑的解释稍有不同，在大旨上是没有区别的。唐人贾公彦作疏，亦没有不同意见。不过，清儒却不满意这一解释，如王引之说：

> 《周官》大丧言廞者，皆谓陈器物。司裘廞裘，司服廞衣服，巾车廞遣车，车仆廞革车，司常建廞车之旌，司兵廞五兵，圉人廞马，乐官则大司乐、视瞭、笙师、镈师、籥师并言廞乐器，典庸器廞筍簴，司干廞舞器，皆是也。大师、小师之廞，不应独异，帅瞽而廞，谓廞乐器也。乐器视瞭所廞，而以为大师帅瞽而廞者，视瞭掌大师之县，故大师得命视瞭廞之，又帅瞽而莅其事也。《周颂·有瞽篇》："有瞽有瞽，在周之庭，设业设虡，崇牙树羽，应田县鼓，鞉磬柷圉。”彼乐器亦是视瞭设之，而《诗》以为瞽之所设，则以视瞭相瞽故也。大师帅瞽而廞乐器，小师又与廞者，犹大司乐“大丧莅廞乐器”，乐师亦云“凡丧陈乐器，则帅乐官”也。廞乐器但谓之廞者，因上大司乐、下视瞭廞乐器之文而省，犹乡师之“致民”，大司马“及致建大常，比军众”，但谓之致也。①

孙诒让亦赞同此说。王氏所举例证甚多，看似有理，实有很多疑点不能解决。因此说影响甚大，故不能不辩。

王氏立论，证据主要有二：其一，遍举《周礼》大丧言“廞”之例，认为都是“陈器物”之义，故此处瞽矇也不当有异。然其也意识到瞽矇目盲，不可能有陈器之事，故又以视瞭代之，只不过当时大师曾“帅瞽而莅其事”而已；其二，又注意到此处经文与其他各例之不同，即其他各例廞字之后皆有名物，此处则但谓之“廞”。其解释是省文故也，因上之大司乐、下之视瞭均已言之，故此处无必要再言。

其实，这两个证据均站不住脚。首先，大丧明言陈乐器者，有两类职官：一类是某些乐官，《乐师》经文言：“凡丧，陈乐器，则帅乐官。”则大司乐所帅者皆笙师、镈师、籥师、典庸器、司干诸乐官也，与身为乐工的瞽矇无涉。另一类是视瞭，他们是瞽矇之相，非盲者，身份也非乐官，他们确有“大丧，廞乐器”的职责。王氏以为瞽矇和视瞭关系密切，所

① 孙诒让：《周礼正义》，中华书局1987年版，第1854页。

以当视瞭“廞乐器”时，瞽矇会到场参与。如果说，在一般演奏时，瞽矇到场确实情有可原，考《周礼》经文，视瞭有“掌大师之县”职责，王所举《有瞽》之例，也是指此。但大丧时，所陈者皆为明器，此时再让瞽矇参与陈乐器，似乎没有必要。其次，王氏言“大师得命视瞭廞之”不可信。太师是瞽矇之贤者，亦是盲者，也不可能在现场指挥视瞭。再者，省文之说也值得商榷。《周礼》各例均不省文，为何独独此处出现省文，也很难说通。章太炎也对王氏之说表示怀疑，说：“不悟彼言廞者，下皆明斥其物。今大师直言廞，不指何器，明不得以文字偶同为例，既言‘帅瞽而廞’，又不得言‘命视瞭为之’也。”[①] 如此，太师“帅瞽而廞”的含义，当从两郑之说为是。

然两郑释“廞”之义又稍有不同：先郑仅言“陈其生时行迹”，则与“诔”相似；[②] 后郑以为是“兴言王之行，谓讽诵其治功之诗”，则与“颂”相似。[③] 不过，先郑之说较为笼统，后郑之说比较符合实际。因为，一方面，读诔之事，已有大史为之，不必再由瞽矇进行；另一方面，太师的乐人身份及帅众瞽矇参加，表明是群体合作，歌颂王功，而非读诔似的个体行为。《周礼》载小师之职有：“大丧，与廞。”瞽矇之职责则有：“讽诵诗，世奠系，鼓琴瑟。”郑玄就将“讽诵诗”理解为“廞作柩谥时也。讽诵王治功之诗，以为谥”，贾公彦疏也认为：“讽诵诗，谓于王丧将葬之时，则使此瞽矇讽诵王治功之诗，观其行以作谥，葬后当呼之。”故太师、小师及众瞽矇的“廞”，当指讽诵周王的“治功之诗”而言。

“治功之诗”的内容，当与诔文的内容一致，都是对去世先王一生治国功绩的总结，是制谥之前的准备工作。《国语·楚语上》载楚国臣子谋为楚恭王制定谥号：

> 王卒，及葬，子囊议谥。大夫曰：“王有命矣。”子囊曰：“不可。夫事君者，先其善不从其过。赫赫楚国，而君临之，抚征南海，训及诸夏，其宠大矣。有是宠也，而知其过，可不谓‘恭’乎？若

---

① 章太炎：《六诗说》，陈平原编校：《中国现代学术经典·章太炎卷》，河北教育出版社 1996 年版，第 178 页。

② 王引之《经义述闻》卷九、章太炎《六诗说》均持此说。

③ 晁福林：《读〈周礼〉札记》，《文史》1999 年第 46 辑。

先君善，则请为‘恭’。”大夫从之。

子囊“赫赫楚国，而君临之，抚征南海，训及诸夏”之语，不但是对楚恭王一生功绩的评价，而且极像诗言，与《大雅》中的某些诗非常相似。这可能即对瞽矇所讽诵“治功之诗”的不自觉模仿。

不过，“讽诵治功之诗”的另一种说法，即“兴言王之行”。所谓“兴言”，当有两义：一是指即兴而言。前言“治功之诗”与诔文性质相似。诔文多为临丧而作，《文心雕龙·诔碑》：“周世盛德，有铭诔之文。大夫之材，临丧能诔。”则“治功之诗”亦不能外；二是指合于律而言。“兴”在《周礼》之中，本就有配乐之义。而瞽矇有“鼓琴瑟”一责，贾公彦疏解释为：“鼓琴瑟者，诗与世本二者，虽不歌咏，犹鼓琴瑟而合之，以美之也。”合于琴瑟，就是配乐。

然《诗经》之中，所谓的“治功之诗”并不多。《周颂》之中，多为宗庙颂德之诗，却不以“颂功”，即颂陈生平事迹为主。倒是《大雅》中有很多与之类似的诗歌，被称为《诗经》史诗，[1]如《生民》《公刘》《绵》《皇矣》《大明》《文王》等，都是歌颂先周历代祖先如后稷、公刘、古公亶父、文王、武王等的传奇故事和历史事迹。这些诗歌或许是后人追作，但在叙述模式上，却与歌颂刚去世先王的“治功之诗”相似，都是“陈其生时行迹”的。只不过，“治功之诗”具有针对一王、即兴创作的特征；《诗经》史诗则不针对一王，如《皇矣》对先周的帝王世系有所介绍：从太王、太伯、王季一直讲到文王的事迹，《大明》从文王的出生讲起，一直到武王伐纣为止。另外，这些史诗，也不是即兴创作的。但体制上的相似性，恰恰说明两者在创作上是有血缘关系的。

而两者相互结合，则会产生新的“颂”体。最典型的例子，莫过于《鲁颂·閟宫》，这是《诗经》中最长的一首诗，共九章一百二十句。其中有：

---

① 关于《诗经》中的“史诗”概念，学界还存有争论。但如果不拘泥于西方的“史诗”概念，而是从历史记忆存留的角度，去理解《诗经》中带有神话传说色彩的、叙述民族历史或英雄人物事迹的诗歌，均可视为广义的“史诗”。参见韩高年《〈诗经〉分类辨体》，上海古籍出版社2011年版，第60页。

閟宫有侐，实实枚枚。赫赫姜嫄，其德不回。上帝是依，无灾无害，弥月不迟。是生后稷，降之百福。黍稷重穋，植稚菽麦。奄有下国，俾民稼穑。有稷有黍，有稻有秬，奄有下土，缵禹之绪。

后稷之孙，实维大王，居岐之阳，实始翦商。至于文武，缵大王之绪，致天之届，于牧之野。无贰无虞，上帝临女。敦商之旅，克咸厥功。王曰叔父，建尔元子，俾侯于鲁。大启尔宇，为周室辅。

乃命鲁公，俾侯于东。锡之山川，土田附庸。周公之孙，庄公之子，龙旂承祀，六辔耳耳。春秋匪解，享祀不忒。皇皇后帝，皇祖后稷。享以骍牺，是飨是宜，降福既多。周公皇祖，亦其福女。

秋而载尝，夏而楅衡。白牡骍刚，牺尊将将。毛炰胾羹，笾豆大房。万舞洋洋，孝孙有庆。俾尔炽而昌，俾尔寿而臧。保彼东方，鲁邦是尝。不亏不崩，不震不腾。三寿作朋，如冈如陵。

公车千乘，朱英绿縢，二矛重弓。公徒三万，贝胄朱綅，烝徒增增。戎狄是膺，荆舒是惩，则莫我敢承，俾尔昌而炽，俾尔寿而富。黄发台背，寿胥与试。俾尔昌而大，俾尔耆而艾。万有千岁，眉寿无有害。

泰山岩岩，鲁邦所詹。奄有龟蒙，遂荒大东，至于海邦，淮夷来同。莫不率从，鲁侯之功。

保有凫绎，遂荒徐宅，至于海邦。淮夷蛮貊，及彼南夷，莫不率从。莫敢不诺，鲁侯是若。

天锡公纯嘏，眉寿保鲁。居常与许，复周公之宇。鲁侯燕喜，令妻寿母，宜大夫庶士，邦国是有。既多受祉，黄发儿齿。

徂徕之松，新甫之柏，是断是度，是寻是尺。松桷有舄，路寝孔硕。新庙奕奕，奚斯所作；孔曼且硕，万民是若。

此诗作于春秋中叶，与《周礼》的知识背景略近。但因与《周颂》不同，被后人视为“变颂”。南宋王柏《诗疑》曾说：“《鲁颂》四篇，有风体，有小雅体，有大雅体，颂之变体也。”《閟宫》就属大雅体。在创作上，也使用了大量的“程式句法”。在内容上，可分为两大部分，前三章是史诗，回顾鲁国祖先的开创之功，首章颂姜嫄及后稷，次章述大王、文王、武王的功绩，三章专写鲁国，从伯禽一直写到僖公的恭于祭祀。后六章则是僖公的“治功之诗”，四章仍写僖公祭祀时用心之诚，五章则写僖公伐楚之功，六、七、八章写僖公拓土之功，最后一章则点明作诗之目的，是颂僖公修祖庙之功。《毛诗序》即言：“《閟宫》，颂僖公能复周公之宇也。”

此诗作于僖公生时，因四章有向僖公祝寿之语，与临做谥之前的“治功之时”场合或有不同，但在内容上应该是相似的。这类诗专以颂功为主，因此被后人所诟病。① 但考虑到此诗的程式化创作，前半借鉴史诗，后半则模仿治功之诗。这样的诗虽稍有夸张的成分，但却在一定程度上也保留了当时的历史记忆。

三　“瞽史之辨”与《瞽史之纪》的编辑

《国语》还记载有一种与瞽矇有关的史籍，称为《瞽史之纪》或《瞽史记》。欲明此书之性质，需先明“瞽史”一词的含义。据统计，“瞽史”一词于《国语》中凡五见，包括：

1. 《周语上》记召穆公谏周厉王语：“瞽献曲，史献书，……瞽史教诲。”

2. 《周语下》记单襄公之言：“吾非瞽史，焉知天道。”

3. 《晋语四》记载的两本典籍，一为姜氏所引《瞽史之纪》：“唐叔之世，将如商数。”一为董因所引《瞽史记》：“嗣续其祖，如谷之滋，必有晋国。”

4. 《楚语上》载卫武公九十五时：“临事有瞽史之导，宴居有师工之诵。”

或以为“瞽史”为两官，即“瞽”与“史”，因两者所掌职能有相类之处，如韦昭注、顾颉刚等即持此说；② 或以为“瞽史”的职务是单独的，是乐师和太史之外的一种官职，此说影响最大，如王树民等就力主此

① 如清人黄中松《诗疑辨证》说：“夫僖之为人，既无文德，亦无武功。或睹先庙倾颓而略加修饬，当为事理之所有。诗人因此一事而遂张大其词，僖公未有之事，皆诗人深愿之事也。”文渊阁《四库全书》本。

② 顾颉刚：《左丘失明》，《史林杂识初编》，中华书局1963年版，第223—225页。

说。[1] 其实，前一观点更有道理，后一观点无直接证据。

考《周礼》职官，乐官和史官中都没有设“瞽史”一职。即便真有“瞽史”一职，其归属问题，也是难以解决的。因为，《周礼·春官》载太师之职有“凡国之瞽曚正焉”，即全王国的瞽曚都要听从太师的政教。“瞽史”的生理特征既为“瞽”，其身份特征又是“史”。因此，他是要听从太师的政教？还是要听从太史的政教？是存在矛盾的。

不过，《周礼·秋官·大行人》中确实提到过“瞽史”一词：“王之所以抚邦国诸侯者：……九岁属瞽史，谕书名，听声音。”书名者，郑玄注：“书之字也，古曰名。”瞽者目盲，何以识字？故“谕书名”是就史而言，“听声音”是对瞽而言。因此，“瞽史”应是瞽曚乐官和史官的合称，而并非某一专门职官。

由此亦可推测，“瞽史”或是一种特定的指称。因为，若“瞽”、“史”分而言之，应该是泛称。其中，“瞽”包括太师、少师在内的所有的盲人乐官；“史”则包括太史在内的所有史官，材料一“瞽献曲，史献书”，即是例证。若“瞽史”合而言之，则都是“瞽史教诲”、瞽史“知天道”、“瞽史之导”等说法，表明“瞽史”不但对国君具有教导性职能，而且还具有超越世俗的权力。这或许是特指太师和太史，毕竟一般的乐工和史官身份低微，怕无此资格。另外，大行人“九岁属瞽史”，也不可能将各诸侯国的全部瞽曚和史官都聚集起来加以培训。最有可能的情形是，只挑选太师、太史等职位较高的少数几人。

“瞽史”之所以能合并言之，可能与他们一起互为官联有关。《国语·周语下》韦昭注云：“瞽，乐太师，掌知音乐风气，执同律以听军声，而诏吉凶。史，太史，掌抱天时，与太师同车，皆知天道者。”此说所依据，为《周礼·春官·大史》：“大师，抱天时与大师同车。”孙诒让解释曰：“王在军，盖以观台占候仪器自随……大史所抱者，即观台器法之一也。云‘与大师同车’者，与乐官大师为官联也。大师自执同律，与大史抱式不同，但皆主占事，故同乘一车。”[2] 所谓的“知天道”，其实是对天学知识的执掌。尽管太师和太史所用观测器具不同，但因他们同掌占事，故在出征时可以组成一定的合作团体。

---

① 王树民：《瞽史》，《文史》1983 年第 21 辑。

② 孙诒让：《周礼正义》，中华书局 1987 年版，第 2092 页。

或以为太师为无目，何以“知天道”？这里可以通过一个实例来说明，《左传·襄公十八年》记载：

> 晋人闻有楚师。师旷曰：“不害。吾骤歌北风，又歌南风。南风不竞，多死声。楚必无功。”董叔曰：“天道多在西北，南师不时，必无功。”

师旷和董叔分别是晋国的太师和太史。在听说楚军攻打郑国之事后，两人从各自的执掌，对天道进行了观察，从而预言楚军必败。董叔采用的方法很明显，是“星占”。所谓“天道多在西北”，据杜预注：“岁在豕韦，月又建亥，故曰‘多在西北’。”而师旷所采用是“候气”，服虔注云：“吹律而言歌风者，出声曰歌，以律是候气之管，气则风也，故言歌风。”[①]《周礼·春官》载大师掌“六律、六同”十二律，据郑玄注，这十二律比附时间，可与十二辰相次；比附空间，则可与十二次相合。其大致序列为，可如下表：

律吕	黄钟	大吕	大蔟	应钟	姑洗	南吕	蕤宾	林钟	夷则	中吕	无射	夹钟
时辰	子	丑	寅	亥	辰	酉	午	未	申	巳	戌	卯
月分	十一	十二	正	十	三	八	五	六	七	四	九	二
星次	星纪	玄枵	娵訾	析木	大梁	寿星	鹑首	鹑火	鹑尾	实沈	大火	降娄

不过，郑玄注是辰星所在星次，董叔所观是岁星所在星次，难怪会有所抵牾。但这证明了通过十二律亦可考察十二星次的情况。可惜其术已亡，难知其详。

瞽史所占卜内容，应该是多方面的：小到一场战役的胜负，大至于王国和诸侯国的世系年数。而在共同协作的过程中，他们一方面会对自己占卜的结果进行记录，另一方面又会对自己的从业经验进行总结。这些内容组合到一起，可能就是后人所看到的《瞽史之纪》或《瞽史记》之书。考察此书所存的内容，都是占卜的预言，类似于后世谶言。《国语》中两记此书，都在《晋语》之中。一是重耳之妻姜氏引用此书，劝其勿怀安，

① 洪亮吉：《春秋左传诂》，中华书局1987年版，第546页。

具体语境为：

吾闻晋之始封也，岁在大火，阏伯之星也，实纪商人。商之飨国三十一王。《瞽史之纪》曰："唐叔之世，将如商数。"今未半也。乱不长世，公子唯子，子必有晋。若何怀安？

一是晋国史官董因，[①] 迎重耳于河，劝其返国继位，具体语境为：

董因迎公于河，公问焉，曰："吾其济乎？"对曰："岁在大梁，将集天行。元年始受，实沈之星也。实沈之墟，晋人是居。所以兴也。今君当之，无不济矣。君之行也，岁在大火。大火，阏伯之星也，是谓大辰。辰以成善，后稷是相，唐叔以封。《瞽史记》曰：'嗣续其祖，如谷之滋。'必有晋国。臣筮之，得泰之八。曰：是谓天地配亨，小往大来。今及之矣，何不济之有？且以辰出而以参入，皆晋祥也，而天之大纪也。济且秉成，必霸诸侯。子孙赖之，君无惧矣。"

两相参照会发现：从文献内容而言，《瞽史之纪》所存的部分，是星占学的结果。前者据晋国始封时之星次分野，预卜晋国世系之数与商之三十一王相同，及晋惠公时仅十四世，所以说"未半"；后者也是据重耳出逃之年的星次分野，与晋国始封时相同，论证重耳继位的合法性。此时引用《瞽史记》的成文，一方面是为了增加论证的权威性，另一方面恰恰表明了《瞽史记》内容，是瞽史所"知天道"的文本化记录。

从文本形式来看，《瞽史之纪》采用了四言体，与《诗经》相似，且合于一定的韵律，这事瞽、史共同整理的结果。因为瞽与史的联事，还表现在一点，就是对文献的整理。《礼记·玉藻》："动则左史书之，言则右史书之，御瞽几声之上下。" "几"可训为"察"，传统的看法，以为"御瞽"负责察乐之哀乐，如孔颖达疏曰："瞽人审音，察乐声上下哀乐，

① 晋国有著名的董史世家，始祖为周平王史臣辛有的次子董。董因、董狐及董叔都是这一家族中的重要人物。参见许兆昌《周代史官文化：前轴心期核心文化形态研究》，吉林大学出版社2001年版，第160—161页。

若政和则乐声乐，政酷则乐声哀。”但我们以为，“御瞽”应是对左史、右史记录的文字进行整理，所谓“上下”，则是察其韵律是否和谐，以便记诵。

从文献类型而言，《瞽史之纪》也可能是世系的一种，因为记录了“唐叔之世”。周初封建，数量很多，各文献记载不一。像《左传·昭公二十八年》载“兄弟之国者十有五人，姬姓之国者四十人”，《荀子·儒效》载周初“立七十一国，姬姓独居五十三人”，《吕氏春秋·观世》载“周之所封四百余，服国八百余”。如果瞽、史在立国之初，对各国的世系数都加以预占，《瞽史之纪》的篇幅都不会很小。当然，这本书也可能是晋国所有之书，曾被重耳带至齐国，故姜氏得以阅之。不过，除《国语》外，再不见此书的记载，故不能为凿实之论。钱玄先生曾据陈寿祺《大小戴礼记考》《大小戴记并在记百三十一篇中》及丁晏《佚礼扶微》的辑佚成果，认为《瞽史记》可能是《大戴礼记》的佚篇，[①] 因没有直接证据，也只能存疑。

另外，还有学者将《左传》和《国语》都视为瞽史之作。然此没有直接证据，故未加讨论。然单从《世本》、“治功之诗”、《瞽史记》等的创作和编纂，亦可见瞽矇在历史书写过程中所起的重要作用。

四　余论：群体之志与史诗创制

瞽矇乐官的历史书写，除了以上两者外，再就是对《诗经》的整理和编辑。《周礼·春官》载瞽矇有“讽诵诗”的职责。“讽诵”至少有三层含义：一是背诵之法，二是表现之法，三是讽谏之法。而“背诵之法”是后两者的前提。因此，单就这一层面而言，瞽矇对《诗》的背诵，特别是在《诗经》尚未结集之前，是最为有效的文本保留途径。《汉书·艺文志》说：“凡三百五篇，遭秦而全者，以其讽诵，不独在竹帛故也。”就是明证。瞽矇正是通过讽诵的方式，对上古的历史记忆进行了保留。近人提出的“六经皆史”之说，固然仍可商榷。但却用一种稍为极端的方式，指出了《诗经》对历史记忆的存留。《大戴礼记·卫将军文子篇》载子贡言曰：“吾闻夫子之施教也，先以《诗》、《世》。”正因两者有着相似的文化功能，才被孔子用以施教。

---

① 钱玄：《三礼通论》，南京师范大学出版社 1996 年版，第 49—50 页。

不过，而欲探讨《诗经》中的历史记忆存留，必须先讨论中国诗学的开山纲领“诗言志”这一命题。据曹胜高先生解释，“诗言志”是有群体之志与个体之志之分的。[①] 而群体之志的确立，主要是社会普遍价值观的平均值。这一平均值的形成，一是来自强大的历史惯性，二是对当世价值的损益整合。郭店楚简《语丛一》：“《诗》，所以会古今之志也者。”故在《诗经》中，既有古之“志”的内容，又有今之“志”的内容。其中，前者通过对历史记忆的演述，可以树立一个典范，确立群体之志的价值取向，其表现形式是“史诗演述”；后者则多是诗人对现实政治的看法，这些看法也是当时社会的主流价值观，其表现形式是“列士献诗”。闻一多认为志有三个意义：一是记忆，二是记录，三是怀抱。[②] 前者即指记忆，后者主要指怀抱。这里着重讨论前者。

瞽矇正是通过对古之“志”的讽诵和传授，使先代预设的价值体系得以传承，成为影响周人思维模式的重要标杆。关于《诗经》中是否存在史诗的问题，自20世纪以来，历有争论。抛开这些争论不说，《诗经》中确实有众多描述民族群体记忆的诗篇，如《大雅》中有《生民》《公刘》《绵》《皇矣》《大明》五篇，就被视为史诗。另外，还有《商颂》中的《玄鸟》《长发》《殷武》等，则有商族历史记忆的遗留。这些诗篇的写定，因经过口传、配乐演唱、文本化三种不同形态的演变。因此，它呈现出迥异于西方史诗的文本形态。[③] 而这一演变过程，与上述上古帝王世系的流传形态，恰恰是不谋而合的。

《诗经》中的历史记忆，大致也可以分为两类：一是传说的历史，主要以始祖诞生主题为主，主要即《大雅·生民》和《商颂·玄鸟》。《生民》叙述了姜嫄履大人足迹生周祖先后稷的种种神迹，可能是先周部落内部口耳相传的故事，后被整理为文本。《玄鸟》也从玄鸟生商的神话入手，对商族的起源和开拓进行了追溯。二是真实的历史，像《公刘》记述了公刘率众迁豳事件，《绵》记述了古公亶父迁往岐周的事迹，《皇矣》则对先周的帝王世系依次有所介绍：从太王、太伯、王季一直讲到文王的

---

① 曹胜高：《由先秦情志说论“诗言志”之本义》，《文艺理论研究》2009年第3期。

② 闻一多：《歌与诗》，《神话与诗》，上海人民出版社2006年版，第151页。

③ 韩高年：《〈诗经〉分类辨体》，上海古籍出版社2011年版，第63—66页。

事迹，《大明》则从文王的出生讲起，一直到武王伐纣为止。这些诗篇，既在一定程度上还原了先周的帝王世系，又对影响周部族发展的重大事件进行了记录。同样，《长发》和《殷武》两篇，也对商代的重大历史事件进行了记录。这起码说明，商、周两族都通过了诗的形式，记录了影响本民族的历史进程。

不过，《大雅》和《商颂》中的诗篇，却代表着不同民族群体之"志"的预设倾向。其中，周"志"尚德，重保民；商"志"尚武，重开拓。如《公刘》一诗所述，据《史记·周本纪》概括为"公刘虽在戎狄之间，复修后稷之业，务耕种，行地宜，自漆、沮度渭取材用，行者有资，居者有畜积，民赖其庆。百姓怀之，多徙而保归焉。周道之兴自此后。故诗人歌乐，思其德"；《绵》一篇所述，是古公亶父为"复修后稷、公刘之业，积德行义，国人皆戴之"，后避戎狄之乱，迁居岐周，故"民皆歌乐之，颂其德"；又如《皇矣》开篇即言"求民之莫"，又言"帝迁明德"、"其德克明"等；《大明》虽言征伐之事，但提到先王时，仍说王季"维德之行"、文王"厥德不回"等。与此不同，《商颂》诸诗表现出不同的价值取向，像《殷武》言："挞彼殷武，奋伐荆楚。"又言："昔有成汤，自彼氐羌，莫敢不来享，莫敢不来王。"充满了暴力和恐吓。其中分别显示出商周文化的差异。

当然，《周礼》中瞽矇所讽诵之诗，更多是周部族的"史诗"。中国人自古不重思辨，而重叙事，正如孔子所言："我欲载之空言，不如见之于行事之深切著明也。"[1] 通过这些先王事例所体现出来的群体之志，奠定了周代立国的价值体系。

第三节　"比其音律"与瞽矇乐官的献曲职能

《国语·周语上》言天子听政，有"公卿至于列士献诗，瞽献曲"之制，《左传·襄公十四年》亦有"瞽为诗"以"补察其政"的记载。两说虽一出自西周厉王时邵公之口，一出自春秋时师旷之口，但抛却其中的

① 司马迁：《史记》卷130《太史公自序》，中华书局1959年版，第3297页。

政治因素，所说其实是一回事，即为诗制曲。[1] 而且，《周礼·春官宗伯》本就载太师有作曲职能：

> 掌六律、六同，以合阴阳之声。阳声：黄钟、大蔟、姑洗、蕤宾、夷则、无射；阴声：大吕、应钟、南吕、函钟、小吕、夹钟。皆文之以五声：宫、商、角、徵、羽；皆播之以八音：金、石、土、革、丝、木、匏、竹。

据郑玄注："文之者，以调五声，使之相次，如锦绣之有文章。"故太师之主要职能，是将阴声和阳声相配合，然后再次之以五声，播之以八音。换句话说，即负责制曲和奏曲。郑玄注又言："凡乐之歌，必使瞽矇为焉。"贾公彦疏言："歌乐即诗也，以配乐而歌，故云歌。"故这里的"为"，就包括两层意思：其一为创作，其二为演唱。演唱之事，还有专文讨论，这里只考虑其制曲的职能。孔颖达认为"初作乐者，准诗而为声"[2]，即乐师制曲多逐诗而作。故通过"瞽献曲"这一制度的考察，有助于了解先秦诗歌的生产模式。

一　配乐诗歌的来源

先秦时，诗有入乐不入乐之分，不入乐者多为徒歌，入乐者则被刘勰统称为乐府。《文心雕龙·乐府》载："乐府者，声依永，律和声也。"据现代学者研究，《诗三百》均为入乐之作。[3] 而"诗为乐心，声为乐体，乐体在声，瞽师务调其器；乐心在诗，君子宜正其文"，《诗三百》在结集过程中，也经历了不同的分工，即君子负责正其文，瞽师负责制其曲。那么，瞽师制曲所需的歌辞，由几个途径搜集完成呢？

其一，来自行人所采。对于《诗经》的起源，有行人采诗之说。即

---

① 两说看似矛盾，其实是一致的。只不过前说更为详细，后说较为笼统而已。公卿至于列士所献之诗为自己所作之诗，大、小《雅》中有很多明证。同理，瞽乐官所献之曲当也由自己所作。而《左传》言"瞽为诗"则是指对"公卿至于列士"所献之诗的加工整理，即为诗配乐。

② 毛亨传，郑玄笺，孔颖达正义：《毛诗正义》，《十三经注疏》本，中华书局1980年版，第271页。

③ 洪湛侯：《诗经学史》，中华书局2002年版，第38—46页。

天子派行人前往各诸侯国采集民谣，以为观风之用。如《汉书·食货志》："孟春之月，群居者将散，行人振木铎徇于路，以采诗，献之大师，比其音律，以闻于天子。故曰王者不窥牖户而知下天下。"《文心雕龙·乐府》："匹夫庶妇，讴吟土风，诗官采言，乐盲被律。"均言行人所采之诗，交由乐官制律。而通过对《周礼·秋官》中"行人系统"职责的考察，发现行人系统是具备采诗资格的。其中由行夫具体实施，并将所采歌谣交于小行人按国别编辑成册。再由大行人组织象胥、瞽、史进行整理，具体来说，是由象胥负责方言的转译，瞽矇负责乐曲的配制，史官负责乐辞的编订。当然，行人所采诗歌，多集中在十五《国风》之中。

其二，来自国史所记。除行人采诗外，还有国史采诗的说法。如《孔丛子·巡狩》载天子东巡狩之时，有"命史采民诗谣，以观其风"的仪式。[①] 而在《礼记·王制》中，这一仪式则表现为："命大师陈诗，以观民风。"故国史的采诗方式，与行人的巡游四方不同，只表现在巡狩过程中，对各国乐官所陈民谣的记录。[②] 郑玄《诗谱》言："武王伐纣定天下，巡狩述职，陈诵诸国之诗，以观风俗。六州者得二公之德教尤纯，故独录之，属之太师，分而国之。"孔颖达《正义》则云："故知武王巡狩，得《二南》之诗也。"认为《周南》和《召南》即武王巡狩时所得。

在王朝强盛时，巡狩之礼还能够得以施行。但平王东迁之后，东周虽为名义上的天下共主，却不再被诸侯国所重视，故巡狩录诗已不是诗歌的主要采集途径。此时，国史凭借其记录职能，在叙述历史事件时，往往会将各诸侯国的一些诗歌保存下来。据元人黄泽（字楚望）说："及巡狩礼废，大师不复采诗，而后诸国之诗皆有国史所自记录，以考其风俗盛衰，政治得失。若《左传》于高克之事，则曰'郑人为之赋《清人》'，庄姜之事，则曰'卫人为之赋《硕人》'，必有所据矣。"[③] 不过，《左传》只录其创作背景，却未录其歌词，并能不说明两诗出自史官记录，也有可能

---

① 这一制度应该是存在的，《孟子·梁惠王下》载齐宣王有"毁明堂"之问。据赵岐注，明堂即"泰山下明堂，本周天子东巡狩朝诸侯之处"。

② 清人阎若璩在《古文尚书疏证》中说："赵子常引其师黄楚望之言曰：《周礼》，王巡狩则大史、大师同车，又其官属所掌，皆有世奠系之说。方采诗（当为陈诗，据胡朏明意见改）之时，大师掌其事，而大史录其时世。"上海古籍出版社 1987 年版，第 575 页。

③ 阎若璩：《古文尚书疏证》，上海古籍出版社 1987 年版，第 575—576 页。

是行人出使时带回。国史所记者，多如《左传》僖公二十八年的“舆人诵”、宣公二年的“城者讴”、襄公四年的“国人诵”、襄公十七年的“筑者讴”、昭公十二年的“乡人歌”、定公十四年的“野人歌”、哀公五年的“莱人歌”、哀公二十一年的“齐人歌”等，虽不被收入《诗经》，但其句式、风格都与《国风》颇为相似。

国史所搜集的诗歌，最终还是会聚集到乐官手中。郑玄答张逸云：“国史采众诗时，明其好恶，令瞽矇歌之。其无作主，皆国史主之，令可歌。”即首先经过一定的遴选，以剔除那些不雅正的，然后“选取善者，始付乐官”①，乐官再对其进行技术性处理，所谓“歌之”，一方面是为其配曲，另一方面是通过歌唱检验曲词是否合宜。

其三，来自作者所献。《国语·周语上》说“天子听政，使公卿至于列士献诗”，韦昭注：“献诗以风也。列士，上士也。”上至公卿，下至列士，都有献诗的职能。考《诗经》收诗，有传为周公、召公等上层贵族所作的，也有下层的贵族如寺人孟子等所作的。这些诗歌多集中在二《雅》和《周颂》中。

献诗之目的：一在颂美，像西周早期的一些诗作，《周颂》和“正雅”中的多数作品，都属此类。当然，“变雅”中也有一些颂美之作，如《大雅·崧高》，《诗序》以为是“尹吉甫美宣王也”，而从“吉甫作诵，其诗孔硕，其风肆好，以赠申伯”一句可知，这是尹吉甫赠给申伯的；又如《大雅·烝民》，《诗序》亦以为是“尹吉甫美宣王也”，但从“吉甫作诵，穆如清风。仲山甫永怀，以慰其心”可知，这是赞美仲山甫的。这两首诗的卒章部分，不但明确交代了作者的名字，对诗的内容和曲风也做了介绍。一在讽谏，“变雅”中的大部分作品都是士大夫的讽谏之作，《毛诗序》言：“至于王道衰，礼义废，政教失，国异政，家殊俗，而变风、变雅作矣。”一些诗作，也明确提出了自己的诤谏意图，如：

家父作诵，以究王讻。——《小雅·节南山》
作此好歌，以极反侧。——《小雅·何人斯》
君子作歌，维以告哀。——《小雅·四月》

---

① 毛亨传，郑玄笺，孔颖达正义：《毛诗正义》，《十三经注疏》本，中华书局1980年版，第272页。

犹之未远，是用大谏。——《大雅·板》

王欲玉汝，是用大谏。——《大雅·民劳》

这些诗歌的创作，一方面是有感于王道之衰，另一方面亦与上古的讽谏传统有关。[①]

当然，作者所献之诗，必须经过乐官配曲，才能呈现给天子。这可从《诗经》中找到内证，《大雅·卷阿》："矢诗不多，维以遂歌。"据《毛传》："曲合乐曰歌。"故此句是"明王使公卿献诗以陈其志，遂为工师之歌焉"。[②] 因此，从一定程度上说，《国语·周语上》所载的"公卿至于列士献诗，瞽献曲"，其实也是一个相互联系、相互协作的讽谏程序。

其四，来自他国所存。十五《国风》的编辑，一方面来自天子对各国风俗的主动考察，另一方面则来自各路诸侯对本国政绩的积极呈献。但更进一步讲，则体现了对以周王朝为核心的中原政治共同体的普遍认可。《楚风》之所以不被收入《诗经》，正因为其对周朝的离心倾向。《史记·楚世家》载熊渠之言："我蛮夷也，不与中国之号谥。"就是明证。但在中原政治共同体中，有两个国家比较特殊，一为宋，一为鲁，故《诗经》不存二国之风，而有《商颂》和《鲁颂》。

宋为殷商后裔，《左传·僖公二十年》载："宋，先代之后也，于周为客。天子有事，膰焉；有丧，拜焉。"具有特殊的政治地位，故可以保存作为祭乐的《桑林》之舞和《商颂》。《商颂》为诗经学史上一大公案，对于创作年代，有作于商代和作于周代的不同看法；[③] 对于其作者，有正考父"校诗"、"得诗"与"献诗"的争论。最早记录《商颂》作者与时代的文献是《国语》，《鲁语下》载闵马父之语云："昔正考父校商之名《颂》十二篇于周太师，以《那》为首。"认为正考父有校诗之事，但

① 张克锋：《上古谏诤传统，献诗、采诗制度与诗歌讽谏论》，《西北师大学报》2006年第6期。

② 毛亨传，郑玄笺，孔颖达正义：《毛诗正义》，《十三经注疏》本，中华书局1980年版，第357、547页。

③ 但随着研究的不断深入，其为商代作品越来越为学界所接受。可参见杨公骥《商颂考》，《中国文学》第一分册，吉林人民出版社1980年版；张松如《商颂研究》，南开大学出版社1985年版；江林昌：《〈商颂〉的作者、作期及其性质》，《文献》2000年第1期。

其所校文本出自宋国还是周太师不明；《毛诗序》则修改了这一说法："微子至于戴公，其间礼乐废坏，有正考父者，得《商颂》十二篇于周之太师，以《那》为首。"将"校"改为"得"，明确提出正考父是从周太师处重获《商颂》十二篇；王国维对《毛序》改"校"为"得"非常不满，认为"汉以前无校书之说，……《鲁语》校字当读为'效'，效者献也，谓正考父献此十二篇于周大师"。[①] 若此说成立，则是正考父将宋国所存的"名《颂》"，即"被书于简策而保存下来的商代祭祀颂歌的歌辞"[②]，献给了周太师，让其谱乐配曲。因为在周乐系统中，《商颂》是可歌的，《左传·襄公二十九年》载季札观周乐，为之歌《颂》，评价为"五声和，八风平。节有度，守有序，盛德之所同也"，既言"盛德之所同"，可见其所观不仅《周颂》，亦有商、鲁之《颂》。[③]

鲁因是周公封国，故被周天子所优待。《礼记·明堂位》："成王以周公为有勋劳于天下……命鲁公世世祀周公以天子之礼乐。"《史记·鲁周公世家》："鲁有天子礼乐者，以褒周公之德也。"除拥有天子礼乐外，鲁国还有作《颂》之资格。《诗经》今存《鲁颂》四首。以时代论，齐、鲁、韩、毛四家均以为是僖公时诗。至于其作者，三家诗以为奚斯所作，《毛诗序》则以为是"季孙行父请命于周，而史克作是《颂》"，言外之意，鲁国作《颂》，是经过周天子所特许的。但后人多以《鲁颂》之作是僭越之举，其体例亦同于《风》，朱熹即言："夫以其诗之僭如此，然夫子犹录之者，盖其体固列国之风，而所歌乃当时之事，则犹未纯于天子之颂。"[④]《鲁颂》之所以被人所诟病，一方面是因其非告神之歌。孔颖达疏："此虽借名为颂，而体实《国风》，非告神之歌。"[⑤] 魏源更言："《鲁颂》，《颂》之变也。无宗庙告神之乐歌，皆谀颂祝愿之泛词，且皆不颂

---

① 王国维：《说〈商颂〉上》，《观堂集林》，河北教育出版社2001年版，第66页。

② 马银琴：《两周诗史》，社会科学文献出版社2006年版，第297页。

③ 杜预注："《颂》有殷、鲁，故云盛德之所同。"《春秋左传正义》，《十三经注疏》本，中华书局1980年版，第2007页。

④ 朱熹：《诗集传》，凤凰出版社2007年版，第277页。

⑤ 毛亨传，郑玄笺，孔颖达正义：《毛诗正义》，《十三经注疏》本，中华书局1980年版，第609页。

先君而颂生存之君，名《颂》实《风》也。”[①] 视其为《变颂》；另一方面则因其未经周太师配乐。朱熹即以为“其篇第不列于大师之职”，[②] 这里的太师是指周太师，而非鲁太师。因为平王东迁后，典章文物亦随之沦亡，当时的文化中心已由宗周转移到了鲁国，故其作《颂》也由本国太师完成。陈奂《诗毛氏传疏》言：“《駉》四篇皆鲁诗。……孔子鲁人，仍鲁大师之旧，诗录《鲁颂》，犹修鲁《春秋》之义焉尔。”[③] 可见，《鲁颂》是经过鲁太师配乐之后，被孔子收入《诗经》之中。

故《诗经》之入乐，当是由周太师为主导，与诸侯国的乐官通力合作，共同完成的。《周礼·秋官·大行人》载：“七岁属象胥，谕语言，协辞命；九岁属瞽史，谕书名，听声音。”很可能就是在大行人的统筹下，召集各国的象胥、瞽、史之官于周廷，一起完成《诗》的校订配乐工作。

二　太师的六诗之教及其次序

《周礼·春官》记大师之职责有“教六诗：曰风，曰赋，曰比，曰兴，曰雅，曰颂。以六德为之本，以六律为之音。”至《毛诗序》，则将“六诗”发展为“六义”，但其条目和次序是相同的。因先秦文字意义多具延展性，故历代学者进行了不同的解读，形成了很多不同的说法。经学家注重从政教角度加以笺注，现代学者则试图还原其本初意义。[④] 据王小盾先生的意见，“六诗”概念经历了三次不同的发展阶段，一是《诗》编成之前的“六诗”概念，二是《诗》编成之后的“六义”概念，三是《诗》成为经典后的三体三用的概念。[⑤] 在概念的叠加过程中，“六诗”的原始意义已被遮蔽起来，故现代的研究都是在汉人注疏之学的基础上发展起来的，或延展或反驳，都是后人绕不过的。因此，通过对“六诗”

---

① 何慎怡点校：《诗古微》，《魏源全集》第1册，岳麓书社2004年版，第671页。

② 朱熹：《诗集传》，凤凰出版社2007年版，第277页。

③ 陈奂：《诗毛氏传疏》第8册，商务印书馆1933年版，第47页。

④ 对“六诗”意义的历代解读，可参见陈桐生《礼化诗学——诗教理论的生成轨迹》，学苑出版社2009年版，第189—203页。

⑤ 王小盾：《诗六义原始》，《中国早期艺术与宗教》，东方出版社1998年版，第219页。

本义的探讨，一方面要将其还原到最初的历史语境中，另一方面也要从历代注疏的解读中抽丝剥茧，以期获得一个较为公允的答案。

在“六诗”之中，风、雅、颂的意义是较易解决的。因为在先秦典籍中，屡见记载。其实就是三类乐诗，如《左传·襄公二十九年》载季札在鲁观乐，已有风、雅、颂之称，即代指三种不同类型的乐歌。《礼记·乐记》载师乙论乐：“宽而静，柔而正者，宜歌《颂》；广大而静，疏达而信者，宜歌《大雅》；恭俭而好礼者，宜歌《小雅》；正直而静，廉而谦者，宜歌《风》。”已有《颂》《大雅》《小雅》《风》之分，可视为风格不同的音乐曲调，而且其编排顺序与今本《诗经》恰好相反。无有独偶，新公布的上博楚简，有《孔子诗论》一篇，孔子论诗即以《讼（颂）》、《夏（雅）》、《风》为序。[①] 当然，在先秦语境中，风、雅、颂单出时固然也有其他意义，如“风”可作为动词，《国语·晋语八》有“风德以广之，风山川以远之，风物以听之”的说法。但当三者同时出现时，均指三种诗体是没有疑问的。《周礼》作者又何必独出心裁，另立新说。因此，孔颖达说“风、雅、颂者，《诗》篇之异体”[②]，基本上还是符合本义的。而开始赋予“三体”以政教功能，则是《毛诗序》的贡献。但这与本书关系不大，故略而不论。

其实，存在疑难的是赋、比、兴三者的含义。在先秦语境中，除《周礼》外，未出现三者并列的情况。《毛诗序》沿袭《周礼》的次序，但却仅解释了风、雅、颂而不解释赋、比、兴，为后人更增疑窦。最早对赋、比、兴进行统一解释的，还是郑玄。他注《周礼·春官·大师》时言：

> 风，言贤圣治道之遗化也。
> 赋之言铺，直铺陈今之政教善恶。
> 比，见今之失，不敢斥言，取比类以言之。
> 兴，见今之美，嫌于媚谀，取善事以喻劝之。

---

① 马承源主编：《上海博物馆藏战国楚竹书》第1册，上海古籍出版社2001年版，第131—139页。

② 毛亨传，郑玄笺，孔颖达正义：《毛诗正义》，《十三经注疏》本，中华书局1980年版，第271页。

雅，正也，言今之正者，以为后世法。

颂之言诵也，容也，诵今之德，广以美之。

统一对“六诗”进行了解释，认为是六种表现手法。如果单从文字训诂的角度看，其说有一定合理的地方，但这并不符合“六诗”的本义。他在回答弟子张逸的提问时，又提到：“比、赋、兴，吴札观诗已不歌也。孔子录《诗》，已合风、雅、颂中，难复摘别。”[①] 又将比、赋、兴视为三种诗体。可见郑玄的意见也是模棱两可的。

其后，更有不同的说法，如孔颖达的“三体三用说”，朱熹的“三经三纬说”等。近人的研究更大程度上仍在六种诗体和六种表现方式上争论不已，像章太炎、郭绍虞、朱自清、萧华荣、郑志强等人就视其为六种诗体；王小盾等人则将其视为六种演诗方式。[②] 虽然观点有异，但其共同点也是很明显的，即认为六诗和六义是同一逻辑层面上的概念。但不管将其视为六种诗体，还是六种表现方法，在先秦的语境中，都找不到实质性证据。作为六种诗体，风、雅、颂是没有疑问的，但将赋、比、兴作为诗体，在当时却找不到丝毫痕迹；作为六种表现方式，赋、比、兴毫无问题，风、雅、颂则又十分牵强。因此，风、雅、颂和赋、比、兴应该不在同一逻辑层面上。

这样，新的问题就又产生了。六诗既然不在统一逻辑层面上，其次序为何会混杂在一起？如《周礼·春官·大师》和《毛诗序》均以为是“风、赋、比、兴、雅、颂”，而不是“风、雅、颂、赋、比、兴”。对此，孔颖达和朱载堉都做出过解释，孔颖达说：

六义次第如此者，以诗之四始，以风为先，故曰“风”。风之所用，以赋、比、兴为之辞，故于风之下，即次赋、比、兴，然后次以雅、颂。雅、颂亦以赋、比、兴为之，既见赋、比、兴于风之下，明

① 毛亨传，郑玄笺，孔颖达正义：《毛诗正义》，《十三经注疏》本，中华书局1980年版，第271页。

② 陈桐生：《礼化诗学：诗教理论的生成轨迹》，学苑出版社2009年版，第189—203页。

雅、颂亦同之。[①]

朱载堉则说：

教六诗，谓大师之官教瞽蒙以诗。曰风，曰赋，曰比，曰兴。风者，纲也，赋、比、兴者，目也。曰雅，此亦纲也。不言目者，见前。曰颂。纲三，目三，是所谓六诗也。[②]

孔颖达是言六义之次序，而朱载堉则言六诗之次序。两者的顺序都是：风（赋、比、兴）、雅、颂。可以说，两人的意见能够合理解决风、雅、颂和赋、比、兴逻辑排列问题。但孔颖达从六义角度出发，认为赋、比、兴是作诗之法，则与太师的“六诗”之教相扞格。据郑玄注，太师所教为瞽矇，[③] 瞽矇无作诗之责，有制曲之职。相较之下，朱载堉的意见更为可取。

三　赋比兴与太师的配乐程序

太师之首要职责是作曲，故赋、比、兴也应是作曲过程中的三个步骤，其标准是“以六德为之本，以六律为之音”。如果此说成立，那么赋、比、兴各自的含义是什么呢？

首言“赋”。郑玄注：“赋之言铺，直铺陈今之政教善恶。”训赋为铺，符合其本义。《楚辞·悲回风》：“窃赋诗之所名。”王逸注：“赋，铺也。”赋又可训为敷、布，《尚书·益稷》“敷纳以言”，《左传·襄公二十七年》则作“赋纳以言”，证明赋、敷同义；《大雅·烝民》有“天子是若，明命使赋”句，《毛传》曰：“赋，布也。”《释名·释典艺》则总结云：“敷布其义谓之赋。”王念孙《广雅疏证》卷三下：“赋、布、敷、

---

① 毛亨传，郑玄笺，孔颖达正义：《毛诗正义》，《十三经注疏》本，中华书局1980年版，第271页。

② 朱载堉：《乐学新说》，《乐律全书》第5册，商务印书馆1931年版，第75页。

③ 郑玄注“教六诗”言：“教，教瞽矇也。”郑玄注，贾公彦疏：《周礼注疏》，《十三经注疏》本，中华书局1980年版，第796页。

铺，并声近而义同。”后来朱熹又言：“赋者，敷陈其事而直言之者也。”[①]郑玄言铺陈政教之善恶，是受《毛诗序》的影响，朱熹言敷陈其事，则受孔颖达的影响，都是对“赋”之本义的引申，但却并不一定符合《周礼》作者的原意。《释名》以为“赋”是“敷布其义”，但意义的阐释必须依靠言语。故与其释为“敷布其义”，不如释为“敷布其言”，即将诗文用言语铺陈出来。班固在《汉书·艺文志》中说：“不歌而诵谓之赋。”就证明赋是对诗之文字的吟诵。

行人采诗之后，首先由象胥之官译成雅言，然后再由太师配乐。太师配乐的第一步骤，就是对诗言进行陈诵，看象胥翻译的文字是否协律。这可从后代文献中找到证据，《汉书·礼乐志》载汉武帝“乃立乐府，采诗夜诵，有赵、代、秦、楚之讴”，后又载哀帝裁撤乐府时有“夜诵员五人”。“夜诵”之事，颇启人疑窦。颜师古注曰：“夜诵者，其言辞或秘不可宣露，故于夜中歌诵也。”言“或”者，说明颜师古亦不敢确定其义为何，只是勉强做解而已。后人更是众说纷纭，难有定解。[②] 其实“夜诵”即“绎诵”，《说文·夕部》：“夜从夕。”而《多部》又云：“夕者，相绎也。”夜、绎因音同义通。绎诵就是反复吟诵，铺陈诗义，看所采“赵、代、秦、楚之讴”是否合于声律。[③] 同样，在先秦时期，行人所采的《国风》，也多出于方言土语，虽然经象胥翻译雅言，却不一定完全符合声律，必须通过专职乐官的反复讽诵，检查诗言的平仄、声律等情况，然后才配以曲调。恐怕这就是赋之初义。而后来，随着政教文学的兴起，乐官在参政过程中，亦直接通过赋、诵之法对君主进行劝谏，即《国语·周语上》所言天子听政有“瞍赋、矇诵”之举，就是把未入乐的诗歌提前呈现到君主面前。

---

① 朱熹：《诗集传》，凤凰出版社2007年版，第3页。

② 钱大昭《汉书辨疑》言：“夜诵官名，古宫掖之掖，亦作夜，因诵于宫掖之中，故谓之夜诵。”周寿昌《思益堂日札》言：“置官选诗，合于雅乐者，夜静诵之。”又言：“夜时清静，循诵易娴。”均无实质性证据。关于其讨论，见范文澜《文心雕龙注》，中华书局1958年版，第106—107页。

③ 范文澜曰：“讴谣初得自里闾，州异国殊，情习不同，必抽绎以见意义，讽诵以协声律，然后能合八音之调，所谓采诗夜诵者此也。给事雅乐用夜诵员五人，其职在抽绎歌义，诵以明之。古者师箴瞍赋蒙诵，可见周代乐官，亦有以诵为专职者。”《文心雕龙注》，人民文学出版社1958年版，第107页。

次言“比”。先郑释“比”为“比方于物也”，后郑则释为“见今之失，不敢斥言，取比类以言之”。二者均从创作手法言之，解释为“比喻”，这都是“六诗”概念在第二阶段形成的说法，但并非其本义。早在甲骨文中，就有“比”字，其形为“[illegible]”，象两人并肩而行，步调一致。故其本义是并列、并排。《说文》所云：“比，密也。二人为从，反从为比。”就取其本义。其他如《周易·比卦》言：“比，辅也，下顺从也。”《鬼谷子·反应篇》：“比者，比其辞也。”在汉代，扬雄《方言》：“比，代也。”《文心雕龙·比兴》：“比者附也。”都是引申义。

其实，“六诗”中的“比”，可能是“比诗章”，即在配乐过程中，对诗章的编排。《荀子·王制》：“修宪命，审诗商，禁淫声，以时顺修，使夷俗邪音不敢乱雅，大师之事也。”《乐论》亦有此说。“审诗商”一事，据王引之考证：“‘商’读为‘章’。‘章’、‘商’古字通。太师掌教六诗，故曰‘审诗章’。”[1] 王氏虽已认识到“六诗”与“审诗章”之关系，却并未意识到“比”与“审诗章”的关系，殊为可惜。现存《诗经》，除《周颂》的部分作品是单章外，其余部分都是诗章重叠。但现在看到先秦佚诗，却多数为单章。《左传》所记的很多佚诗，就是如此，如昭公十二年所载西周祭公谋父的《祈招》之诗：“祈招之愔愔，式昭德音。思我王度，式如玉，式如金。形民之力，而无醉饱之心。”颇似二《雅》之诗；僖公五年士蔿所赋：“狐裘尨茸，一国三公，吾谁适从？”成公十七年声伯的《梦歌》：“济洹之水，赠我以琼瑰。归乎归乎，琼瑰盈吾怀乎。”其他如僖公二十八年的《舆人诵》、宣公二年的《城者讴》、宣公四年的《国人诵》等都可入于《国风》。因未经乐师的整理，故都是单章，从而也不被《诗经》所收。

《诗经》中的作品，特别是《国风》中的作品，在行人采集之时恐怕也都是单章的。而在配乐时才对诗章加以编排，以期合于乐章。《国风》收有15个地区的诗歌，共160首。其中，两章成篇的共39首，占全诗的24.4%；三章成篇的共93首，占全诗的58.1%；四章成篇的共21首，占全诗的13.1%；五章成篇的共4首，占全诗的2.5%；六章成篇的共2

① 王念孙：《读书杂志》，江苏古籍出版社1985年版，第676页。

首，占全诗的1.3%；八章成篇的仅1首，占全诗的0.6%。[1] 可以说，二章成篇和三章成篇是最主要的成篇模式，三章成篇更是基本模式。在二、三章成篇的诗章中，主要存在两种编排模式，一种是并列模式，取比之本义；一种是递进模式，取“比者附也”之义。

其中，二章成篇的，基本都是并列模式。像《召南》之《小星》《驺虞》；《邶风》之《式微》《二子乘舟》；《鄘风》之《柏舟》《鹑之奔奔》；《卫风》之《芄兰》《河广》；《王风》之《君子于役》《君子阳阳》；《郑风》之《遵大路》《有女同车》《山有扶苏》《萚兮》《狡童》《褰裳》《东门之墠》《扬之水》《出其东门》《野有蔓草》《溱洧》；《齐风》之《东方之日》；《魏风》之《园有桃》《十亩之间》；《唐风》之《椒聊》《杕杜》《羔裘》《无衣》《有杕之杜》；《秦风》之《终南》《渭阳》《权舆》；《陈风》之《东门之杨》《墓门》《防有鹊巢》；《豳风》之《狼跋》，共36首。具体如《驺虞》：

彼茁者葭，壹发五豝，于嗟乎驺虞！
彼茁者蓬，壹发五豵，于嗟乎驺虞！

这两章，除个别字句外，意义是相同，正合比之初义。而且此诗之乐章，常被用于大射礼中天子的乐节，说明其节奏性是很强的。

采用递进模式的有3首，即《魏风·葛屦》《陈风·株林》《豳风·伐柯》。具体如《葛屦》：

纠纠葛屦，可以履霜。掺掺女手，可以缝裳。要之襋之，好人服之。

好人提提，宛然左辟。佩其象揥。维是褊心，是以为刺。

此诗前章言缝裳女的辛苦工作，后章言贵妇人的形象，虽然形成强烈的对比，但诗章却是顺承的关系。

同样，三章成篇的也采取这两种模式，只是编排程序稍为复杂而已。

---

① 李炳海：《〈国风〉的篇章结构及其文化属性和文本形态》，《中州学刊》2006年第4期。

采取并列模式的，如《周南·樛木》：

南有樛木，葛藟累之。乐只君子，福履绥之。
南有樛木，葛藟荒之。乐只君子，福履将之。
南有樛木，葛藟萦之。乐只君子，福履成之。

三章并列是《国风》中最典型的篇章结构，在十五《国风》中普遍存在。而采取递进模式的，则有三种不同的结构：其一，前两章为并列，第三章递进。如《召南·采蘩》：

于以采蘩，于沼于沚。于以用之，公侯之事。
于以采蘩，于涧之中。于以用之，公侯之宫。
被之僮僮，夙夜在公。被之祁祁，薄言还归。

其二，后两章并列，与第一章为递进。如《秦风·车邻》：

有车邻邻，有马白颠。未见君子，寺人之令。
阪有漆，隰有栗。既见君子，并坐鼓瑟。今者不乐，逝者其耋。
阪有桑，隰有杨。既见君子，并坐鼓簧。今者不乐，逝者其亡。

其三，三章均为递进结构。如《召南·野有死麕》：

野有死麕，白茅包之。有女怀春，吉士诱之。
林有朴樕，野有死鹿。白茅纯束。有女如玉。
舒而脱脱兮，无感我帨兮，无使尨也吠。

这些都是随机选取的例证，说明两种模式是多有存在。但限于篇幅，不再做详细统计。

二、三章成篇是太师“比诗章”时的常用模式。至于四章以上成篇者，都是在并列结构和递进结构基础上交叉编排。像《邶风·柏舟》五章，第二、三章为并列式，其他章之间为递进式；像《燕燕》四章，前章为并列式，与第四章为递进式；《谷风》六章，全章为递进式；《郑风·丰》四章，一、二章与三、四章各为并列式，前两章与后两章间为递进式；《曹风·鸤鸠》四章，全诗为并列式。由此可见，太师对诗章的编排，是有一定的模式和规律的。

二《雅》之诗，篇幅更长且结构复杂，因为其作者的身份从公卿以至于、列士，都受过系统的国子教育，属于知识阶级。他们创作的诗歌更为雅驯和整饬，但其编排模式，无非也是并列结构和递进结构，以及两者的交叉使用。

最后说“兴”。郑玄注：“兴，见今之美，嫌于媚谀，取善事以喻劝之。”有比喻的意思在内，且颇具政教意味，但其实并不合理。在《周礼》中，除太师所教六诗之“兴”外，还有乐语之“兴”，即大司乐“以乐语教国子：兴、道、讽、诵、言、语”。对此六者，郑玄注云：

> 兴者，以善物喻善事。道，读曰导。导者，言古以剀今也。倍文曰讽，以声节之曰诵。发端曰言，答述曰语。

其实，乐语之“兴”与六诗之“兴”并不相同，国子有献诗之职，故乐语之“兴”应与诗之创作有关；而瞽矇无创作之责，但有配曲之职责，故解读六诗之“兴”，也应从这一角度切入。

历代注疏，多训“兴”为“起”，是符合本义的。“兴”之初字作“[illegible]”，甲骨文中即有此字，象四手抬物之状。《说文》言：“兴，起也。从舁，从同。同力也。”但古文字学者并不满足于只训兴为起，认为是“举重物邪许之声也”，[①] 后被引申为群众合力举物并旋游，在情绪欢快的时发出邪许之声，故与乐舞有关。[②]

《周礼》中“兴”字之他用，亦多有与乐舞有关者，如《地官》载乡大夫“以乡射之礼五物询众庶：……五曰兴舞”，舞师“凡小祭祀，则不兴舞”。在古文字中，歆、兴可以互训，《尔雅·释诂》即云：“歆、熙，兴也。”《周礼》中“歆”字凡十六见，都与祭祀有关，其中也包含

① 商承祚：《殷契佚存考释》，转引自李孝定编述《甲骨文字集释》，中研院历史语言研究所，1970年，第829页。

② 陈世骧：《原兴：兼论中国文学特质》，《陈世骧文存》，辽宁教育出版社1998年版，第155页。

着与乐舞有关的内容：如大司乐之职责有“大丧，莅廞乐器”，郑玄注：“廞，兴也。临笙师、镈师之属，兴乐器也。兴谓作之也。”大师之职责有“大丧，帅瞽而廞”郑玄注：“廞，兴也。兴言王之行，谓讽诵其治功之诗。”这里的“廞”独立出现，包含着特殊的意义。或以为，《周礼》里的“兴”指的是由音乐伴奏的朗诵技巧，有时带着祭祀情调，意味着舞踊的起步。[①] 但太师不管舞蹈之事，故这里的“廞”只能是对诗乐的现场演述。但君王大丧，其治功之诗，应是新作。新作之诗，就需要配乐，这可能也由太师带领瞽矇一起现场完成。

言“兴”与诗乐有关，亦可以找的其他旁证。《论语·阳货》载孔子之言曰：“小子！何莫学夫诗？诗可以兴，可以观，可以群，可以怨。”兴、观、群、怨是孔子对诗之功用的总结，有着不同的意义层面。但立足于乐，却是其共同的阐释角度。言观者，《左传·襄公二十九年》载季札聘鲁有“请观于周乐”之事；言群者，《礼记·乐记》云：“乐在宗庙之中，君臣上下同听之，则莫不和敬；在族长乡里之中，长幼同听之，则莫不和顺；在闺门之内，父子兄弟同听之，则莫不和亲。”可见诗乐能起到合同各阶层、各身份人的作用；言怨者，《乐记》又言：“乱世之音怨以怒，其政乖。”同样，如果结合乐语之“兴”和六诗之“兴”，可以推断“诗可以兴”也能从音乐角度进行阐释。即“诗可以兴”是演述，“可以观”是接受，“可以群”是感染，“可以怨”是功用，从递进的角度体现了对诗的使用程序。

阐明了兴与乐章的关系后，可以大胆推测，兴除了是一种诗乐传述方式外，还是为诗配乐的一个开始步骤。《毛诗传》注“兴”的一百一十六篇诗歌，其中有一百零二篇注于首章次句之下。再联系到《论语·泰伯》所说的“师挚之始，关雎之乱，洋洋乎！盈耳哉”，可明其是对诗章的配乐整理。刘台拱《论语骈枝》云：“始者，乐之始。乱者，乐之终。”[②] 师挚为鲁太师，同有配乐和奏乐的职能。故这里是指师挚所配或所奏诗乐

---

① 陈世骧：《原兴：兼论中国文学特质》，《陈世骧文存》，辽宁教育出版社1998年版，第153页。

② 程树德：《论语集释》，中华书局1990年版，第542页。

的序曲，非常悦耳。①

总而言之，赋、比、兴既是三种诗歌传述方式，同时也是太师为诗配乐过程中的三个步骤：赋是对诗言的整理；比是对诗章的整理；兴是对诗乐的整理。而在“六诗”次序中，三者次于风之后，是因为赋、比、兴是乐官在整理《国风》过程中所形成的三种技能。《雅》《颂》出自国子之手，较《国风》更为整饬和雅驯，不需要太师做太多的工作。

① 至于《诗经》的配乐过程，赵敏俐先生做过详细研究，可参见《略论〈诗经〉乐歌的生产、消费与配乐问题》，《北方论丛》2005 年第 1 期；《诗经》曲式问题，杨荫浏先生做过具体的讨论，可参见《中国古代音乐史稿》上册，人民音乐出版社 1981 年版，第 57—62 页。

第五章　“以时顺修”与两周乐政

古之天子行政，多因顺时令，所谓“因天时，制人事，天子发号施令，祀神受职，每月异礼，故谓之月令。所以顺阴阳，奉四时，效气物，行王政也”[①]，而作为天子的属官之一，乐官的日常工作也顺应月令而行。《荀子·王制》载太师职事有：“修宪命，审诗商，禁淫声，以时顺修，使夷俗邪音不敢乱雅。”据杨倞注，以时顺修者，“谓不失其时而顺之修之”，即按照时令去修习乐事。其实，不止太师，其他乐官也都是循时令来行乐教、修乐政的。本章试论之。

第一节　四时之序与两周乐教

《礼记·学记》云：“大学之教也，时。”言教学之道，必须遵循时令。据《周礼·春官》载，西周的国子教育，由大司乐总其事，乐师为其副手。而在《礼记》中，两者又被称为大乐正和小乐正。《王制》一篇，详细描述了西周的“造士”程序：

> 乐正崇四术，立四教，顺先王《诗》、《书》、《礼》、《乐》以造士，春秋教以《礼》、《乐》，冬夏教以《诗》、《书》。

此为国子教育的纲领性文献。或以《王制》为汉儒所作，如《史记·封禅书》即言汉文帝“使博士诸生刺《六经》中作《王制》，谋议

---

① 蔡邕：《明堂阴阳论》，严可均辑《全后汉文》，商务印书馆1999年版，第801页。

巡狩封禅事”。在司马迁看来，《王制》的史料出自《六经》，其内容是“记先王班爵、授禄、祭祀、养老之法度”，“皆王者之大经大法”。[①] 所以，四教之说，是有其历史渊源的。春秋时，楚庄王让士亹教太子，就以《诗》《礼》《书》《乐》等为教材。[②] 四教之中，《诗》《乐》为乐官本职，《书》《礼》则另有他官教之。

故可知，两周乐教是以四时为序的。对此，后人多从阴阳观念的角度进行阐释，如郑玄注云：“春夏，阳也。《诗》、《乐》者声，声亦阳也。秋冬，阴也。《书》、《礼》者事，事亦阴也。”然这里所说的四教，是完全按四时之序依次施行呢？还是互文见义，每季都四教并行？依理言之，恐怕还是后者。孙希旦即认为：“今交互言之，明四术不可暂时而阙，但视其阴阳以为偏主耳。”[③] 以为《诗》《乐》之教，四时均有之，只是每季有所偏重而已。故《王制》所言四教之编排，其实是一种理想模式而已。俞正燮言：“通检三代以上书，乐之外无所谓学。《内则》学义，亦止如此。汉人所造《王制》《学记》，亦止如此。”[④] 下面就以乐教为研究视角，以《礼记》中的材料为主要研究对象，对西周国子的教学程序略作还原。

西周之乐，含诗、歌、舞三部分。《乐记》言：“诗，言其志也；歌，咏其声也。舞，动其容也。三者本于心，然后乐器从之。”故乐教科目当也有教诗、教歌、教舞三方面。其实诗、歌二教既有相通之处，又有所区别：相通者，二者都以诗为底本；区别者，诗教重视对德义的阐发，歌教则重视对技巧的训练。有学者以为这体现了国子之教和瞽矇之教的不同，[⑤] 其实两者并非截然分开：国子之教有重技巧的一方面，如《周礼·

---

① 孙希旦：《礼记集解》，中华书局1989年版，第309页。

② 《国语·楚语上》载申叔论各科教材：“教之《春秋》，而为之耸善而抑恶焉，以戒劝其心；教之《世》，而为之昭明德而废幽昏焉，以休惧其动；教之《诗》，而为之导广显德，以耀明其志；教之《礼》，使知上下之则；教之《乐》，以疏其秽而镇其浮，教之《令》，使访物官；教之《语》，使明其德，而知先王之务用明德于民也；教之《故志》，使知废兴者而戒惧焉；教之《训典》，使知族类，行比义焉。”这里的《令》《语》《故志》《训典》，即《书》之类。

③ 孙希旦：《礼记集解》，中华书局1989年版，第365页。

④ 俞正燮：《癸巳存稿》，辽宁教育出版社2003年版，第65页。

⑤ 马银琴：《周代礼乐制度下诗歌的传授系统》，《周秦时代〈诗〉的传播史》，社会科学文献出版社2011年版，第7—38页。

春官》载："大胥掌学士之版，以待致诸子。……秋颁学，合声。"《礼记·文王世子》："凡学世子及学士必时，……春诵夏弦，大师诏之。"瞽矇之教也有重德义的一面，《周礼·春官》载太师教瞽矇"以六德为之本，以六律为之音"，郑注以"六德"为"知、仁、圣、义、忠、和"，出自大司徒以"乡三物"教万民；孙诒让以为是"中、和、祗、庸、孝、友"，出自大司乐以"乐德"教国子。但不管作何解释，两周的乐教都不是单一的，而是含思想内容和技法技巧双重标准的综合艺术传授。故从一定程度上讲，诗教是统一于乐教之中的。

国子进入大学之后，[①] 对歌、舞的学习，亦因时令不同而有异。《礼记·文王世子》云：

> 凡学世子及学士，必时：春夏学干戈，秋冬学羽籥，皆于东序。小乐正学干，大胥赞之；籥师学戈，籥师丞赞之，胥鼓南。春诵夏弦，大师诏之；瞽宗秋学礼，执礼者诏之；冬读书，典书者诏之。礼在瞽宗，书在上庠。凡祭与养老、乞言、合语之礼，皆小乐正诏之于东序。大乐正学舞干戚，语说，命乞言，皆大乐正授数，大司成论说在东序。

学，即教也。《广雅》云："学，教也。"必时者，谓"四时各有所宜学"，对四时所教的科目进行了具体的讨论。但可惜的是，这段材料比较隐晦，未明确揭示不同年龄阶段国子的学习过程。好在《内则》篇中有对国君世子出生后，不同年龄时段学习情况的介绍：

> 十有三年，学乐、诵诗、舞《勺》。成童（按：指十五以上）舞《象》，学射御。二十而冠，始学礼，可以衣裘帛，舞《大夏》。

因此，只有结合两段材料，从纵横两个角度辨析，才能最大限度地还

---

① 对于国子入大学、小学的年龄问题，古代多有争论。但以八岁入小学和十五入大学的说法最为人所遵从（参见杨宽《西周史》，上海人民出版社 2003 年版，第 664—665 页）。其实，大可不必如此拘泥，若以学乐、诵诗、习舞为入大学之标志，则更为圆通。

原西周国子的乐教过程。

先言乐舞之教。西周之舞，从规模上看，有大舞、小舞之别，是国子在不同阶段的学习内容。按《周礼·春官宗伯》，大司乐和乐师均掌国学之政。其中大司乐负责以六代乐舞教国子，六代乐舞都是大舞，《内则》所云《大夏》即大舞的代表；乐师负责以六小舞教国子，前引《勺》《象》就都是小舞。从舞容上看，则有文舞、武舞之不同。文舞执羽籥，没有异议。武舞却有执干戚和干戈的区别：干指盾，戚是大斧，是大舞的舞具；干戈则是小舞的舞具。《礼记·文王世子》孔疏即言：“若其《大武》，则以干配戚，则《明堂位》云：‘朱干玉戚冕而舞《大武》。’若其小舞，则以干配戈，则《周礼》乐师教小舞、干舞是也。”[①] 一般大舞都是文、武兼具，需同时教习；而小舞则可以分习，是学习大舞前的准备阶段。《勺》《象》二小舞，就一为文舞，一为武舞。

而国子的乐舞之教，是参照时令，并结合不同年龄段的身体素质，来安排课程计划的。这表现在两个方面：

其一，在教学时间安排上，自国子进入大学之后，文、武二小舞的学习就被安排在不同的时节。十三岁之初入小学者，因年纪尚幼，气力有限，故始教以文舞，《内则》孔疏引熊安生云：“《勺》，《籥》也。言十三之时，学此舞《籥》之文舞也。”在古文字中，“勺”“籥”可能为同一字，故《勺》可能即周文王的乐舞《南籥》；之所以将《勺》安排在秋冬两季学习，是因为文舞安静，属阴，正合秋冬间阴气充实。成童之后，筋骨始壮，开始学习武舞，郑玄注云：“干戈，……象武也，用动作之时学之。”再据熊安生云：“《象》，谓用干戈之小舞也。”可见，春夏学干戈，很可能就是学《象》舞。而之所以被安排在春夏两季，则因为武舞发扬，属阳，恰应春夏之间阳气萌动。其实单从四时的角度看，这一安排也是合理的。因为春夏间气候温和，较适合剧烈运动；秋冬间气候寒冷，不适合剧烈运动。正符合中医理论中“圣人春夏养阳，秋冬养阴，以从其根”的说法。[②] 而先学《勺》，后学《象》，是为了表现出“文武

---

① 郑玄注，孔颖达疏：《礼记正义》，《十三经注疏》本，中华书局1980年版，第1405页。

② 《黄帝内经·素问》，人民卫生出版社1963年版，第13页。

之次”[①]。

其二，在教师的安排上，由乐师、大胥、籥师、籥师丞四官分教二小舞。四官之中，小乐正即《周礼》之乐师，其职责有：“掌国学之政，以教国子小舞。”乐师教舞，由大胥赞之。按《周礼》，大胥一方面掌学士之版，即负责学士名籍的管理工作；另一方面，则在春入学后，掌“合舞”之事。据郑玄注，合舞为“等其进退，使应节奏”。故春习武舞，由乐师负责教授工作，大胥则负责教务和调整节奏的工作。籥师之官，亦见《周礼》，其职有“掌教国子舞羽吹籥”，并不见其教戈之事。孔疏以为“是籥师既教戈，又教籥”，王夫之则以“‘戈’当为‘籥’字之误”[②]，以理度之，当是王说为胜。故郑玄将四乐官解释为通职，其实并不准确。[③] 因为，从爵秩上看，乐师为下大夫，籥师为中士，相差两级。从职责上看，乐师负责六小舞的教授，而籥师只有教羽籥事，“祭祀则鼓羽籥之舞。宾客飨、食，则亦如之”，故其名是由其职所来，是没有问题的。两官同教国子，说明是在同一机构之内。因此，说籥师为乐师之佐官，应该是没有问题的。故乐师很可能就是“大学”中亲兼教职的负责人，除专教干舞外，还负责六小舞的教学管理工作。籥师则是文舞的专职教师，同时兼有羽籥舞的演奏和教学工作。至于籥师丞，孔疏云：“《周礼》惟有籥师，此有籥师丞。或诸侯之礼，或异代之法。”因文献无征，只能存疑。“胥鼓南”者，“胥”亦“大胥”，因籥师所教为《南籥》，需由《南》乐伴奏。郑注以《南》为南夷之乐，陈用之就表示反对，认为：“《南》，所谓《象箾》、《南籥》。夷乐，固鞮鞻氏所掌，非大胥、小胥之职也。”[④] 故《南》当指《周南》《召南》之乐，《诗经·小雅·鼓钟》就有：“以《雅》以《南》，以籥不僭。”是以二《雅》、二《南》伴籥演奏。这就是说国子舞羽、籥之时，大胥会鼓《二南》之音为之乐节。由此可知，国子甫入大学，由籥师和籥师丞负责教习羽籥，大胥负责以乐节舞。稍长之后，才由乐师

---

① 孙希旦：《礼记集解》，中华书局1989年版，第770页。

② 王夫之：《礼记章句》，《船山全书》第4册，岳麓书社1988年版，第508页。

③ 郑玄注认为小乐正、大胥、籥师、籥师丞“四人皆乐官之属，通职，秋冬亦学以羽籥”。《礼记正义》，《十三经注疏》本，中华书局1980年版，第1404页。

④ 朱彬：《礼记训纂》，中华书局1996年版，第315页。

和大胥教其干戈。

至于成年国子，则在大乐正的教导之下，学六代大舞。《文王世子》言“大乐正学舞干戚”，《内则》言国子年二十舞《大夏》，可能所指就是一回事，即干戚和羽籥并习。

再言乐歌之教。《内则》言国子“十有三年，学乐、诵《诗》”，《文王世子》则言：“春诵夏弦，大师诏之。”据郑玄注：“诵谓歌乐也，弦谓以丝播《诗》。”孔颖达疏解释的更为详细，具体来说，“诵”是指“口诵歌乐之篇章，不以琴瑟歌也”，而“弦”是指“以琴瑟播彼《诗》之音节，《诗》音则乐章也”。两相比较，夏弦即学乐，故两文所指，其实是一事。

不过，两说又有所不同，因为《文王世子》所载指向成年国子，《内则》所载则指向刚入大学的国子。在《文王世子》中的课程安排中，乐舞之教和乐歌之教并不在同一教学系统中。王夫之说：“教诵习之事，与教舞分四时互教之，盖诵习日课而舞间举，不相妨也。”① 可见，乐舞之教和乐歌之教是各成一个系统的。上文已论，乐舞之教，由乐师和籥师主其事，所教为未成年国子；而乐歌之教则与《礼》《书》之教在一个系统中，由大师主其事，所教都是成年国子，因为《内则》提到，国子在行冠礼之后才具备学《礼》的资格。故可知，诵诗、学乐是国子入大学之后一直学习的内容。只不过在不同阶段，存在着程度上的不同而已。未成年国子所学，更偏重于技巧的一面，故与射御等技能性知识同习；成年国子所学，更注重诵诗背后的微言大义，即重德义的一方面。

至于乐歌教学的课程安排，《文王世子》说是“春诵夏弦”，这固然与阴阳观念有关，即孔疏所言：“春夏是阳，阳主清轻，故学声，声亦清轻。”恐怕也出于教学的合理安排，因为对初入大学的国子而言，要到秋冬两季才开始学舞，春秋两季自不能无所事事，只能集中精力学乐、诵诗。而到了秋季还有一个考核程序，《周礼·春官》载大胥职责有：“秋颁学，合声。”郑玄注：“春使之学，秋颁其才艺所为。合声，亦等其曲折，使应节奏。”颁即分也，颁其才艺，就是比其才艺高下。这既兼顾到

---

① 王夫之：《礼记章句》，《船山全书》第4册，岳麓书社1988年版，第509页。

了教学内容的难易程度，又可对所学内容进行合理的考核，可知西周乐教是有一套固定模式的。

最后，有必要讨论一下乐教的实施地点。郑玄注《文王世子》言："周立三代之学，学《书》于有虞氏之学，《典》、《谟》之教所兴也。学舞于夏后氏之学，文武中也。学《礼》、《乐》于殷之学，功成治定，与己同也。"有虞氏之学即上庠，夏后氏之学即东序，殷之学即瞽宗。除此之外，还有辟雍，即《周礼》中大司乐所掌之成均。四学之中，乐舞之教在东序，乐歌之教，《文王世子》未详载，郑玄以为《礼》《乐》之教都在瞽宗。这是有道理的，一方面，行礼常用乐，故需同时教习；另一方面，瞽宗为祀乐祖之所，由太师掌之，正说明"春诵夏弦"在瞽宗教习。①

综上所述，《文王世子》一段史料，亦考虑到了国子年龄因素与所学内容间的关系。具体来说，包括三个层次：

第一，"春夏学干戈"至"胥鼓南"一节，所言为小舞之教，所教对象是未成年国子。其中，羽籥为初入学国子的学习内容，由籥师主之，籥师丞、大胥辅之；干戈为成童国子的学习内容，由乐师主之，大胥辅之。执教地点在东序。

第二，"春诵夏弦"至"皆小乐正诏之于东序"一节，所教对象为成年国子，其中"春诵夏弦"即国子的乐歌之教，由太师主之。执教地点在瞽宗。

第三，"大乐正学舞干戚"至最后，包含成年国子的大舞之教，由大乐正主之。执教地点亦在东序。

需特别指出的是，乐歌之教是国子在学期间一以贯之的科目，因年龄不同，所学程度亦有难易之分。

故可对西周的乐教的安排，做出如下表的推测：

---

① 四教之编排，是有特定含义的。因为从方位上讲，上庠在北，东序在东，瞽宗在西，辟雍在南面而居中。而以五行观念视之，北属水，于四季为冬；东属木，于四季为春；西属金，于四季为秋；南属火，于四季为夏。再反观《王制》"春秋教以《礼》、《乐》，冬夏教以《诗》、《书》"之言，能见其编排是合乎五行之次的，即：春学《乐》于东序，秋学《礼》于瞽宗，夏学《诗》于辟雍，冬学《书》于上庠。当然，这是一种理想编排模式，并不如《文王世子》那样合理。

国子类型	乐教科目	春	夏	秋	冬
十三岁国子	舞			羽籥（《勺》）	羽籥（《勺》）
	诗	诵	弦	颁学、合声	
成童国子	舞	干戈（《象》）	干戈（《象》）		
	诗	诵	弦	颁学、合声	
成年国子	舞	干戚羽籥（《大夏》等）	干戚羽籥（《大夏》等）	干戚羽籥（《大夏》等）	干戚羽籥（《大夏》等）
	诗	诵	弦	颁学、合声	

第二节　月令模式与两周乐政

现存最早的月令类文献是《夏小正》，被收在《大戴礼记》中。据《礼记·礼运》：“孔子曰：‘我欲观夏道，是故之杞，而不足征也，吾得《夏时》焉。’”郑玄注：“得夏四时之书也。其书存者有《小正》。”《史记·夏本纪》也载：“孔子正夏时，学者多传《夏小正》云。”以为是孔子所得夏代之书；[①] 其后《逸周书》存《月令解》篇目，《吕氏春秋》有《十二纪》之首章，《小戴礼记》第六篇有《月令》，《淮南子》则有《时则训》。一般认为，这些文献是有承继关系的，[②] 是“杂举三代及秦事”，言“十二月政令所行”[③]，故也是了解两周的政治文化的重要文献。在这些政令中，亦有对乐官之政的详细安排，为方便起见，下面以《礼记·月令》所载内容列表如下：[④]

① 李学勤通过对《夏小正》经传中的一些具体问题进行考察，认为《夏小正》确实有古老渊源，是可靠文献。可参见《〈夏小正〉新证》，《李学勤文集》，上海辞书出版社 2005 年版，第 88—100 页。

② 关于《月令》著作年代的争论，可参见杨宽《月令考》，《杨宽古史论文选集》，上海人民出版社 2003 年版，第 463—510 页；陈铁凡《略论月令与礼记》，《三礼论文集》，黎明文化事业股份有限公司 1982 年版，第 273—288 页；王锷《〈礼记〉成书考》，中华书局 2007 年版，第 268—274 页；章启群《〈月令〉思想纵议》，《哲学门》第 9 卷第 2 册，北京大学出版社 2009 年版，第 99—128 页。

③ 陈澔：《礼记集说》，凤凰出版社 2010 年版，第 117 页。

④ 在这些文献中，《吕氏春秋·十二纪》和《礼记·月令》除个别文字有异外，内容基本相同。《淮南子·时则训》则与两者有很大不同。但考虑到《淮南子》成书在汉代，难免夹杂当时的思想资源，故暂不讨论。

季	月	乐政	备注（据郑玄注）
春	孟春	是月也，命乐正入学习舞	为仲春将释菜
	仲春	上丁，命乐正习舞，释菜。天子乃帅三公、九卿、诸侯、大夫亲往视之	命习舞者，顺万物始出地鼓舞也。将舞，必释菜于先师以礼之
		仲丁，又命乐正入学习乐	为季春将习合乐也
	季春	是月之末，择吉日大合乐，天子乃率三公、九卿、诸侯、大夫亲往视之	大合乐者，所以助阳达物，风化天下也。其礼亡，今天子以大射、郡国以乡射礼代之
夏	孟夏	立夏之日……乃命乐师习合礼乐	为将饮酎
		是月也，天子饮酎，用礼乐	春酒至此始成，与群臣以礼乐饮之于朝，正尊卑也
	仲夏	是月也，命乐师修鞀、鞞、鼓，均琴、瑟、管、箫，执干、戚、戈、羽，调竽、笙、篪、簧，饬钟、磬、柷、敔	为将大雩帝习乐也
		命有司为民祈祀山川百源，大雩帝，用盛乐	雩帝，谓为坛南郊之旁，雩五精之帝，配以先帝也。自“鞀鞞”至“柷敔”皆作曰盛乐，凡他雩用歌舞而已
	季夏	无	孔颖达疏云：其季夏、孟秋、仲秋，以季夏土王，秋又阴始，国无大事，不用乐也
秋	孟秋	无	
	仲秋	无	
	季秋	上丁，命乐正入学习吹	为将飨帝也
		是月也，大飨帝	言大飨者，遍祭五帝也
冬	孟冬	是月也，大饮烝	十月农功毕，天子诸侯与其群臣饮酒于太学，以正齿位，谓之大饮
	仲冬	无	无
	季冬	命乐师大合吹而罢	岁将终，与族人大饮，作乐于大寝，以缀恩也

由上表可知，《月令》本文所记各月乐政，其实比较简略，并未详细交待施行的目的和意义。即便是后代注疏之学有所补苴，也众说纷纭，难有定见。所以，解读起来有一定难度。据郑玄注，《月令》所记一年乐政，大都是仪式过程中的备乐和用乐。大致而言，可以分为以下几个方面：

一 孟春、仲春的入学习舞

孟春、仲春两月都有入学习舞之事，郑玄认为孟春习舞是为仲春释菜做准备。孙希旦亦言：“孟春之习舞，与仲春之习舞为终始。”① “入学习舞”者，高诱《吕氏春秋·孟春纪》注谓“入学官，教国子讲习羽籥之舞”，孔颖达以为是“据人所学谓之习舞”，陈澔则以为“教学者以习舞之事”②，都将“习”理解为“教”。其实这是一个误解，“习”除有“学”之义项外，还有复习之义。《论语·学而》：“学而时习之，不亦说乎？”皇侃《义疏》言：“习是修故之称也。”恐怕这里的习舞，取得也是“修故”之义。

故孟春负责习舞的，肯定不是新入学的国子。③ 其所习之舞，更多也是对以前所学的排练，从而服务于祭祀典礼的。据黄以周言：“《月令》孟春入学习舞，为仲春释菜有舞，故先习之也。”④ 可知，孟春时乐正入学习舞，是为仲春所举行的“释菜礼”做准备。《礼记·大学》载：“大学始教，皮弁祭菜，示敬道也。”注云：“祭菜，礼先圣先师。”“释菜”是国子入学时，祭祀先圣先师的一种典礼。高诱注《吕氏春秋·仲春季》即云：“初入学官，必礼先师，置采帛于前以贽神也。”在祭先师之前，新入学者并无习舞之资格。《礼记·少仪》：“问大夫之子长幼，长，则曰：‘能从乐人之事矣。’幼，则曰：‘能正于乐人’、‘未能正于乐人’。”这里的“乐人”即大司乐。可见，国子若能在大司乐的指挥下参加各种典礼，就表明已成年；如果还跟随大司乐学习，则说明年纪尚小。一般在典礼中，负责起舞的国子，也要经过挑选。郑众注《周礼·春官·大

---

① 孙希旦：《礼记集解》，中华书局1989年版，第418页。

② 陈澔：《礼记集说》，凤凰出版社2010年版，第119页。

③ 之所以不把此处放入乐教一节讨论，就是考虑到上节讨论的两周乐教，更大程度上是对新课程的学习，受教者都是新入学的国子。而这里负责习舞的，都是已入学国子。

④ 黄以周：《礼书通故》，中华书局2007年版，第1358页。

胥》引《汉大乐律》曰："卑者之子不得舞宗庙之酎。除吏二千石到六百石及关内侯到五大夫子，先取适子，高七尺已上，年十二到三十，颜色和顺，身体修治者，以为舞人。"并言此"与古用卿大夫子同义"，说明周时亦有此制。至于"年十二"当为"年二十"之误，已为贾公彦指出，亦证舞于祭祀者为成年国子，且对容貌和身体条件都有一定要求。

"释菜礼"的举行，标志着新学年的开始。《月令》上说，"释菜礼"在仲春上丁日举行。"上丁"即仲春上旬的第四日。这一日属柔日，适合行祭祀等内事。[①]《夏小正》亦有与之相似的记载，经文二月："丁亥万舞入学。"传云："丁亥者，吉日也。万也者，干戚舞也。入学也者，大学也。谓今时大舍采也。"据考证，丁亥大概为柔日中最吉利的一天。但这却不是实指的，只是一个虚拟的吉日。[②] 于理而言，还是上丁日比较合理。其言"万用"，当为"用万"，即用万舞祭祀先圣先师，也证"习舞释菜"之"习"不是学习的意思。所以说，郑玄的解释是正确的，孟春之时，尚未正式开学。仲春上丁之日，为开学第一天，乐正率众国子"习舞、释菜"，天子以致三公、九卿、诸侯、大夫都亲自参加，既说明了这一仪式的重要性，又说明了国家对国学教育的重视。此日之后，新入学者正式开始大学课程的学习。

二　仲春、季春的大合乐

孙希旦云："仲春之习乐，与季春之合乐为终始。"[③] 郑玄也以为，仲春仲丁之习乐，是为了季春的大合乐。他还认为仲丁所教，已非舞那么简单，而是开始合乐了，即"习歌与八音"。孙希旦发挥此说，认为"国子之学舞者已成，又命乐正兼教以声容而使习之也"[④]。然此说并无实质证据。一方面，"释菜"之时，国子习舞已应节奏。前言大胥职责有"春入学，舍采，合舞"。舍采就是释菜，合舞则是指"等其进退，使应节奏"，

---

① 《礼记·曲礼上》："外事以刚日，内事以柔日。"陈澔注："甲丙戊庚壬为刚，乙丁己辛癸为柔。先儒以外事为治兵，然巡狩朝聘盟会之类，皆外事也。内事，如宗庙之际、冠昏之礼皆是。"参见《礼记集说》，凤凰出版社2010年版，第20页。

② 可参见庞朴《"五月丙午"与"正月丁亥"》，《文物》1979年第6期；李学勤《〈夏小正〉新证》，《李学勤文集》，上海辞书出版社2005年版，第91—92页。

③ 孙希旦：《礼记集解》，中华书局1989年版，第418页。

④ 同上书，第429页。

说明上丁日已是诗乐舞并奏了，何必又在仲丁日重新教之。另一方面，乐正并无教歌与八音的职责。这里的乐正，就是大司乐。考《周礼》大司乐之职，仅负责教国子乐德、乐语、乐舞三项。乐歌与八音的教习是由太师系统负责的。所以仲春的习乐，最可能也是仪式之前的预先演习，因“大合乐”之时，天子会率三公、九卿、诸侯、大夫亲往视之，需要提前做好准备。

至于“大合乐”之礼，郑玄以为“大合乐者，所以助阳达物，风化天下也。其礼亡，今天子以大射、郡国以乡射礼代之”，此解亦未洽人意。在西周，大合乐之举行，一用于祭祀天地、人鬼，即《周礼·春官·大司乐》所谓“以六律、六同、五声、八音、六舞大合乐。以致鬼神示，以和邦国，以谐万民，以安宾客，以悦远人，以作动物”；一用于天子视学时的养老之礼，即《文王世子》所言“凡大合乐，必遂养老”，孙希旦即以为“必遂养老者，乐不可以无事而空作，故因行养老之礼而合乐”①。季春非祀天地之时，所以大合乐者，恐怕就是为了“养老”。养老礼的举行，多于天子视学之时，《文王世子》又言：

> 天子视学，大昕鼓征，所以警众也。众至，然后天子至，乃命有司行事，兴秩节，祭先师、先圣焉。有司卒事反命，始之养也。适东序，释奠于先老，遂设三老、五更、群老之席位焉。适馔省醴，养老之珍具，遂发咏焉，退修之以孝养也。反，登歌《清庙》，既歌而语，以成之也。言父子、君臣、长幼之道，合德音之致，礼之大者也。下管《象》，舞《大武》，大合众以事，达有神，兴有德也。正君臣之位，贵贱之等焉，而上下之义行矣。有司告以乐阕，王乃命公侯伯子男及群吏曰“反养老幼于东序”，终之以仁也。

此段史料，详载养老之仪节：一方面，要备馔醴，以适三老五更及群老之口腹；另一方面，则要奏歌舞，以娱三老五更及群老之耳目。当然，除了耳目口腹之娱外，还有更为深刻的意义在内，即构建王朝的道德秩序，备饮食是为了明孝养之道，大合乐更有固定的程式和意义。周乐之节，一般有四，即《仪礼·乡饮酒礼》中“歌”“笙”“间”“合”，是为

---

① 孙希旦：《礼记集解》，中华书局1989年版，第561页。

“正歌”。大合乐为天子之礼，不管在用乐规格和乐舞选目上，都较乡饮酒礼级别更高。

1. 设席摆食后，天子要亲自检查，然后才“发咏焉”。据郑玄注，“发咏”即奏乐迎宾。《正义》曰：“云发咏，以大射之礼约之，当纳宾之节。案《大射》宾入及庭，奏《肆夏》，此养老既尊，故用两君敌礼，入门即奏《肆夏》。”以钟鼓奏《肆夏》。

2. 检查完馔醴之后，天子返回堂上，“登歌《清庙》，既歌而语，以成之也”。命乐工于堂上歌《清庙》之诗以娱宾。而据《毛诗序》，《清庙》为祭祀文王之歌。歌毕，又有“合语”之礼，阐述歌辞中所蕴含的意义。具体而言，就是“言父子、君臣、长幼之道，合德音之致”，这里的“德音”就指《清庙》。

3. 登歌合语之后，又有堂下管《象》之仪，是为用乐之第二节，相当于乡饮酒礼中的“笙”。因此为礼之盛者，故不用笙而用管。[①] 郑玄注云：“《象》，周武王伐纣之乐也。以管播其声，又为之舞，皆于堂下。”《象》之乐歌，据《毛诗序》，可知其为《周颂·维清》。故孔颖达以为周乐的程式安排是有特定含义的，即“登歌《清庙》，下管《象》，父诗在上，子诗在下，故得正君臣之位，贵贱之等也”。

4. “舞《大武》”者，相当于乡饮酒礼的第四节。之所以不言“间歌”，是因其不是乐之重者，故略而不言。[②]《大武》有六成，亦于堂下演奏，每成各有其象征义，《乐记》言：“夫武始而北出，再成而灭商，三成而南，四成而南国是疆，五成而分周公左、召公右，六成复缀以崇天子。”孙希旦云：“《大武》之舞，有武王与周、召之等，是君臣之位；有诸侯与士卒之属，是贵贱之等。天下既定，而君臣贵贱之分皆正，故上下之义行。”[③]

故大合乐之举行，是天子为各国诸侯所做之表率，既要申明宗族秩序，强调父子、长幼之节；又要尊崇朝廷秩序，严明君臣、贵贱之序。

---

① 钱玄：《三礼通论》，南京师范大学出版社 1996 年版，第 555 页。

② 孙希旦：《礼记集解》，中华书局 1989 年版，第 578 页。

③ 同上。

另外，大合乐举行之时间，郑玄注说：“大合乐，谓春入学释菜，合舞，秋颁学，合声。”孔颖达则补充说“其《月令》季春‘大合乐’，则亦在其中”，详而言之，即仲春上丁合舞、季春大合乐还有仲秋合声之时，因天子亲往，皆有养老之事。[①]

三 孟夏的饮酎用乐

孟夏之时，先有“命乐师习合礼乐”事，后又有“天子饮酎，用礼乐”事，故郑玄以为前者是为后者做准备，陈澔《礼记集说》等从之；高诱《吕氏春秋·孟夏纪》注则云：“礼，所以经国家，定社稷，利人民；乐，所以移风易俗、荡人之邪，存人之正性。故命乐师使合习之。”从礼乐之作用言之。孙希旦亦不赞同郑玄观点，认为“此与下节，与孟春之‘命相布德和令’、孟秋之‘命将帅选士厉兵’一例皆于迎气之日发命，乃顺时布政之最先者也。盖习合礼乐以象时气之盛大，行爵出禄以顺时气之宣散”[②]，从行文逻辑言之。以理揆之，高说太过笼统，不需详辩；孙说亦不允洽，却需探究。孙希旦以为，《月令》在行文逻辑上是统一的，如：

> 孟春：是月也，以立春。先立春三日，……立春之日，天子亲帅三公、九卿、诸侯、大夫以迎春于东郊。还反，赏公、卿、大夫于朝。命相布德和令，行庆施惠，下及兆民。庆赐遂行，毋有不当。
>
> 孟夏：是月也，以立夏。先立夏三日，……立夏之日，天子亲帅三公、九卿、大夫以迎夏于南郊。还反，行赏，封诸侯，庆赐遂行，无不欣说。乃命乐师，习合礼乐。命太尉赞桀俊，遂贤良，举长大。行爵出禄，必当其位。
>
> 孟秋：是月也，以立秋。先立秋三日，……立秋之日，天子亲帅三公、九卿、诸侯、大夫以迎秋于西郊。还反，赏军帅武人于朝。天子乃命将帅选士厉兵，简练桀俊，专任有功，以征不义，诘诛暴慢，

---

① 《月令》不载“秋合声”之时，孔疏就以季秋上丁“命乐正入学习吹”当之。对此，孙诒让有所考辩，他引《大戴礼记·保傅》卢注云：“仲秋班学合声”，认为“盖以对仲春合舞推之，其说较孔为长”。今从其观点。孙诒让：《周礼正义》，中华书局1987年版，第1819页。

② 孙希旦：《礼记集解》，中华书局1989年版，第443页。

以明好恶，顺彼远方。

由行文逻辑观之，乐师习合礼乐，确是迎气之后的首要政令。但从职位上言，乐师跟相、将帅不在一个级别上，反而是太尉能与两者相提并论。而从所行政令上言，相是“布德和令”，太尉是举荐人才，将帅是练兵习武，与乐师的习合礼乐亦不能同日而语。所以，郑玄的意见还是对的。而且前文言“习合礼乐”，后文云“用礼乐”，虽概而言之，却应该是同一事。

孟夏习用礼乐，可兹注意者，还有两方面：首先，饮酎礼到底是何种礼仪？郑玄认为：“酎之言醇也，谓重酿之酒也。春酒至此始成，与群臣以礼乐饮之于朝，正尊卑也。”高诱《吕氏春秋·孟夏纪》注：“酎，春酝也。是月天子乃与群臣饮酒作乐。诗云：‘为此春酒，以介眉寿。’”都将酎视为春酒，饮酎视为君臣欢饮之礼。对此，孙希旦亦提出不同意见，认为：

> 饮酎，谓献酎酒于宗庙也。《左传》云：“见于尝酎与执燔焉。”《汉仪注》：“王子为侯，岁以户口酎黄金于汉庙。皇帝临受，以助大祭祀，曰饮酎。”汉袭秦礼者也，则饮酎之为祭宗庙，无可疑者。四时之祭，《月令》见其三，孟夏饮酎，季秋尝，孟冬烝，唯不见春祭耳。古者天子宗庙三时祫祭，惟春则犆祭，《月令》不言春祭，岂以其非礼之盛者而略之与？①

认为饮酎是献酒于宗庙。孙希旦之论，依据有二：其一，汉代屡有饮酎之礼，其形式是诸侯献黄金于宗庙以助祭；其二，《月令》为秦代文献，汉承秦制，故秦之饮酎也应该是祭宗庙。孙氏这一推论，亦颇为武断。汉代饮酎，确实存在，但都于秋八月举行。如《西京杂记》卷一：“汉制：宗庙八月饮酎，用九酝太牢，皇帝侍祠。以正月旦作酒，八月成，名曰酎，一曰九酝，一名醇酎。”八月饮酎，汉代屡有举行，如《汉书·梁丘贺传》载宣帝时：“会八月饮酎，行祠孝昭庙。”《后汉书·章帝纪》载：“秋八月，饮酎高庙，禘祭光武皇帝、孝明皇帝。”《和帝纪》：

① 孙希旦：《礼记集解》，中华书局1989年版，第447页。

“八月辛酉，饮酎。”《鲁恭传》载和帝时：“永元九年，征拜议郎。八月，饮酎，斋会章台，诏使小黄门特引恭前。”自汉武帝改行太初历，以夏历正月为岁首，与《月令》一致，但《月令》饮酎行于四月，若云汉承秦制，并不符合。诸侯献金助祭，始施行于汉武帝时，《后汉书·章帝纪》李贤注：“武帝时因八月尝酎，令诸侯出金助祭，所谓酎金也。”亦与《月令》饮酎有所不同。所以，孙氏说饮酎是三时袷祭，并不可信。而郑玄、高诱皆汉末人，去古未远，不至于对汉之典仪如此生疏。其云饮酎属君臣欢饮之礼，应该是言之有据的。当然，自西周之时，就有荐新之礼，春酒初成，自然也会献之于宗庙。但此处用礼乐，当是天子以“燕礼”招待助祭诸侯，而非献祭宗庙。[①]

其次，此月负责习合礼乐的乐官，为何是乐师，而不是乐正？孔颖达疏云：“命乐师者，以仲春习舞习乐之时，既命乐正，此则稍轻，故惟命乐师。此习礼乐在学也，其事既轻，天子不亲往。”以为礼仪轻微，不值得乐正亲往，但此说臆测成分太多，没有实质证据。王夫之则释“乐师”为“大乐正”，[②] 更为无稽。考《周礼》大司乐之职，只掌大飨、大射等用乐之事，级别较轻的则由乐师掌之，因其也有“飨、食诸侯，序其乐事”的职责。其实乐师亦兼掌燕礼，孙诒让云：“又燕礼，乐事皆小乐正治之，则乐师当亦兼序燕诸侯之乐事，经唯云飨食者，以燕礼轻于飨食，又下文有燕射帅舞之文，足以互明，故不具也。”[③] 盖先秦饮食之礼有三：飨、食、燕，飨礼最重，燕礼最轻，食礼次之。“飨、食礼重而体严，燕则礼轻而情洽”，[④] 据高诱注可知，饮酎当属礼轻而情洽者。[⑤] 故乐师与《秋官》之掌客为官联，专司三礼用乐之事。这一方面证明了孙希旦的解释出于牵强附会；另一方面，也说明了《月令》与《周礼》的记载多有

---

① 郭嵩焘《礼记质疑》即云：“孟夏‘天子饮酎，用礼乐’，则燕礼也。”岳麓书社 1992 年版，第 207 页。

② 王夫之：《礼记章句》，《船山全书》第 4 册，岳麓书社 1988 年版，第 397 页。

③ 孙诒让：《周礼正义》，中华书局 1987 年版，第 1811 页。

④ 孙希旦：《礼记集解》，中华书局 1989 年版，第 1449 页。

⑤ 郑玄云：“名曰‘燕义’者，以其记君臣燕饮之礼，上下相尊之义。”（《礼记正义》，《十三经注疏》本，中华书局 1980 年版，第 1689 页）可见，“饮酎”是类似于燕飨的一种饮食之礼。

暗合处，故不能简单将《月令》视为秦时文献。[①] 而孔颖达疏言：“饮酎大礼，必乐正在焉。”且不说饮酎礼并不重大，单从大司乐不掌燕飨之事，也知孔说的不确。

四　仲夏的大雩帝用乐

雩祭是为求雨而举行的一种祭祀活动。周代之雩，有两种：一种是常规之雩，每年都有举行；一种是遇到旱灾临时举行的雩祭，是非常规性的。[②] 仲夏之雩，[③] 就是常规性的，在全国范围内举行。

其中，属于朝廷行为的是“命有司为民祈祀山川百源。大雩帝，用盛乐”。据郑玄注：“雩帝，谓为坛南郊之旁，雩五帝之精，配以先帝也。”孙希旦则云：“雩帝，雩祀昊天上帝于南郊之圜丘也。”[④] 颇类似于夏至祭天的礼仪。

因祭祀仪式中，有用盛乐之举。所以本月之初，会先命乐师修整各类乐器。王夫之以为“‘乐师’者，凡乐器各有师专司之，如磬师、钟师之类，习其器者，即令修之也”，其意大概是认为以“乐师”一官，不可能对所有乐器进行修整，故将“乐师”理解为乐官的泛称。王氏之说虽新，但并不确切。此乐师，就是负责教小舞的乐师，是一个专指的名称。因为《周礼》中乐师之本职，“凡乐，掌其序事”，贾公彦疏云：“谓陈列乐器及作之次第，皆序之，使不错缪。”“凡丧，陈乐器，则帅乐官”，郑玄以为“帅乐官往陈之”；而“乐官”者，贾疏：“乐官亦谓笙师、镈师之属，廞乐藏之者也。”可见，凡有用乐之事，乐师有率领众乐官陈列乐器之责。而在此过程中，对众乐器进行修饬，当也是由乐师总其责的。孔颖达疏

---

① 王梦鸥在《礼记月令校读后记》一文中说：“《月令》本为执行此种政令之‘王者’而设计，与《周礼》之为六官治政而设计者略相似。《周礼》六官依天地四时而分职，所言者皆辅弼之事；《月令》亦依天地四时而为纲，故《月令》之为‘王礼’恰与《周官》之为‘官礼’互相补足。”参见李曰刚等《三礼论文集》，黎明文化事业股份有限公司 1982 年版，第 256 页。

② 詹鄞鑫：《神灵与祭祀：中国传统宗教综论》，江苏古籍出版社 1992 年版，第 366 页。

③ 郑玄认为周之常雩，多在四月和秋三月中举行，《月令》将其系之仲夏，是不对的。而孙希旦则郑玄的观点进行了辩驳，认为“是时百谷待雨而长，于四时之中需雨最亟，此雩之所以必于夏行之也”（孙希旦：《礼记集解》，中华书局 1989 年版，第 451 页）。现采用孙氏的意见。

④ 孙希旦：《礼记集解》，中华书局 1989 年版，第 451 页。

云："命乐师者，预修习，其事轻，其雩帝用乐之时，则命乐正，天子亲往。"故奏盛乐之时，则由乐正亲自指挥。

至于"盛乐"之形式如何？典籍不载，这里只能大致进行推测。首先可以肯定的是，在大雩帝时，是诗、乐、舞合一的。据郑玄注，一般非常规性雩祭，仅用歌舞而已，不用乐。《周礼·春官·司巫》云："若国大旱，则帅巫而舞雩。"《女巫》则云："旱暵，则舞雩。"《公羊·桓公五年传》："大雩者何？旱祭也。"何休注："使童男女各八人舞而呼雨，故谓之雩。"行雩祭之人虽有不同，其方式却是一致的，即这类雩祭只歌舞呼号，而不用乐。大雩则不然，孔颖达疏就云："正雩则非为歌舞，兼有余乐。"高诱《吕氏春秋·仲夏纪》注即以为"用盛乐"是用"六代之乐"。其次，负责演奏"盛乐"的乐队是很庞大的。《月令》所涉及的乐器有 15 种之多，且八音俱全，《诗经·小雅·甫田》："琴瑟击鼓，以御田祖，以祈甘雨。"就是奏乐祈雨的明证；舞具则干、戚、戈、羽，兼备大、小二舞，孙希旦解释说："大雩帝当用干、戚大舞，此又有戈者，盖山川之小者或唯用小舞。《舞师》'兵舞，以舞山川之祭祀'，是也。"[①]也有一定道理。

还有属于地方行为的雩祭，即"命百县雩祀百辟卿士有益于民者，以祈谷实"。据郑玄注，百辟卿士指"古者上公，若句龙、后稷之类"。天子雩祭祀上帝，诸侯则祭"百辟卿士"，在级别上有着明显的不同。诸侯雩祭，也祭山川，但与天子不同。天子是"命有司为民祈山川百源"，祈祷于天下的名山大川；而诸侯则只祈祷本国境内的山川，即"诸侯特雩于境内之山川耳"[②]。诸侯正雩，有歌舞而不用盛乐。其用舞，也只用小舞。《周礼·地官·舞师》云："教皇舞，帅而舞旱暵之事。"郑玄以为"旱暵之事，谓雩也"，并引郑司农之言曰："皇舞，蒙羽舞。"贾公彦发挥其意曰："先郑之意，盖见《礼记·王制》'有虞氏皇而祭'，皇是冕，为首服，故以此皇为凤皇羽蒙于首，故云蒙羽舞。"这颇类似于曾皙所说的"冠者五六人"，《论语·先进》载曾皙答孔子之言："冠者五六人，童子六七人，浴乎沂，风乎舞雩，咏而归。"对此章之意，古来颇所聚讼，[③]

① 孙希旦：《礼记集解》，中华书局 1989 年版，第 450 页。

② 顾栋高：《春秋大事表》，中华书局 1993 年版，第 1445 页。

③ 鲁洪生：《〈论语·侍坐〉曾点之志本意考辨》，《学术论坛》2008 年第 3 期。

王充以为这就是鲁国的正雩，其在《论衡·明雩篇》云：

> 鲁设雩祭于沂水之上。……冠者、童子，雩祭乐人也。“浴乎沂”，涉沂水也，象龙之从水中出也。“风乎舞雩”，风，歌也。“咏而馈”，咏歌馈祭也，歌咏而祭也。

其设雩于沂水，是祭境内之川；舞雩者，由冠者和童子为之。鲁虽有周公之礼，能举行大雩，但在规格上仍不敢与天子匹敌。天子之雩，据《公羊传·桓公五年》疏引《春秋说》云：“冠者七八人，童子八九人’者，盖是天子雩也。”又云鲁国正雩为：“《论语》云：‘冠者五六人，童子六七人。’与此异者，鲁人正雩，故其数少，复不言男女。”此为有舞；风、咏均为歌。可知，诸侯之雩，歌舞兼具，而不用乐。又因是正雩，其歌舞之事，由冠者、童子为之，而不用女巫也。至于其他各国，按照周礼的规定，礼仪规模和乐人数目更应小于鲁国。但随着礼崩乐坏的到来，这一规定并未得到严格执行。

五　季秋的大飨帝用乐

季秋的上丁日，有乐正入学习吹之事。郑玄注：“为将飨帝也。春夏重舞，秋冬重吹也。”因“习吹”文以下有“大飨帝”之文，郑玄故言之。但历代注疏，对其观点有赞成有反驳。赞成者都认为习吹是专就声而言之，如陈澔言：“吹主乐声而言。”[①] 孙希旦认为“言‘舞’则不及声，言‘吹’则不及舞”。[②] 将“吹”与“舞”视为两个并列的概念。反驳者则不赞成“习吹”之目的为飨帝，而认为是入学学吹，如高诱《吕氏春秋·季秋纪》注：“是月上旬丁日，入学吹笙，习礼乐。《周礼》乐师掌教国子舞羽，吹笙、竽、籥。”以为是国子学吹笙；孙希旦亦大致同意其观点，认为“入学习吹，入学教国子以吹，而使习之也”，但却认为是学吹籥而不是学吹笙。[③] 孔颖达则疏径将《周礼·大胥》的“秋颁学合声”，与季秋习吹视为一事。

其实，后代的这两种说法都出于对郑玄的误解。一方面，其言重吹而

---

① 陈澔：《礼记集说》，凤凰出版社 2010 年版，第 133—134 页。

② 孙希旦：《礼记集解》，中华书局 1989 年版，第 418 页。

③ 同上书，第 479 页。

并非无舞。孔颖达疏：“所以习吹者，郑云‘春夏重舞，秋冬重吹’，但以重为主。其实春亦有吹，秋亦有舞。”高诱说“吹”是吹笙，还说其根据出自《周礼·乐师》，但查乐师之职，并无此说。所以此处之吹，应该还是吹籥，《周礼·春官》载籥师有教文舞之职，即“掌教国子舞羽吹籥”。其实，“吹”应该就是“舞羽吹籥”的代称。比于季秋，恰合《文王世子》“秋冬学羽籥”的说法。不过，这里的“舞羽吹籥”，却不是指小舞而是指大舞。之所以命乐正入学习吹，则是由乐正掌管其事而籥师专司其职。另一方面，命乐正入学习吹，也是演习而不是教习，其目的是作为大飨帝仪式的用乐。籥师之职又有“祭祀则鼓羽籥之舞”，郑玄注：“鼓之者，恒为之节。”即负责祭祀时的乐节工作，贾公彦疏：“祭祀先作乐下神，及合乐之时，则使国子舞鼓动以羽籥之舞，与乐节相应，使不相夺伦。”因秋冬阴气凝重，故祭祀以文舞为主。

在“大飨帝”之用乐仪式中，大司乐起着很重要的作用。《周礼·春官》载其职责有：

> 凡乐事，大祭祀宿县，遂以声展之，王出入则令奏《王夏》，尸出入则令奏《肆夏》，牲出入则令奏《昭夏》，帅国子而舞。大飨不入牲，其他皆如祭祀。

在大型的祭祀礼仪中，大司乐之职责有三：其一，仪式之前，检查陈列乐器的音质；其二，仪式开始时，指挥《三夏》之乐，作为王、尸、牲出入庙门的乐节；其三，率领国子舞蹈。“大飨帝”本属大祭祀，是遍祭五帝的一种礼仪。同时，也是一种飨礼，贾公彦疏认为“凡大飨有三：案《礼器》云‘郊血大飨腥’，郑云‘大飨，祫祭先王’，一也。彼又云‘大飨，尚腶修’，谓飨诸侯来朝者，二也。《曲礼下》云‘大飨不问卜’，谓总飨五帝于明堂，三也”。不入牲之大飨属第二种，即在用乐过程中，不奏《昭夏》。而第一、三种都是比较大的祭祀，牲当入。可见，这三种大飨礼的用乐，只有局部的不同，而《月令》季秋的“大飨帝”正属第三种，是祭礼，也是规格最高的大飨礼，《礼记·礼器》载孔子之语云：“诵诗三百，不足以一献。一献之礼，不足以大飨。大飨之礼，不足以大旅。大旅具矣，不足以飨帝。”而与孟春的祈谷、仲夏的雩帝祈雨不同，大飨帝是向上帝报功的一种仪式，因秋季为收获的季节，故“尝，牺牲告备于天子”，专有献牲之礼，《昭夏》之奏是必不可少的。

六　孟冬的大饮烝用乐

孟冬之月，有大饮烝之礼，是烝祭之后天子与群臣举行的饮食之礼。[①] 烝祭为周之宗庙四时祭之一，于冬季举行，《周礼·春官·大宗伯》："以烝冬享先王。"《大戴礼记·千乘》："方冬三月……蒸于皇祖皇考。"是祭祀祖先的礼仪。至于大饮烝，郑玄以为是"十月农功毕，天子诸侯与其群臣饮酒于太学，以正齿位，谓之大饮，别之于他，其礼亡。今天子以燕礼，郡国以乡饮酒礼代之。"[②] 不言其性质属燕礼还是飨礼，但从"别之于他"句知，"大饮"与一般的燕、饮之礼不同。[③] 《诗经·小雅·彤弓》笺云："大饮宾曰飨。"孔颖达则明确说大饮烝是飨礼，他说："言于是月之时，天子诸侯与群臣大行饮酒为飨礼，以正齿位。烝，升也。升此牲体于俎之上，故云'大饮烝'。"其礼虽隆重，但《月令》却不载其用乐之文。郑玄在注孟夏的"饮酎"礼时曾言："孟冬云大饮蒸，此言用礼乐，互其文。"是省文之故。但饮酎属燕礼，大饮烝属飨礼，两者所用礼乐有很大不同：燕礼较轻，由乐师掌之；大飨是重礼，需用钟鼓大乐，[④] 由大司乐掌之。

《诗经·豳风·七月》："十月涤场，朋酒斯飨。曰杀羔羊，跻彼公堂。称彼兕觥，万寿无疆。"郑玄以为这就是颂大饮烝之诗。公堂者，《毛传》释："学校也。"但孔颖达以为此诗所述是"序诸侯之事，是诸侯之礼"，而大饮烝是天子之礼，两者有所不同。反而是《诗经·小雅·楚茨》中详细记载了烝祭之后的宴饮用乐环节：

> 楚楚者茨，言抽其棘。自昔何为？我艺黍稷。我黍与与，我稷翼翼。我仓既盈，我庾维亿。以为酒食，以享以祀，以妥以侑，以介景福。

---

① 陈澔说此月"因烝祭而与群臣大为燕饮也"，《礼记集说》，凤凰出版社 2010 年版，第 137 页。

② 郑玄注，孔颖达疏：《礼记正义》，《十三经注疏》本，中华书局 1980 年版，第 1381 页。

③ 黄以周：《礼书通故》，中华书局 2007 年版，第 1067 页

④ 朱善撰《诗解颐》卷 2："飨盛礼也，钟鼓大乐也，彤弓重器也。行之以盛礼用之，以大乐赐之。"文渊阁《四库全书》本。

济济跄跄，絜尔牛羊，以往烝尝。或剥或亨，或肆或将。祝祭于祊，祀事孔明。先祖是皇，神保是飨。孝孙有庆，报以介福，万寿无疆。

执爨踖踖，为俎孔硕。或燔或炙。君妇莫莫，为豆孔庶。为宾为客，献酬交错。礼仪卒度，笑语卒获。神保是格，报以介福，万寿攸酢。

我孔熯矣，式礼莫愆。工祝致告：徂赉孝孙。苾芬孝祀，神嗜饮食。卜尔百福，如几如式。既齐既稷，既匡既敕。永锡尔极，时万时亿。

礼仪既备，钟鼓既戒。孝孙徂位，工祝致告：神具醉止，皇尸载起。鼓钟送尸，神保聿归。诸宰君妇，废彻不迟。诸父兄弟，备言燕私。

乐具入奏，以绥后禄。尔殽既将，莫怨具庆。既醉既饱，小大稽首：神嗜饮食，使君寿考。孔惠孔时，维其尽之。子子孙孙，勿替引之。

方东润言《楚茨》是“王者尝烝以祭宗庙”之诗。[①] 篇中大旨无非是报祭宗庙。章二“烝尝”连文，很可能指的是年终的丰收祭，即专指烝礼。[②] 全诗共分六章，首章言备祭，二、三章是正祭之初祭，四章记正祭时工祝告语，五章为既祭，卒章即祭毕的飨同姓诸侯之礼。全诗浑然一体，可视为天子岁时祭的遗存。其中颇有用乐之处，如“钟鼓既戒”，郑笺云：“戒诸在庙中者以祭礼毕。”是告成之礼；“钟鼓送尸”，《毛传》曰：“尸出入奏《肆夏》。”是将受祭之“尸”送出宗庙；“乐具入奏”，孔疏曰：“祭时在庙，燕当在寝，故言祭时之乐皆复入于寝而奏之。”则是将用乐祭祀的乐器，搬至后寝，为宴饮伴奏。不过，诗中之描述甚为简略，而且所载用乐之事，也都是即将结束时的用乐情形。[③]

---

① 方玉润：《诗经原始》，中华书局 1986 年版，第 430 页。

② 管东贵：《中国古代的丰收祭及其与“历年”的关系》，《中研院历史语言研究所集刊》第 31 本，1960 年，第 228 页。

③ “烝祭”为祭祀先王之礼，其仪式的具体情况，很多学者都做过还原，可参见刘源《商周祭祖礼研究》，商务印书馆 2007 年版，第 187—192 页；江林《〈诗经〉与宗周礼乐文明》，上海古籍出版社 2010 年版，第 49—63 页。

至于“大饮烝”之形式，可能更为盛大。故祭祀完成之后，用飨礼而不用燕礼。《诗经·小雅·彤弓》描述的是天子赐有功诸侯时行飨礼之事，其中有“彤弓弨兮，受言藏之。我有嘉宾，中心贶之。钟鼓既设，一朝飨之”之句，郑笺云：“诸侯敌王所忾而献其功，王飨礼之。”飨礼既可以是一个独立的礼典，又往往是某一巨典的组成部分。[①] 巨典之目的或许不同，但飨礼之规格形式却大致相似。其云“钟鼓既设”，正说明飨礼用乐之盛，而其奏乐之仪，也是大飨仪节的重要组成部分。《礼记·仲尼燕居》：“礼犹有九焉，大飨有四焉。……揖让而入门，入门而县兴，揖让而升堂，升堂而乐阕，下管《象》、《武》，《夏》籥序兴，陈其荐俎，序其礼乐，备其百官。”言礼之仪节有九，而大飨占其四，黄以周以为是“金一，歌二，管三，舞四”[②]，详言之，即首先迎接宾客，入门金奏《肆夏》之三，表示欢迎之情，此其一；其次，乐工堂上合唱《清庙》之诗，表示赞美之意，此其二；再次，堂下管吹《象》乐，表现武王之功业，此其三；最后则舞《大武》《大夏》，此其四。总而言之，周礼的用乐仪节是高度程式化的，只是在个别细节上有所改变而已。[③]

七　岁终的大饮用乐

季冬之月，有“命乐师大合吹而罢”之事。对于此事，向有两解：其一，岁末宴饮说，以郑玄、孔颖达、陈澔、秦蕙田等为代表，是主流意见。如郑玄注：“岁将终，与族人大饮，作乐于大寝，以缀恩也。言罢者，此用礼乐于族人最盛，后年若时乃复然也。凡用乐必有礼，用礼则有不用乐者。《王居明堂礼》：‘季冬命国为酒，以合三族，君子说，小人乐。’”其二，年终考成说，以王夫之、郭嵩焘、孙希旦等人为代表。如王夫之曰：“‘大合吹’，以考仲秋以来学子之成艺。‘罢’，岁终令休沐也。”[④] 郭嵩焘曰：“《月令》秦制，而以夏正序岁之终始。季秋入学习吹，至是乃大合吹，盖岁终考乐成，而凡祭礼、学礼之有事于乐者，于是

---

① 沈文倬：《宗周礼乐文明考论》，杭州大学出版社1999年版，第18页。

② 黄以周：《礼书通故》，中华书局2007年版，第1068页。

③ 飨礼之用乐，杨宽先生曾做过系统研究。可参见杨宽《西周史》，上海人民出版社2003年版，第762—764页。

④ 王夫之：《礼记章句》，《船山全书》第4册，岳麓书社1988年版，第449页。

焉毕，故曰‘罢’也。”[①] 孙希旦则曰：“季秋习吹，至此则合而作之，以观国子学吹之成也。此亦当天子亲往，不言者，以已于季春见之也。言‘而罢’者，以一岁学乐之事于是而终也。”[②]

持前说者，多据郑玄之义有所发挥；持后说者，多辟郑玄之义有所反驳。其实，还是以郑说更为圆融贯通。郑说立论，所据为《王居明堂礼》，王应麟以为此书属孔壁古文《礼》三十九篇之一，因郑玄未做注而散佚，现虽存“寂寥片言，断圭碎璧，犹可宝也”。[③] 从《仪礼逸经》所辑的数条佚文来看，《王居明堂礼》的内容与《月令》相似。[④] 郑玄得窥其书全豹，取之入注，应该是有根据的。而孙希旦虽承认《王居明堂礼》所载“合三族”宴饮之礼的真实性，却不承认其与“合吹”事有关。[⑤] 但若从其说，是一年学乐之事将终，则最应由大司乐主之，而不是应由其副手乐师负责。由乐师负责者，是因“王与族人燕于大寝，其事轻，故命乐师”[⑥]。即负责燕礼的用乐。

当然，命乐师“大合吹”是年终的最后一次用乐，故言“罢”。而用乐之时，必行礼。再结合《文王世子》“凡大合乐，必遂养老”之言，可知“大合吹”之举行，可能也是为了养老，《王居明堂礼》所云“合三族”，其实就有养老的意图在内。据孔颖达疏可知，三族即“父、子及身”，是三代人。在乡饮酒礼中，有尚齿之习俗，《射义》云：“乡饮酒之礼，所以明长幼之序也。”就是明证。《月令》所载，是天子宴饮同族，其仪式肯定比乡饮酒礼更为隆重。《诗经·小雅·宾之初筵》言：“籥舞笙鼓，乐既和奏。”毛传：“秉籥而舞，与笙鼓相应也。”恐怕就是燕礼过程中的“大合吹”。

综上所述，《月令》之命乐官，多据典礼言之，如孟春、仲春习舞为释菜礼先圣先师，仲春、季春大合乐是天子视学养老；另外，孟夏饮酎、

① 郭嵩焘：《礼记质疑》，岳麓书社1992年版，第207页。

② 孙希旦：《礼记集解》，中华书局1989年版，第502页。

③ 王应麟：《困学纪闻（全校本）》，上海古籍出版社2008年版，第572页。

④ 吴澄：《仪礼逸经》，纳兰性德辑《通志堂经解》第14册，江苏广陵古籍刻印社1996年版，第232—233页。

⑤ 孙希旦：《礼记集解》，中华书局1989年版，第502页。

⑥ 郑玄注，孔颖达疏：《礼记·月令》，《十三经注疏》本，中华书局1980年版，第1384页。

仲夏大雩帝、季秋大飨帝、孟冬大饮烝、季的大饮，都有用礼乐之处。而在这些典礼中，负责乐政的乐官，一为大司乐，一为乐师，视典礼之大小而不同。亦符合《周礼》中大司乐掌乐之大者，乐师掌乐之小者的记载。

第三节　“籥章”与先周诗乐中的岁时结构

在《周礼》的乐官系统中，有一类职官比较特殊，即籥章。据《叙官》载，籥章共有中士二人，下士四人，下属则有府一人，史一人，胥二人，徒二十人。其具体职责为：

> 籥章掌土鼓、豳籥。中春，昼击土鼓，吹《豳诗》，以逆暑。中秋，夜迎寒亦如之。凡国祈年于田祖，吹《豳雅》，击土鼓，以乐田畯。国祭蜡，则吹《豳颂》，击土鼓，以息老物。

之所以说此官特殊，一是，从职官设置上而言，《周礼》在籥章之前，已有籥师之设，两官既同以“籥”为职掌，为何不一官而兼二职，以避免造成公共资源的浪费？二是，从文化职能上而言，籥章负责吹《豳诗》《豳雅》《豳颂》。而现存《诗经》之中，只有《豳风》，而无《豳雅》《豳颂》，这又是为何？下面即从“籥章”一职入手，在解答上述问题的基础上，探讨先周诗乐体系的形成过程和时间结构。

一　先周乐官的遗留

在《周礼》所载乐官之中，有两官因“籥”为名：一是籥师，一是籥章。如果单从名称来看，因一器而设两官，势必造成资源的浪费。但若仔细考察两官职掌，会发现籥师可能是周公制礼作乐的产物，专门负责国子的文舞之教，在西周的雅乐教育中占有重要地位。而籥章则不然，他是先周乐官在周代乐官体系中的遗留，是具有部族特色的职官。这说明，周代的乐官设置，既讲究因事制宜，注重时代的需要；也寻求部族特色，重视传统的延续。

前文已论，西周在立国之初，曾进行过一番乐制改革。其主要成就，即在广泛借鉴夏、商两代的乐制的基础上，整合六代之乐，形成了蔚为大观的雅乐文化。仅就乐官方面而言，西周完成了从以“籥人”为主乐官，到以“瞽矇”为主乐官的体制整改，这主要是借鉴殷商乐制的结果。但与此同时，周初统治者也并未抛弃本民族的特色，这就表现在对“籥章”一职的设置上。

“籥章”之名，据郑玄注，是取“吹籥以为诗章”之义。但因所掌是“野乐之土鼓豳籥，与常乐不同，故冢籥师而次之”①。所谓“土鼓豳籥”，是来自豳地之传统乐器。其来源，有远源和近源之分。

远源是“伊耆氏之乐”的创制，《礼记·明堂位》：“土鼓、蒉桴、苇籥，伊耆氏之乐也。”郑玄注：“伊耆氏，古天子之有天下之号也。今有姓伊耆氏者。”并未指明是哪一古天子。然郑玄在注《郊特牲》时，又提出另一种说法，即“或云即帝尧是也”。这也是有依据的，《帝王世纪》：“帝尧陶唐氏，伊祁姓也。……或从母姓伊耆氏。”考“籥章”所掌二器，都与帝尧有关。先言“土鼓”，郑玄注引杜子春语云：“土鼓，以瓦为匡，以革为两面，可击也。”《吕氏春秋·古乐》则载：“帝尧立，乃命质为乐。质乃效山林溪谷之音以歌，乃以麋輅冒缶而鼓之。”据孙诒让的解释，“麋輅冒缶”即以瓦为匡，以革为面也。② 《说文·缶部》也云：“缶，瓦器。”而土、瓦又可互训，《国语·周语下》提到“八音”时，言：“匏以宣之，瓦以赞之。”就以瓦代土。而且，这在考古学上，也可以找到旁证，山西襄汾县的陶寺遗址，被学界视为“尧都”，其中曾出土过六件“异形陶器”，据学者研究，这即是传说中的“土鼓”③。这说明，土鼓之制，很可能源自尧时。

再言“豳籥”，《礼记·明堂位》则记为“苇籥”，稍有不同。郑玄注先引郑司农语云：“豳籥，豳国之地竹，豳诗亦如之。”认为“豳籥”以竹为之，与“苇籥”不同；后又自释云：“玄谓豳籥，豳人吹籥之声章，《明堂位》：‘土鼓、蒯桴、苇籥，伊耆氏之乐。’”以豳籥是“依放豳人所吹苇籥之声章，以吹《诗》雅、颂之等，盖苇籥与笙师竹籥声自不同，以豳人习吹此籥，故即谓之豳籥”④。明显不赞成先郑之说，以为“豳籥”即“苇籥”。对此，马瑞辰则对两说加以调和，认为：“籥章以掌

---

① 孙诒让：《周礼正义》，中华书局 1987 年版，第 1279 页。

② 同上书，第 1906 页。

③ 牛龙菲：《有关新石器时代的彩陶细腰鼓资料》，《音乐研究》1987 年第 1 期。

④ 孙诒让：《周礼正义》，中华书局 1987 年版，第 1906 页。

籥为专司，故首言豳籥。先郑谓‘豳籥，豳国之地竹’，其说非也。《礼记·明堂位》：‘土鼓、苇籥，伊耆氏之乐也。’盖籥后世始用竹，伊耆氏止以苇为之，豳籥即苇籥也。”[①] 马氏意识到“豳籥”与“苇籥”之间的关联，是有见识的。但对两者间具体联系的解释，却是有问题的。因为“豳籥”是以地望为名，“苇籥”则是以材质为名。其实，若细考之，“苇籥”与“豳籥”，在地缘上也是有联系的。

一般以为，伊耆氏之部落所在地，也即尧之部落所在地，在晋地。古籍中多有“尧都平阳”的说法，如司马彪《续汉书·郡国志》就云：“平阳，侯国，有铁，尧都此。”皇甫谧《帝王世纪》也载：“尧都平阳，于《诗》为唐国。”平阳或即今之临汾。而豳地者，多以为是在陕西境内，如《汉书·地理志》载右扶风下栒邑“有豳乡。《诗》豳国，公刘所邑”。若据此，则“苇籥”之产地与“豳籥”之产地，一在晋地，一在秦地，自不相涉，与我们的推断是相抵牾的。不过，据钱穆先生考证，早期周部族的迁徙，并未出过晋地，直到古公亶父时，始迁往秦地。而公刘所迁之豳地，也在晋地，其举证甚多，如“豳字本作邠，因临汾水为邑而名”、“邠在河东临汾古水之滨，公亶父居之，称古公”等等，[②] 很有道理。故“豳籥”之产地，也在临汾附近。这不但证明了籥章所掌之器，是源自伊耆氏之乐。同时，也为伊耆氏就是帝尧提供了证据。当然，“豳籥”对“苇籥”的继承，也不是一成不变的，在材质上可能是由苇制改为了竹制。

近源则与“公刘迁豳”有关。公刘迁豳，是先周发展史上的大事。一方面，周人迁徙，是出于发展农业的需要。周部族发展，是与农业息息相关的。其先祖后稷，曾官农师，“以服事虞、夏。及夏之衰也，弃稷不务，我先王不窋用失其官，而自窜于戎、狄之间”[③]。而公刘迁都到豳地的目的，有发展农业、变于西戎、避夏桀之乱三说。据杨宽先生考证，当以发展农业说更为可信。其依据：一是《史记·周本纪》所载：“公刘虽在戎狄之间，复修后稷之业，务耕种，行地宜。”二是《大雅·公刘》所

---

① 马瑞辰：《毛诗传笺通释》，中华书局1989年版，第14页。

② 钱穆：《周初地理考》，《古史地理论丛》，生活·读书·新知三联书店2004年版，第3—76页。

③ 上海师范大学古籍整理组校点：《国语》，上海古籍出版社1978年版，第2—3页。

述迁都之事，从容不迫，无丝毫避乱的样子。[①] 另一方面，公刘在周部族的早期世系中，是第一个称“公”的。这说明，他可能是周部族中第一个建立国家的人，而且从《大雅·公刘》“于京斯依”、“于豳斯馆”等的说法，可知，公刘是比较有计划地营建了国都。[②] 可以说，公刘迁都为周部族的兴盛奠定了根基，故《周本纪》谓“周道之兴自此始”是也。

公刘之后至古公亶父再迁于岐山脚下，共有十代君主都居于豳地，称为豳公。可见，豳地是周部族的重要发源地之一。很可能在公刘迁豳以后，为发展农业的需要，继承了豳地的风俗，通过演奏豳籥、土鼓的方式，进行各种祭祀活动，如“籥章”之职中的“逆暑”、“迎寒”与节气有关，而祈年田祖和举行蜡祭，也都是农业社会的重要活动。当然，籥章的具体职掌是西周之事，但从其掌“豳籥”、奏《豳诗》等事，也可以说明这一传统是来自豳地。

即便古公亶父迁到周原之后，仍然延续了这一传统。《史记·匈奴列传》载：“戎狄攻大王亶父，亶父亡走岐下，而豳人悉从亶父而邑焉，作周。”豳人既然跟随古公亶父迁往岐下，肯定也将豳地的风俗带了过去。更为重要的是，他们还将籥发展为本部族最重要的演奏乐器，并扩大了其职能。《逸周书·世俘篇》载武王克商返周后，曾举行过一系列典礼，其中有用乐之事，籥就是作为主奏乐器存在的。这至少说明，在周公制礼作乐之前，周部族所使用的乐器类型都没有太大的改变。

故周人统一天下之后，仍然十分怀念建国于豳的这段时期。为了表示对农业的重视和对传统的尊重，周人在国家建制和文化建构中，也对豳地的传统进行延续。前者即乐官中籥章一职的设置，后者则《诗经》中《豳风》的保留。籥章之设，目的在于“重民事而崇祖德也”[③]，《豳风》之留，“言农桑衣食之本甚备”[④]，可使周之统治者知稼穑之艰难和王业之奠基。

---

① 杨宽：《西周史》，上海人民出版社 2003 年版，第 29 页。

② 同上书，第 33—37 页。

③ 程廷祚：《青溪集》，黄山书社 2004 年版，第 26 页。

④ 《汉书·地理志下》：“昔后稷封斄，公刘处豳，大王徙岐，文王作酆，武王治镐，其民有先王遗风，好稼穑，务本业，故《豳诗》言农桑衣食之本甚备。”

二　《豳风·七月》与《豳诗》《豳雅》《豳颂》

如果说土鼓、豳籥为籥章所掌之乐器，那么《豳诗》、《豳雅》和《豳颂》就是籥章所掌之乐曲。乐器是有形之物，从考古到文献，均可加以考索，还好还原。乐曲则是无形之声，除歌辞之外，其他均已不见，故难探研。单从《周礼》“击土鼓，吹《豳诗》”等的记载看，当是仅就曲调而言。而又分其为《豳诗》《豳雅》《豳颂》，当指不同的曲调。

然对三者之歌辞，自汉代开始，众说纷纭，需要重新加以清理。前言今本《诗经》，有《豳风》之遗留，考其所存诸诗，唯《七月》与稼穑之事有关，故一般以为，《豳诗》《豳雅》《豳颂》之辞，与今本《诗经·豳风·七月》有关。

最早对其进行解释的，是郑玄。他曾提出《七月》“一诗三体说”。其说一见于《周礼·春官·籥章》注，如言《豳诗》是“《豳风·七月》也。吹之者，以籥为之声，《七月》言寒暑之事，迎气歌其类也。此《风》也”,《豳雅》“亦《七月》也。《七月》又有‘于耜’、‘举趾’、‘馌彼南亩’之事，是亦歌其类。谓之‘雅’者，以其言男女之正”,《豳颂》“亦《七月》也。《七月》又有‘获稻’、‘作酒’、‘跻彼公堂，称彼兕觥，万寿无疆’之事，是亦歌其类也。谓之颂者，以其言岁终人功之成。”又见于《诗经·豳风·七月》笺，其于“女心伤悲，殆及公子同归”句下注云：“春女感阳气而思男，秋士感阴气而思女，是其物化，所以悲也。悲则始有与公子同归之志，欲嫁焉。女感事苦而生此志，是谓《豳风》。”于“为此春酒，以介眉寿”句下注云：“既以郁下及枣助男功，又获稻而酿酒以助其养老之具，是谓《豳雅》。”于“跻彼公堂，称彼兕觥，万寿无疆”句下注云：“饮酒既乐，欲大寿无竟，是谓《豳颂》。”此说备受后人诟病，如方玉润就曾反问过：“天下岂有此文义，亦岂有此‘籥章’?”[①] 然后人之众多解释，也因文献的缺失，流于臆测。[②]

其实，郑玄之两说有同有不同，而其不同之处，也证明了有强为之解的痕迹。但之所以如此，是与《七月》一诗的特殊情况有关。据《毛诗

---

① 方玉润：《诗经原始》，中华书局 1986 年版，第 306 页。

② 各种说法有十几种之多，可参见冯浩菲《历代诗经论说述评》，中华书局 2003 年版，第 345—353 页。

序》：“七月，陈王业也。周公遭变，故陈后稷先公风化之所由，致王业之艰难也。”以为是周公所作。然据方玉润言：“《豳》仅《七月》一篇，所言皆农桑稼穑之事。非躬亲陇亩久于其道者，不能言之亲切有味也如是。周公生长世胄，位居冢宰，岂暇为此？且公刘世远，亦难代言。此必古有其诗，自公始陈王前，俾知稼穑艰难并王业所自始，而后人遂以为公作也。”[①] 后人言为周公所作，固然不妥；方氏说“古有其诗”，怕也需要商榷。很明显，《七月》一诗是累积创作而成，经过了长期的流传。

之所以这样说，是因为：首先，从内容上看，《七月》一诗中兼有夏周风俗。这点已有学者指出，如夏人称“年”为“岁”，《尔雅·释天》：“载，岁也。夏曰岁，商曰祀，周曰年。”《七月》多有“无衣无褐，何以卒岁”、“嗟我妇子，曰为改岁”等说；又如夏人颜色尚黑，《礼记·檀弓上》就提到“夏后氏尚黑”、“殷人尚白”、“周人尚赤”，《七月》则有“八月载绩，载玄载黄，我朱孔阳，为公子裳”句，由此可知，服色上的尚“玄”尚“黄”是夏人风俗的遗留，尚“朱”则是周人自己的习俗。[②]

其次，从历法上看，《七月》亦兼用夏正和周正。对此，清人俞樾曾论之曰：

> 一之日、二之日、三之日、四之日，以周正纪数也。四月、五月、六月、七月、八月、九月、十月，以夏正纪数也。公刘徙豳，当有夏中叶，则其俗必循用夏正。周公作诗，陈后稷先公风化之所由，故即本豳人之俗以立言，篇名《七月》，其曰“七月流火，九月授衣”，皆夏正也。至夏正之十一月，在周为正月，周公在周言周，故变其文曰“一之日”，以周正纪数，而又不与豳俗之用夏正者相混而无别，正古人立言之善也。既曰“一之日”，遂继之曰“二之日”，

---

① 方玉润：《诗经原始》，中华书局 1986 年版，第 303—304 页。

② 参见赵逵夫《艰辛四季唱衣食：读〈豳风·七月〉》，《古典文学知识》2012 年第 4 期。

便于文也。[①]

尽管后人对此说还有疑问，但相对而言，此说还是比较折中的，故为多数学者所遵从。其实，《七月》兼用夏正和周正，除了行文方便因素外，还是一种特殊的诗体结构，即“兴句”用夏正，正文用周正，前者目的在于引述，后者目的在于创作。而这种混合型的创作，恰恰体现了《七月》累积性创作的特点，具有口传文本的特征。

那么，《七月》诗中为什么会存有夏俗和使用夏正呢？这可能一方面与后稷曾“服事虞、夏”有关。另一方面则与周人居夏之故地有关，说“豳地”是夏之故地，在文献中是可以找到证据的，如《左传·哀公六年》引《夏书》曰：“惟彼陶唐，帅彼天常，有此冀方。”杜预注曰：“唐虞及夏同都冀州。”又如《左传·定公四年》：“分唐叔以大路……而封于夏虚，启以夏政，疆以戎索。”此类证据还有很多，就不一一列举了。[②]则夏虚在晋南之地，与豳地重合，应该是没有什么问题的。只不过后来，夏人又迁往了今河南而已。

最后，从行文上看，《七月》中还有大量“成语”、“成句”。所谓“成语”、“成句”，是指《诗经》中重复出现的、具有时代意义的语句。“成语”如篇末的“万寿无疆”，就是仪式中常见的“嘏词”；[③]“成句”则如“同我妇子，馌彼南亩，田畯至喜”，也在很多农事诗中就重复出现，如《小雅·甫田》：

曾孙来止，以其妇子，馌彼南亩，田畯至喜。

又如《小雅·大田》：

曾孙来止，以其妇子，馌彼南亩，田畯至喜。

---

① 俞樾：《群经平议》卷9，《续修四库全书》第178册，上海古籍出版社2002年版，第147—148页。

② 可参见李民《释〈尚书〉“周人尊夏”说》，《中国史研究》1982年第2期。

③ 张玖青、曹建国：《〈七月〉作年新论》，《河南师范大学学报》2011年第3期。

以致有人认为《大田》《甫田》就是《豳雅》的一部分，[①] 然此说不确，因为《甫田》载“琴瑟击鼓，以御田祖，以祈甘雨”，其乐器为“琴瑟击鼓”，与籥章单纯的吹“豳籥”、击“土鼓”不符。所以，更合理的解释是，《大田》《甫田》等诗可能是受《豳雅》的影响而创作的农事诗。

由此可知，《七月》一诗，很可能就是周公整合了《豳诗》《豳雅》《豳颂》的材料，而重新创作的一首长诗。那么，这里的《豳诗》《豳雅》《豳颂》，是什么类型的诗呢？论者或以为，即豳公时代所创作的，一些分别供迎寒暑、祈年、蜡祭之用的短篇小诗，这些诗篇在豳国乃至在古公亶父时代的岐周之地长期沿用。[②] 后《七月》被创作出来，就因被替代而佚失。故《豳诗》《豳雅》《豳颂》里的某些内容，仍可见于《七月》之中。所以，从这个角度理解，郑玄的“一诗三体”说，还是有一定的可信性。正如清人牛震运说《七月》是“一诗而备三体，又一诗中而藏无数小诗，真绝大结构也”[③]。

不过，《七月》之曲调，却与《豳诗》《豳雅》《豳颂》不同。乐官在整理诗篇时，将《七月》系之《豳风》，不过《豳风》已非传统意义上的豳乐了。《左传·襄公二十九年》载季札观乐，使“工为之歌”，当听完《豳风》后评道：“美哉，荡乎！乐而不淫，其周公之东乎！”这里的《豳风》是由瞽矇等乐工歌之，其曲调也可与其他各国之风相提并论，所以季札并未另类视之。但若细考《豳诗》《豳雅》《豳颂》之曲调，是通过籥章的保存，才流传下来。清人程廷祚即言：“籥章之设，所掌者土鼓、豳籥其器，他乐所不用也；所责成者以籥，为诗而用之。春秋迎气，与夫农功祈报之际，其职不与群乐师相通也。盖以一官主一事，而其意则深远矣。”[④] 故从乐官职掌角度而言，籥章不与其他乐官联事；从乐器伴奏角度而言，只有豳籥和土鼓。无怪乎孙诒让说籥章所掌为“野乐”，

---

① 朱熹曾提到先儒对《豳诗》《豳雅》《豳颂》的不同说解，其中“一说谓《楚茨》、《大田》、《甫田》是豳之《雅》，《噫嘻》、《载芟》、《丰年》诸篇是豳之《颂》，谓其言田之事如《七月》也”。黎靖德编：《朱子语类》第6册，中华书局1986年版，第2112页。

② 冯浩菲：《历代诗经论说述评》，中华书局2003年版，第351页。

③ 牛震运：《诗运》，道光间重订空山堂刊本。

④ 程廷祚：《青溪集》，黄山书社2004年版，第26页。

“其乐器亦与大师、典庸器所掌异”①。可见，这些曲调依然延续着先周豳地的质朴色彩。

三　《七月》的“月令”性质与篇章的仪式职能

闻一多曾说《七月》是“一篇韵语的《夏小正》或《月令》”。② 这话是有一定道理的。通观《七月》所述各月物候、农事及典礼等，就与《夏小正》和《月令》多有暗合之处。这是因为，三者产生自相同的文化土壤，这表现在：其一，三者之间有着共同的渊源，就是对伊耆氏（帝尧）时历法的继承。据《尚书·尧典》记载，帝尧对上古文明的一大贡献，即“乃命羲和，钦若昊天，历象日月星辰，敬授人时”。这一记载是有根据的，在陶寺遗址就发现了世界上最早的天文观象台。这表明，最晚在帝尧时期，已具备了专业的观测人员和天学机构。《夏小正》《月令》等文献的编纂，可能就来自对这些观测数据的汇集。《夏小正》为夏时文献，已为多数学者所认同；《月令》亦是晋学的产物，也由杨宽先生所指出；③《七月》一诗虽是整合众多先周的短篇小诗，但其产生的文化土壤，仍是晋南的豳地。所以说，这些文献都产生自相同的地域。其二，三者之间还存在一定的承继关系。《夏小正》和《月令》是对夏历的不同发展形态，《夏小正》是早期形态，《月令》则是其发展形态。④《七月》虽是一种特殊形态的岁时文献，但其对夏历物候也多有继承。需要指出的是，周时为表明正朔，以建子为岁首，与夏历的建寅不同。但在众多典礼仪式中，却仍然继续使用着夏历。《逸周书·周月篇》载：“夏数得天，百王所同。……亦越我周王，致伐于商，改正异械，以垂三统。至于敬授民时，巡狩祭享，犹自夏焉。”因为夏历是最为符合天数的，所以被百王所共用，至周犹是如此。

为了显示《七月》的月令性质，特列表如下，并探讨其与《夏小正》《月令》的承继关系。

---

① 孙诒让：《周礼正义》，中华书局 1987 年版，第 1905 页。

② 闻一多：《神话与诗》，上海人民出版社 2006 年版，第 151 页。

③ 杨宽：《月令考》，《杨宽古史论文选集》，上海人民出版社 2003 年版，第 463—510 页。

④ 《后汉书·鲁恭传》载鲁恭之言曰：“《月令》，周世所造，而所据皆夏之时也，其变者唯正朔、服色、牺牲、徽号、器械而已。”

月份（夏历）	物候变化	农事活动	祭事典礼	备注
正月（三之日）		修理农具（于耜）；储冰（纳于凌阴）		《夏小正》载正月“农纬厥耒”
二月（四之日）	春日载阳，有鸣仓庚；柔桑	下田（举趾）；采桑（女执懿筐，遵彼微行，爰求柔桑）；采蘩（春日迟迟，采蘩祁祁。女心伤悲，殆及公子同归）	祭祀田祖（同我妇子，馌彼南亩，田畯至喜）；其蚤（献羔祭韭）	《夏小正》载二月“往耰黍。……初俊羔。……绥多女士。……采蘩。……有鸣仓庚”。《月令》载仲春：“仓庚鸣。……天子乃鲜羔开冰，先荐宗庙。”
三月（蚕月）	条桑；远扬	采桑（蚕月条桑，取彼斧斨，以伐远扬，猗彼女桑）		《夏小正》载三月：“摄桑……妾子始蚕。”《月令》载季春：“后妃齐戒，亲东乡躬桑。……以劝蚕事。”
四月	秀葽			《夏小正》载四月：“秀幽。”《月令》载孟夏：“苦菜秀。”
五月	鸣蜩；斯螽动股			《夏小正》载五月：“良蜩鸣。”
六月	莎鸡振羽	食郁及薁		
七月	流火；鸣鵙；（蟋蟀）在野	亨葵及菽、食瓜		
八月	萑苇；（蟋蟀）在宇	载绩（为公子裳）、其获、剥枣、断壶		《夏小正》载八月：“玄校，剥枣。”玄校即是染帛，与“载绩”同
九月	（蟋蟀）在户；肃霜	叔（拾）苴，采荼薪樗；筑场圃	授衣	《夏小正》载九月：“王始裘。”即授衣也

续表

月份（夏历）	物候变化	农事活动	祭事典礼	备注
十月	陨萚；蟋蟀入我床下；涤场	熏鼠塞户（穹窒熏鼠，塞向墐户）；获稻（为此春酒，以介眉寿）；纳禾稼（黍稷重穋，禾麻菽麦）；服役等（上入执宫功，昼尔于茅，宵尔索绹，亟其乘屋，其始播百谷）	改岁；朋酒斯飨，曰杀羔羊，跻彼公堂，称彼兕觥，万寿无疆	
十一月（一之日）	觱发	于貉（取彼狐狸，为公子裘）		
十二月（二之日）	栗烈（无衣无褐，何以卒岁）	田猎（载缵武功。言私其豵，献豜于公）；凿冰（凿冰冲冲）		《月令》载季冬："冰方盛，水泽腹坚，命取冰，冰以入。"

在此基础上，我们还可探讨籥章的仪式职能。在众乐官中，籥章"以时顺修"的职业特点最为明显，其参加的典礼仪式主要有三种，即迎寒暑、祈年和祭蜡。这些职责，亦多见于《七月》一诗中，下面试论之：

第一，迎寒暑。

关于迎寒暑，《周礼·春官·籥章》记为："中春，昼击土鼓，吹《豳诗》，以逆暑。中秋，夜迎寒亦如之。"如果仅从文献上理解，迎寒暑应该包括两部分：逆暑和迎寒。逆暑者，于中春白昼举行；迎寒者，于中秋夜晚举行。除了时间上的不同外，两者在仪式上差别似乎并不大。

不过，事实是否真是如此呢？汉人高诱曾提出另一种理解方式，他在为《吕氏春秋·季冬纪》作注时，曾引证《周礼》之文，认为"举春、秋，省文也，则冬、夏可知"。高诱的理解是正确的。考周之文献，除迎寒暑外，还有祭寒暑之事，《礼记·祭法》云："相近于坎坛，祭寒暑也。"祭寒暑在冬夏两季，《逸周书·尝麦篇》载："维四年孟夏……是月，士师乃命太宗序于天时，祠大暑。"是孟夏有祭暑之事。冬亦有祭寒之事，《左传·昭公四年》载鲁大夫申丰论及雹灾时，提到先秦的冰政：

> 古者日在北陆而藏冰，西陆朝觌而出之。其藏冰也，深山穷谷，固阴冱寒，于是乎取之。其出之也，朝之禄位，宾、食、丧、祭，于是乎用之。其藏之也，黑牡、秬黍以享司寒。其出之也，桃弧棘矢，以除其灾。其出入也时。食肉之禄，冰皆与焉。大夫命妇，丧浴用冰。祭寒而藏之，献羔而启之，公始用之，火出而毕赋，自命夫命妇至于老疾，无不受冰。山人取之，县人传之，舆人纳之，隶人藏之。夫冰以风壮，而以风出。其藏之也周，其用之也遍，则冬无愆阳，夏无伏阴，春无凄风，秋无苦雨，雷出不震，无灾霜雹，疠疾不降，民不夭札。今藏川池之冰弃而不用，风不越而杀，雷不发而震。雹之为灾，谁能御之？《七月》之卒章，藏冰之道也。

藏冰期间，有享司寒之事。藏冰之日期，是“日在北陆”之时，据杜预注，是夏正十二月，各家也无异议，合于《七月》所言“二之日凿冰冲冲”。

除此之外，申丰所论还可以提供一种启示，即迎祭寒暑可能均与周之冰政有关，这可从对开冰、用冰日期的讨论切入。据申丰所说，开冰在“西陆朝觌”时。对此，各家有不同的解释：服虔以为在夏历二月，杜预以为在夏历三月，而杨伯峻先生则认为“其时应是清明、谷雨，当夏正四月。然据《豳风·七月》及下文，似二月即开冰窖，此乃惟君王如此。若他人用冰，则三、四月移藏于冰窖”①。当以杨先生解释为是。盖自中春至孟夏，皆有用冰、颁冰之事：中春为开冰，如《七月》云“四之日其蚤，献羔祭韭”，也即《礼记·月令》所载仲春“天子乃鲜羔开冰，先荐宗庙”；季春始颁冰，《大戴礼记·夏小正》载三月“颁冰。颁冰也者，分冰以授大夫也”；夏亦颁冰，《周礼·天官》载凌人“掌冰正”，其中有“夏颁冰，掌事。秋，刷”之职，则一年四季均有冰政之事。中春逆暑与献羔开冰在同一月份，肯定不是巧合；另外，孟夏祠大暑与夏颁冰，中秋迎寒与秋日刷除冰室，季冬藏冰与祭司寒，恐怕也都是相互关联的。所以，迎祭寒暑可能均与藏冰、用冰之事有关。

这一推论，还可从祭祀用牲上得到证实，即寒暑之祭皆以用羔羊为牲。中春开冰，需献羔祭韭，上文已论；夏之祭暑，也用羔羊，《大戴礼

---

① 杨伯峻：《春秋左传注》，中华书局1981年版，第1248—1249页。

记·夏小正》即载："夏有暑祭，祭也者用羔。"① 中春迎寒，与中春逆暑仪节同，故也是用羔。季冬祭司寒，据《左传》是"黑牡、秬黍"以享之，《礼记·月令》孔疏就以为"黑牡则黑羔"。

故由此可知，籥章迎寒暑所吹之《豳诗》，其内容非如郑玄所说的《七月》中的"女心伤悲，殆及公子同归"之类，当与其卒章"二之日凿冰冲冲，三之日纳于凌阴。四之日其蚤，献羔祭韭"有关。因为在古人看来，藏冰之道除了作为日常典礼使用外，还可以燮理阴阳，调节气候，申丰雹灾之论，就是明证。朱熹《诗集传》引胡氏言也曰："藏冰开冰，亦圣人辅相燮调之一事耳。"又引苏氏言曰："古者藏冰发冰，以节阳气之盛。夫阳气之在天地，譬犹火之著于物也，故常有以解之。十二月阳气蕴伏，锢而未发，其盛在下，则纳冰于地中。至于二月四阳作，蛰虫起，阳始用事，则亦始启冰而庙荐之。至于四月，阳气毕达，阴气将绝，则冰于是大发。"② 故以"藏冰之道"迎寒暑，不为无据。

第二，祈年。

关于祈年，《周礼·春官·籥章》记为："凡国祈年于田祖，吹《豳雅》，击土鼓，以乐田畯。"由籥章负责祈年于田祖的奏乐活动。要了解这一活动，需要先梳理以下几个关键问题：其一，祈年之礼为何？祈年之礼，有"祈丰年"和"祈来年"之区别。"祈丰年"者，多在春日举行，如《月令》所载孟春之月，"天子乃以元日祈谷于上帝。乃择元辰，天子亲载耒耜，措之参保介之御间，帅三公、九卿、诸侯、大夫躬耕帝藉"，仲春之月，又有"择元日，命民社"。对此，孙希旦解释说："岁事莫重于农，故孟春即祈之于上帝，仲春又祈之于社稷。先上帝，次社稷，尊卑之序也。"③"祈来年"者，则于冬日，如《月令》载孟冬之月，"天子乃祈来年于天宗，大割祠于公社及门闾，腊先祖、五祀，劳民以休息之。"则此之"祈来年"与"腊祭"有关。《七月》诗云："三之日于耜，四之日举趾。同我妇子，馌彼南亩，田畯至喜。"也是祈丰年之礼，因为这是

---

① "暑"或为"煮"，各家校本不同，今据戴震校本而言。黄怀信等：《大戴礼记汇校集注》，三秦出版社 2005 年版，第 191 页。

② 朱熹：《诗集传》，凤凰出版社 2007 年版，第 107—108 页。

③ 孙希旦：《礼记集解》，中华书局 1989 年版，第 415 页。

对孟春、仲春两月将要耕种之前所举行的“馌礼”的记载。[①] 其与《月令》的区别在于：《月令》放眼于全国，属天子之礼；《七月》则是立足一隅的豳地礼俗的遗留。故《月令》是祈丰年于上帝，《七月》是祈丰年于田祖，存在着规格上的不同。

其二，祈丰年之举行地点、时间为何？其地点，据文献记载，一在于郊，如《左传·襄公七年》：“夫郊祀后稷，以祈农事也。是故启蛰而郊，郊而后耕。”一在于社，即《月令》仲春之“民社”，《诗经·大雅·云汉》云：“祈年孔夙，方社不莫。”是祈年于社的证据。然籥章所掌“祈年于田祖”者，当指后者而言，依据即《诗经·小雅·甫田》所云：“以我齐明，与我牺羊，以社以方。我田既臧，农夫之庆。琴瑟击鼓，以御田祖，以祈甘雨，以介我稷黍，以谷我士女。”则“以社以方”与“以御田祖”相应。地点确定之后，其时间亦可知了，《月令》记“命民社”在仲春，孙诒让亦认为“祈年田祖当即在春社之时”[②]。

其三，田祖、田畯为何人？关于田祖、田畯的说法有很多种。其中，关于田祖，有叔均说、先啬说、神农说、社神说、后土说等不同。[③] 我们以为，将“田祖”指实为某人，意见自然难以统一。但如果从田祖“始耕田”的角度去了解，则各家又有共通之处，如《山海经·大荒西经》载：“叔均是代其父及稷播百谷，始作耕。”《甫田》毛传认为：“田祖，先啬也。”先啬者，孔疏说是取“先为稼穑”之义；郑玄注《籥章》经文认为：“田祖，始耕田者，谓神农也。”则从来源上讲，田祖是始耕田者；而社神、后土之说，见《风俗通义·祀典》：

> 《孝经》说：“社者，土地之主，土地广博，不可遍敬，故封土以为社而祀之，报功也。”《周礼》说：“二十五家置一社。”但为田祖报求。《诗》云：“乃立冢土。”又曰：“以御田祖，以祈甘雨。”谨按：《春秋》左氏传曰：“共工氏有子曰句龙佐颛顼，能平九土，为后土，故封为上公，祀以为社，非地祇。”

① 关于“馌礼”之义，可参见姚小鸥《田畯农神考》，《诗经三颂与先秦礼乐文化》，北京广播学院出版社2000年版，第225—226页。

② 孙诒让：《周礼正义》，中华书局1987年版，第1913页。

③ 李白：《“田祖”、“田畯”考》，《学术交流》2009年第10期。

其实，这里也并未明言社神、后土为田祖，只是说在社中祭祀田祖。《周礼·大司徒》郑玄注也云：“田主，田神，后土、田正之所依也。诗人谓之田祖。”故从神格上言，田祖即田神，为社中所祭祀之田主。故田神可能非一，凡较早对农业有所贡献者，皆有作为田神的资格。

关于田畯，有田官说和田神说的不同。田官说，如《七月》毛传言：“田畯，田大夫也。”后人多有从者；农神说，如宋人王质《诗总闻·甫田》注云：“田畯恐亦是田神，若是田官，不当与大神同飨。”今人姚小鸥先生详细考证两说，认为后说更为合理。① 若真是如此，田畯与田祖既同为田神，其差别在哪？贾公彦疏《籥章》经文言：“此田祖与田畯所祈当同日，但位别礼殊，乐则同，故连言之也。”虽言其“位别礼殊”，但位别在哪？礼殊在哪？却没有明言。我们以为，田畯当为“始教田”者，如《籥章》郑玄注引郑司农就说：“田畯，古之先教田者。”即便是那些将田畯视为田官者，也认为是教田之官，如《说文》：“畯，农夫也。”段玉裁注云：“田畯教田之时，则亲而尊之，《诗》三言‘田畯至喜’是也。死而为神则祭之，《周礼》之‘乐田畯’、‘大蜡飨农’是也。”

故田祖为“始耕田”者，田畯为“始教田”者，因两者对农业的发展贡献很大，故都被作为田神祭祀。其祭祀在春社之时，用乐则以籥章吹《豳雅》，击土鼓为主，目的在于祈求丰年。

第三，祭蜡。

关于祭蜡，《周礼·春官·籥章》记为：“国祭蜡，则吹《豳颂》，击土鼓，以息老物。”说明籥章还负责祭蜡时的奏乐活动。然祭蜡之事，亦源自伊耆氏之时，《礼记·郊特牲》载：

> 天子大蜡八，伊耆氏始为蜡。蜡也者，索也。岁十二月，合聚万物而索飨之也。蜡之祭也，主先啬而祭司啬也，祭百种以报啬也。飨农及邮表畷、禽兽，仁之至，义之尽也。古之君子，使之必报之。迎猫，为其食田鼠也；迎虎，为其食田豕也，迎而祭之也。祭坊与水庸，事也。曰：“土反其宅，水归其壑，昆虫毋作，草木归其泽。”

---

① 姚小鸥：《田畯农神考》，《诗经三颂与先秦礼乐文化》，北京广播学院出版社2000年版，第224—231页。

皮弁素服而祭，素服以送终也。葛带榛杖，丧杀也。蜡之祭，仁之至，义之尽也。黄衣黄冠而祭，息田夫也。野夫黄冠。黄冠，草服也。

《礼记·月令》则有对“腊”之记载：

（孟冬）是月也，天子乃祈来年于天宗，大割祠于公社及门闾，腊先祖、五祀，劳民以休息之。

两相比较，多有不同：首先，从时间上看，《郊特牲》记为“岁十二月”，《月令》则记为孟冬十月。之所以如此，是因为《郊特牲》用的是周历，《月令》用的是夏历。对此，贾公彦疏曰：

郑注《郊特牲》云：“岁十二月，周之正数。”故此郑云“建亥”解之。知非夏十二月者，以其建亥，万物成，故《月令》祈来年，及腊先祖之等，皆在孟冬月，是十二月据周，于夏为建亥十月也。

考《七月》有“十月涤场，朋酒斯飨，曰杀羔羊，跻彼公堂，称彼兕觥，万寿无疆”，此即大蜡中饮酒于序之事。盖《周礼·地官·党正》：“国索鬼神而祭祀，则以礼属民而饮酒于序。”郑玄注：“国索鬼神而祭祀，谓岁十二月大蜡之时。”

其次，从名称及祭祀内容来看，《籥章》《郊特牲》作“蜡”，《月令》则作“腊”，对于两者之关系，有认为是“各为一祭”，是两种不同的祭祀活动；还有认为是“一祭而两名”，是同一类型的祭祀活动。[①] 可以说，两者还是稍有不同的，“蜡祭”自上古就有之，是岁终综合各类神灵的祭祀，其重点在于祭八神：先啬、司啬、农、邮表畷、猫虎、坊、水庸、昆虫，多为农神和自然神灵，可能在野外举行，故《礼记·杂记》载子贡观蜡，“一国之人皆若狂”；“腊祭”则可能是周朝后期开始的祭祀宗族祖先、门户居室的典礼，多以射猎的禽兽为祭品，举行地点在宗庙举

① 荆亚玲：《“蜡祭”考溯》，《上海交通大学学报》2007年第2期。

行。两种祭祀在同一月份举行，可能稍有先后。至战国时，蜡、腊始合而为一，统称为腊。[①]

再次，从祭祀的目的来看，《籥章》记为“息老物”，《郊特牲》记为“息田夫”，《月令》则记为“劳民以休息之”。故蜡祭所息者有二：一是老物，二是田夫。田夫好理解。老物者，据郑玄注：“求万物而祭之者，万物助天成岁事，至此为其老而劳，乃祀而老息之，于是国亦养老焉。”则包括万物和老人。息老物时，需“皮弁素服而祭”，这是采用类似丧服的形式，所谓“葛带榛杖，丧杀也”，是以葛为带，以榛为杖，比正式丧服有所减杀，目的在于“素服以送终”；息农夫时，则需“黄衣黄冠而祭”，这是祭者采用类似田夫之服的形式，因为“野夫黄冠。黄冠，草服也”，目的是“劳农以休息之”。

最后，关于蜡祭的用乐。前言伊耆氏始为蜡，而苇籥、土鼓又是伊耆氏之乐器，所以很可能的情况是，伊耆氏最先将苇籥和土鼓用于蜡祭之中。在周代时，这些乐器和职责为籥章所继承。《豳颂》的使用场合，很可能发生在养老于序时，因为《豳颂》的部分内容，被保存在《七月》之中，即“饮酒于公堂”的部分。至于土鼓，则更是蜡祭的必备乐器。关于先秦蜡日用鼓的情况，所据的材料，只有《籥章》经文一条，然作为先秦蜡祭的延续，汉代蜡祭用鼓的记载却是很多，如蔡邕《独断》提到腊仪中需“鼓以动众”、“鼓鸣则起”，《后汉书·东夷列传》载夫余国“以腊月祭天，大会连日，饮食歌舞，名曰‘迎鼓’”，谢承《后汉书·东夷列传》也载三韩地区“俗以腊日，家家祭祀，俗云：腊鼓鸣，春草生”，目的是击鼓以祛阴气，召唤阳春。[②]

由此可见，籥章所掌，来自豳俗，故与《周礼》中的其他乐官呈现出迥异的形态。其所掌乐器，承自伊耆氏之时；所预典礼，也为伊耆氏所创。这说明周代的制礼作乐并非全盘革新，而是在革新中有继承。籥章所奏之野乐，也为了解周代雅乐的之外的音乐活动，提供了一个全新的视角。

---

① 萧放：《岁时：传统中国民众的时间生活》，中华书局2002年版，第240—241页。

② 同上书，第246—247页。

第六章　行人、史官与先秦的采诗和用诗

《诗经》是我国最早的一部诗歌总集，其涵摄时段之长，包含空间之广，肯定是经过了专人的搜集和整理。近现代学者多以为《诗三百》是编订于乐官之手。[①] 但仅凭乐官一官，是不可能完成这一浩大的文化工程的，肯定还需要其他职官的协助。而在其他职官中，尤以行人之官与史官对《诗经》的编订功劳最大，行人不但是各地诗歌的采集者，还是《诗三百》定型后的实际使用者，正是他们使《诗三百》从世俗化走向了经典化。至于史官，是《诗》文本的整理者，在《诗三百》尚未结集之前，肯定也是以一定的文本形态保存的，新整理清华简的公布，为了解这一文本形态提供了新的路径。

第一节　行人制度与先秦“采诗说”新论

对《诗经》的结集，汉代有“行人采诗”之说，如刘歆《与扬雄书》言：“诏问：三代周秦轩车使者、逌（遒）人使者，以岁八月巡路，求代语、童谣、歌戏。”班固《汉书·艺文志》亦云：“古有采诗之官，王者所以观风俗，知得失，自考正也。”又《食货志》云：“孟春之月，群居者将散，行人振木铎，徇于路以采诗；献之大师，比其音律，以闻于天子。故曰：王者不窥牖户而知天下。”言行人之官即采诗之官。可见，此为汉人成说，殆无疑义。但后人对此多有怀疑者，或以为先秦之书不见采诗之说，或以为这是据汉乐府采诗之事

① 洪湛侯：《诗经学史》，中华书局2002年版，第15—18页。

所作臆测之辞，或以为这是故意为封建统治者吹嘘之辞，众说纷纭。[①]但后人否定之辞，也多为臆断，并没有什么实质性的证据。故要想解决这一问题，必须对先秦的行人制度追源溯流，才能辨析疑义，有所发明。

一　纳言、遒人制与上古行人制度的萌芽

行人制度，起源甚早。但在各代名称却有不同，于舜时有“纳言”，于夏时有“遒人”，于周时则有大、小行人之官。其名虽异，职守却大致相同，不外乎掌出使、通聘问以及在此基础上所形成的附属职能。但因时代不同，其职守有繁简之别。下面即从历时性角度，对先秦行人制度的形成机制及职能演进做一简要追溯。

相传虞舜时开始设官分职，立“纳言”一职。在《尚书》中，“纳言”有两义，一作名词解，是职官之名，即《尧典》所载帝舜之言：“龙！……命汝作纳言，夙夜出纳朕命，惟允。”一作动词解，是一种进言方式，即《皋陶谟》所载：“工以纳言。”而其前一义恐怕是由后一义引申而来。因为在甲骨文中，“入”“内”“纳”三字同源，《史记·五帝本纪》就将“出纳朕命”改为“出入朕命”。故“纳言”即“入言”，原是一种由下达上的单向沟通方式。但其成为职官后，负责“出纳朕命”，成为上下间双向沟通的重要媒介。故孔安国传：“纳言，喉舌之官，听下言纳于上，受上言宣于下，必以信。”尧、舜时期，尚处于酋邦时代，政治体制是夷、夏联合的部落联盟。《尚书》中即屡称“协和万邦”“万邦咸宁”，可见当时万邦林立，分散各地。而各部落间的沟通渠道并不发达，氏族议事会的决定需要下达，各部落间的意见也需要上传，故纳言一职应运而生。

关于“纳言”的沟通方式，据《皋陶谟》载帝舜言：“予欲闻六律、五声、八音，在治忽，以出纳五言，汝听。”此句因错讹关系，颇为费解：一在于“在治忽”句意不明。据《汉书·律历志》“在治忽”当为“七始咏”之误。[②]郑玄《尚书大传》注：“七始，黄钟、林钟、大簇、

---

① 如崔述、夏承焘、高亨等人都有怀疑。可参见洪湛侯《诗经学史》，中华书局2002年版，第1—4页。

② 据《汉书·律历志》所引，原文当作“予欲闻六律、五声、八音、七始咏，以出内五言，女听”。顾颉刚、刘起釪对此有详细考辨，可参见《尚书校释译论》，中华书局2005年版，第450—451页。

南吕、姑洗、应钟、蕤宾也。”与五声、八音均指乐律而言；二在于“五言”含义不清。对此，历代学者有不同说解。[①] 大致而言，曾云乾将其释为“五方声诗”，是明智之举。因《礼记·王制》言：“五方之民，言语不通，嗜欲不同，道其志，通其欲。东方曰寄，南方曰象，西方曰狄鞮，北方曰译。”四方之外，再合之中国，便为五方。此虽为汉人之说，却也于理可通，如《吕氏春秋·音初》就载有四方之音的起源。当然，文献记载并不代表历史真实。但可以肯定的是，尧、舜之时，万邦林立，不同部落间的语言肯定也不相同。那么作为既要传达高层决策，又要替部落成员建言的“纳言”及其属官，肯定有转译这些部落间语言的职责。正如《周礼》载大行人的职责有“七岁，属象胥，谕言语，协辞命”，象胥类似后代的翻译，其所学“言语”尚从大行人那里而来，作为与行人之官相类的“纳言”肯定也是通各方“言语”的。故纳言之职责，就是采集各方民情，将五方之歌诗进行转译，然后协之于“六律、五声、八音、七始”，以备帝舜及其大臣们审听。这恐怕就是“采诗”制的最早雏形。

正因如此，“纳言”的任官资格非常特殊，必须由精通乐舞的部落首领兼任。如最早担任“纳言”一职的是“龙”，与乐官关系密切。《尧典》将夔、龙并提，其中夔为典乐，证明其技术职能有相似之处。《大戴礼记·五帝德》也载尧时“伯夷主礼，龙、夔教舞”，注云：“龙、夔，二臣名。舞，谓乐舞。”在上古的神话传说中，也有“龙”典司乐舞的记载，如《山海经·海内经》载帝俊时晏龙制造过琴瑟，《吕氏春秋·古乐》载颛顼时命飞龙“作效八风之音”而创作了《承云》。古代氏族名号相承，职责亦相传，因此，“龙”很可能就是一个世代相传并精通乐舞的部族首领的称号。而《皋陶谟》也云：“工以纳言。”据孔疏解释：“《礼》通谓乐官为工，知工是乐官。”这些“工”很可能就是纳言的属官。

---

① 有释为五常之言者，如《伪孔传》《汉书·律历志》等主之；有释为诗者，宋人多主此论，如苏轼、叶梦得、蔡沈等都主此说；有释为五方之言者，如近人曾运乾等主之。可参见顾颉刚、刘起釪《尚书校释译论》，中华书局 2005 年版，第 451—452 页。

作为舜设九官之一,[①]“纳言”职责甚重，一些具体的工作，恐怕还是由其属官完成。有人就将“纳言”比拟为后代的“尚书”，《北堂书钞·设官部》引郑玄注：“纳言，如今尚书，管主喉舌也。”蔡沈《书集传》也认为“纳言”有“命令政教，必使审之”的职责，“周之内史，汉之尚书，魏晋以来所谓中书、门下者，皆此职也”。其实此说并不精确，如《史记·五帝本纪》亦载：“龙主宾客，远人至。”与《周礼·秋官》中大、小行人的掌宾客之礼的职责很相似，亦证明其为行人类职官。因为虞舜时代处于原始社会晚期，即便已有职官的设立，也相当简略，不似后代那样体系完备，职责分明。也许周代的大、小行人和内史都脱胎于虞舜时的“纳言”一职，也未可知。

夏代则有遒人，如《左传·襄公十四年》引《夏书》曰：“遒人以木铎徇于路，官师相规，工执艺事以谏。”也属行人之官。“徇”字在古汉语中义项颇多，其中既有宣示之义，又有谋求之义。故据注疏者解释，遒人之职能有二：其一，宣令之官。《尚书·胤征》孔安国注：“遒人，为宣令之官。木铎，金铃木舌，所以振文教也。”其二，采诗之官。杜预注：“遒人，行人之官也。木铎，木舌金铃。徇于路，求歌谣之言。”遒人在宣令和采诗时使用的乐器是木铎，许慎《说文》云：“古之遒人，以木铎记诗言。”而木铎为“金铃木舌”，据古文字学者研究，“纳言”的“言”字在甲骨文中与“[illegible]（告）”“[illegible]（舌）”为一字之异构，“[illegible]”象木铎倒置之形，其上之“[illegible]”与“[illegible]”“[illegible]”均为铎舌。[②]这说明“纳言”之职的建立也可能与乐器“木铎”有关。考古学证明了木铎起源很早，木铎之前身为陶铃，早在新石器时代的马家窑、仰韶、大汶口、龙山等文化遗址中就有陶铃出土，现存最早的铜铃则见于山西襄汾陶寺遗址3296号墓中，墓地时代属于陶寺文化晚期，正好在夏代建国前后。[③]这既说明《夏书》关于遒人制的存在较为可信，也说明其存在的渊源很早。

---

① 《尚书·尧典》载舜时的部落联盟中，有十二牧、四岳、九官共二十二人的职官体系。其中九官是：伯禹为司空，弃为后稷，契为司徒，皋陶为士，垂为共工，益为虞，伯夷为秩宗，夔为典乐，龙为纳言。

② 徐中舒主编：《甲骨文字典》，四川辞书出版社2003年版，第222页。

③ 王子初：《中国音乐考古学》，福建教育出版社2003年版，第105页。

遒人与纳言在职位十分相似，但在地位上则有很大区别。纳言地位很高，是部落联盟首领身边的重要决策者之一，不可能亲自去宣令和采诗；遒人可能与其属官相似，是宣令、采诗工作的具体实施者。故可以大致推测，遒人一方面负责将上层的决策传达下去，另一方面将下层的意见以歌谣的形式采集上来，然后交由其长官做具体的处理。或转译，或配乐，然后再献给统治者做决策参考。

至于商代是否有行人之官，文献不载。然由《礼记·明堂位》“有虞氏官五十，夏后氏官百，殷二百”，可知殷代官制已大为丰富，当也由行人类职官的存在。在甲骨卜辞中，有以“言”为名的职官，如罗振玉《殷墟书契后编》下 23. 1 载：“王其从言各兕。”或与纳言之职有关。①

二　周代的行人机构与培养机制

周代有大、小行人之职，《周礼·秋官·叙官》载其属官有：“大行人，中大夫二人；小行人，下大夫四人；司仪，上士八人，中士十有六人；行夫，下士三十有二人；府四人，史八人，胥八人，徒八十人。”此外，环人、象胥、掌客、掌讶、掌交等与交通诸侯有关者，恐怕也归大行人节制。据不完全统计，包括服役的府、史、胥、徒在内，周之行人系统内有五百二十四人之多。② 由此可知，周之行人系统已十分发达，并有着明确的层级区分和职能分工。

周行人之职，有常设与兼官之别：常设者如前之大、小行人及其属官，见诸史籍者，像《左传·襄公二十一年》载晋“栾盈过于周，周西鄙掠之，辞于行人”，杜预注为“王行人也”；《韩非子·外储说右下》载：“卫君入朝于周，周行人问其号。”都是周王室的行人。各诸侯国亦设有行人之官，如晋国有行人子员、行人子朱，郑国有公孙

① 徐中舒主编：《甲骨文字典》，四川辞书出版社 2003 年版，第 222 页。

② 其中，《周礼·秋官·叙官》载象胥属官为：“每翟上士一人，中士二人，下士八人，徒二十人。”“翟”，同“狄”，为蛮夷闽貉戎狄六族之总称，故共有 181 人；而“掌客”之徒有“二十人”和“三十人”两说，现据阮元校，定为二十人。郑玄注，贾公彦疏：《周礼注疏》，《十三经注疏》本，中华书局 1980 年版，第 872 页。

黑世代为行人；[①] 兼官则“其在本国皆另有本职，行人乃其临时兼职”[②]，据顾栋高《春秋大事表》统计：“行人见于《经》者六，并以见执书，是乃一时奉使，非专官。”[③] 这些人都是因被执而书，尚属偶然，相信春秋时期兼职行人并不在少数。当时担任兼职行人者，上至公卿，下至士人，或因人而设官，或临危而受命，不一而足。但不可否认的是，行人之官的普遍素质都比较高，其身份也多属宗法贵族的上层，受过良好的国子教育。故能于出使专对间、言辞揖让间，消弭危机，完成使命。

从爵秩上看，周之大行人为中大夫，小行人为下大夫。比之于诸侯国，则由上大夫、中大夫担任，《左传·成公三年》即言：“次国之上卿当大国之中，中当其下，下当其上大夫。小国之上卿当大国之下卿，中当其上大夫，下当其下大夫。”这一记述，可明两事：一为《周礼》的爵位设置并非向壁虚造；二是周之大小行人的爵称可比之大诸侯的上大夫、中大夫。郑国公孙黑世为行人，其爵即为上大夫，[④] 相当于周之大行人。

周行人的培养，出自西周的国子教育。从身份维度看，国子即“国之子弟，公卿大夫之子弟当学者”[⑤]，《礼记·王制》则以“王大子，王子，群后之大子，卿大夫元士之适子”均为国子，涵括了内爵体系的所有子弟，自然也包括爵秩为中、下大夫的行人子弟。

从培养体制看，国子所受教育范围颇广。师氏以“三德”、“三行”教国子，负责国子的道德培养和行为规范；保氏以“六艺”、“六仪”教国子，负责国子的能力培养和礼仪规范。[⑥] 但国子的知识结构更多来自乐

---

① 《左传·襄公二十九年》：“郑伯有使公孙黑如楚，辞曰：‘楚、郑方恶，而使余往，是杀余也。’伯有曰：‘世行也。’”世行，杜预注为：“世为行人。”杜预注，孔颖达正义：《春秋左传正义》，《十三经注疏》本，中华书局 1980 年版，第 2009 页。

② 杨伯峻：《春秋左传注》，中华书局 1981 年版，第 734 页。

③ 顾栋高：《春秋大事表》，中华书局 1993 年版，第 1075 页。

④ 《左传·昭公元年》载子产言曰：“子晳，上大夫。”子晳即公孙黑之字。

⑤ 郑玄注，贾公彦疏：《周礼注疏》，《十三经注疏》本，中华书局 1980 年版，第 787 页。

⑥ 《周礼·地官》：“师氏……以三德教国子：一曰至德，以为道本；二曰敏德，以为行本；三曰孝德，以知逆恶。教三行：一曰孝行，以亲父母；二曰友行，以尊贤良；三曰顺行，以事师长。”“保氏……养国子以道。乃教之六艺：一曰五礼，二曰六乐，三曰五射，四曰五驭，五曰六书，六曰九数。乃教之六仪：一曰祭祀之容，二曰宾客之容，三曰朝廷之容，四曰丧纪之容，五曰军旅之容，六曰车马之容。”

官系统的培养，《周礼·春官》载大司乐掌成均之法，治国之学政，负责以乐德、乐语、乐舞教国子；乐师以小舞、乐仪教国子；籥师掌教国子舞羽吹籥等；《礼记·王制》亦载乐正以《诗》《书》《礼》《乐》造士。这恰恰验证了俞正燮“通检三代以上书，乐之外无所谓学”的论断。[①] 盖乐德在于涵养国子之道德品质，乐语在于完善国子的沟通技巧，即便乐舞也能在贵族的交际中起到重要作用。[②] 此皆礼乐文明教化下行人所应具备的基本操守和处世经验。

从选拔程序看，由国子升为行人必须经过一定的选拔和考量。《礼记·王制》载周代的任官程序为：

> 命乡论秀士，升之司徒，曰选士；司徒论选士之秀者而升之学，曰俊士。升于司徒者不征于乡，升于学者不征于司徒，曰造士。乐正崇四术，立四教，顺先王《诗》《书》《礼》《乐》以造士。春秋教以《礼》《乐》，冬夏教以《诗》《书》。王大子，王子，群后之大子，卿大夫元士之适子，国之俊选。皆造焉。凡入学以齿。将出学，小胥、大胥、小乐正简不帅教者以告于大乐正，大乐正以告于王。王命三公、九卿、大夫、元士皆入学。不变，王亲视学。不变，王三日不举，屏之远方，西方曰棘，东方曰寄，终身不齿。大乐正论造士之秀者以告于王，而升诸司马，曰进士。司马辨论官材，论进士之贤者以告于王，而定其论。论定然后官之，任官然后爵之，位定然后禄之。

大致而言，这一选拔程序大致包括：

1. 在进行国子教育时，由各乡层层选拔的造士与国君之嫡子、庶子及卿大夫的嫡子处于同一层面，按齿排序，共同接受乐正的教育。这时他们都是士爵，是职官系统的预备队。

2. 将要毕业时，先淘汰那些不合格者。即由小胥、大胥及小乐正先挑选出那些“不帅教”者名单，报告给国君，国君会命三公、九卿、大

---

① 俞正燮：《癸巳存稿》，辽宁教育出版社 2003 年版，第 65 页。

② 《左传·襄公十六年》：“晋侯与诸侯宴于温，使诸大夫舞，曰：‘歌诗必类’”。

夫、元士等或亲自对其感化，若怙恶不悛，则流之四方。

3. 优秀的毕业生由大乐正举荐给司马成为进士，再经过司马的辨论官材，才具备任官资格，享受爵位和俸禄。

这虽是周代选官的一般程序，但可以肯定的是，大、小行人的选拔也是遵循这一程序的。既然专职行人经过基础的国子教育，则司马在辨论官材时，肯定是因某方面才能特别突出才被委以此职的。齐桓公称霸，广求人才，管仲曾推荐隰朋，言曰："升降揖让，进退闲习，辨辞之刚柔，臣不如隰朋，请立为大行。"[①] 正因为管仲觉得在习礼和言语两方面不如隰朋，才荐其为大行人。翻检典籍，行人必备的优良品质，大致有以下几个方面：

（一）从道德品质方面讲，尤重忠信。

对行人而言，忠信是最重要的职业操守。《论语·卫灵公》："言忠信，行笃敬，虽蛮貊之邦行矣。"可视为对行人品质之总结。《管子·侈靡》也提到"行人可不有私"，言行人必须公忠体国，不存私心。春秋之行人，颇多谨守忠信之道，不辱君命者，所谓"君命无贰，失信不立"，[②] 正是此意。如《左传》载宣公十五年（前 594 年），楚伐宋，宋使人告急于晋，晋命解扬告知宋人晋援将到，却被楚人俘获，楚庄王让其为宋人提供晋援不到的信息，解扬将计就计，登上楼车后把真实的信息告知的宋人。楚庄王大怒，想要杀掉解扬，解扬回答说："君能制命为义，臣能承命为信，信载义而行之为利。谋不失利，以卫社稷，民之主也。义无二信，信无二命。"体现了忠于君命的崇高品质，最终使楚庄王赦免了自己；又如《左传》载襄公二十六年（前 547 年），秦晋修成，晋公族大夫叔向招行人子员参与其事，而行人子朱亦主动请缨，叔向不应。行人子朱不服，言："班爵同，何以黜朱于朝?"叔向回答说："子员道二国之言无私，子常易之。奸以事君者，吾所能御也。"可见忠信无私，是行人应具备的优秀品质；再如《左传》载昭公元年（前 541 年），鲁派叔孙豹参加楚、晋两国主持的会盟，鲁国因伐莒之事得罪了楚令尹，楚令尹想杀掉鲁

---

① 黎翔凤撰：《管子校注》，中华书局 2004 年版，第 447 页。

② 杜预注，孔颖达正义：《春秋左传正义》，《十三经注疏》本，中华书局 1980 年版，第 1905 页。

使。但在盟会期间，作为行人的叔孙豹表现优越，被晋国的赵文子称赞为“临患不忘国，忠也；思难不越官，信也；图国忘死，贞也；谋主三者，义也”，故将其赦免。当然，春秋时也有行人不信而坏事的例子，《左传》载隐公五年（前718年），郑国以王师伐宋，攻破其外城。宋国派使者求救于鲁，鲁隐公早就听说宋之外城已被攻破，本想起兵救援，但在问起使者战情如何时，宋使没有以实相告，结果隐公大怒，两国断绝邦交关系。这正是行人不信导致得恶果。

（二）从知识结构方面讲，熟习礼仪。

顾炎武曾说：“春秋时犹尊礼重信，而七国绝不言礼与信矣。”[①] 在《周礼》体系中，大、小行人的首要职责即典掌礼仪，如大行人“掌大宾之礼及大客之仪，以亲诸侯”，小行人则“掌邦国宾客之礼籍，以待四方之使者”，换句话说，即大行人负责诸侯的礼仪接待工作，小行人负责诸侯使者的接待工作，分工明确。无怪乎贾公彦疏释曰：“大行人、小行人、司仪皆掌宾客之礼。”当然，这还是王朝体系内行人的职责。各诸侯国在遴选外交人才时，也往往把熟习礼仪作为首要选拔标准。前引隰朋的“升降揖让，进退闲习”，即是此例。另外，管子还因公子举“博闻而知礼，好学而辞逊”[②]，故荐其使鲁；秦穆公因公子縶“敏且知礼，敬以知微”[③]，故以之使晋。而“知礼可使”，正见“知礼”为行人的必备素质。盖行人出使他国，多行聘礼，其一举一动，代表国之尊严，若不通礼仪，会见笑于他国。

《左传》载成公十三年（前578年），叔孙侨如出使周王朝，“王以行人之礼礼焉”，可见，被出使国会有固定礼仪招待他国行人，其中有“享礼”。“享礼”之细节，已然亡佚，但其中有用乐、歌诗之仪节，仅见于《左传·襄公四年》：

> 穆叔如晋，报知武子之聘也。晋侯享之，金奏《肆夏》之三，

---

① 顾炎武撰，黄汝成集释：《日知录集释》，上海古籍出版社2006年版，第749页。

② 黎翔凤撰：《管子校注》，中华书局2004年版，第446页。

③ 上海师范大学古籍整理组校点：《国语》，上海古籍出版社1978年版，第309页。

> 不拜。工歌《文王》之三，又不拜。歌《鹿鸣》之三，三拜。韩献子使行人子员问之曰："子以君命辱于敝邑，先君之礼，藉之以乐，以辱吾子。吾子舍其大，而重拜其细。敢问何礼也?"对曰："《三夏》，天子所以享元侯也，使臣弗敢与闻。《文王》，两君相见之乐也，臣不敢及。《鹿鸣》，君所以嘉寡君也，敢不拜嘉?《四牡》，君所以劳使臣也，敢不重拜?《皇皇者华》，君教使臣曰：'必咨于周。'臣闻之：访问于善为咨，咨亲为询，咨礼为度，咨事为诹，咨难为谋。臣获五善，敢不重拜?"

周代在制礼作乐时，为一些曲目赋予了一定的等级因素，从而形成了固定的象征意义，如《三夏》是天子招待诸侯的用乐，《文王》是两国诸侯相见时的用乐。但随着礼崩乐坏，这些等级象征被打破，出现在招待行人的礼仪中。作为一个具备良好素养的行人，穆叔仍然坚守传统，从而赢得了史家的赞赏。而从另一方面，也可以看到，在聘礼中，对行人乐教的要求也是很高的。

（三）从个人才能方面讲，通晓辞令。

行人出使专对，更大程度上是言辞的交锋。因此，在选拔行人之官时，"辞令"也是重要的评介标准。[①] 如管仲就说在"辨辞之刚柔"方面，自己不如隰朋，才推荐他为"大行"。同样，《史通·叙事》也言："古者行人出境，以词令为宗；大夫应对，以言文为主。"都说明辞令是行人自身素质的重要方面。

但两周时期的行人辞令，却经过了不断发展的发展阶段：首先是"礼乐相示"的阶段，西周之时，各诸侯国奉周王为天下共主，按时朝聘，不敢有丝毫懈怠。大、小行人之职责亦以招待宾客的礼仪为主，这在《周礼·秋官》中有系统反应。而一些外交事务，也在礼乐揖让之中得到很好的解决，正如《礼记·仲尼燕居》所言"古之君子，不必亲相与言也，以礼乐相示而已"，并不需要浮夸的辞命和婉转的游说。

其次是"赋诗言志"阶段，春秋时期，诸侯争霸，行人之官为争取本国的利益，络绎于各国之间。这时的行人聘使，或乞援，或结盟，或朝贡，或会同，但目的都是为己，而非为人。而行人言辞，亦须谨慎，一言

---

① 《礼记·表记》："情欲信，辞欲巧。"

之间往往能起到兴邦覆国的作用，因此，“赋诗”作为一种隐晦的外交言语，被行人所利用。《论语·子路》引孔子言：“诵诗三百，授之以政，不达；使于四方，不能专对；虽多，亦奚以为？”“专对”之辞，即针对行人辞令而言。通过“赋诗”进行专对，一方面可以委婉地表达自己的意愿，另一方面又不至于使对方感到难堪。因此，精通“赋诗”成为这一时期大夫，尤其是行人的必要素质之一。

最后是“言文达旨”的阶段，当赋诗亦被大夫所不习，各国的执政大臣都不了解赋诗的含义时，赋诗才发展为外交辞令，章学诚《文史通义·诗教上》言：“纵横之学，本于古者行人之官。观春秋之辞命，列国大夫，聘问诸侯，出使专对，盖欲文其言以达旨而已。”都强调行人辞令在“言文达旨”方面的特点。所谓“言文”，即言语要讲究修辞技巧，正如孔子所云“言之无文，行而不远”，即针对行人辞令发出的感叹。①

另外，行人聘使的一大特点即“受命不受辞”，“出竟，有可以安社稷利国家者则专之可也”②。外交事务，瞬息万变，非当局者不了解其中内情，因此行人辞令有很大的自主性，其最终目的是能够“安社稷利国家”。当然，这是后两个阶段行人辞令的特点。

三 行人采诗的可能性

通过对行人培养和选拔机制的考察，可以看出，行人受过良好的国子教育，精通礼乐和辞令，为其采诗提供了必要的知识条件。但遗憾的是，在大、小行人的行政职责中，却并未发现其能采诗的直接证据。而且，从爵位上看，他们亦不会亲自到民间采诗。那么，“采诗制”是否真的存在过？如果存在其细节为何？又是由哪些人负责呢？如果将行人视为一个整体系统，不仅局限于大、小行人两个职官上，这些问题就可迎刃而解。因

① 《左传·襄公二十五年》载郑子产以破陈之功，向当时的盟主晋国献捷。但郑国的行动未经过晋国批准，故晋国不打算接受子产的献捷，还让士庄伯去质问他，谁知却被子产的一番外交辞令所化解。士庄伯无计可施，只得向赵文子汇报，赵文子说：“其辞顺。犯顺，不祥。”最终接受了郑国的献捷。孔子在听说此事后说：“《志》有之：‘言以足志，文以足言。’不言，谁知其志？言之无文，行而不远。晋为伯，郑入陈，非文辞不为功。慎辞哉！”

② 何休注，徐彦疏：《春秋公羊传注疏》，《十三经注疏》本，中华书局 1980 年版，第 2236 页。

为，从行人系统的知识结构和行政执掌看，其确实具备采诗的资格。这主要表现在以下几个方面：

第一，代语转译与“采诗”的技术性处理。

现存《诗经》，存十五《国风》，涉及范围包括今之陕西、山西、河南、河北、山东和湖北北部等地。虽都属中原区域，但其方言、风俗、音调，在今日尚且不同，更遑论两周之时。春秋时，“州异国殊，情习不同”[①]，这一状况是确实存在的。而夷、狄之国亦交错纵横，杂糅其间，语言、习俗更为迥异。《左传·襄公十四年》载戎子驹支对范宣子言：“我诸戎饮食、衣服不与华同，贽币不通，言语不达，何恶之能为？”而在西周职官系统中，唯有行人系统能够起到沟通各地域的作用。如行人属官有象胥，又叫舌人，见于《国语·周语中》，据韦昭注：“能达异方之志，象胥之官”，即负责对少数民族语言的转译和传达。《周礼·春官》也载“象胥”的职责为“掌蛮、夷、闽、貉、戎、狄之国使，掌传王之言而谕说焉”。行人出使中原各国，情况会好一些，可以用通行的雅言交流，但出于考察民俗的需要，相信也会携带精通各地方言的属官。

归结于《诗》，在搜集整理之前，现存《国风》中的很多诗歌，也肯定是由方言吟唱的。至于“风”之含义，有释为歌谣者，若郑樵《诗辨妄》言：“风者出于风土，大概小夫夫贱隶妇人女子之言，其意虽远，而其言浅近重复，故谓之《风》。”朱熹《诗集传》释“国风”亦云：“国者，诸侯所封之域，而风者，民俗歌谣之诗也。”主要针对其歌辞而言。有释为曲调者，以顾颉刚《论〈诗经〉所录全为乐歌》一文为代表[②]，其根据一为《大雅·嵩高篇》中“吉甫作诵，其诗孔硕，其风肆好”；二为《左传·成公九年》“钟仪乐操南音”，被范文子赞为“乐操土风，不忘旧也”。其实，不管作何解，两说都强调了“风”的地域性特征。而据新出材料，“风”之义是声辞合一的，如上博简《孔子诗论》第3简谓《邦风》“其言文，其声善”，兼二者言之。故“采风”之义，不仅是采声调，亦采歌辞。行人既受国子之教，精通乐语，故能“采声”；又因出使需要，精通各地方言，故能“采诗”。

---

① 司马迁：《史记》卷24《乐书》，中华书局1959年版，第1175页。

② 顾颉刚主编：《古史辩》第3册，上海古籍出版社1982年版，第645—646页。

另外，行人还负责对方言歌辞进行转译。前引刘歆《与扬雄书》载行人有"求代语"之责。代语，据郭璞《方言》注："凡以异语相易谓之代也。"即各方言之间的转译词。《方言》全名《𬨎轩使者绝代语释别国方言》，就是扬雄搜集先秦至两汉间各地代语的著作，其体例则"㤪鳃、乾都、耇、革，老也。皆南楚江湘之间代语也"之类。从情理而言，这一制度是存在的。古代典籍中亦有此类实例，如《说苑》卷十一所载之《越人歌》，原为"越语"：

> 滥兮抃草滥予昌枑泽予昌州州𩜱州焉乎秦胥胥缦予乎昭澶秦踰渗惿随河湖。

后经鄂君子皙随行之"越译"转译为"楚语"：

> 今夕何夕搴中洲流，今日何日兮，得与王子同舟。蒙羞被好兮，不訾诟耻，心几顽而不绝兮，知得王子。山有木兮木有枝，心说君兮君不知。

鄂君子皙即楚共王之子黑肱，为春秋时人。《说苑》记事，虽有向壁虚造者，但多数春秋列国间故事还是有据可依的。《越人歌》的翻译，采用了意译和记音直译相结合的方式，是我国最早的文学翻译作品。[①] 相信《国风》中的结集，也经过这样的转译过程，即由各诸侯国语言转译为雅言。[②]《论语·述而》："子所雅言，诗、书、执礼，皆雅言也。"正说明了是有方言诗的存在。即便在汉代，亦有大量方言诗的存在，《汉书·艺文志》载：

> 《吴楚汝南歌诗》十五篇。《燕代讴雁门云中陇西歌诗》九篇。

---

① 钱玉趾：《中国最早的文学翻译作品〈越人歌〉》，《中国文化》2002年第19、20期。

② 钱穆《读〈诗经〉》一文云："今传《二南》二十五篇，或部分酌取南人之歌意，或部分全袭南人之歌句；然至少必经一番文字雅译工夫，然后乃能获得当时全国各地之普遍共喻，而后始具文学的价值。"《中国学术思想史论丛》卷1，安徽教育出版社2004年版，第138—139页。

> 《邯郸河间歌诗》四篇。《齐郑歌诗》四篇。《淮南歌诗》四篇。《左冯翊秦歌诗》三篇。《京兆尹秦歌诗》五篇。《河东蒲反歌诗》一篇。……《雒阳歌诗》四篇。《河南周歌诗》七篇。《河南周歌声曲折》七篇。《周谣歌诗》七十五篇。《周谣歌诗声曲折》七十五篇。

亦与《国风》整理前之形态相似，其中有“歌诗”，是对歌辞之搜集；“声曲折”，则是对曲调之搜集。由此，亦可见“风”的声辞合一。

第二，博采风俗与“采诗”的功能性使用。

历代有关“采诗”之记载，细节虽有不同，但目的却是一致的，即博采风俗以观民风。[①] 如《汉书·艺文志》“王者所以观风俗，知得失，自考正也”，《食货志》说“王者不窥牖户而知天下”，何休《春秋公羊传解诂·宣公十五年》也说“王者不出牖户，尽知天下所苦；不下堂，而知四方”，《孔丛子·巡狩》则说天子“命史采民诗谣，以观其风”。另外，《礼记·王制》载太师陈诗之制也可“以观民风”，陈诗是采诗的下一步工作，故其目的是相同的。

近代研究者却多不信此说，或认为此举是出于对封建统治者的吹嘘，或认为是后儒增饰之词，并非采诗的真正动机。[②] 但据新出材料，这些说法是错误的，上博简《孔子诗论》第3简：“《邦风》其纳物也，溥观人俗焉，大敛材焉。其言文，其声善。”多数研究者认为，上博简抄录时间应不晚于战国中期，是可信的先秦文献，其思想可能出自孔子，撰写者则是其弟子。[③] 这就大大提升了对采诗说的认识。其中，“溥观人俗”即普观民风民俗；“敛材”原指收集物资，引申为收集邦风佳作，即“采风”[④]。而在《诗论》中，孔子评诗五十九篇，屡次提到“民性固然”的话。可见，正是通过对《邦风》的解读，了解其中所反映的民性，也即

---

① 《史记·乐书》所载：“州异国殊，情习不同，故博采风俗，协比声律，以补短移化，助流政教。”亦是“采诗”之事。

② 洪湛侯：《诗经学史》，中华书局2002年版，第4页。

③ 可参见晁福林《从王权观念变化看上博简〈诗论〉的作者及时代》，《中国社会科学》2002年第6期；廖名春《上博〈诗论〉简的作者和作年——兼论子羔也可能传〈诗〉》，《齐鲁学刊》2002年第2期。

④ 马承源主编：《上海博物馆藏战国楚竹书（一）》，上海古籍出版社2001年版，第129—130页。

民俗。试举一例，如16简引孔子曰：“吾以《葛覃》得氏初之诗，民性固然，见其美必欲反一本。”这说明，周代采诗以观民风的制度，并非汉人所臆造。

但遗憾的是，行人采诗之事，在《周礼》中却没有具体记载。不过，没有具体记载，并不代表没有留下线索。《周礼·秋官》在提到小行人出使各国时，有考察各国风俗的职责：

> 及其万民之利害为一书，其礼俗、政事、教治、刑禁之逆顺为一书，其悖逆、暴乱、作慝、犹犯令者为一书，其札丧、凶荒、厄贫为一书，其康乐、和亲、安平为一书。凡此五物者，每国辨异之，以反命于王，以周知天下之故。

贾公彦疏云：“此总陈小行人使适四方，所采风俗善恶之事。”这里有若干细节，可兹注意：其一，行人采风俗，以五物为标准，每国辨异之。即以“五事各自为总编，又以每国别异其子目也”①，与《国风》按国别分类相似；其二，行人所采风俗，按五事各为一书，即扬雄《答刘歆书》所谓“尝闻先代𬨎轩之使，奏籍之书，皆藏于周秦之室”中的“奏籍之书”；其三，行人采风俗之目的，在于使天子“周知天下之故”，即班固所云“王者不窥牖户而知天下”。由此可知，行人采诗只是“五物”的细目，所不载者，是因为已包含其中，毋庸赘言而已。后人不察，遂以为《周礼》不载“采诗”之事。这就解决了为何采诗的问题。

第三，聘使四方与“采诗”的可能性接触。

行人之官除负责接待各国宾客外，还有出使职责，如大行人：“王之所以抚邦国诸侯者：岁遍存；三岁遍覜；五岁遍省。”基本每年都会派使者前往各邦国慰问；小行人：“使适四方，协九仪。宾客之礼：朝、覲、宗、遇、会同，君之礼也；存、覜、省、聘、问，巨之礼也。”负责具体的出使事仪；行夫的职责则为“掌邦国传遽之小事，媺恶而无礼者。凡其使也，必以旌节，虽道有难而不时，必达”，据孙诒让解释，“周时传遽，盖用轻车，取其速至。故《方言》扬雄《答刘歆书》以行人为𬨎轩

① 孙诒让：《周礼正义》，中华书局1987年版，第3008页。

使者，𬨎轩即轻车也。行夫，亦即行人之属"[1]，在出使他国时，行夫还"掌行人之劳辱事"，即为大、小行人干一些繁杂低贱之事。因此，不管从身份还是从职能上看，行夫最有可能是采诗的实际操作者。

行夫出使四方，大大增加了接触各国民谣的可能性。《国风》所收，有出自市间者，有出自乡间者。出自市间者，即朱熹所谓"凡《诗》之所谓风者，多出于里巷歌谣之作"[2]，若《卫风·硕人》是卫人有感于庄姜美而无子所赋，《郑风·将仲子》言男女欢爱之事，恐怕都出自巷间，而且《国语·晋语六》载，古之王者听政，要"风听胪言于市，辨祆祥于谣"，大概都是此类。出自乡间者，则班固所谓"行人振木铎徇于路以采诗"，如《周南·芣苢》《魏风·十亩之间》《豳风·七月》等，非亲经农事者，恐不能道出。行人出使时，不能不涉市间，出于对风俗的了解，自会接触到一些里巷歌谣。但其于乡间采诗，则稍多疑点。即便身为下士的行夫，也是贵族的一部分，是否能经常接触乡间的民谣？其实，这也是有可能的。若重耳流亡，在五鹿还有乞食野人之事。另外，还可拿《陌上桑》里的"使君"为例，阎步克先生通过对汉代官制的详细考证，认为《陌上桑》里提到的使君，只不过是一名低级使者，因此，才有机会跟采桑女罗敷相遇。[3] 此虽汉代故事，但却为先秦行人的采诗提供了一种启示，即行夫的身份与《陌上桑》中的"使君"有相似之处，从而为采集民谣提供了便利性。

《国风》之外，《左传》还载有很多民谣，句式多用四言，与《诗经》相似。如襄公十七年有"筑者讴曰"、昭公十二年有"乡人或歌之曰"、定公五年有"莱人歌之曰"等，均属市间歌谣；定公十四年则有"野人歌之曰"属乡间民谣。这些歌谣被史官记录下来，也为行人采诗的可行性提供了旁证。可以说，这基本解决了由何人采诗的问题。

由此，我们可做出一种假设，即大、小行人在出使各邦国时，还有采风观俗的职能，其具体事宜是由手下的行夫去做。《周礼》设行夫三十二人，爵秩为下士，平时的职责是乘轻车前往诸侯国传达小事，只有在孟春

---

① 孙诒让：《周礼正义》，中华书局 1987 年版，第 3058 页。

② 朱熹：《诗集传》，凤凰出版社 2007 年版，第 2 页。

③ 阎步克：《乐府诗〈陌上桑〉中的"使君"与"五马"》，《北京大学学报》2011 年第 2 期。

之月，群居者将散时，才负责到乡野田间去采集歌谣；若随大、小行人留居于出使国，还负责采集里巷歌谣。然后再交由小行人，经过言语转译的处理，编为一书。回国后再由太师“比其音律”，以为天子观风之用。

四　《国风》采集的多种途径

可以肯定的是，《诗经》的结集途径并不单一，“采诗”仅是其中一方面。至于采诗之人，也有很多不同的说法。据张西堂统计，有轩车使者、逌人使者、采诗之官、老而无子者、国史、孔子等说。① 行人采诗之说，上文已论。但其他各说，相信也有某些依据的。

在这些说法中，形成了两派不同意见，即负责采诗之人来自周王室，还是诸侯国？第一派意见，认为由王官负责采诗，如前引班固之说，又《孔丛子·巡狩》：“天子……命史采民诗谣，以观民风。”也赞成这一意见，但采诗之人却由行人变为史官。第二派意见，则认为由诸侯国派人采诗，曹魏时何休在《春秋公羊传解诂·宣公十五年》中云：

> 五谷毕入，民皆居宅，从十月尽正月止。男女有所怨恨，相从而歌，饥者歌其食，劳者歌其事。男年六十，女年五十无子者，官家食之，使之民间求诗，乡移于邑，邑移于国，国以闻于天子。故王者不出牖户，尽知天下所苦；不下堂，而知四方。

以为由诸侯国各自采诗，且并无专官，由老而无子者临时兼任。那么，这两种意见孰是孰非呢？我们以为，两种情况应该同时存在。

从观风的角度，周天子可以通过两种途径搜集诗歌：一是主动探求，二是被动接受。主动探求，即派出行人采诗，以了解各国风俗。现存十五《国风》中，肯定有一些是行人采集的。因为这十五国中，有国灭而名存者，若“邶、鄘灭于卫，桧灭于郑，魏灭于唐，皆附乎《卫》、《郑》、《唐》以见”②，而一些作于国灭之后的诗，仍被归于原来国家的名下。对此，朱熹颇感疑惑，他在《诗集传》中言：“邶、鄘地既入于卫，其诗皆为卫事，而犹系其故国之名，则不可晓。”但若从采诗和编诗角度，此事

---

① 张西堂：《诗经六论》，商务印书馆1957年版，第79页。

② 马瑞辰：《毛诗传笺通释》，中华书局1989年版，第9页。

颇为易解，若是诸侯国所采，当然不存灭国之名；[①] 若是王官所采，则按地域分类，也许会保留分封之初的国名。[②]

被动接受，则是由诸侯国贡诗。清顾镇《虞东学诗》“迹熄《诗》亡说”条云：“盖王者之政，莫大于巡狩述职。巡狩则天子采风，述职则诸侯贡俗。太史陈之以考其得失，而庆让行焉，所谓迹也。”以为也分两个方面，即巡狩时诸侯所贡和述职时诸侯所贡。巡狩所贡，即大师陈诗，文有明载，如《礼记·王制》云天子有巡狩制度，其中有“命大师陈诗以观民风”的环节。据孔颖达解释：

> 此谓王巡狩见诸侯毕，乃命其方诸侯大师，是掌乐之官各陈其国风之诗，以观其政令之善恶。若政善，诗辞亦善。政恶，则诗辞亦恶。观其诗则知君政善恶。

这有政治考察的意味在内。但恐怕是形式大于内容，相信没有几个国君会自曝其短，将“政恶”的一面展示给天子。据郑玄注，陈诗是“采其诗而视之”，则这些采诗人定出自诸侯国无疑，可能即何休所谓“老而无子”者，是半民间、半官方的下层“乐师”，也即民间艺人。[③] 采诗时间在“十月尽正月止”，彼时“五谷毕入，民皆居宅”，是农闲季节。这与“行人”采诗的时间不同，班固以为行人于孟春之月采诗，刘歆《与扬雄书》则以为是“岁八月”[④]，皆农忙之季。行人于农忙季节采诗，可以最大限度地接触百姓，了解各国之疾苦；“老而无子”者则于农闲采诗，其方式是走家串户，可能与至今尚存在于甘肃、陕西、

---

① 如《左传·襄公三十一年》载，卫卿北宫文子引《邶风·柏舟》“威仪棣棣，不可选也”二句，但称为“卫诗”，由此可知卫人之态度。

② 顾炎武说：“邶、鄘、卫，本三监之地，自康叔之封未久而统于卫矣。采诗者犹存其旧名，谓之邶、鄘、卫。”顾炎武著，黄汝成集释：《日知录集释》，上海古籍出版社 2006 年版，第 135—136 页。

③ 赵逵夫：《诗的采集与〈诗经〉的成书》，《文史》2009 年第 2 辑。

④ 其实，这并不矛盾，因《汉书·食货志》在叙述“采诗”前，有“春令民毕出在野，冬则毕入于邑”的记载，则言孟春时，民皆在野，岁八月时，民将入邑，都是与行人接触的最佳时机。故班言“孟春”，刘曰“八月”，都是笼统言之，其所指是一致的。

四川、宁夏一带的“春官”风俗相近。除采诗外，他们还有一重要职责，即宣传推广黄历。其活动时间则在腊月、正月之间，[①] 正与何休所言的采诗时间相重叠。老而无子者将诗采回后，再经过一番“乡移于邑，邑移于国”的传播途径，最后由太师在典礼上陈给天子。而天子巡狩，必有史官随行，《礼记·礼运》言“王前巫而后史，卜巫瞽侑，皆在左右”，《汉书·艺文志》言“古之王者世有史官，君举必书，所以慎言行，昭法式也。左史记言，右史记事”，巡狩如此重大之事，不能无史官随行。史官负责将各国诗谣进行记录整理，从而又形成了“国史采诗说”[②]。

如果说巡狩是天子对诸侯国的主动考察，述职则是诸侯国对自己政绩的主动呈现。《左传·昭公五年》：“小有述职，大有巡功。”《孟子·梁惠王下》：“天子适诸侯曰巡狩，巡狩者，巡所守也；诸侯朝于天子曰述职，述职者，述所职也。”述职之目的：一在于助祭，若《春秋公羊传解诂·桓公元年》云：“王者亦贵得天下之欢心，以事其先王，因助祭之述其职。”是助祭时顺便述职；一在于纳贡，如司马相如《上林赋》：“夫使诸侯纳贡者，非为财币，所以述职也。”《后汉纪·光武皇帝纪》：“诸侯朝聘，所以述职纳赋，尽其礼敬也。”期间是否有陈诗环节，史无明载，不敢妄言。

但《周礼·秋官》载“大行人”的职责中，有抚邦国诸侯之法，其中有“七岁属象胥，谕言语，协辞命；九岁，属瞽、史，谕书名，听声音”。传统注疏均以为，这是大行人把各诸侯国的象胥、瞽、史聚集到王宫进行培训。但我们以为，之所以将如此多的专业人才集中起来，也许有共同整理诗文本的意图在内。即在大行人的统筹带领下，由周王室和各诸侯国的文化官员共同协作，其中象胥负责言语的转译，史官负

① 赵逵夫先生对此做了有益的探讨，但其将先秦采诗诸说统一对待，未加以区别，则与我们意见不同。可参见《诗的采集与〈诗经〉的成书》，《文史》2009年第2辑。

② “国史采诗”之说，也是《诗经》成书的一大观点，如崔述在《读风偶识》中言：“旧说，周太史掌采列国之风，今自邶鄘以下十二国风，皆周太史巡行之所采也。”（崔述撰，顾颉刚编订：《崔东壁遗书》，上海古籍出版社1983年版，第543页）古人之所以有这种说法，恐怕就出于对天子巡狩采诗的误解。

责文本的校理，[①] 乐官负责音律的谱写，毕竟本国之官对己国的方言、文字、土调更为熟悉。同时，这一过程，还是一个相互回馈的过程。一方面，各国乐官可能顺便将本国新采集到的诗歌，进献给周王朝，即所谓的“诸侯贡俗”；另一方面，周王室又将新整理好的《诗》教给瞽、史，以作为各国培养国子的教材。“谕书名”或包括对《诗》文本传授，“听声音”或是对新谱《诗》乐的学习。正因为如此，才有春秋时代赋诗的兴盛。

由此可见，《国风》的结集，并不是一个单一的过程。可能是很多文化官员共同协作的结果，而行人之官在这个过程中起到的作用最大。他们既采诗，又负责《诗》的整理；既将《诗》作为天子观风知政的首要途径，又将《诗》作为自己出使专对的重要手段。

第二节　由燕礼仪程论春秋的赋诗现象

据学者统计，《左传》记载的赋诗活动，共三十三场次，其中十七次出现在飨礼上，五次出现在燕礼上，三次出现在食礼上，四次出现在盟、会、私觌场合，另有四次无明确交代。[②] 其实这一数据，存在较大问题：一方面，因对“赋诗”概念的界定不同，研究者将“歌诗”、“诵诗”之例一并计入，故各家所得出的统计数据多有与其相出入者。另一方面，《左传》记事，追求“言简而要”，[③] 故对赋诗之场合往往笼统言之，有言“飨”，其实为“燕”者，需具体场合具体分析。但若笼统言之，这一数据，又足以说明问题的，即赋诗的产生机制与燕飨仪程有着密切的关系。所以，要想探讨赋诗之产生与演变，必须结合其礼仪背景。对此，学

---

① 若《国语·鲁语下》谓“正考父校商之名颂十二篇于周太师”，可能就是文字校理工作。徐复观也指出：“诗与乐不可分，太师主乐，则诗当为太师所专主。但将歌唱之诗，书之简策，且将篇章加以编次，就当时的情形来说，则非史臣莫属。”参见《原史：由宗教通向人文的史学的成立》，《两汉思想史》第 3 卷，华东师范大学出版社 2001 年版，第 150 页。

② 王清珍：《〈左传〉赋诗现象分析》，《国学研究》2005 年第 15 卷。

③ 刘知几撰，浦起龙释：《史通通释·六家》，上海古籍出版社 1978 年版，第 11 页。

界已有相关方面的研究，[①] 但仍有可发挥的余地，本书试论之。

一　燕礼“布政”与赋诗的产生机制

西周时，周天子为招待朝聘诸侯及其臣属，设有待宾之礼，包括三种：飨礼、食礼、燕礼。《周礼·春官·大宗伯》言：“以飨、燕之礼，亲四方之宾客。”《礼记·仲尼燕居》：“食、飨之礼，所以仁宾客也。”故若论赋诗之起源，则需对三礼之仪程有所了解。三礼中，《仪礼》有《公食大夫礼》《燕礼》两篇，独少《飨礼》，好在历代学者多有进行补阙者，可以让后人有个初步的认识。[②]

三礼名分不同，礼数亦异。对其不同，各家都有详细论述。综其观点，不外以下几点：从轻重来看，飨最重，食次之，燕最轻。从目的来看，飨主肃敬，燕主欢会，食所以明待贤之礼。从仪节来看，飨有体荐而不食，盈爵而不饮，设几而不倚，立以行礼，务重其仪容；食以饭为主，虽置酒浆却不饮，故无献酢之仪；燕则以饮为主，有折俎而无饭，仅行一献之礼，故脱屦升坐以尽欢。从地点来看，飨、食举行于宗庙，燕举行于路寝。可以说，三礼有着严格的区别。

在三礼中，食礼无献酢之仪，故“赋诗”不当起于此。飨礼之具体仪节，虽难以确定，但因“仪盛节繁，必无赋诗之䢒”。只有燕礼，升坐尽欢，“得从容燕语”，才有赋诗的仪节。[③] 不过，这一说法，虽有一定道理，但推测成分较大，不足以作为赋诗发生的主要证据。

说“赋诗”起源于燕礼，也是可以找到直接证据的。早在西周早期金文中，很多器铭就以“言”字来记燕礼，如：

---

① 刘丽文：《春秋时期赋诗言志的礼学渊源及形成的机制原理》，《文学遗产》2004年第1期；王秀臣：《燕飨礼仪与春秋时代的赋诗风气》，《福建师范大学学报》2005年第3期；曹建国：《春秋燕飨赋诗的成因及其传播功能》，《长江学术》2006年第2期；等等。

② 如清人陈寿祺有《飨礼考》，收入《左海经辨》；林昌彝撰《三礼通考》，有《飨礼》一节；秦蕙田撰《五礼通考》，有《飨燕礼》一节；褚寅亮《仪礼管见》对燕飨礼也有详细考辨；等等。今人则有许维遹《飨礼考》、杨宽《乡饮酒礼与飨礼新探》等，均可参见。

③ 朱大韶：《实事求是斋经说·燕飨通名说》，《清经解续编》第3册，上海书店出版社1988年版，第850页。

《伯矩鼎》："伯矩作宝彝，用言王出内事人。"——《殷周金文集成》4.2456

《[illegible]卣》："[illegible]作旅彝，孙子用言出入。"——《殷周金文集成》10.5354

因此，有学者就认为：周初的燕礼，是为外交发"言"而设，本应作"言礼"，而诗以言志，故燕必赋诗也。[①] 不过，诗以言志，是春秋时赋诗之目的，并不足以说明"言礼"之设。我们以为，"言礼"设置的最初目的，应该是为了"布政"，后随着外交形式的转变，才发生了变化。《左传・成公十二年》载晋郤至言曰："世之治也，诸侯间于天子之事，则相朝也，于是乎有享宴之礼。享以训共俭，宴以示慈惠。共俭以行礼，而慈惠以布政。"可见，飨礼的目的在于"行礼"，燕礼的目的在于"布政"。"行礼"者，主要是天子对诸侯身份的推崇和明确，《周礼・秋官》载大行人的职责有"以九仪辨诸侯之命，等诸臣之爵，以同邦国之礼，而待其宾客"，其中上公之礼"飨礼九献，食礼九举"、诸侯之礼"飨礼七献，食礼七举"、诸子之礼"飨礼五献，食礼五举"，故"古之为享食也，以观威仪，省祸福也"[②]。"布政"者，原是诸侯朝见周天子，并听从周天子的政令。不过，燕礼的"布政"，与正常行政命令的严肃不同，是发生在宴乐慈惠的场合中，所以，其行政语言也采取了比较含蓄婉转的形式，即赋诗。

很可能在西周时期，就已有赋诗的出现。据《左传》载，文公四年（前623年），卫宁武子聘鲁，鲁文公设宴招待。在宴会上，鲁文公赋《湛露》和《彤弓》两诗，然宁武子既不辞谢，也不答赋。对此，鲁文公感到不解，于是派行人私下探问，宁武子回答说："臣以为肄业及之也。昔诸侯朝正于王，王宴乐之，于是乎赋《湛露》，则天子当阳，诸侯用命也。诸侯敌王所忾，而献其功，王于是乎赐之彤弓一、彤矢百、玈弓矢千，以觉报宴。今陪臣来继旧好，君辱贶之，其敢干大礼以自取戾？"

---

① 刘雨：《西周金文中的飨与燕》，《金文论集》，紫禁城出版社2008年版，第68—73页。

② 杜预注，孔颖达正义：《春秋左传正义》，《十三经注疏》本，中华书局1980年版，第1913页。

宁武子追述往事，认为昔日诸侯朝见天子，天子设燕礼款待，在宴会上赋《湛露》、《彤弓》之诗。武子为卫之贤臣，孔子就称赞他“邦有道则智，邦无道则愚。其智可及也，其愚不可及也”，是通达之人，故所言有一定可信性。由其回答可知：其一，赋诗起源很早。一般认为，春秋第一次赋诗，发生在僖公二十三年（前637年），秦穆公享晋公子重耳时。然据杨伯峻先生解释：“《左传》记赋诗者始于此，……始于此，非前此无赋诗者，盖不足记也。”[①] 在《小雅》中，《蓼萧》、《湛露》、《彤弓》等诗均为诸侯朝见天子，天子宴饮诸侯的组诗。《毛序》言《蓼萧》为“泽及四海也”，言《湛露》为“天子燕诸侯也”，言《彤弓》为“天子锡有功诸侯也”。据郑玄《诗谱·大小雅谱》，三诗为周公、成王时作品，清人陈启源《毛诗稽古篇》亦从其说。不可否认的是，三诗是西周盛时的作品。[②] 这契合于“言礼”的发展；其二，当时赋诗之本义是为“布政”。赋《湛露》的目的，在于勉励诸侯用命；赋《彤弓》之目的，则在于让诸侯“敌王所忾，而献其功”。由此可见，在宴饮的欢乐场合下，其实是有着政治目的的。天子以飨食礼款待诸侯，主要是对其身份的体认；以燕礼款待诸侯，则主要是为了勉励诸侯，效命王室。

早期的燕礼布政，是诸侯直接对天子负责。至春秋时，礼乐征伐自诸侯出，则燕礼发言所要解决的问题，主要变成了外交事务的交涉。这从而为赋诗的兴盛，提供了生长环境。因为，发“言”是需要时机的，在酒酣耳热之际，反而更利于完成国际事务的谈判。《论语·子路》：“诵《诗》三百，授之以政，不达；使于四方，不能专对；虽多，亦奚以为？”就指“专对”需以《诗》为言。所以说，赋诗之兴起，正是由燕礼发言而来。换句话说，赋诗是作为燕礼的一个固定仪程存在的。

但赋诗发生在燕礼仪程的哪一阶段呢？我们以为，是发生在“燕语”阶段。《国语·周语下》载：“晋羊舌肸聘于周，发币于大夫及单靖公。靖公享之，俭而敬；宾礼赠饯，视其上而从之；燕无私，送不过郊；语说《昊天有成命》。”韦昭注：“宴语所及也。”《诗经·小雅》有《蓼萧》一

---

① 杨伯峻：《春秋左传注》，中华书局1981年版，第410页。

② 陈子展：《诗三百解题》，复旦大学出版社2001年版，第648、654、657页。

诗，方玉润释其旨为："天子燕诸侯而美之也。"[①] 诗中也载："燕笑语兮，是以有誉处兮。"郑玄笺："天子与之燕而笑语，则远国之君各得其所，是以称扬德美，使声誉常处天子。"是以言语称扬德美。同样，《楚茨》也有："献酬交错，礼仪卒度，笑语卒祸。"也是说在正式礼仪完成后，宴饮时有一个相对轻松欢快的场面，这一场面主要采用了"燕语"的形式。

"燕语"发生在"正歌"之后，旅酬之时，属于"合语"之礼。孙希旦就说："升歌及下管、间歌、合乐之后，乐正告乐备作，相为司正，乃行旅酬，于此时有合语之礼也。"[②] 可以说，合语之礼是饮宴礼的固定组成部分，举凡"乡射、乡饮酒、大射、燕射之属"[③]，莫不具备。但出于不同的目的，合语的形式也有不同。一般认为合语的形式是"论说义理，以合于升歌之义"[④]，这开启了后代说诗的风潮。但考虑到燕礼的布政性质，单纯论说升歌之义理，不足以担当外交辞令的角色，因此，"合语"还有另一种形式，即"赋诗言志"。正如清人朱大韶所言："《乡射记》曰：'古者于旅也语。'语说先王道德也，即指赋诗一节。"[⑤]

就广义的"乐语"而言，赋诗在形式上采取了"诵"的方式。但在赋诗之后，接受者还要做出反应：一是要知其义理，加以阐释；二是要答赋，加以回应。只有这样，才符合礼仪。《左传·昭公二十七年》载："夏，宋华定来聘，通嗣君也。享之，为赋《蓼萧》，弗知，又不答赋。昭子曰：'必亡。宴语之不怀，宠光之不宣告，令德之不知，同福之不受，将何以在？'"这是个反面的例子，本来叔孙昭子所说《蓼萧》之义理，需由华定在宴会上指出，并赋诗回应的。但他却没有这么做，因此被视为灭亡之前兆。由此也可以看出，在燕礼中，对所赋之诗加以阐释，也合于"论说义理"的规定，这相当于"乐语"中的"语"。

---

① 方玉润：《诗经原始》，中华书局 1986 年版，第 353 页。

② 孙希旦：《礼记集解》，中华书局 1989 年版，第 577 页。

③ 郑玄注，孔颖达疏：《礼记正义》，《十三经注疏》本，中华书局 1980 年版，第 1405 页。

④ 孙希旦：《礼记集解》，中华书局 1989 年版，第 558 页。

⑤ 朱大韶：《实事求是斋经说·燕飨通名说》，《清经解续编》第 3 册，上海书店出版社 1988 年版，第 850 页。

据《左传》记载，春秋中期赋诗，虽然也添加了一些功利性目的，但仍以颂美为主，像僖公二十三年秦穆公招待晋公子重耳，一赋《河水》，一赋《六月》；文公三年，晋侯招待鲁文公，一赋《菁菁者莪》，一赋《嘉乐》，等等，都是取颂美之义，符合“燕语”的欢乐气氛。直到中后期，赋诗才以观志、规谏、讥刺、诉求等实用性目的为主。这说明，外交形式是春秋赋诗得以兴盛，并广被记载的主要诱因。

二 《左传》赋诗的微观透视

既然赋诗是燕礼中的一个固定仪注，但为何《左传》所载赋诗，多发生在飨礼场合？下面就通过文本细读的方式，对《左传》所载赋诗现象，进行详细考察。据笔者统计，除去歌诗、诵诗以及“自作诗”的赋诗情形外，《左传》共记载赋诗活动二十七场次。大致可以分为两个阶段，一是春秋中期，主要集中在僖、文、成三公时期，共六场次；二是春秋后期，主要集中在襄、昭二公时期，共二十一场次。

具体而言，《左传》对赋诗场合的记载，主要有以下四种情况：

其一，有记为飨礼赋诗，实为燕礼赋诗者。

在《左传》中，这一情形最多，据统计各国飨礼宾客，共有51次。[①]然凡有赋诗之事者，几乎都是发生在燕礼的场合。

最典型的例子，是僖公二十三年秦穆公飨重耳事，时晋公子重耳逃亡各国，饱受磨难，至秦后，秦穆公以飨礼代之，朔间有赋诗之事。其文为：

> 他日，公享之。子犯曰：“吾不如衰之文也，请使衰从。”公子赋《河水》。公赋《六月》。赵衰曰：“重耳拜赐！”公子降，拜，稽首，公降一级而辞焉。衰曰：“君称所以佐天子者命重耳，重耳敢不拜？”

对此，《国语·晋语四》也有相关记载：

> 他日，秦伯将享公子，公子使子犯从。子犯曰：“吾不如衰之文

① 徐杰令：《春秋邦交研究》，中国社会科学出版社2004年版，第108页。

> 也，请使衰从。”乃使子余从。秦伯享公子如享国君之礼，子余相如宾。卒事，秦伯谓其大夫曰：“为礼而不终，耻也。中不胜貌，耻也。华而不实，耻也。不度而施，耻也。施而不济，耻也。耻门不闭，不可以封。非此，用师则无所矣。二三子敬乎！”
>
> 明日宴，秦伯赋《采菽》，子余使公子降拜。秦伯降辞。子余曰：“君以天子之命服命重耳，重耳敢有安志，敢不降拜？”成拜卒登，子余使公子赋《黍苗》。子余曰：“重耳之仰君也，若黍苗之仰阴雨也。若君实庇荫膏泽之，使能成嘉谷，荐在宗庙，君之力也。君若昭先君之荣，东行济河，整师以复强周室，重耳之望也。重耳若获集德而归载，使主晋民，成封国，其何实不从。君若恣志以用重耳，四方诸侯，其谁不惕惕以从命！”秦伯叹曰：“是子将有焉，岂专在寡人乎！”秦伯赋《鸠飞》，公子赋《河水》。秦伯赋《六月》，子余使公子降拜。秦伯降辞。子余曰：“君称所以佐天子匡王国者以命重耳，重耳敢有惰心，敢不从德？”

通过比较，两书对同一事件的记载详略不同，《左》略而《国》详。若仅据《左传》，这次赋诗发生在飨礼场合，且仅有一个回合，即公子赋《河水》，公赋《六月》。但通过《国语》的记载发现，这次赋诗并非这么简单：从举行场合而言，这次赋诗并非发生在飨礼上，而是在燕礼上；从举行时间而言，这次赋诗是在飨礼之后的第二天；从来往回合而言，这次赋诗共两个半回合：秦伯先赋《采菽》，取“君子来朝，何赐予之”，言外之意，是您来到我国，我可以提供什么帮助吗？子余让重耳降拜，秦伯降辞，子余阐释此诗义理为：“君以天子之命服命重耳。”接着，子余又让重耳答赋《黍苗》，取“芃芃黍苗，阴雨膏之”，并阐释其义理为“重耳之仰君也，若黍苗之仰阴雨也”，从而提出请秦伯帮助返国为君的要求，这是第一回合。第二回合是秦伯谦虚一番后，赋《鸠飞》，此诗不见今本《诗经》，据韦昭注，这即《小雅·小宛》之首章：“宛彼鸣鸠，翰飞戾天。我心忧伤，念昔先人。明发不寐，有怀二人。”因秦穆公之女穆姬是晋怀公的妻子，当时也已亡故，所以秦伯赋此诗，取“我心忧伤，念昔先人”，是说会念在穆姬的情分上，帮助重耳。重耳又答赋《河水》，《河水》即《沔水》，有“沔彼流水，朝宗于海”句，表示如若能够返国掌政，会像流水朝宗于海那样朝事秦国。最后，秦伯又赋《六月》，这是讲尹吉甫佐周宣王征伐的诗，秦伯以此鼓励重耳，称霸诸侯，匡佐天子，成就一番事业。然后子余又让重耳降拜，秦伯降辞，并阐释《六月》之寓意。至此，整个赋诗活动才告结束。而重耳返国继位的大事，大家并未明言，只在这一往一还的赋诗中完成了。

由此可见，《左传》的记载多是片段式的，仅将昭示事件结果的重要环节，加以记述。倒是《国语》，出自各国史官的实录，能够详载整个活动的过程。如此，对《左传》记载的赋诗活动，应该采取审慎的态度，才能准确还原当时的历史语境。

《左传》中还有很多这样的情况，清人朱大韶《燕飨通名说》即言：

> 《左传》所载飨礼数十见，皆燕也。……而《传》所载如：秦伯享公子重耳，公子赋《河水》（僖公二十三年）；范宣子来聘，公享之，赋《摽有梅》（襄八年）；季武子如晋，拜师。晋侯享之。范宣子赋《黍苗》（十九年）；季武子如宋，报聘，褚声子逆之以受享，赋《常棣》之七章以卒（二十年）；郑伯享赵孟于垂陇。赵孟曰："请皆赋，以卒君贶"（二十七年）；楚令尹享赵孟，赋《大明》之首章（昭元年），皆燕也。……又二十六年（按，指襄公二十六年），齐侯、郑伯如晋，晋侯兼享之。晋侯赋《嘉乐》。……齐侯、郑伯命数同当七献，礼立一人为宾，其余皆众宾，献而不酢，晋不当献齐侯而以郑伯为众宾，知亦燕也。①

朱氏所谓燕、飨可以通名，基本上是可以成立的。但其所举例证，除最后一条外，并未列出具体论据，只是凭逻辑推断。我们可据其例证添加几条证据：其一，如襄公八年（前565年），范宣子聘鲁，鲁公享之，在赋诗将要结束时，有"宾将出，武子赋《彤弓》"的仪注。而襄公二十七年（前546年），楚薳罢如晋莅盟，晋侯享之，也有"将出，赋《既醉》"的细节。《既醉》为《大雅》之一篇，据杜注，薳罢赋此，取"既醉以酒，既饱以德。君子万年，介尔景福"，颂美晋侯。前文已言，飨礼有盈爵而不饮，自不会有醉酒之说。倒是燕礼，有无算爵，可以开怀畅饮，达

---

① 朱大韶：《实事求是斋经说·燕飨通名说》，《清经解续编》第3册，上海书店出版社1988年版，第850页。

到既醉的状态。无怪乎杨伯峻注说“将出而赋此，甚得其时，所谓敏于事者也”[①]。故前者“宾将出”，也是指燕礼无疑。其二，如襄公十九年（前554年），季武子如晋拜师，晋侯享之。范宣子为之赋《黍苗》，季武子的反应是“兴，再拜稽首”，杨伯峻注：“兴，从坐中起。”[②] 飨立而燕坐，则此亦燕礼而无疑。

朱氏所举例证之外，还可以再补充几条证据：如成公九年（前584年）载：“夏，季文子如宋致女，复命，公享之。赋《韩奕》之五章。”襄公二十年（前553年）载：“冬，季武子如宋，报向戌之聘也。……归，复命，公享之，赋《鱼丽》之卒章。公赋《南山有台》。武子去所，曰：‘臣不堪也。’”据《仪礼·燕礼》贾疏引郑玄《目录》：“燕有四等：……卿大夫又有聘而来，还与之燕，三也。”故按照规格，季文子和季武子都是复命而回，因其有勤劳之事，故鲁公设宴享之，此处之“享”即代指燕礼。而且，从季武子“去所”之举，[③] 知其是脱屦升坐于堂上，更证所举行者为燕礼。所以说，燕礼赋诗是春秋时的常态。

除此之外，文公三年（前624年），鲁文公如晋结盟，晋侯飨之，赋《菁菁者莪》，公赋《嘉乐》。其间细节，也与秦穆公招待重耳相类，故大致也可以推测是燕礼赋诗。其他，如昭公三年（前539年）十月，“郑伯如楚，子产相。楚子享之，赋《吉日》”。昭公十二年（前530年）夏，“宋华定来聘，通嗣君也。享之，为赋《蓼萧》，弗知，又不答赋”等，应该也是燕礼赋诗。

另外，还有一例较为特殊，发生在昭公二十五年（前517年）：

> 春，书孙婼聘于宋，桐门右师见之。……宋公享昭子，赋《新宫》。昭子赋《车辖》。明日宴，饮酒，乐，宋公使昭子右坐语相泣也。

宋公招待叔孙婼，是飨、燕并用。其中，燕礼在第二日举行，符合招

---

① 杨伯峻：《春秋左传注》，中华书局1981年版，第1138页。

② 同上书，第1047页。

③ 据杜预注：“去所，辟席。”则是离席起立，以示敬意。《春秋左传正义》，《十三经注疏》本，中华书局1980年版，第1970页。

待聘使的礼仪规定。这似乎说明，赋诗发生在飨礼当中。若果真如此，则与我们的推论不符。然据日人竹添光鸿《左氏会笺》云："享毕即燕，故宾主各赋也。"结合《仪礼·聘礼》中"燕与羞俶，献无常数"的说法可知，在招待聘使时，燕礼的举行是不限次数的。因此竹氏的说法，是有据可依的。所以，这次赋诗，仍是发生在燕礼场合。

可见，所谓"飨礼赋诗"，其实很多是发生在燕礼场合，至于原因为何？稍后再论。

其二，有明言燕礼赋诗者。

据统计，《左传》所记各国燕礼宾客共十三次，其中燕礼赋诗的有三次：[①]

> 1. 文公四年（前 623 年）：卫宁武子来聘，公与之宴，为赋《湛露》及《彤弓》。
>
> 2. 文公十三年（前 614 年）：郑伯与公宴于棐，子家赋《鸿雁》。季文子曰："寡君未免于此。"文子赋《四月》。子家赋《载驰》之四章。文子赋《采薇》之四章。郑伯拜。公答拜。
>
> 3. 昭公十七年（前 525 年）：春，小邾穆公来朝，公与之燕。季平子赋《采叔》，穆公赋《菁菁者莪》。昭子曰："不有以国，其能久乎？"

此明言为燕礼赋诗，似无可讨论。然仔细考察，也可看出左氏之笔法：材料 1 用"燕"而不用"飨"。一般各国招待聘使，会飨、食、燕三礼并用，《仪礼·聘礼》载："公于宾壹食，再飨。燕与羞俶，献无常数。"但此处突出燕礼者，可能是为了应宁武子之言，因其回答行人赋《湛露》之本义时，有"王宴乐之"之语故。

材料 2 载郑伯燕鲁文公于棐地。这此次宴会的背景是："冬，公如晋朝，且寻盟。卫侯会公于沓，请平于晋。公还，郑伯会公于棐，亦请平于晋。"按理说，郑伯有求于鲁文公，当以飨礼尊崇之。但"飨礼"一般需

① 当然，此处并不包括"礼终后燕"的情况，因为这种情况，稍后还会讨论。

在国都的宗庙举行，需“重之以备乐”。[①] 此次招待在棐地举行，自不当有飨礼。而且，文公此番为过境，是朝晋而还，途经郑国，与卫侯盟会，并非专门入郑，故不用飨礼，亦无不妥。与之相似，《襄公九年》载：“公送晋侯，晋侯以公宴于河上。”也是国君燕国君，且都不在国都，这说明材料 2 并非孤例，是符合礼制的。文公尚处春秋中期，当时虽也有僭越礼乐之事，但并不那么严重，所行燕礼还是比较符合规制的。因子家通过赋诗，将郑国处境婉转地告知鲁公，求其请成于晋，从而达到了政治目的，属于“布政”的变形。

材料 3 是小邾穆公朝鲁，鲁昭公设燕礼款待，期间有赋诗之事。小邾国是鲁之附庸小国，以燕礼待其国君，是符合礼制的。因为在同年秋，“郯子来朝，公与之宴”。郯国也是鲁国附庸，招待郯子所行的也是燕礼。据《左传》记载，小邾穆公在位期间，曾三次朝鲁：第一次在襄公七年（前 566 年），第二次在昭公三年（前 539 年），第三次即本次。第二次时，季武子想降低招待规格，被穆叔所阻止。第三次则因善于答赋，被叔孙昭子所称赞。

其三，有在飨礼过程中赋诗者。

《左传》所载赋诗现象，也有确实发生在飨礼场合的。但仅有一例，发生在昭公元年（前 541 年）：

> 夏四月，赵孟、叔孙豹、曹大夫入于郑，郑伯兼享之。子皮戒赵孟，礼终，赵孟赋《瓠叶》。子皮遂戒穆叔，且告之。穆叔曰：“赵孟欲一献，子其从之。”子皮曰：“敢乎?”穆叔曰：“夫人之所欲也，又何不敢?”及享，具五献之笾豆于幕下。赵孟辞，私于子产曰：“武请于冢宰矣。”乃用一献。赵孟为客。礼终乃宴。穆叔赋《鹊巢》，赵孟曰：“武不堪也。”又赋《采蘩》，曰：“小国为蘩，大国省穑而用之，其何实非命?”子皮赋《野有死麇》之卒章，赵孟赋《常棣》，且曰：“吾兄弟比以安，尨也可使无吠。”穆叔、子皮。及曹大夫兴，拜，举兕爵，曰：“小国赖子，知免于戾矣。”饮酒乐，赵孟出曰：“吾不复此矣。”

---

① 杜预注，孔颖达正义：《春秋左传正义》，《十三经注疏》本，中华书局 1980 年版，第 1910 页。

这次《赋诗》，发生在两个场合：一是戒宾场合；二是燕礼场合。发生在燕礼场合，为赋诗之常态。倒是发生在戒宾场合，颇耐人寻味，据杨伯峻注：“戒，告也。公食大夫，先告以期。戒亦有礼节。”根据礼制，主国招待聘使，正常要“先食再飨”，故食礼、飨礼的戒宾仪节差别并不大。《仪礼·公食大夫礼》就详载戒宾仪节：

> 公食大夫之礼。使大夫戒，各以其爵。上介出请，入告。三辞。宾出，拜辱。大夫不答拜，将命。宾再拜稽首。大夫还，宾不拜送，遂从之。

在《左传》中，因赵孟是晋国执政，所以，负责“戒宾”的也是郑国的执政子皮（即罕虎），符合食礼中“各以其爵”的对等原则。其礼终赋诗之事，杜预注为：“受所戒，礼毕而赋《诗》。”据沈钦韩解释：“杜预谓受所戒，礼毕者，谓‘上介出，请入告拜辱’礼辞许之事。”[①] 说明戒宾礼终，在“三辞”之后。郑玄注“三辞”云：“为既先受赐，不敢当。”对此，贾公彦阐释说：“既先受赐者，谓聘日致饔，受赐大礼，故今辞食，不敢当之。但受饔之时，礼辞而已，至于飨食，皆当三辞。”故飨礼“戒宾”，亦有“三辞”之事，则赵孟赋《瓠叶》，当即此时。《瓠叶》为《小雅》诗篇，“义取古人不以微薄废礼，虽瓠叶兔首，犹与宾客享之”，[②] 言外之意，赵孟是想让礼仪从简，仅用一献即可，是推辞之语。不过，“三辞”之本义，原是宾的谦虚之语，往往坐不得实。而且赵孟此时赋诗，大概属偶然事件，不是“礼辞”的常态。难怪子皮不懂，还要向穆叔请教。

其四，有未明确交代场合或记为其他场合赋诗者。

《左传》中还有一些未明确交代场合，或记为其他场合的赋诗现象，共 7 例。如文公七年（前 620 年）：

---

① 吴静安：《春秋左氏传旧注疏证续》，东北师范大学出版社 2005 年版，第 755 页。

② 杜预注，孔颖达正义：《春秋左传正义》，《十三经注疏》本，中华书局 1980 年版，第 2021 页。

己丑，先蔑奔秦，士会从之。先蔑之使也，荀林父止之，曰："夫人大子犹在，而外求君，此必不行。子以疾辞，若何？不然，将及。摄卿以往，可也，何必子？同官为寮，吾尝同寮，敢不尽心乎？"弗听。为赋《板》之三章，又弗听。

"先蔑奔秦"的背景，是因晋襄公去世，太子年幼，晋人担心国家有难，故想立个年纪较长的国君，所以赵盾提议立逃亡秦国的公子雍。先蔑出使，就是为立公子雍之事。但不想，在公子雍回国之际，赵盾又临时变卦，重新立太子为君。此即先蔑出使前，荀林父劝止之语。对此，竹添光鸿《左氏会笺》就认为："此识大体知时变之言。然林父何以不告于议迎之日，且不以告宣子，而私告蔑，林父为不忠矣？盖林父是有见识无力量之人。"则这次赋诗，是发生在私人场合，即便在燕礼之中，也是私宴。荀林父所赋《板》之三章，即"我虽异事，及尔同寮。我即尔谋，听我嚣嚣。我言维服，勿以为笑。先民有言，询于刍荛"，取同僚为他人谋划，应当听从之意。目的是通过《诗》之文化地位，以增强自己的说服力，与聘礼仪程中的外交赋诗有很大不同。与之相似，在襄公二十九年（前 544 年），鲁襄公如楚返国，到达方城。因季武子攻占卞邑事，不敢进入国境，故荣成伯赋《式微》，取"式微式微，胡不归"之意，劝其回国。此为君臣议政，与荀林父赋《板》之三章劝先蔑不要出使秦国极为相似。只不过所取得的效果有所不同，即先蔑没有听取建议，而鲁襄公听取了意见。

又如襄公十四年（前 559 年）：

夏，诸侯之大夫从晋侯伐秦，以报栎之役也。晋侯待于竟，使六卿帅诸侯之师以进。及泾，不济。叔向见叔孙穆子，穆子赋《匏有苦叶》，叔向退而具舟。

此次赋诗，发生在渡河之前，非在燕礼之中。而且，穆子"赋诗"的形式，也比较特殊，《国语·鲁语下》就详载此次"赋诗"的情形：

诸侯伐秦，及泾莫济。晋叔向见叔孙穆子曰："诸侯谓秦不恭而讨之，及泾而止，于秦何益？"穆子曰："豹之业及《匏有苦叶》矣，不知其他。"叔向退，召舟虞与司马，曰："夫苦匏不材于人，共济而已。鲁叔孙赋《匏有苦叶》，必将涉矣。具舟除隧，不共有法。"是行也，鲁人以莒人先济，诸侯从之。

盖《邶风·匏有苦叶》有"匏有苦叶，济有深涉。深则厉，浅则揭"句。言外之意是，无论如何，一定渡河。不过这次赋诗的形式，并非传统意义上的口诵诗篇，而是仅提及篇名而已。

再如襄公十六年（前 557 年）：

冬，穆叔如晋聘，且言齐故。……见中行献子，赋《圻父》。献子曰："偃知罪矣，敢不从执事，以同恤社稷，而使鲁及此？"见范宣子，赋《鸿雁》之卒章。宣子曰："匄在此，敢使鲁无鸠乎？"

此次赋诗，虽未明确交代场合，但大致也可推测是发生在燕礼场合。只不过负责招待的，并非国君，而是晋国之卿大夫：韩献子和范宣子。这也是符合礼仪规定的，《仪礼·聘礼》载："大夫于宾壹飨，壹食。"虽不提燕礼，但据《昭公二年》，晋侯使韩宣子聘于鲁，"既享，宴于季氏"，席间也有赋诗之事。此例即与之相同，是由主国之大臣为宾行燕礼而赋诗。

还如襄公十九年（前 554 年）：

齐及晋平，盟于大隧。故穆叔会范宣子于柯。穆叔见叔向，赋《载驰》之四章。叔向曰："肸敢不承命。"穆叔曰："齐犹未也，不可以不惧。"乃城武城。

此次赋诗，发生在盟会场合。一般在盟会临近结束时，也会举行飨燕之礼。据《左传·哀公十二年》载："诸侯之会，事既毕矣，侯伯致礼，地主归饩，以相辞也。"孔颖达疏云："侯伯，诸侯之长，谓盟主也。侯伯为主，则诸侯之从已者皆为宾。致礼礼宾，当谓有以礼之，或设饮食与之宴也。"此次会盟虽无诸侯参加，然范宣子为晋政，充当着盟主的角色。叔向可能负责相礼，因此穆叔才会向其赋诗请求救助。所以，这次赋诗，很可能就是发生在燕礼场合。而且，从叔向的回应可以看出，这是符合燕礼赋诗的仪程的。同样，在襄公十四年（前559年）春，“吴告败于晋，会于向，为吴谋楚故也”，在盟会上，“将执戎子驹支，范宣子亲数诸朝”，在经过一番言语交锋后，戎子驹支“赋《青蝇》而退”，也是在盟会上赋诗，可以肯定的是，这次赋诗的地点在“朝”上，据杜预注：“行之所在，亦设朝位。”则此处“朝”之功用，相当于与“路寝”之朝，[①] 也可以举行燕礼。而且，从戎子驹支“赋《青蝇》而退”的举动来看，跟襄公二十七年楚薳罢“将出，赋《既醉》”的细节很相似。所以，这次赋诗也有可能是发生在燕礼场合。

另外，还有两例：一是襄公二十七年（前546年），“齐庆封来聘，……叔孙与庆封食，不敬。为赋《相鼠》，亦不知也”。若据记载，是发生在食礼场合。同样，襄公二十八年（前545年），“叔孙穆子食庆封，庆封泛祭。穆子不说，使工为之诵《茅鸱》，亦不知”。庆丰两次赴鲁，都由叔孙穆子接待，招待礼节也都是食礼。前次食礼，叔孙亲自为赋《相鼠》，刺其无礼；后次食礼，叔孙让乐工为诵《茅鸱》，刺其不敬。考察《仪礼·公食大夫礼》所记仪节，食礼无作乐之仪，《礼记·郊特牲》也云：“飨、禘有乐，而食、尝无乐。”更遑论赋诗。而这里赋诗、诵诗，皆不合于礼仪，但为何叔孙穆子明知故犯？则颇耐人寻味。这应是叔孙有感于庆丰无礼，故意安排的环节。据杨伯峻注，《左传》言“为赋”者，除此之“为赋《相鼠》”外，尚有文公四年的“为赋《湛露》及《彤弓》”、文公七年之“为赋《板》之三章”、昭公十二年之“为赋《蓼萧》”，其用意是“皆所以着重表明所以赋此，皆有意为之”[②]。同理，叔孙使乐工为诵《茅鸱》也是出于此意。其实，叔孙对庆丰的讽刺，是一次比一次明显，第一次是亲自“赋”，庆丰不明白；第二次使乐工“诵”，这是因为“诵”比“赋”更为明白易懂。

二是昭公十六年（前526年）：“晋韩起聘于郑，郑伯享之。……夏四月，郑六卿饯宣子于郊。宣子曰：‘二三君子请皆赋，起亦以知郑

---

① 路寝又可称之为内朝或燕朝。据杜佑《通典》卷75云：“诸侯三朝：路寝为内朝，中朝在路门外，外朝在应门外。”杜佑：《通典》，中华书局1988年版，第2041页。

② 杨伯峻：《春秋左传注》，中华书局1981年版，第535页。

志。'"这次赋诗，也是在饮酒场合，因为饯即“送行饮酒”①。劳孝舆以为“饯行赋诗始此”②。其实，饯行饮酒也应该是以燕礼的形式待之，因为《襄公九年》载：“公送晋侯，晋侯以公宴于河上。”也是送行饮酒的例子。而且，此次赋诗，是韩起主动要求的，想借此以知郑志。故郑大夫所赋，皆出自《郑风》。其中，子齹赋《野有蔓草》，子产赋郑之《羔裘》，子大叔赋《褰裳》，子游赋《风雨》，子旗赋《有女同车》，子柳赋《萚兮》。赋诗之后，韩起皆有回应，在最后还有答赋环节，即赋《我将》，是典型的燕礼赋诗。这与襄公二十七年郑伯享赵孟于垂陇，赵孟让郑之七子赋诗，以观七子之志，如出一辙。

由上可知，“赋诗”应该有标准型和特殊型之分。标准型赋诗，场合限定，多发生在燕礼过程中；形式标准，必须是口诵诗篇，其所赋诗篇，既可以是背诵全章，也可以“断章取义”；仪注也是固定的，听赋者既要明其义理，加以阐释，又要答赋，进行回应。而且这些规定，不可违背，一旦违背，就被视为失礼。特殊型赋诗，是对标准型赋诗的发展，场合并不限定，既可以在私人相会时，也可以在渡河征战时，还可以在飨礼戒宾之时；形态并不固定，口诵诗篇也可，提及篇名也行。口诵诗篇者，像荀林父劝谏先蔑时“赋《板》之三章”。提及篇名者，像叔孙穆子渡河前言“豹之业及《匏有苦叶》矣”，都被视为赋诗；而且这一类型的赋诗，不发生在燕礼场合，所以不需要必须做出反应和答赋。有学者不明乎此，对两种类型的赋诗现象不加区别，往往笼统言之，所以会受到误导。不过，特殊型的赋诗在《左传》中所占比重并不多，只是个案，不具代表性。因此，我们应该把讨论中心放在标准形态的赋诗上。

三　左氏笔法与聘礼规格

由上述分析可知，“燕礼赋诗”是春秋赋诗的常态，但在左丘明的笔下，却将“燕礼赋诗”统一记为“飨礼赋诗”。对于其原因，有学者归之为春秋时的礼崩乐坏。③不过，在笔者看来，礼崩乐坏固然是一方面，但

① 杜预注，孔颖达正义：《春秋左传正义》，《十三经注疏》本，中华书局1980年版，第2080页。

② 劳孝舆：《春秋诗话》，丛书集成初编本，中华书局1985年版，第9页。

③ 徐杰令：《春秋邦交研究》，中国社会科学出版社2004年版，第108—113页。

却并非全部原因，因为整个春秋时代两百多年，举行典礼无数，不可能都是失礼的。

故其主要原因，还应该包括：第一，左氏笔法的剪裁。《左传》行文，是在原始史料基础上加以剪裁，为保持“言简而要”的叙事风格，[①]往往只记述关键细节，忽略次要细节。像前文所引僖公二十三年秦伯飨公子重耳事，即是明证。《国语》是一部未经加工整理的原始史料汇编，其所载事件，很多都是由史官现场记录，可信性也极高。《左传》则经过左丘明的加工剪裁，对史料有所省并，反而不如《国语》细节完整。故赵翼言：“《国语》本列国史书原文，左氏特料简而存之，非手撰也。”[②] 综观《左传》所载各例赋诗，皆言简意赅，肯定不是全貌。只有少数几例，细节是比较完整的。因此，要考察《左传》中的赋诗现象，必须通过文中遗留的某些礼仪细节，才可以准确还原出其原初形态。不过，左氏如此省并，是否合理呢？这就跟第二条原因有关，即聘礼规格是否允许。

第二，聘礼规格的允许。左氏如此省并，除了行文的需要外，还可以从聘礼的规格上寻求理据。因为燕、飨礼仪既可以作为独立的礼典存在，又可以是某一大型礼典的组成部分，像《聘礼》《朝礼》中都包含燕、飨之礼。据《仪礼·聘礼》记载：“公于宾壹食，再飨。燕与羞俶，献无常数。宾介皆明日拜于朝。”故析言之，主国之君招待朝聘者，先飨礼，次食礼，后燕礼；统言之，因三礼中，飨礼最能尊崇朝聘者之身份，故往往视飨礼为正礼，而燕礼为飨礼的组成部分。这是因为，一般飨、燕是同时举行的，先飨后燕。《左传》中，飨、燕礼的举行情况有两种：一是飨、燕同日举行，或“礼终即燕”，或飨在昼而燕在夜，不一而足；二是飨、燕不在同日举行，但一般会连续两日举行，飨在头日，燕在次日。[③] 前者如《左传·昭公元年》所载郑伯飨赵孟即在同日举行：

> 夏四月，赵孟、叔孙豹、曹大夫入于郑，郑伯兼享之。……及享，具五献之笾豆于幕下。赵孟辞，私于子产曰：“武请于冢宰矣。”

---

① 刘知几撰，浦起龙释：《史通通释·六家》，上海古籍出版社1978年版，第11页。

② 赵翼：《陔余丛考》，中华书局1963年版，第48页。

③ 许维遹：《飨礼考》，《清华学报》1947年第14卷第1期。

> 乃用一献。赵孟为客。礼终乃宴。穆叔赋《鹊巢》，赵孟曰："武不堪也。"又赋《采蘩》，曰："小国为蘩，大国省穑而用之，其何实非命？"子皮赋《野有死麇》之卒章，赵孟赋《常棣》，且曰："吾兄弟比以安，尨也可使无吠。"穆叔、子皮及曹大夫兴，拜，举兕爵，曰："小国赖子，知免于戾矣。"饮酒乐，赵孟出曰："吾不复此矣。"

这一记载很具代表性：一方面，此次赋诗除"戒宾"赋诗稍微难解外，燕礼中的赋诗是严格符合规范的，既有回应，又有答赋。另一方面，"礼终乃宴"的记载，昭示了飨礼同燕礼的紧密结合。何定生先生提出一种观点，很有启发性，他认为乡饮酒礼、乡射礼、燕礼、大射仪诸礼，实际上都是飨燕之礼。因为这类的礼，实际上都包括"飨""燕"的程序，就礼节而言，则"旅酬"以前属"飨"，"彻俎"以后为"燕"[①]。何氏这一说法是有根据的，《国语·鲁语下》："吴子使来好聘……宾发币于大夫，及仲尼，仲尼爵之，既彻俎而宴。"韦昭注曰："献酢礼毕，彻俎而宴饮也。"如此，就能理解左氏为什么会将多数的燕礼说成飨礼了。后者最典型的，仍是僖公二十三年秦伯飨重耳之事。第一天举行飨礼，是对重耳身份的认可。作为逃亡各国的公子，重耳在很多国家都受到冷落。只有在楚、秦二国，才被重视。在楚国时，楚王待之以九献之礼，因为在周礼中，这属"上公之享礼"[②]。同样，在秦国，秦伯也是享重耳以国君之礼，但第一天的典礼却并不完整，《国语·晋语四》记载为："卒事，秦伯谓其大夫曰：'为礼而不终，耻也。'"言外之意，秦伯因未举行燕礼而觉得惭愧，所以才有"明日宴"并赋诗之举。《左传》记此事，明显是出于叙述的方便，将两日的典礼仅以一言代之。但从秦伯"为礼而不终"的说法来看，也是将飨、燕视为一个连续的典礼。

综上所述，《左传》在记燕、飨二礼时，还是有一定的规律的：凡言"享"，一般都由国君亲自主持，或享敌国之君，或享敌国之卿，因为敌国之卿来聘，代表的是本国国君，所以都用飨礼。故《左传》行文，言"享"者是为尊崇来聘之国。但言"赋诗"者，却发生在燕礼场合。因为

---

① 何定生：《诗经与乐歌的原始关系》，《定生论学集》，幼狮文化事业公司1978年版，第76页。

② 《国语·晋语四》韦昭注语，上海古籍出版社1978年版，第353页。

燕礼又是飨礼的组成部分，所以不单独点明。只有当主持之人发生转变时，才单独点明。像昭公二年，晋韩宣子聘鲁，鲁公享之，“既享，宴于季氏”。鲁公享之，双方有赋诗；季氏燕之，双方也有赋诗。但前面没有点明是发生在燕礼场合，后面是明言发生在燕礼场合。凡言“燕”者，都是特意点出的，或如大国之君招待前来朝聘的小国之君，是对其身份的贬低；或如主国卿大夫招待敌国之聘使，因为卿大夫无行飨礼之身份；或如大国之君招待大国之君，因不在国都举行时，只好降低规格，使用燕礼。因此，只有从微观的角度对《左传》中的赋诗现象加以考察，才能准确还原出其细节，这样一些难以索解的问题，自然也就可以迎刃而解了。

第三节　国史系统与《诗经》文本的整理

《国语・周语上》载天子听政，有“史献书”之事。对于所献之“书”，韦昭以为即外史所掌三皇、五帝之书。其实，韦昭有将“书”狭窄化的倾向。“诗”之结集，亦可称之为书，如《墨子・明鬼下》就将《诗经・大雅》称为《周书・大雅》，对此，孙诒让就指出：“古‘诗’、‘书’多互称。”[①]《汉书・艺文志》说：“凡三百五篇，遭秦而全者，以其讽诵，不独在竹帛故也。”故在先秦时，《诗三百》是通过两种形态传播的，一是文本形态，即书于竹帛；一是声音形态，即口传讽诵。其中，文本形态当由史官负责，声音形态则由乐官负责。对于乐官讽诵诗章的问题，前文已有讨论，故现在主要讨论史官在《诗经》文本整理过程中所起的重要作用。

一　“国史掌诗说”平议

据文献记载，“国史”与《诗经》之关系，大致集中在三个方面：其一，国史作诗说；其二，国史采诗说；其三，国史存诗说。

首先，讨论“国史作诗说”。《毛诗序》曾论之曰：“至于王道衰，礼义废，政教失，国异政，家殊俗，而变风、变雅作矣。国史明乎得失之迹，伤人伦之废，哀刑政之苛，吟咏性情，以风其上，达于事变而怀其旧

① 孙诒让：《墨子间诂》，中华书局2001年版，第238页。

俗者也。”言外之意，变风、变雅之诗皆由国史所作。然事实真是如此吗？考变风、变雅诸诗，并非皆国史所作。变风之中，据《左传》记载，《卫风·硕人》是隐公三年卫人为庄姜所作；《鄘风·载驰》是闵公二年许穆夫人所赋；《秦风·黄鸟》是文公六年国人为子车氏三良而作；等等。变雅之中，《小雅·节南山》有“家父作诵，以究王讻”，点明作者为周大夫家父；《巷伯》篇有“寺人孟子，作为此诗”，说明作者的身份是寺人；《大雅·桑柔》，曾在《左传·文公元年》中被秦穆公所引用，又称为周芮良夫之诗，而芮良夫是周厉王时卿士，等等。可见，变风多为国人之风，变雅多是公卿大夫所作，《国语·周语上》就有“公卿至于列士献士”，故孔颖达疏云：“凡是臣民，皆得风刺，不必要其国史所为。”[①]

尽管如此，国史仍是《诗经》的重要作者类型之一。其创作类型，主要有两种，即《颂》和《雅》。在《诗经》中，《颂》有《周颂》《鲁颂》《商颂》之分。一般认为，《周颂》的创作很多都是由史官完成的，但苦于没有直接证据。[②] 而《鲁颂》，则可大致肯定是由史官所作。刘师培曾力倡“古学出于史官论”，认为史官有掌诗之职，其证据之一即“《鲁颂》作于史克”[③]。其实，关于《鲁颂》之作，主要有两种说法，一是史克所作，毛诗主之；一是奚斯所作，三家诗主之。前者之依据，主要见于《鲁颂·駉》之《诗序》：“《駉》，颂僖公也。僖公能遵伯禽之法，俭以足用，宽以爱民，务农重谷，牧于坰野。鲁人尊之，于是季孙行父请命于周，而史克作是《颂》。”孔疏云：“《序》云史克作是《颂》，广言作《颂》，不指《駉》篇，则四篇皆史克所作。”认为《鲁颂》皆为史克所作。季孙行父、史克皆见于《春秋》经传，其中，季孙行父见于《春秋·文公六年》，史克见于《左传·文公十八年》，故孔颖达认为《鲁颂》

① 毛亨传，郑玄笺，孔颖达正义：《毛诗正义》，《十三经注疏》本，中华书局1980年版，第272页。

② 现代学者就多将《诗经·周颂》中的很多作品视为史官创作的结果，像公木、赵雨就说：“周颂的制作，大都出自史官和太师（乐官）的手笔。”（参见《诗经》，春风文艺出版社1999年版，第4页）刘操南也说：“《周颂》三十一篇……作者为周公、召公、周王或史臣。”（参见《诗经探索》，浙江大学出版社2003年版，第26页）

③ 刘师培：《古学出于史官论》，《刘师培史学论著选集》，上海古籍出版社2006年版，第10页。

是作于文公之世，具体年月不可知。后者之依据，如扬雄《法言·学行》："公子奚斯尝睎尹吉甫矣。"是《鲁诗》说；班固《两都赋序》："皋陶歌虞，奚斯颂鲁。"是《齐诗》说；王延寿《鲁灵光殿赋序》："奚斯颂僖，歌其路寝。"今文家之依据，皆因《閟宫》有"新庙奕奕，奚斯所作"句，薛君《韩诗章句》："奚斯，鲁公子也。言其新庙奕奕然盛，是诗公子奚斯所作也。"认为奚斯作的是《鲁颂》而非"新庙"。即便真是如此，也只是《閟宫》一诗为奚斯所作。其他如扬、班、王等人皆笼统言之，并未言《鲁颂》四诗都是奚斯所作，故还是不能完全否定史克作《鲁颂》之说。所以，不管怎么说，史克曾做过《鲁颂》还是大致可信的。至于《商颂》的情况，前文已论，兹不重叙。

《雅》诗者，多为公卿大夫列士所献，但也有史官创作者，如《大雅·烝民》《崧高》等诗的作者尹吉甫就是周宣王时的内史。《烝民》篇有"吉甫作诵，穆如清风"，《崧高》篇有"吉甫作诵，其诗孔硕"，明言是尹吉甫所作。然尹吉甫之身份，据《大雅·崧高》云："尹吉甫……周之卿士也。"一般的注疏，皆从此说。《小雅·六月》还记其北伐玁狁之事，其中有"文武吉甫，万邦为宪"句，则尹吉甫又是北伐的大将，似乎并无史官的身份。其实，尹吉甫是以卿士而兼内史之职的。《大雅·常武》载：

> 王谓尹氏，"命程伯休父，左右陈行。戒我师旅，率彼淮浦，省此徐土。"不留不处，三事就绪。

毛传云："尹氏掌命卿士，程伯休父始命为大司马。"郑笺则云："尹氏，天子世大夫也。"据《周礼·春官》载"内史"之职有："凡命诸侯及孤卿大夫，则策命之。"故尹氏掌命卿士，恰与内史之职相同。据孔颖达解释，这里的尹氏就是尹吉甫，是以一身而兼二职的，这是因为：

> 下至春秋之世，天子大夫每有尹氏见于经传，以此知天子世大夫也。吉甫，卿士也，而云大夫者，以吉甫身为卿士，其继世者不必常得为卿，而大夫是其总号。且命臣者，内史之事，《周礼》内史中大夫，故以大夫言之。吉甫卿士而掌命臣者，盖为卿而兼内史也。

其实内史之职，于尹吉甫为世官。在西周的异姓史官中，尹氏是比较重要的一支，其始祖为尹佚，曾在周代殷的过程中起到过重要作用。尹佚的官职就是内史，[①] 之后尹氏家族世守此职，如其后人有史速、尹丞等，均见于铜器铭文。尹吉甫亦出自这一家族，故其世系为内史，也就不奇怪了。可能因为他功劳太大，被周王命为卿士。而之后的尹氏，仍然只袭内史之职，像《左传·僖公二十八年》载周襄王“命尹氏及王子虎、内史叔兴父策命晋侯为侯伯”，仍掌策命之事。[②]

除了《崧高》和《烝民》外，据《毛诗序》，《大雅》中的很多诗篇，都是身为内史的尹吉甫创作的，像《韩奕》是“尹吉甫美宣王也，能锡命诸侯”，《江汉》是“尹吉甫美宣王也，能兴衰拨乱，命召公平淮夷”。如果这些说法是可信的，足以证明史官在《诗经》创作过程中所起的重要作用。

其次，关于“国史采诗说”，前文已有具体讨论。这里只补充一点，即采诗是一种综合型的文化活动，非一官所能独立完成，其涉及职官有行人、国史、太史等官。国史在其中所起的作用主要就是将歌唱之诗，书之简策，并将篇章加以编次。[③] 具体而言，表现在两点：一是对所采诗歌进行记录，特别在巡狩之时，如《孔丛子·巡狩》所云：“岁二月，东巡守……命史采民诗、谣，以观其风。”这里的“采诗”，是指对各诸侯国所陈之诗进行的记录。龚自珍《古史钩沉论二》即云：“风也者，史所采于民，而编之竹帛，付之司乐者也。”二是对所采诗歌加以甄别，可能就是对行人所采和列士所献诗歌进行审查。如孔颖达《毛诗正义》卷一引郑玄答张逸云：“国史采众诗时，明其好恶，令瞽矇歌之，其所无主，皆国史主之，令其可歌。”即对那些没有作者的诗歌，由国史进行修订，然后再交付瞽矇歌之。因此，《大戴礼记·投壶》说：“凡《雅》二十六篇：……《史辟》、《史义》、《史见》、《史童》、《史谤》、《史宾》、《拾

---

① 清人孔广森引盛德注云：“太史为左史，内史为右史。按《国语》‘访于辛、尹’，谓辛甲、尹佚，并周史也。《左传》以辛甲为太史，则尹佚内史矣。《周官》内史掌赞王命诸侯，故《书》曰‘作册佚告’。”《大戴礼记补注》，中华书局 1985 年版，第 33 页。

② 胡新生：《异姓史官与周代文化》，《历史研究》1994 年第 3 期。

③ 徐复观：《原史》，《两汉思想史》第 3 卷，华东师范大学出版社 2001 年版，第 150 页。

声》、《睿挟》。”此八篇废不可歌，然对其篇名，各注家均无解释。“史辟”、“史义”等似乎都是史官之名，而这些诗篇之得名，很可能就是因整理者或记录者而来。当然也不能排除另一种可能，即这些诗篇是由史官创作而得名。

最后，讨论“国史存诗说”。史官的一大职能就是典掌文献，如《左传·昭公二年》载韩宣子聘鲁，“观书于太史氏，见《易象》与《鲁春秋》”，此其特举两例而已，非太史氏所掌全部，《诗》被整理成书之后，很可能也由其负责保存。《诗》被整理成集，是有证据可寻的，除前引《墨子·明鬼下》将《诗经·大雅》称为《周书·大雅》外，《天志下》也言：“于先王之书《大夏》之道之然：‘帝谓文王，予怀明德，毋大声以色，毋长夏以革，不识不知，顺帝之则。’”俞樾注：“《大夏》，即《大雅》也，雅、夏古字通。”是诗出自《大雅·皇矣》，也将《大雅》称为先王之书。

那么，《诗》既然被整理成书，其文本形态是什么样的呢？新近整理的清华简为此提供了证据。据整理者介绍，在第三批整理的竹简中，有两种是西周时的佚诗，一种是类似《周颂》的《周公之琴舞》，共17支竹简，由十篇颂诗组成。简文开首有简单的介绍：“周公作多士儆毖琴舞九遂。”其下有诗一篇，然后又是介绍：“成王作多士儆毖琴舞九遂。”其下有诗九篇，以“元内启曰”“再启曰”“三启曰”至“九启曰”排序，第一篇即今本《周颂》之《敬之》；一种是类似雅诗的《芮良夫毖》，共28支竹简，开篇有简单背景介绍，其下有诗两篇，以“曰”和“二启曰”标示，两诗共180余句，比传世的《雅》、《颂》都要长。更为重要的是，两篇书简除内容都是诗外，其形制和字迹也相同，可能是由同一史官抄写而成。另外，《芮良夫毖》首简背面还写有篇题为《周公之颂诗》，但字迹模糊，可能是整理者误抄而致。[①]

通过与传世文献相比较，这两篇书简为了解《诗》文本的早期形态，提供了最直接的证据。第一，早期之《诗》是系于某作者名下编录的，如《周公之琴舞》《周公之颂诗》《芮良夫毖》皆是如此。整理者以为

---

① 可参见李学勤《新整理清华简六种概述》、李守奎《清华简〈周公之琴舞〉与周颂》、赵平安《〈芮良夫毖〉初读》，均见《文物》2012年第8期。

《周公之琴舞》与《周公之颂诗》或即同一文献之异名，[①] 不管是否如此，传世文献中也有类似的说法，如《国语·周语上》有"周文公之颂"的说法，所引为《周颂·时迈》"载戢干戈，载櫜弓矢。我求懿德，肆于时夏，允王保之"句；《周语中》有"周文公之诗"的说法，所引为《小雅·棠棣》"兄弟阋于墙，外御其侮"句。然对于《时迈》之作者，除周公外，还有武王作的说法，如《左传·宣公十二年》载："武王克商，作《颂》曰：'载戢干戈，载櫜弓矢。我求懿德，肆于时夏，允王保之。'"对此古今学者颇为不解，好在《周公之琴舞》给我们提供了新的启示，这篇简文同录周公、成王之诗而题为《周公之颂诗》。而《小雅·棠棣》也有周公旦作、召公奭作等说法，可能也是这种情况。这说明，当时也可能有题为《周文公之诗》的文献存留。

第二，《周公之琴舞》可能是史官对演出文本的真实记录，采用了十篇为一册的编辑方式，这可能会影响到后来《诗经》的编次形式。现存《诗经》中，《雅》《颂》的编次都是十首一编，称之为"什"，如《清庙之什》包括《清庙》《维天之命》《维清》《烈文》《天作》《昊天有成命》《我将》《时迈》《执竞》《思文》十首。朱熹《诗集传》云："雅颂无诸国别，故以十篇为一卷，而谓之什，犹军法以一人为什也。"[②]《芮良夫毖》之所以由两首诗组成，一方面，可能因篇幅太长，如果集合十篇，不方便阅读。另一方面，则可能因芮良夫作品有限，只此两首，献给史官后，被记录在策，单独保存。而后来《雅》诗也以十篇编次，则可能是因作者"非止一人，篇数既多，故以十篇编为一卷"[③]，是后期整理《诗经》的编辑方式。

第三，早期史官在抄录《诗》时，同时会对诗篇的创作背景加以记录，这可能是后代《诗序》的雏形或参考资源。如《芮良夫毖》篇首就有：

周邦骤有祸，寇戎方晋，厥辟御事，各营其身，恒争于富，莫智

---

① 李守奎：《清华简〈周公之琴舞〉与周颂》，《文物》2012 年第 8 期。

② 朱熹：《诗集传》，凤凰出版社 2007 年版，第 115 页。

③ 毛亨传，郑玄笺，孔颖达正义：《毛诗正义》，《十三经注疏》本，中华书局 1980 年版，第 401 页。

庶难，莫恤邦之不宁，芮良夫乃作訩再终。①

这是芮良夫作诗的背景，可以说基本符合周厉王时的历史环境。② 说其可能是史官记录，是有文献可证的。如《左传·昭公十二年》载：

> 王出，复语。左史倚相趋过，王曰："是良史也，子善视之。是能读《三坟》、《五典》、《八索》、《九丘》。"（右尹子革）对曰："臣尝问焉，昔穆王欲肆其心，周行天下，将皆必有车辙马迹焉。祭公谋父作《祈招》之诗，以止王心，王是以获没于祗宫。臣问其诗而不知也。若问远焉，其焉能知之？"王曰："子能乎？"对曰："能。其诗曰：'祈招之愔愔，式昭德音。思我王度，式如玉，式如金。形民之力，而无醉饱之心。'"

这是一个反面的例子，按理说作为楚之左史，倚相应该对祭公谋父所作《祈招》之诗及其本事很清楚，但这里却只知其本事，而不知其文句，因而受到右尹子革的批评。这也从侧面反映了史官应该具备对诗篇及其本事进行记录的职能。另外，还有一个正面的例子，也是跟左史倚相有关的，见于《国语·楚语上》左史倚相曰：

> 昔卫武公年数九十有五矣，犹箴儆于国，曰："自卿以下至于师长士，苟在朝者，无谓我老耄而舍我，必恭恪于朝，朝夕以交戒我；闻一二之言，必诵志而纳之，以训导我。"在舆有旅贲之规，位宁有官师之典，倚几有诵训之谏，居寝有亵御之箴，临事有瞽史之导，宴居有师工之诵。史不失书，蒙不失诵，以训御之，于是乎作《懿》戒以自儆也。

据韦昭注云："《懿》，《诗·大雅·抑》之篇也。……《毛诗序》曰：'《抑》，卫武公刺厉王，亦以自儆也。'"则此所述为《大雅·抑》之创作背景，可见倚相对多数诗篇也还是很熟悉的。

---

① 为方便起见，此简文字均以今之文字写出。

② 参见赵平安《〈芮良夫訩〉初读》，《文物》2012年第8期。

故《祈招》为逸诗，今本《诗经》不见，其本事为："昔穆王欲肆其心，周行天下，将皆必有车辙马迹焉。祭公谋父作《祈招》之诗，以止王心。"《懿》见今本《诗经·大雅》，其本事为："卫武公……作《懿》戒以自儆也。"两者与《芮良夫诐》篇首之序的叙述模式是非常相近的。

二　"邦国之志"与"四方之志"

朱熹在《朱子语类》卷八十中认为"国史明乎得失之迹"一句有病，因为"《周礼》、《礼记》中，史并不掌诗"；卷八十一也说："（《毛诗大序》）其间亦自有凿说处，如言'国史明乎得失之迹'。按《周礼》史官如太史、小史、内史、外史，其职不过掌书，无掌诗者。不知'明得失之迹'却干国史甚事?"① 其实，朱熹自己也非常矛盾。他一方面据《周礼》、《礼记》等书，认为国史不掌诗；但另一方面，在处理具体问题时，又认为史官有收诗之职和编次之责，如他在《朱子语类》卷三十四中说："当时史官收诗时，已各有编次，但到孔子时已经散失，故孔子重新整理一番，未见得删与不删。"②

其实，朱熹所说国史不掌诗的说法并不确切，上文已有论述。《周礼》中虽未明言史官负责典掌《诗》文本，但并不代表没有这方面的职责。上引太史氏还有掌《易象》之事，《周礼》中也没有记载，这可能和《周礼》行文的高度概括性有关。若仔细阅读《周礼》文意，还是可以发现史官掌《诗》的某些蛛丝马迹。

据《周礼》记载，"春官"体系内有五史之官，即太史、小史、内史、外史、御史，有司掌典籍之责。其中，小史负责掌"邦国之志"，内史负责掌"四方之志"和"三皇五帝之书"，另外还负责"达书名于四方"。一般认为，"志"是史书一类的文献，如孙诒让释"邦国之志"为"谓掌王国及畿内侯国之史记"③，郑玄注"四方之志"时也云："志，记也。谓若鲁之《春秋》、晋之《乘》、楚之《梼杌》。"均视"邦国之志"和"四方之志"为史书之流。不过，前人之注疏，将"志"解释为

① 黎靖德：《朱子语类》第6册，中华书局1986年版，第2072、2108—2109页。

② 黎靖德：《朱子语类》第3册，中华书局1986年版，第865页。

③ 孙诒让：《周礼正义》，中华书局1987年版，第2098页。

“记”是对的，而统一将其理解为史书，则有失偏颇。

“志”者，“记”也，凡笔之于竹帛者，均可称为记。故这是一种综合性文献的统称，也应包括《诗》在内。之所以如此说，是因为：其一，从文字学上讲，“诗”、“志”与“记”之间存在着密切的关系，是可以互训的。除去常说的“诗言志”之外，汉人就径以“志”释“诗”，如许慎《说文》云：“诗，志也。从言，寺声。”《史记·封禅书》及《汉书·司马相如传》均有“诗大泽之博”句，王念孙就释为：“诗者，志也。志者，记也。谓作此颂以记大泽之溥博。”[①] 闻一多由此提出“志”有三义说，即“记忆”“记录”“怀抱”，而“记忆”“记录”为其原始义，因为无文字时需专凭记忆，有文字后以文字记录代替记忆，则记录之“记”是由记忆之“记”衍生而来。故记忆可谓之志，记录亦可谓之志，古时的一切文字记载都可称为志。[②]

其实，“诗言志”这一命题，本就包含记忆的成分在内，因前文已有论述，兹不重叙。

而作为记录义，亦可从诗之功能角度得到阐释。如《管子·山权数》：“诗者，所以记物也。”此即《论语·阳货篇》学诗可以“多识于鸟兽草木之名”之义；又如《新书·道德说》：“诗者，志德之理而明其指，令人缘之以自成也。”此即《左传·僖公二十七年》所云“《诗》《书》，义之府也”之义。再加前之史诗，则诗之功用兼具记事、记物、记德三方面。对史官而言，就是将这些内容记录下来，作为培养国子及治国行政的文本。

其二，从文献学上讲，“志”类文献并非专指史书而言。据罗根泽统计，《左传》就广引各类志书：引《周志》者一，引《前志》者二，引《军志》者二，引《志》者六，引《史佚之志》者一，共十二条；《国语》也是如此，引《志》者也有两条。[③] 当然，罗先生的统计并不全面，《左传·襄公三十年》还有《仲虺之志》的记载，即《尚书》之《仲虺

---

① 王念孙：《读书杂志·汉书十》，江苏古籍出版社 1985 年版，第 324 页。

② 闻一多：《歌与诗》，《神话与诗》，上海人民出版社 2006 年版，第 151—155 页。

③ 罗根泽：《战国前无私家著作说》，《罗根泽说诸子》，上海古籍出版社 2001 年版，第 43—47 页。

之诰》，《国语·晋语》有《礼志》、先王之《法志》等记载。[①] 而在战国诸子中，也有引《志》者，如《孟子·滕文公上》："且《志》曰：'丧祭从先祖。'"《滕文公下》："且《志》曰：'枉尺而直寻，宜若可为也。'"《荀子·大略》引《聘礼志》云："币德则伤德，财侈则殄礼。"《吕氏春秋·贵当》引《志》曰："骄惑之事，不亡奚待？"

由上可知，志类文献包含很广，既有国别之《周志》，又有史官个人之《史佚之志》。另外，还有礼类之《志》和先王之《法志》等。但小史所掌"邦国之志"，更类似于《周志》这样的文献，郑玄注引郑司农即云："《春秋传》所谓《周志》，《国语》所谓《郑书》之属是也。"考《周志》内容，见于《左传·文公二年》："《周志》有之：'勇则害上，不登于明堂。'"《郑书》内容，亦见《左传》，《襄公三十年》有"《郑书》有之曰：'安定国家，必大焉先。'"这类文献还是有着相似的性质，像吕思勉以为"皆《尚书》类也"[②]，刘起釪也认为"其中主要的是记言，故仍得视为《书》类"[③]。从这些《志》的内容来看，似乎都是左史记言之作，还表现出一定的诗体特征。

其实，《诗》在一定程度上，也属于记言之作。孔子就说："不学诗，无以言。"《管子·山权数》即言："《诗》记人无失辞。"与《书》是相通的，《尚书》类文献中有《五子之歌》，就是以《书》记《诗》之作；清华简中的《芮良夫毖》虽然具备雅诗的特征，但却被视为一种新的《尚书》体式。[④] 这说明，《诗》《书》在文献上的相似性。《诗》《书》同称为《志》，也是有文献可证的。如《国语·晋语四》载晋文公问元帅于赵衰，赵衰提到："夫先王之《法志》，德义之府也。"同事亦见于《左传·僖公二十七年》则作"《诗》《书》，义之府也"。可见，先王之《法

① 需要指出的是，有些史官之言，也是可以称为"志"的。如《左传·襄公三十年》所引《仲虺之志》的内容为："乱者取之，亡者侮之，推亡固存，国之利也。"同文又见《襄公十四年》却作"仲虺有言曰"，若据此，《左传》还另引史佚之言有四，《僖公十三年》"且史佚有言曰"，《文公十五年》"史佚有言曰"，《宣公十二年》"史佚所谓"，《昭公元年》"史佚有言曰"，均是"志"类文献。

② 吕思勉：《周官五史》，《吕思勉读史札记（增订本）》，上海古籍出版社2005年版，第215页。

③ 刘起釪：《古史续辨》，中国社会科学出版社1991年版，第617页。

④ 赵平安：《〈芮良夫毖〉初读》，《文物》2012年第8期。

志》就包括《诗》《书》在内。《左传·昭公十年》记韩宣子请郑之六卿赋诗，六卿所赋皆出自《诗经·郑风》，韩宣子就评价说："赋不出《郑志》。"说明《郑诗》亦可称为《郑志》。所以说，"四方之志"和"邦国之志"是包含《诗》文本在内的，最起码系统整理前的《诗》文本是被包含在内的。

最后，还可探讨一下"邦国之志"和"四方之志"的差别，以及对《诗经》按国别编次的影响。关于"邦国"的解释，自古以来众说纷纭，后日知先生梳理文献，认为《周礼》所谓"邦国"，就是指周邦王国而言。[①] 那么，"邦国之志"应该就是宗周畿内的重要文献，应该包括后来的大、小《雅》和《周颂》之诗，由小史所掌；至于"四方"一词，是与"邦国"相对的，在西周金文中屡见，应该是指"周王势力所及之地，可以建诸侯者也"[②]。如此，"四方之志"应包括列国之《风》，由外史所掌。

通过不同史官对不同《诗》的执掌，亦可了解《诗经》成书的编辑过程，但因为问题比较复杂，姑留待他文讨论。

---

① 日知：《〈周礼〉中的邦国和国家》，《社会科学辑刊》1989年第2、3期。

② 顾颉刚：《畿服》，《史林杂识初编》，中华书局1963年版，第1页。

第七章　《乐经》与周乐的义理化

乐官是先秦音乐文化的实际操作主体，其知识体系、技能技法、从业经验等，以义理的形式被总结下来，就是《乐经》的雏形。但《乐经》作为六经之一，却并未流传下来，因而成为古代经学史上一大悬案。近期，关于《乐经》的研究又成为学术界的热点。学界对其关注主要集中在《乐经》的成书及其性质问题。[①] 然众说纷纭，难有定见。因此，要想准确把握这两个问题，一是要将《乐经》还原到两周乐教的文化活动当中，二是要将《乐经》放入先秦雅乐文化的大背景下，才能有所发明。另外，考察阐释《乐经》的《乐记》和《乐纬》，对《乐经》文献问题的研究，也是十分有帮助的。

第一节　从乐教传统论《乐经》之形成与残佚

《乐经》作为六经之一，对先秦贵族子弟的教育起着十分重要的作用。但在流传过程中，《乐经》并没有保存下来。对此，学界有着不同的说法。有的学者认为先秦实止五经而无《乐经》；[②] 而多数学者认为《乐

---

① 这方面的论文有：项阳：《〈乐经〉何以失传》，《光明日报》2008 年 6 月 23 日第 12 版；罗艺峰：《由〈乐纬〉的研究引申到〈乐经〉与〈乐记〉的问题》，《汉唐音乐史首届国际研讨会论文集》，2009 年 10 月 1 日；田君：《〈乐经〉的性质与亡佚新探》，《南京艺术学院学报（音乐与表演版）》2010 年第 1 期；付林鹏、曹胜高：《从乐教传统论〈乐经〉之形成与残佚》，《黄钟》2010 年第 1 期；项阳：《“六代乐舞”为〈乐经〉说》，《中国文化》第 31 期；李婷婷：《〈乐经〉考论》，《中国文化研究》2010 年夏之卷；田君：《历代〈乐经〉论说流派考》，《中国音乐学》2010 年第 4 期。

② 邓安生：《论“六艺”与“六经”》，《南开学报》2000 年第 2 期。

经》确实存在过，如罗艺峰先生从古代学术传统上以纬证经的思路出发，通过对《乐记》和《乐纬》的研究，论证了《乐经》存在的可能性。[①]项阳先生也对《乐经》的失传问题做了详细的研究。[②]不过，要想弄清楚这一问题，还需要将《乐经》文献的形成放到先秦乐教传统的背景下进行讨论。《乐经》残佚后，其对雅乐义理的论述被保存在《乐记》之中。《乐记》在继承《乐经》音乐思想的过程中，以孔子为代表的儒家学派起到了至关重要的作用。

一　乐教体系与《乐经》的性质

《乐经》之佚失，为学术史上之一大公案。有人以为《乐经》亡于秦始皇的焚书坑儒，如《初学记》卷二十一说："古者以《易》、《书》、《诗》、《礼》、《乐》、《春秋》为六经。至秦焚书，《乐经》亡，今以《易》、《诗》、《书》、《礼》、《春秋》为五经。"[③]《钦定四库全书总目·经部乐类序》也说："沈约称：《乐经》亡于秦。"有人则以为春秋之时礼崩乐坏，以六代古乐为代表的雅乐系统受到"郑卫之音"的冲击，而导致雅乐不再被人喜爱而丢失，如清朱彝尊《经义考》引朱载堉曰："古乐绝传率归罪于秦火，殆不然也。古乐使人收敛，俗乐使人放肆，放肆人自好之，收敛人自恶之，是以听古乐惟恐卧，听俗乐不知倦，俗乐兴则古乐亡，与秦火不相干也。"[④]更有人以为本没有《乐经》，《乐经》在《诗》和《礼》中。如清邵懿辰《礼经通论》云："乐本无经也。……乐之原在《诗》三百篇之中，乐之用在《礼》十七篇之中。"[⑤]对此，周予同先生总结说："依今文学说，《乐》本无经，乐即在《诗》与《礼》之中。依古文学说，《乐》本有经，因秦焚书而亡失。"[⑥]两说论点不同，但今文家

---

① 罗艺峰：《由〈乐纬〉的研究引申到〈乐经〉与〈乐记〉的问题》，《汉唐音乐史首届国际研讨会论文集》，2009 年 10 月 1 日。

② 项阳：《〈乐经〉何以失传》，《光明日报》2008 年 6 月 23 日第 12 版。

③ 徐坚：《初学记》，中华书局 1962 年版，第 497 页。

④ 朱彝尊原著，侯美珍等点校：《点校补正经义考》第 5 册，中研院文哲所筹备处，1997 年，第 474 页。

⑤ 邵懿辰：《礼经通论》，顾颉刚主编《古籍考辨丛刊：第二集》，社会科学文献出版社 2009 年版，第 428 页。

⑥ 周予同：《周予同经学史论著选集》，上海人民出版社 1983 年版，第 209 页。

说虽新而失之于妄，古文家说虽旧却较为稳妥。对邵懿辰之说，夏传才先生已辩其非。另外，他还认为《乐经》并不是只有乐谱而没有文字。[①] 夏先生持论言之有据，足以发前人之诬。笔者赞同夏先生观点，以为《乐经》确实是存在的，只不过在流传的过程中失传了。其失传原因详见下文。

《乐经》的编纂，当是伴随雅乐观念的形成，对上古三代乐教经验的总结。《礼记·文王世子》云："凡三王教世子必以礼乐。"相传早在舜时，就有乐官夔负责"胄子"的音乐教育。《尚书·舜典》中记舜之言曰："夔，命汝典乐，教胄子。直而温，宽而栗，刚而无虐，简而无傲。诗言志，歌永言，声依永，律和声。八音克谐，无相夺伦，神人以和。"舜的这番话，涉及的乐教内容有乐德："直而温，宽而栗，刚而无虐，简而无傲"；乐语："诗言志，歌永言"；乐律："声依永，律和声"；乐用："八音克谐，无相夺伦，神人以和"；另外还有乐舞，即夔所言之"於予击石拊石，百兽率舞"。这与《周礼·春官宗伯》所载之负责国学教育的大司乐的职责相类似："以乐德教国子：中、和、祗、庸、孝、友。以乐语教国子：兴、道、讽、诵、言、语。以乐舞教国子：舞《云门》、《大卷》、《大咸》、《大韶》、《大夏》、《大濩》、《大武》。"另有乐师所掌之乐仪，即"乐师，掌国学之政，以教国子小舞。……教乐仪，行以《肆夏》，趋以《采荠》，车亦如之。……"乐师也是负责教导国子的，只不过所掌均为"国之小事用乐者"，当为大司乐之属官。其实，前人也有类似的意见，认为大司乐之教是夔典乐事的遗留，《历代职官表》卷十即谓："朱子谓大司乐之教即是夔典乐事。今故录舜典，系之《周官·大司乐》前，以明三代相承，实本虞廷旧制也。"[②] 由此可知，由舜时至于西周，贵族子弟的音乐教育有其相似性和传承性。只不过西周时的教学内容大大增加了而已。仅以乐舞为例，西周时就将自黄帝而来的六代乐舞作为"国子"教育的必备科目。

说西周有一套完备的音乐教育体系，还可从国子教育不同阶段所传授的内容不同看出。当时贵族子弟的教育内容有"大学""小学"之分，按《大戴礼记·保傅篇》云："古者年八岁而出就外舍，学小艺焉，履小节焉。束发而就大学，学大艺焉，履大节焉。"其中就外舍所学的"小艺"

① 夏传才：《十三经讲座》，广西师范大学出版社 2006 年版，第 10 页。

② 纪昀等撰：《历代职官表》，上海古籍出版社 1989 年版，第 258—259 页。

即“六艺”，按“六艺”之说，即《周礼·地官·大司徒》所云：“三曰‘六艺’：礼、乐、射、御、书、数。”《周礼·地官·保氏》也曰：“而养国子以道，乃教之六艺：一曰五礼，二曰六乐，三曰五射，四曰五驭，五曰六书，六曰九数。”可知贵族子弟束发之前的学习当偏重于技术层面，属于基础性教育。这里的“乐”也当偏重于对音乐技巧的学习和训练。而束发之后，进入“大学”所学的“大艺”当为“四术”，即《礼记·王制》所云：“乐正崇四术，立四教，顺先王《诗》、《书》、《礼》、《乐》以造士。”这里的“乐”的学习就与“大司乐”所教的内容相似，更偏重于文化层面，即对音乐知识和音乐思想的学习。这点在《礼记》中也能找到证据，《礼记·内则》说：“十有三年，学乐，诵诗，舞《韶》。成童舞《象》，学射御。二十而冠，始学礼，可以衣裘帛，舞《大夏》。”十几岁时，所学的是与射、御等相类似的技术和技巧；二十岁之后，所进行的则是与“礼”相等的文化层面的学习。

通过上面的论述可知，西周之时即使没有一部标准的音乐教科书——《乐经》，也已形成了一套完整的乐教体系。这个完整的体系就是《乐经》所形成的现实基础。《乐经》的现实基础还立足于当时的用乐实践。通过对先秦典籍的梳理，会发现孔子以前对雅乐的演奏、学习和阐释都有着某些约定俗成的规范。传说西周初年周公制礼作乐，导致了雅乐观念的成型，《尚书大传·嘉禾传》说：“周公居摄六年，制礼作乐，天下和。”《洛诰传》也说：“周公摄政：一年救乱，二年克殷，三年践奄，四年建侯卫，五年营成周，六年制礼作乐，七年致政成王。”《尚书大传》所载虽不完全可信，但至少说明了周公在西周雅乐体系的形成过程中起到了至关重要的作用。但周公在“制礼作乐”过程中广泛吸收了上古三代的文化资源，即所谓“周因于殷礼，所损益，可知也”。同样，周乐的成型也借鉴了前代的音乐理论和音乐资源。后来周成王也正过礼乐，《史记·周本纪》：“成王……兴正礼乐，度制于是改，而民和睦，颂声兴。”成王此时的工作与周公不同，以“正”为主，即制定了某些规范。[①] 这些规范指

① 赵敏俐先生认为雅乐是指在周代的各种礼乐礼仪上所演奏的正乐，在这些仪式中，正乐的演奏有着十分严格的规定，如金奏、升歌、笙奏、下管、间歌、合乐、无算乐等，多见于《周礼》《仪礼》《左传》等典籍中。赵敏俐等：《中国古代歌诗研究——从〈诗经〉到元曲的艺术生产史》，北京大学出版社2005年版，第64—78页。

导着周乐的演奏，《左传·襄公二十九年》载吴公子札出使鲁国时，曾被“请观于周乐”，他对这些“周乐”的评价显示一个受过国子教育的贵族，对某些雅乐的感性认知。与此相似，在孔子之前，各家对雅乐的阐释有着趋同的标准，如虢文公的“省风说”、史伯的“和司说”、众仲对“羽数”（即天子用八佾、诸侯用六佾等的区别）的讨论、郤缺的“无礼不乐”说、医和的“中声”说、晏婴的“和同说”等，再加上季札对“周乐”的评价，[①] 显示了时人强调音乐与政教合一的道德追求及重视中和之乐的审美旨趣，与《周礼·春官宗伯》中所提到“乐德”内容相类似。这些人大概都受过正规的“国子教育”或者本人就是乐官，他们对雅乐的阐释应当符合《乐经》中的用乐规范。

这些用乐规范和雅乐阐释为孔子后来的“正乐”工作奠定了基础，正如皮锡瑞所言：“孔子之前，未有经名，而已有经说。”[②] 马宗霍也说：“古之六艺，自经孔子修订，已成为孔门之六艺矣。未修订以前，六艺但为政典，已修订以后六艺乃有义例。政典备，可见一王之法；义例定，遂成一家之学。法仅效绩于当时，学斯垂教于万祀。”[③] 故由二说可知，《乐经》中所保存的当是在西周被奉为政典的、以六代雅乐为核心的音乐内容，至少包括对乐德、乐语、乐用、乐舞等各类知识的总结，它用以培养贵族子弟的音乐演奏技巧和人格素养。而在经过孔子的整理之后，它成为一门反映西周雅乐教育的专门之学。因此，在很大程度上，孔子之前《乐经》的内容是以非实体的状态——演奏为主的。

二 孔子教乐与《乐经》的存佚

上引皮、马二说，均以孔子对六经的撰述有所贡献。然皮氏为今文学家，更加注重孔子的“删定”之功；马氏属古文学派，更加注重的是孔子的“修订”之劳。但二人认识之共同点，即孔子之六经是在前代文献基础上整理而来。夏传才先生也说：“六经本来是古老的文献，……由于孔子的搜集整理和传授，这些古老而珍贵的文献才不致于湮没。”[④]

---

① 蔡仲德：《中国音乐美学史》，人民音乐出版社 2003 年版，第 31—75 页。

② 皮锡瑞：《经学历史》，中华书局 2008 年版，第 30 页。

③ 马宗霍：《中国经学史》，上海书店出版社 1984 年版，第 9 页。

④ 夏传才：《十三经讲座》，广西师范大学出版社 2005 年版，第 5 页。

以乐为例，有一点疑问。孔子幼年贫困，《论语·子罕》载其自云“吾少也贱，故多能鄙事。”孟子也云其曾为委吏、乘田，但未曾入仕于东周，如何获得编订《乐经》的材料？其原因大概有三：

第一，孔子虽未入仕于周，但曾到过东周国都雒邑，其目的很可能是学习周礼和访求古文献。《史记·孔子世家》曾记孔子与南宫敬叔“适周”之事。尽管钱穆先生对此表示怀疑，认为：“孔子见老聃问礼，不徒其年难定，抑且其地无据，其人无征，其事不信。”① 但钱穆怀疑的是老聃其人和孔子曾问礼于他的事，对于孔子适周，却只存其疑，未敢全面否定。《孔子家语·观周》也云：“敬叔与（孔子）俱至周，问礼于老聃，访乐于苌弘。”《孔子家语》虽传为魏王肃所伪造，但所载事亦非全伪。因为《乐记·宾牟贾篇》也说：“唯丘之闻诸苌弘，亦若吾子之言是也。”或许此说亦有所据，也未可知。

第二，春秋之时，天子失官，学在四夷。对于乐师的失官情况，《论语·微子》中有详细记载：“大师挚适齐，亚饭干适楚，三饭缭适蔡，四饭缺适秦。鼓方叔入于河，播鼗武入于汉，少师阳、击磬襄，入于海。”这些乐师流入各地，大概也将周朝教育贵族子弟的材料和经验带了出来。对于当时“文献不足征”的情况，孔子尤其注意对文献的访求。据《左传·昭公十七年》记载：“秋，郯子来朝，公与之宴。昭子问焉，曰：‘少皞氏鸟名官，何故也？’郯子曰：‘吾祖也，我知之。……我高祖少皞，挚之立也，凤鸟适至，故纪于鸟。……仲尼闻之，见于郯子而学之。’”郯子为鲁之附属小国郯国之人，孔子闻其名后就跑去向他学习。这正可见其对文献搜集的热忱。那么，对于这些流散各地的乐官传下的知识，孔子自没有不访求之理。这些知识大概就成为孔子编纂《乐经》的文献基础。

第三，孔子为鲁国人，鲁国完整地保存了西周的礼乐制度。鲁国与其他国家不同，据传其开国之主周公曾为周王朝制礼作乐，为表彰其功德，故可以使用天子礼乐。《史记·鲁周公世家》就载：“鲁有天子礼乐者，以褒周公之德也。”鲁国不仅有诸侯之礼乐，亦有周天子之礼乐，据《左传·襄公二十九年》载：“吴公子札来聘，……请观于周乐。”可知，正因为鲁国完整保存了周代礼乐，所以吴公子札一到鲁国，就要求观赏周

① 钱穆：《先秦诸子系年》，商务印书馆2001年版，第9页。

乐。这为孔子能全面地了解西周雅乐制度提供了便利条件。

而且孔子还深通雅乐，《乐记》记载了他对宾牟贾讲《大武》的演奏情况，说是从周太师苌弘那里听来。杨荫浏先生正是根据这段记载，还原出《大武》舞的真实演奏情况。① 而《大武》是西周雅乐的代表作，原由大司乐执掌。他又曾给鲁国太师讲过乐理，按《论语·八佾》："子语鲁大师乐。曰：'乐其可知也：始作，翕如也；从之，纯如也，皦如也，绎如也，以成。'"可知，孔子对西周雅乐理论是十分稔熟的。孔子还有很好的音乐素养，特别留意对"乐"的学习，《史记·孔子世家》记其跟鲁国乐官师襄学鼓琴，其学习的中心也不仅是对弹琴技巧的掌握，而更多的是"得其志"和"得其人"②。这是着重对乐德的把握，是符合"大司乐"教导国子的首要标准。他在欣赏雅乐时，也首重"乐德"，如《论语·述而》载："子在齐闻《韶》，三月不知肉味，曰：'不图为乐之至于斯也！'"《八佾》也载："子谓《韶》，'尽美矣，又尽善也。'谓《武》，'尽美矣，未尽善也。'"以"美""善"等品德作为评价雅乐的标准。

正因为有此便利条件和音乐造诣，才使孔子整理《乐经》的可能大大增加。他确实做过一番正乐的工作，《论语·子罕》载："吾自卫反鲁，然后乐正，《雅》、《颂》各得其所。"《史记·孔子世家》载："三百五篇孔子皆弦歌之，以求合《韶》、《武》、《雅》、《颂》之音。礼乐自此可得而述，以备王道，成六艺。"孔子正乐是有一定标准的，即是上文所说的雅乐用乐规范。如《论语·八佾》载他批评违反规范的季氏："八佾舞于庭，是可忍也，孰不可忍也?"又："三家以《雍》彻。子曰'相维辟公，天子穆穆'，奚取于三家之堂?"体现了他对雅乐体制的自觉维护。而他将这些规范加以总结，"以备王道，成六艺"，完成《乐经》文本的整理，也不是没有可能。孔子虽通雅乐之理，却无

---

① 杨荫浏：《中国古代音乐史稿》，人民音乐出版社1981年版，第31—33页。

② 《史记·孔子世家》曰："孔子学鼓琴师襄子，十日不进。师襄子曰：'可以益矣。'孔子曰：'丘已习其曲矣，未得其数也。'有间，曰：'已习其数，可以益矣。'孔子曰：'丘未得其志也。'有间，曰：'已习其志，可以益矣。'孔子曰：'丘未得其为人也。'有间，曰：'有所穆然深思焉，有所怡然高望而远志焉。'曰：'丘得其为人，黯然而黑，几然而长，眼如望羊，如王四国，非文王其谁能为此也！'师襄子辟席再拜，曰：'师盖云《文王操》也。'"

资格演奏雅乐，故其对《乐经》的阐释更偏重于义理的层面，与西周时将其作为实践之乐已有不同。

“自卫反鲁”是孔子晚年之事，这与孔子整理《六经》、教育弟子的时间相近。孔子以《诗》《书》《礼》《乐》教育弟子，史有明载，如《论语·泰伯》引孔子言曰：“兴于诗，立于礼，成于乐。”《史记·孔子世家》也说：“孔子以《诗》、《书》、《礼》、《乐》教。”又说：“孔子不仕，退而修《诗》、《书》、《礼》、《乐》，弟子弥众，至自远方，莫不受业。”《礼记·经解》引孔子言曰：“入其国，其教可知也。其为人也，温柔敦厚，……广博易良，《乐》教也。”这里孔子看重的还是乐教的道德作用。孔子对弟子的教育，还吸收了西周雅乐教育的经验。皮锡瑞就说：“则孔门设教，犹乐正四术之遗。”①

但行文至此，如果没有新的材料出现，实在难以准确推断《乐经》的文本是否由孔子所手定，故只好借本田成之的话做一总结，他说：“此二者（礼、乐）实是孔子之道，经书虽然没有，实是一种活的经书，由孔子的一言一行以及其教门人的微言大义，实在此礼、乐的活用。……总之，经书的基础，在孔子之时，《诗》、《书》、《礼》、《乐》是已经成立的了。”② 余敦康先生也说：“春秋时期，王室衰微，列国纷争，‘天子失官，学在四夷’，以六经为载体的经典处于转型的过程之中，尚未写成定本，但是作为历史文化价值本原的权威地位业已确立，得到普遍的尊奉。”③ 对《乐经》而言，“作为历史文化价值本原的权威地位”就是前文所说的雅乐用乐规范的确立。孔子正处于这个“礼崩乐坏”的时代，雅乐渐趋衰微，周礼亦遭到破坏，他却仍然将周礼和雅乐作为弟子的教育内容。而此时他的乐教思想，正符合了《乐经》代表的雅乐文化的思想内涵和精神实质，逐渐将《乐经》的实践之乐转变为义理之乐，即更强调“乐德”思想和“乐制”所体现的等级关系。

---

① 皮锡瑞：《经学历史》，中华书局2008年版，第43页。

② ［日］本田成之：《中国经学史》，孙俍工译，上海书店出版社2001年版，第54页。

③ 余敦康：《宗教·哲学·伦理》，中国社会科学出版社2005年版，第163页。

三　孔门传乐与《乐记》的形成

孔子之学，传于弟子，有“身通六艺者七十有二人”① 既“身通六艺”，当也通“乐”。七十子中较有名的是子夏，东汉徐防曾言：“臣闻《诗》、《书》、《礼》、《乐》，定自孔子；发明章句，始于子夏。”② 可知，子夏对《乐》或有所发明。马宗霍以为子夏于孔门四科中以文学著称，所以徐防之言当为可据。③ 刘师培亦曰：“《礼》、《乐》二经，孔门传其学者，尤不乏其人。如子夏、子贡皆深于《乐》。”④ 另据《乐记·宾牟贾篇》载有宾牟贾向孔子请教《大武》之乐事，虽没有直接证据说宾牟贾是孔子弟子，但从其“侍座”之举，可推知其不是孔子弟子就是孔子后学，所以孔子对其有传乐之举。

刘师培又说：“至战国之时，治《乐经》者遂鲜。”⑤ 确实，孔门治《乐经》者没有明确谱系可传。但《韩非子·显学篇》云“孔子之后，儒分为八”，其中有“仲良氏之儒”。据陶潜《圣贤群辅录》云：“仲梁氏传《乐》为道，以和阴阳，为移风易俗之儒。”虽《四库全书总目提要》以为《圣贤群辅录》为后世伪书，不是陶渊明所作。袁行霈先生却认为“未可轻易断定其为伪作”，并有详细考辨。⑥ 由此大概可知，孔门传“乐”虽没有明确的谱系，但并不表示没有继承这一传统之人。故及至荀子之时，仍有《乐论》之作。马宗霍认为荀子兼传孔门六艺，即“六艺之传，赖以不绝者荀卿也。周公作之，孔子述之，荀卿子传之”⑦。故其《乐论》一篇，虽为驳墨子“非乐”主张之作，但也正好传播了孔门的音乐主张。

《乐经》亡佚后，集儒家音乐理论之大成者是《乐记》。关于《乐记》的作者，学界存在着不同的争论。郭沫若、吕骥等人认为战国时的

---

① 司马迁：《史记》卷47《孔子世家》，中华书局1959年版，第1938页。，
② 范晔：《后汉书》卷44《徐防传》，中华书局1965年版，第1500页。
③ 马宗霍：《中国经学史》，上海书店出版社1984年版，第14页。
④ 刘师培：《刘师培讲经学》，凤凰出版社2008年版，第13页。
⑤ 同上。
⑥ 袁行霈：《陶渊明集笺注》，中华书局2003年版，第597—600页。
⑦ 马宗霍：《中国经学史》，上海书店出版社1984年版，第26页。

公孙尼子是《乐记》的作者；蔡仲德等人则认为《乐记》是河间献王刘德及其门人所作。[①] 但不管如何，《乐记》确为总结先秦儒家的音乐思想而来。且不说公孙尼子为儒家的嫡传正宗——“七十子之弟子”，即使是刘德所作，按《汉书·艺文志》所言：“武帝时，河间献王好儒，与毛生等共采《周官》及诸子言乐事者以作《乐记》，献八佾之舞，与制氏不相远。”这里所谓诸子，当也是七十子之后学，即《汉书·河间献王传》所言：“献王所得，皆经传、说、记，七十子之徒所论。”可见，不管《乐记》作者是谁，其思想之来源均为孔门七十子之所传。

“记”在汉代是作为解经的体裁而存在的。[②] 《乐记》本为解释《乐经》所作。前文已言，《乐经》至少应当由“乐德”、“乐语”、“乐舞”三方面组成，另外也许还有对礼乐关系的探讨及对上古音乐知识的普及等内容。若按朱载堉的意见，《乐经》失传为“俗乐兴”“古乐亡”的缘故。那么，当时失传最多的应为“乐语”和“乐舞”，因为音乐曲调和演唱舞蹈的技巧很难形诸文字，容易丢失。而“乐德”，即音乐知识和音乐思想却容易被保存下来。这些音乐知识和音乐思想后来被儒家学派给传承下来，很大程度地被保存在了《乐记》之中，《乐记》可视为是儒家学者对先秦雅乐思想体系的一次系统总结。若按沈约的意见，《乐经》亡于秦火，《乐记》中的音乐思想则是免于秦火而流传下来的“七十子”的论乐内容。而“乐语”和“乐舞”部分也不可能完全丢失，当也有乐官能凭借记诵使其得以保存，如汉初乐家之制氏，“以雅乐声律世世在大乐官，但能纪其铿锵鼓舞，而不能言其义”[③]。制氏对如何演奏雅乐还能凭家族相传勉强熟习，但对雅乐的“乐德”部分则不能明了。制氏所代表的不一定是孔子整理的《乐经》，但代表的却是朝廷雅乐。这从侧面也能为《乐经》的失传情况提供佐证。“乐舞”部分，至汉初仍有部分六代雅乐流传下来，如汉初之《文始舞》《五行舞》，就是上古六代乐舞的遗留。

---

① 人民音乐出版社编辑部编：《〈乐记〉论辩》，人民音乐出版社 1983 年版。

② 周予同先生说：“孔子以前，不得有经；孔子以后的著作，也不得冒称为经。他们以为经、传、记、说四者的区别，由于著作者身份的不同；就是孔子所作的叫做经，弟子所述的叫做传或叫做记，弟子后学辗转口传的叫做说。”《周予同经学史论著选集》，上海人民出版社 1983 年版，第 206 页。

③ 班固：《汉书》卷 22《礼乐志》，中华书局 1962 年版，第 1043 页。

《汉书·艺文志》云："《文始舞》者，曰本舜《招舞》也，高祖六年更名曰《文始》，以示不相袭也。《五行舞》者，本周舞也，秦始皇二十六年更名《五行》也。"这些"乐舞"和制氏所保存的"乐语"的部分恐怕不是秦火所能毁掉的。这与《诗经》的流传情况有相类似之处，《汉书·艺文志》说："凡三百五篇，遭秦而全者，以其讽诵，不独在竹帛故也。"说明《诗经》之所以免于秦火，是依靠记诵保存了下来。所以对于《乐经》的消失，原因当时多方面的。"俗乐"大兴使音调迟缓、节奏僵化的"乐语"、"乐舞"大量丢失；秦火之厄又使大量"乐德"内容丢失，仅流传下"七十子之徒"的部分论乐内容。

与汉代其他解经的"记"有所不同，《乐记》在《乐经》失传之后上升到"经"的地位。《汉书·艺文志·六艺略》中《易》《书》《诗》《礼》《春秋》都有经书存留，而独《乐》无经文，而代之以《乐记》二十三篇。此后的各代书目类典籍像《隋书·经籍志》《旧唐书·经籍志》《崇文总目》《文献通考·经籍志》《宋书·艺文志》《四库全书总目》等都将《乐记》收入经部，由此就可看出《乐记》的重要地位。熊十力先生则直接将《乐记》视为《乐经》，他说："愚谓《礼记》中有《乐记》一篇，即是《乐经》。……其文当是七十子后学所记述。"①

而且通过《乐记》的篇目问题，也可看出《乐记》对先秦雅乐教育理论的继承之处。《汉书·艺文志》著录《乐记》篇目为二十三篇，但现存《乐记》仅有十一篇，即《乐本》《乐论》《乐礼》《乐施》《乐言》《乐象》《乐情》《乐化》《魏文侯》《宾牟贾》《师乙》。另据孔颖达《礼记正义》，刘向《别录》存有《乐记》后十二篇之名，按顺序是《奏乐》《乐器》《乐作》《意始》《乐穆》《说律》《季札》《乐道》《乐义》《昭本》《窦公》。这比《大司乐》"乐德""乐语""乐舞"的分类更为细致和条理。《乐记》的内容亦完全以义理为出发点，更重视的是其对《乐经》精神实质的阐发。即便有对乐器及乐舞的介绍，也更注重对"乐情"中所蕴含的道德内涵，如《乐论篇》说："故钟、鼓、管、磬、羽、籥、干、戚，乐之器也；屈伸、俯仰、缀兆、舒疾，乐之文也。……故知礼乐之情者能作，识礼乐之文者能述。作者之谓圣，述者之谓明。"《乐情篇》："乐者，非谓黄钟、大吕、弦歌、干扬也，乐之末节也。"这种思想

① 熊十力：《论六经·中国历史讲话》，中国人民大学出版社2006年版，第17页。

与《论语·阳货》中“乐云乐云，钟鼓云乎哉”的认识是一脉相承的。《宾牟贾篇》对《大武》记载，更重视的也是音乐演奏过程中每一细节所蕴含的文化因素。如宾牟贾问舞蹈间歇为何会有长时间的等待，孔子回答说：“周道四达，礼乐交通，则夫武之迟久，不亦宜乎?”是说长时间等待代表了周王朝的德化和礼乐传播四方，取得人心。

战国时期，伴随雅乐衰微，西周实践层面的用乐规范完全受到破坏，六代古乐开始丢失，按《宋书·乐志》：“周存六代之乐，至秦唯余《韶》、《武》而已。”孔子后学对乐的阐发已经完全归结到义理层面。《乐记》的形成就代表了西周雅乐从实践之乐到义理之乐的转变。至此，《乐经》已成为一种文化象征，代表着后人对西周礼乐文明的向往之情。

综上所述，通过对先秦雅乐教育的梳理，可以明了《乐经》形成的可能性，以及孔子对先秦雅乐的整理和改造。而在传承《乐经》过程中，孔门弟子也发展了以《乐经》为代表的音乐理论。在《乐经》亡佚之后，《乐记》全面总结了孔门七十子弟子的音乐理论，使之成为中国古代最系统之音乐理论著作。

第二节　论《乐经》的性质及其义理化进程

《乐经》在先秦只称《乐》，《乐经》是后起的提法。《乐》和《乐经》称呼的不同，代表了由实用性到义理性的转变，也即由器数到义理的转变。孙希旦言：“《乐》以义理为本，以器数为用。古者乐为六艺之一，小学、大学莫不以此为教，其器数，人人之所习也，独其义理之精有未易知者，故此篇（《乐记》）专言义理而不及器数。”[①] 故可知，古人言乐有器数、义理之别。器数者，即《汉书·礼乐志》中“以雅乐声律世世在大乐官”的制氏所执掌的“铿锵鼓舞”；义理者，则是“不能言其义”之“义”。但《乐》之义理、器数有别并非开始即然，而是伴随雅乐的形成与解体由合到分。因此，要想弄清这一问题，需从诗乐关系的角度入手，对《乐经》形态的发展进行讨论。

① 孙希旦：《礼记集解》，中华书局1989年版，第975—976页。

一 诗、乐、舞相合与西周雅乐的基本形态

文献记载古乐起源甚早，《吕氏春秋·古乐》载有从朱襄氏到西周初的古乐制作。早期之乐多具实用目的，如朱襄氏作五弦之瑟本为求雨，与巫术有关。葛天氏之乐则“三人操牛尾，投足以歌八阙”，说明已是较为成熟的歌舞表演。在此过程中，古乐演进经历了不同的发展阶段，但更大程度上是声、音、歌、舞等多位一体的自然发展形态。

直至西周，礼乐观念才得以确立。传周公摄政六年，曾有制礼作乐之事。《礼记·明堂位》载其“朝诸侯于明堂，制礼作乐”。《逸周书·明堂解》亦载：“周公摄政君天下……制礼作乐，颁度量而天下大服。”“作”之义，《左氏会笺》言：“一则创造，一则修复。”① 故周公之“作乐”当有二意：其一，即修复前代古乐纳入周乐系统，《周礼》载有六代古乐，由大司乐掌之。《周礼·春官·大司乐》：“大司乐掌成均之法，以治建国之学政。……以乐舞教国子，舞《云门》、《大卷》、《大咸》、《大韶》、《大夏》、《大濩》、《大武》。”其中除《大武》为周乐外，其余均为上古古乐：《云门》、《大卷》传为黄帝乐，《大咸》传为尧乐，《大韶》传为舜乐，《大夏》传为禹乐，《大濩》传为汤乐。其二，因袭前代古乐创制周之新乐，《今本竹书纪年》卷七载：武王十二年，“作《大武》乐”；成王八年，“作《象》舞”。其中《武》、《象》之乐均传与周公有关。《吕氏春秋·古乐》：“武王即位，以六师伐殷，……乃命周公为作《大武》。”又言：“成王立，殷民反，王命周公践伐之。……周公遂以师逐之，至于江南，乃为《三象》。”故周公对古乐的继承，主要是保存其原初形态的同时，将其纳入西周祭祀系统中，赋予其新的文化蕴含，最终确定了《乐》的经典地位。

由此延伸，周乐的形态，是强化了诗、乐、舞的三位一体的基本含义。“制礼作乐”中“作”之本义，就有集诗、乐、舞三者于一体的意味。程大昌《诗论三》云：“既曰作，则翕纯皦绎，有器有声，非但歌咏而已。”② 故周公作乐之时亦兼具诗、乐、舞三端，这是对原始社会音乐

① ［日］竹添光鸿：《左氏会笺》卷6《僖公二十四年》，东京：富山房编辑局1911年版，第49页。

② 程大昌：《考古编·续考古编》，中华书局2008年版，第14页。

艺术形态的保留。不可否认，诗、乐、舞一体是人类幼年时期最为显著的艺术形式。但这一基本形态的形成，并非一蹴而就，也经过了由自然声腔到综合性艺术长期自发的发展过程。孔颖达在《毛诗正义》中说："大庭、轩辕疑其有诗者，大庭以还，渐有乐器，乐器之音，逐人为辞，则是为诗之渐，故疑有之也。……大庭有其鼓籥之器，黄帝有《云门》之乐，至周尚有《云门》，明其音声和集，既能和乐，必不空弦，弦之所歌，即是诗也。"[①] 递相传承，不断延续，最终形成诗、乐、舞一体的综合形态。

周乐经典地位的确定，在于将诗、乐、舞三位一体作为朝廷礼仪用乐，并将之作为雅乐的基本模式。这一基本模式是对夏乐、商乐传统的继承，也是对此前音乐原初形态的延续。因而上古乐论立说时，常从乐之自然形态展开，如《乐记》云："凡音之起，由人心生也；人心之动，物使之然也。感于物而动，故形于声。声相应，故生变；变成方，谓之音；比音而乐之，及干戚羽旄，谓之乐。"论述了乐之整体概念的形成过程：由声、音、律、舞等相次而成。所谓"比音"即是使合于律。人感物而发"声"，而"单出为声"[②]，禽兽亦能出声，《乐记》即言："知声而不知音者，禽兽是也。"不过，禽兽并不能表达情感，因此歌辞还需人声——"歌"来表达，[③]《汉书·艺文志》亦言："故哀乐之心感，而歌咏之声发。诵其言谓之诗，咏其声谓之歌。"歌是表达人类情感的。歌协于律就是"圣人作八音之器以文之，然后谓之音"。郑玄注言："宫商角徵羽杂比曰音。"[④] 而乐则是音"及干戚羽旄"，又将舞蹈加入进去。这里虽未言及歌辞——诗，而诗已暗含其中了。故《乐记》后文又云："金石丝竹，乐之器也；诗，言其志也；歌，咏其声也；舞，动其容也。三者本于心，然后乐器从之。"这与《尚书·尧典》中"诗言志，歌永言，声依永，律

---

① 毛亨传，郑玄笺，孔颖达正义：《毛诗正义》，《十三经注疏》本，中华书局1980年版，第262页。

② 郑玄注，孔颖达正义：《礼记正义》，《十三经注疏》本，中华书局1980年版，第1527页。

③ 《释名·释乐器》曰："人声曰歌。"王先谦：《释名疏证补》，上海古籍出版社1984年版，第336页。

④ 郑玄注，孔颖达正义：《礼记正义》，《十三经注疏》本，中华书局1980年版，第1527页。

和声……百兽率舞”所包含诗、律、舞三端一脉相承。故《乐记》虽然是《乐经》形成之后的理论著作，仍保留着“从自然音响角度对‘乐’‘音’‘声’加以区分的理论痕迹”[①]。

诗、乐的结合，使得音乐能够更为直接地表达作乐歌者的意图。故诗、乐的创制成为乐官工作的中心，如《周礼·春官宗伯·鞮鞻氏》载：“掌四夷之乐，与其声歌。”即采四夷之舞乐配以声歌。郑玄注：“言‘与其声歌’，则云乐者主于舞。”《礼记·乐记》也载：“乐师辨乎声、诗，故北面而弦。”分别创作声、诗，合而用之。因此，在西周以至东周初期，周乐的基本形态是诗、乐相合而行。孔颖达则对诗、乐之衍生次序做过精彩讨论。他在《毛诗正义》中言：

> 原夫乐之初也，始于人心，出于口歌，圣人作八音之器以文之，然后谓之为音，谓之为乐。乐虽逐诗为曲，仿诗为音，曲有清浊次第之序，音有官商相应之节，其法既成，其音可久，是以昔日之诗虽绝，昔日之乐常存。乐本由诗而生，所以乐能移俗。

又云：“初作乐者，准诗而为声，声既成型，须依声而作诗。”[②] 对诗、声、歌、音、乐的演进关系做了详细考辨，是对《舜典》和《乐记》之总结。

当周公确立了西周的用乐规范之后，《乐》的自然状态仍得以保留，主要表现在论诗重声用而不重义用。诗教义用之说，是经学成型之后主要研究模式；声用实践之说，则是早期周乐形态的主要表现形式，如《通志·乐略》言：“诗在于声，不在于义。”这种说法影响深远，至孔子时义理之学大兴，重声轻义的传统仍被继承。孔子论诗即重其声，《论语·八佾》：“《关雎》乐而不淫，哀而不伤。”《泰伯》：“师挚之始，《关雎》之乱，洋洋乎！盈耳哉。”这都是言声而不及义。《通志·乐略·乐府总

① 王小盾：《中国音乐学史上“乐”“音”“声”三分》，《中国学术》2001年第3期。

② 毛亨传，郑玄笺，孔颖达正义：《毛诗正义》，《十三经注疏》本，中华书局1980年版，第271页。

序》云："仲尼编诗为燕享祭祀之时用以歌，而非用以说义也。"就将诗乐的声用实践性质说得很透彻。朱自清先生也说："以声为用的《诗》的传统——也就是乐的传统——比以义为用的《诗》的传统古久得多，影响大得多。"[①] 这些都说明，《乐经》经历了一个从实用性到义理化的发展过程。

当然，对周乐自然形态之追溯的线索也许并不十分明晰，特别是在周公制礼作乐之后，《乐》的自然形态受到改造，被纳入到德、礼等文化范畴的规范之下，形成《乐》的经典形态，导致单纯的演奏方式亦被经典化。但在后代乐论中，仍能看到着眼于自然声响的一面，这有助于了解《乐》之经典性地位的确立过程。

二　德礼并用与《乐》的经典化

在周代的乐教系统中，起到纲领性作用的是大司乐所执掌的"三教"体系，这是对西周雅乐用途的一次系统总结。《周礼·春官·大司乐》云：

> 大司乐掌成均之法，以治建国之学政……以乐德教国子中、和、祗、庸、孝、友，以乐语教国子兴、道、讽、诵、言、语，以乐舞教国子舞《云门大卷》、《大咸》、《大韶》、《大夏》、《大濩》、《大武》。

其中"乐德"之教，是"乐教"的核心，以社会伦理秩序为内涵贯穿于整个西周礼乐传统之中，其着眼点是乐与礼的关系；"乐语"之教，则着眼于诗与礼之关系，是对仪式性技巧的一种文化阐释；"乐舞"之教，主要表现在西周早期的祭祀系统中，是对六代乐舞的一次典范性总结。

项阳先生即以为《乐经》是用在祭礼中经典性的六代乐舞，[②] 这话有

---

① 朱自清：《诗言志辨》，《朱自清古典文学论文集》，上海古籍出版社 1981 年版，第 306 页。

② 项阳：《〈乐经〉何以失传》，《光明日报》2008 年 6 月 23 日第 12 版。

一定道理。因为周公的“制礼作乐”，首先完善的就是周代的祭礼系统，[①]《左传·成公十三年》言：“国之大事，在祀与戎。”在通过对上天和历代先王的追思中，确立了“克明俊德”的治国主张。而其具体措施，如礼乐之制亦莫不在德政观念的统摄下展开。因此，“乐德”意识的形成就起源于对祭祀乐的使用。

其实这种观念亦可从《尚书》中追溯，《尧典》言：“八音克谐，无相夺伦，神人以和。”《史记集解》引郑玄注为：“祖考来格，群后德让，其一隅也。”孙星衍言：“祖考为神，群后为人。”[②] 故神人以和就有祭祀先祖之意，而对后人的要求是“德让”，说明“乐德”观念已蕴含于这个“开山纲领”之中。“乐德”之具体含义就是“和”，即所谓的“克谐”。而这个“和”，还只是由“八音之和”追求“神人以和”，并未上升到伦理道德的层面。与此相似，《周易·豫·象传》也云：“先王以作乐崇德，殷荐之上帝，以配祖考。”也言先王作乐的目的是“崇德”。

《周礼》的“乐德”之教，其核心就是对“中和”的追求。而将“中和”与“孝友”相论，有将乐器之和向社会伦理之和发展的倾向。《乐记》云：“乐者，通伦理者也。”直接将乐与伦理相通。《乐记》还说：“圣人作为父子君臣以为纪纲。纪纲既正，天下大定。天下大定，然后正六律，和五声，弦歌诗颂，此之谓德音；德音之谓乐。”将弦歌诗颂称为“德音”，而君臣父子伦理秩序的正常化是“德音”形成的前提。具体而言则是：“乐在宗庙之中，君臣上下同听之，则莫不和敬；在族长乡里之中，长幼同听之，则莫不和顺；在闺门之内，父子兄弟同听之，则莫不和亲；故乐者，审一以定和。”将伦理之和进一步发展即成政治之和。再进一步发展，乐之和还能上升到宇宙论的高度，即“大乐与天地同和”、“乐者，天地之和也”，至于何为“天地之和”？《乐记》云：“地气上齐，天气下降，阴阳相摩，天地相荡，鼓之以雷霆，奋之以风雨，动之以四时，暖之以日月，而百化兴焉。如此，则乐者天地之和也。”所以，

---

① 有学者以为，西周礼乐制度之形成，首先即对于殷代祭祀之礼的改造上。西周初之祭礼是殷礼跟周礼并存，不但祭祀殷代先王，还继承了殷代的人殉制度。后周公摄政，首先即对祭祀之礼进行改造，即舍弃了祭礼中的殷礼成分，形成了特有的礼乐文化。张岂之主编：《中国思想学说史·先秦卷（上）》，广西师范大学出版社 2008 年版，第 169—179 页。

② 孙星衍：《尚书今古文注疏》，中华书局 1986 年版，第 70—71 页。

“乐德”的中和思想，是由乐器之和发展为伦理之和，再由伦理之和发展为社会之和，最终上升为天地之和。

“乐德”之所以成为周《乐》的首要价值标准，就源于其对祭礼用乐的总结。《周礼·春官宗伯·大司乐》云：

> 以六律、六同、五声、八音、六舞大合乐，以致鬼、神、示，以和邦国，以谐万民，以安宾客，以说远人，以作动物。乃分乐而序之，以祭、以享、以祀。乃奏黄钟，歌大吕，舞《云门》以祀天神；乃奏大蔟，歌应钟，舞《咸池》，以祭地示；乃奏姑洗，歌南吕，舞《大韶》，以祀四望；乃奏蕤宾，歌函钟，舞《大夏》，以祭山川；乃奏夷则，歌小吕，舞《大濩》，以享先妣；乃奏无射，歌夹钟，舞《大武》，以享先祖。凡六乐者，文之以五声，播之以八音。

“大合乐”之解释，历代多有不同。我们以为当以《隋书·音乐志上》所言“大合乐者，是使六律与五声克谐，八音与万舞合节”最为允恰。故可知用于祭礼之乐不但有乐器伴奏，还有舞蹈表演，更有诗歌之演唱，是诗、乐、舞合一而用的典型形态。而在乐舞演奏中，“乐德”意识还表现为每一节奏、每一细节都有无限寓意。以《大武》为例，演奏前长时间击鼓象征着武王担心伐纣之时得不到众人支持；而长时间咏叹则象征武王担心伐纣时机还不成熟；而且《大武》演奏时间之长，据《乐记》记载是因为：“夫乐者，象成者也。总干而山立，武王之事也；发扬蹈厉，太公之志也；武乱皆坐，周召之治也。且夫《武》始而北出，再成而灭商，三成而南，四成而南国是疆，五成而分周公左、召公右，六成复缀以崇天子，夹振之而驷伐，盛振威于中国也。分夹而进，事早济也。久立于缀，以待诸侯之至也。”《大武》为周王朝祭祀先祖之乐，其每一节奏均与先王之功德相对应，即所谓：“故观其舞，知其德。”故周公对祭祀用乐进行了整合，后被纳入到大司乐的乐教体系之中，形成了国学的“乐德之教”和“乐舞之教”。

而在其他礼仪中，诗乐之用却有分有合。有学者曾提出过“仪礼时代”的概念，认为西周早期和中期，典礼主要以祭祀为主。直到周穆王时，《仪礼》中所记载的各种礼仪才开始成熟并大规模实行。这一传统一直延续到《左传》记载鲁僖公二十三年第一次赋诗为止，大约三百年，被称为“仪礼时代”①。此一期间，西周典礼制度得到进一步完善和发展，从大型的祭神祭祖、娱神颂祖的国家典礼过渡到诸侯、大夫、士之间的日常生活礼仪，《诗》的适应范围也进一步扩大，作用和影响空前提高。与“前仪礼时代”相比，“仪礼时代”是诗乐结合的时代，其特征有二：

第一，这一时期的典礼已非祭天祀祖的大型礼仪，故对乐之要求也不必诗乐舞兼备。当时乐的演奏是依礼而行，场合不同所用乐之形式亦不同。如《仪礼·乡饮酒礼》云：

> 设席于堂廉，东上。工四人，二瑟，瑟先。相者二人，皆左何瑟，后首，挎越，内弦，右手相。乐正先升，立于西阶东。工入，升自西阶，北面坐。相者东面坐，遂授瑟，乃降。工歌《鹿鸣》、《四牡》、《皇皇者华》。卒歌，主人献工。……笙入堂下，磬南北面立。乐《南陔》、《白华》、《华黍》。……乃间歌《鱼丽》，笙《由庚》；歌《南有嘉鱼》，笙《崇丘》；歌《南山有台》，笙《由仪》。乃合乐：《周南》，《关雎》、《葛覃》、《卷耳》；《召南》，《鹊巢》、《采蘩》、《采苹》。工告乐正曰：“正歌备。”乐正告于宾，乃降。……说屦，揖让如初，升，坐。乃羞。无筭爵，无筭乐。宾出，奏《陔》。主人送于门外，再拜。

其演奏形式有：升歌，即“工歌《鹿鸣》、《四牡》、《皇皇者华》”，以瑟伴奏，又因在堂上表演，故曰“升歌”。演唱曲目为《诗经·小雅》中的前三首，有曲有辞。

笙奏，即“笙入堂下，磬南北面立。乐《南陔》、《白华》、《华黍》”，以笙演奏，在堂下表演。演奏曲目为《小雅》的“六首笙诗”之三，皆有曲无辞。

间歌，郑玄注：“间，代也，谓一歌则一吹。六者皆《小雅》篇也。”即升歌和笙奏交替表演。其中升歌三首《鱼丽》《南有嘉鱼》《南山有台》，皆有曲有词。笙奏三首《由庚》《崇丘》《由仪》，皆有曲无辞。

合乐，则是堂上升歌与堂下笙奏同时演奏，表演曲目为《周南》《召

---

① 王秀臣：《“仪礼时代”与〈仪礼〉中燕飨礼仪中的诗乐情况分析》，《中国韵文学刊》2005年第1期。

南》中的诗歌，皆有曲有辞。

这是有固定仪式的演奏，每一步骤都有特定含义，属于“正歌”。“正歌”结束后，则有无筭乐，即表演形式不拘，或间歌，或合乐，可以重复演奏。其目的是让参加乡饮酒礼的宾主能“尽欢而止”。礼仪结束后，送客要用金奏，即“宾出，奏《陔》”，多以钟鼓演奏。这一过程中没有舞出现，说明不是大型的音乐表演。

又如大射礼，亦需要音乐伴奏。如《周礼·春官·钟师》：“凡射，王奏《驺虞》，诸侯奏《狸首》，卿大夫奏《采蘋》，士奏《采蘩》。”有人即以为凡云“奏”当是只奏乐而不歌诗，[①] 并以为认为当时诗乐已有分离的迹象。其实不确，因为《周礼·春官》记“大师”的职责有“大射，帅瞽而歌射节”，郑注为“射节王歌《驺虞》”，表明以“歌诗”为节，而不仅是以“奏乐”为节。另外，燕射礼中还有舞出现，《周礼·春官》记“乐师”的职责有“燕射，帅射夫以弓矢舞”。但其演奏，当是不同阶段的不同演奏形式。因为《仪礼》中的《乡射礼》与《大射仪》中，要求射箭时“奏《驺虞》，间若一”、“奏《狸首》，间若一”，所谓“间若一”就是要求乐曲每演奏一遍的时间要一致。似乎是只取其曲而不取其辞，可能《周礼》记载的“歌射节”不为常制。

第二，这一时期，礼与乐的关系出现偏离，如郑玄所云：“凡用乐必有礼，用礼则有不用乐者。”[②] 说明乐对礼的从属地位，乐要合乎“礼义”。所谓“礼义”，就是“德”。《礼记·郊特牲》：“奠酬而工升歌，发德也。”《仲尼燕居》：“升歌《清庙》，示德也。”《乐记》：“夫歌者，直己而陈德也。”这标志着音乐演奏由重声用到声义并重的演进过程。

声义并用，还见于《周礼》的“乐语”之教。所谓“兴”、“道”、“讽”、“诵”、“言”、“语”，郑玄注云：“兴者，以善物喻善事。道，读曰导。导者，言古以剀今也。倍文曰讽，以声节之曰诵，发端曰言，答述曰语。”孙诒让曰：“言语应答，比于诗乐，所以通意恉、远鄙倍也。”[③]

---

① 陈元锋：《乐官文化与文学：先秦诗歌史的文化巡礼》，山东教育出版社 1999 年版，第 92 页。

② 郑玄注，孔颖达疏：《礼记正义》，《十三经注疏》本，中华书局 1980 年版，第 1384 页。

③ 孙诒让：《周礼正义》，中华书局 1987 年版，第 1725 页。

可见"乐语"是诗乐相配合的表演方式。但其表演方式亦是礼仪活动中的一部分，如《礼记·文王世子》："登歌《清庙》，既歌而语，以成之也，言父子君臣长幼之道，合德音之致。"其中之"语"，就属"乐语"，而其目的也是"合德音之致"，所以"乐语"也是对"乐德"的阐发，共同构成了《乐经》的经典文化形态。

三　从歌诗到赋诗：《乐》之声义关系的倾斜

春秋末期，"仪礼时代"声义并重的形态开始被逐渐打破，主要表现为由"歌诗"发展为"赋诗"。歌诗曾是乐之自然形态，《文心雕龙·乐府》言："乐辞曰诗，诗声曰歌。"《释名·释乐器》更直言："人声曰歌。"皆是歌之原始形态。而在仪礼时代，歌演变为"伴乐器而歌"之意。歌之形式有升歌（登歌）、间歌、工歌等不同称呼，均用瑟伴奏，《尔雅·释乐》曰："瑟者，登歌所用之乐器也。"《仪礼·燕礼》："小臣坐授瑟，乃降。工歌……"说明诸侯、大夫、士之间的日常生活礼仪中之歌诗多由瑟伴奏。

"赋诗"之礼仪，则是对"乐语"之教的发展。第一次赋诗，见于《左传·僖公二十三年》，当时晋公子重耳与秦穆公相会，"公子赋《河水》，公赋《六月》"。对于"赋"之原意，《汉书·艺文志》认为"不歌而诵谓之赋"，以"诵"释"赋"。而《国语·鲁语下》："公父文伯之母欲室文伯，飨其宗老，而为赋《绿衣》之三章。……诗所以合意，歌所以咏诗也。今诗以合室，歌以咏之，度于法矣。"先言"赋《绿衣》之三章"，又云"诗所以合意，歌所以咏诗也"，言赋与歌意思相近。朱自清、顾颉刚等人均以为赋、诵、歌没有区别。[①] 但此论不确，因为"歌诗"是有固定程式限制的，其曲目的演唱也有固定的意义。如《左传·襄公四年》载：

---

① 朱自清《诗言志辨》："赋诗大都是自己歌唱，有时也教乐工歌唱；《左传》有以赋诗为'肄业'（习歌）的话，有'工歌''使大师歌'的话……赋诗和献师都合乐；到春秋时止，诗乐还没有分家。"（朱自清：《朱自清古典文学论文集》，上海古籍出版社1981年版，第209页）顾颉刚在《诗经在春秋战国间的地位》中说："赋诗是交换情意的一件事。他们在宴会中各自拣了一首合意的乐诗叫乐工唱。"（《古史辨》第3册，上海古籍出版社1982年版，第328页）

> 穆叔如晋，报知武子之聘也。晋侯享之。金奏《肆夏》之三，不拜。工歌《文王》之三，又不拜。歌《鹿鸣》之三，三拜。韩献子使行人子员问之曰："子以君命，辱于敝邑。先君之礼，藉之以乐，以辱吾子。吾子舍其大，而重拜其细，敢问何礼也？"对曰："《三夏》，天子所以享元侯也，使臣弗敢与闻。《文王》，两君相见之乐也，臣不敢及。《鹿鸣》，君所以嘉寡君也，敢不拜嘉？《四牡》，君所以劳使臣也，敢不重拜？《皇皇者华》，君教使臣曰：'必咨于周。'臣闻之：访问于善为咨，咨亲为询，咨礼为度。咨事为诹，咨难为谋。臣获五善，敢不重拜？"

晋侯以享礼招待叔孙穆子，金奏《肆夏》之三、工歌《文王》之三，因不合于周礼，所以穆叔都未答谢。当奏《鹿鸣》之三时，他才答谢。《鹿鸣》之三，指《鹿鸣之什》的前三章，分别是《鹿鸣》《四牡》《皇皇者华》，而结合上文《仪礼·乡饮酒礼》中之升歌，可知这是周礼中的固定程序。叔孙穆子是鲁国人，鲁国完整保存了西周的礼乐，故他对每首歌诗背后蕴含的意义都了如指掌。而晋国君臣要么只了解乐之演奏形式而不懂其蕴含的意义，要么就是明知故犯，说明当时僭越之举已经习以为常了。但尽管如此，时人对燕享礼的固定程式还是严格遵守的。

而"赋诗"的随意性很强，如《国语·晋语五》载秦伯享晋公子重耳时，本想让子犯随从，但子犯却推荐赵衰，理由是"吾不如衰之文也，请使衰从"。可知，赋诗是随意性很强的，不可能有音乐伴奏。又如《左传·隐公元年》载有郑伯及武姜之赋，一在隧道之外，一在隧道之中，自然不能有乐器伴奏。而且，歌诗更偏重于声用的范畴，注重的是声音节奏；赋诗则属于义用的范畴，讲究"赋诗断章"，重诗之篇章意义。《墨子·公孟》："诵诗三百，弦诗三百，歌诗三百，舞诗三百。"亦明诵诗与歌诗有所不同。

《周礼·春官宗伯》中"乐语"之教，其中就有"诵"。对其解释，众说纷纭，如郑注曰："以声节之曰诵。"贾公彦疏云："诵则非直背文，又为吟咏，以声节之为异。"言诵合于声节；《礼记·文王世子》又有"春诵"之说，郑玄注为："诵谓歌乐也。"孔疏则言："谓口诵歌乐之篇章，不以琴瑟歌也。"言为不用乐器之徒歌。徐养原言曰："讽如小儿背书声，无回曲；诵则有抑扬顿挫之致。"虽是以今释古，孙诒让以为符合本义。[①] 之所以有这些不同，或者与诵诗之主体有关。早期之“诵”，多由瞽矇或乐工掌之，属于诗乐之自然状态。《周礼·春官宗伯》记瞽矇掌“讽诵诗、世奠系”之职责；《国语·周语上》云“瞍赋矇诵，百工谏”；《左传·襄公十四年》云：“史为书，瞽为诗，工诵箴谏，大夫规诲。”都说明诵由瞽矇或乐工执掌。《诗经·大雅·崧高》：“吉甫作诵，其诗孔硕。”《毛传》云：“作是工师之诵也。”孔颖达疏：“诗者，工师乐人诵之以为乐曲，故云‘作是工师之诵’。欲使申伯之乐人常诵习此诗也。”[②] 说明诵之歌乐性质。而乐语部分“诵”之主体是国子。赋诗之主体，是诸侯或士大夫，受过国子教育，故其赋诗就采取原始诵诗——徒歌之形式。而在后代赋诗过程中，义用倾向越来越明显，“诵”就慢慢演化为符合声节的咏叹形式，最终成为班固所说的“不歌而诵”的赋。

朱谦之先生曾对《左传》中“赋诗”情况做过统计，选出二十四例，其赋诗主体均为贵族或士大夫，多用于外交场合。[③] 士大夫赋诗属于义用范畴，在应用上常常是断章取义，《左传·襄公二十八年》：“赋诗断章，余所取求焉。”慢慢成为言志之工具，《汉书·艺文志》：“古者诸侯卿大夫交接邻国，以微言相感，当揖让之时，必称《诗》以谕其志，盖以别贤不肖而观盛衰焉。”赋诗的兴起已不注意其所引之诗的音乐性质，在一定程度上代表了诗乐的分离。而且其与礼的关系亦开始分离，有人就以为礼制的僭越是赋诗兴起的前提条件，而赋诗又标志着诗与礼开始分离。[④]

从诗乐之声义并用到声义开始分离，是诗乐文化形态从形成到解体的过程。这一时期，《乐经》和《诗经》文本虽未完成，但其典范性意义却仍为时人所普遍接受。但这一过程并未维持很长时间，转眼就进入到“礼崩乐坏”的阶段。

四　言志合同与《乐》的义理化

诗乐的分离过程，是一个胎动渐变的过程，并非一蹴而就的。因此，

---

① 孙诒让：《周礼正义》，中华书局 1987 年版，第 1725 页。

② 毛亨传，郑玄笺，孔颖达正义：《毛诗正义》，《十三经注疏》本，中华书局 1980 年版，第 568 页。

③ 朱谦之：《中国音乐文学史》，上海人民出版社 2006 年版，第 67—69 页。

④ 王清珍：《〈左传〉赋诗现象分析》，《国学研究》2005 年第 15 卷。

在“仪礼时代”就有诗乐分用的情况。而对其义理形态的阐释，在当时亦有出现。《左传·僖公二十七年》载赵衰语曰：“礼、乐，德之则也。《诗》、《书》，义之府。”但还认为礼、乐偏于实践形态，而《诗》《书》更注重义理形态。

诗乐的分离，在西周末期已经开始，表现为声义并用的平衡状态被打破。典范性的声用状态逐渐崩溃，出现了“乐坏”的情况。《史记·儒林传》：“夫周室衰而《关雎》作，幽厉微而礼乐坏。诸侯恣行，政由强国。”“乐坏”之特征主要表现为：

第一，用乐秩序的紊乱，如《论语·八佾》：“孔子谓季氏：八佾舞于庭，是可忍也，孰不可忍也?”又曰：“三家者以《雍》彻，子曰：‘相维辟公，天子穆穆’，奚取于三家之堂?”是乐与礼结合的错位。

第二，乐官分散导致雅乐难以演奏，《论语·微子》：“大师挚适齐，亚饭干适楚，三饭缭适蔡，四饭缺适秦，鼓方叔入于河，播鼗武入于汉，少师阳、击磬襄入于海。”专职乐师的失散导致声乐演奏的困难。

故孔子后有正乐之举，即是针对这两点展开的。《史记·孔子世家》：“古者《诗》三千余篇，及至孔子，去其重，取可施于礼义，上采契、后稷，中述殷周之盛，至幽厉之缺，始于衽席，……三百五篇孔子皆弦歌之，以求合《韶》、《武》、《雅》、《颂》之音。礼乐自此可得而述，以备王道，成六艺。”魏源说：“古者乐以《诗》为体，……则正乐即正《诗》也。”[①] 而正《诗》亦是正乐。故孔子正乐之标准：一是“取可施于礼义”，即整理乐与礼之秩序；二是“以求合《韶》《武》《雅》《颂》之音”，从声之方面对乐展开整理，这说明孔子对诗、乐的整理是声义并重的。《论语》中就既论声又论义，如《八佾》：“《关雎》乐而不淫，哀而不伤。”《泰伯》：“师挚之始，《关雎》之乱，洋洋乎！盈耳哉。”都是从乐之声言之；《为政》云：“《诗》三百，一言以蔽之，曰：思无邪。”是言诗之总义；而孔子最大贡献是以仁释礼、以仁释乐，《八佾》云：“人而不仁，如礼何？人而不仁，如乐何?”徐复观认为“礼乐到了孔子，在其精神上得到了新地转换点；这即是与仁的结合。……孔门之所以重视乐，并非是把乐与仁混同起来，而是出于古代的传承，认为乐的艺术，首先是有助于政治上的教化。更进一步，则认为可以作为人格的修养、向

① 魏源：《诗古微》，岳麓书社1989年版，第176页。

上，乃至也可以作为达到仁地人格完成的一种工夫”。[①] 孔子确实注重以礼乐教化培养士人人格，即《泰伯》所谓“兴于诗，立于礼，成于乐”。

但孔子的“正乐”行动并未阻止住“乐坏”的越演越烈。宋人张载言：“周衰乐废，夫子自卫反鲁，一尝治之，其后伶人贱工识乐之正。及鲁益衰，三桓僭妄，自大师以下，皆知散之四方，逾河蹈海以去乱。圣人俄顷之助，工化如此。”[②] “正乐”虽然有所收效，使鲁国一时取代了周王朝的文化地位。张载所言之“伶人贱工”亦隶属于鲁国，《论语·八佾》载孔子对鲁太师语乐事，可为证明。但孔子政治地位之限制，[③] 注定只能产生地区性影响，而得不到其他诸侯国的响应。

雅乐之演奏需要严格之规范，与礼仪有着密切的关系。孔子因政治地位之局限，没有演奏雅乐之资格。而其文化地位之影响，又不能丢弃雅乐的典范性意义，故后七十子只能从义理方面对《诗》、《乐》展开阐释，逐渐向章句之学方面发展。前引徐防之言曰：“臣闻《诗》、《书》、《礼》、《乐》，定自孔子；发明章句，始于子夏。”传子夏曾作有《诗序》，陆玑《毛诗草木鸟兽虫鱼疏》云：“孔子删《诗》，授卜商，商为之序。”有学者以为上博竹简中的《孔子诗论》即是《古诗序》。[④] 此说虽不一定成立，但在一定程度上说明了《诗》《乐》分论及其章句义理之学的发展。

孟子不言先王之乐，《孟子·梁惠王下》载其只说“今之乐犹古之乐也”，只要能做到“与民同乐”即可。已不注重《乐》之典范性地位。其论《诗》，亦以仁政释《诗》，主张“以意逆志”和“知人论世”。其《诗》《乐》分论情况十分明显。这或与思孟学派重“弘道”而不重“传经”有关。[⑤] 而荀子继承子夏属“传经”一派，故特重六经文献的典范意

---

① 徐复观：《中国艺术精神》，春风文艺出版社 1987 年版，第 18 页。

② 朱熹：《四书集注》，中华书局 1983 年版，第 186 页。

③ 孔子在当时还是有很强的影响力。《史记·孔子世家》记定公十年春，齐大夫黎钼言于景公曰：“鲁用孔丘，其势危齐。”又记定公十四年，孔子由大司寇行摄相事，齐人闻而惧，曰：“孔子为政必霸，霸则吾地近焉，我之为先并矣。”

④ 姜广辉主编：《中国经学思想史》第 1 卷，中国社会科学出版社 2003 年版，第 498—500 页。

⑤ 同上书，第 169—170 页。

义。康有为说："传经之学，子夏为多。"又说："传经之功荀子为多。"①荀子曾结合前代观点，对六经之思想核心做过总结，其对《诗》《乐》二经亦有解释，如《荀子·儒效》言："《诗》言是其志也，……《乐》言是其和也。"认为《诗》是言志之经，《乐》是言和之经，形成志、和二分的局面。已不似《尚书·舜典》中将志、和二义均含于"乐"中。《庄子·天下》："《诗》以道志，……《乐》以道和，《易》以道阴阳。"亦有此论，说明这种观点被时人所普遍接受。《礼记·经解》中又有"六教"之说，亦是《诗》、《乐》分论："温柔敦厚，诗教也；……广博易良，乐教也。"这都说明了诗乐分离的情况。

但在此时，乐之声用系统并未完全消歇。而是仍长于乐官之手。王国维曾作有《汉以后所传周乐考》一文，对诗乐分途情况做过系统研究。他说："《诗》、《乐》二家，春秋之季，已自分途。……乐家传其声，出于古太师氏，子贡所问于师乙者，专以其声言之，其流为制氏诸家。……乐家之诗，惟伶人世守之，故子贡时尚有《风》、《雅》、《颂》、《商》、《齐》诸声。"② 王氏所论，自有道理。但其忽略一派，即士大夫亦有治乐者，如公孙尼子传有《乐记》，荀子亦传有《乐论》，属于乐之义理派，与伶人之实践派有所不同。

综上所述，周代雅乐经历了从实践性到义理化的发展过程，其义理化形态很有可能就是《乐经》文本形成的思想资源。而后代公孙尼子《乐记》及荀子《乐论》的形成，都是对《乐经》义理的阐释性著作。

第三节　论《乐纬》对《大司乐》和《乐记》的阐释

在解释"六经"的纬书中，《乐纬》是比较特殊的一种。因为它所要解释的文本——《乐经》在汉时已经亡佚，这与其他纬书不同。但《乐纬》的形成也不是完全没有文献根据的，有人认为《周礼·大司乐》和《礼记·乐记》即其文献依据，如姜忠奎就说："《乐纬》……宜与《大

① 楼宇烈整理：《康有为学术著作选：长兴学记·桂学答问·万木草堂口说》，中华书局1988年版，第93、72页。

② 王国维：《观堂集林》，河北教育出版社2001年版，第71页。

司乐》、《乐记》诸篇并行而合参也。”[1] 这一说法很有道理，因为《大司乐》是对西周“乐教”体系的详细描述；《乐记》则在一定程度上继承和发展了《乐经》的音乐理论，以致后人将二者均视为《乐经》。[2] 本节即从五声、八音、古乐三个角度探讨《乐纬》对二者音乐理论的继承和发展。

一 《乐纬》之五声论

五声是指宫、商、角、徵、羽五个音阶。它本是组织乐曲的简单音符，但在《乐记》的阐释体系中却变成了政治符号。《乐本篇》以五声象征五事：“宫为君，商为臣，角为民，徵为事，羽为物。”并由五者的顺逆，推知社会的治乱情况。这是《乐记》最基本的思维模式。《乐纬》更奉这一模式为圭臬，并丰富了其理论内涵，主要表现在以下几个方面：

第一，《乐纬》不但对五音的分配方式进行了合理的解释，还将其纳入到五行系统之中。《乐记》虽然率先使用了五声配五事的思维模式，但对其内在理据却未加以说明。而《乐纬》不但阐明了其内在理据，还对这一理论进行了创新。如《乐纬·动声仪》云：

> 宫为君，君者当宽大容众，故其声弘以舒，其和清以柔，动脾也。
>
> 商为臣，臣者当以发明君之号令，其声散以明，其和温以断，动肺也。
>
> 角为民，民者当约俭，不奢僭差，故其声防以约，其和清以静，动肝也。
>
> 徵为事，事者君子之功，既当急就之，其事当久流亡，故其声贬以疾，其和平以功，动心也。
>
> 羽为物，物者不齐委聚，故其声散以虚，其和断以散，动肾也。

---

① 姜忠奎：《纬史论微》，上海书店出版社 2005 年版，第 174 页。

② 朱彝尊《经义考》卷 167《乐·乐经》：“乐之有经，大约存其纲领。然则，《大司乐》一章即《乐经》可知矣。”即以《大司乐》为《乐经》；熊十力先生则直接将《乐记》视为《乐经》，他说：“愚谓《礼记》中有《乐记》一篇，即是《乐经》。”熊十力：《论六经·中国历史讲话》，中国人民大学出版社 2006 年版，第 17 页。

以宫音为例，因君主的品德是“宽大容众”，宫音的音色是“弘以舒”，正与君主的品德相吻合；又如角音，因百姓的品德是节俭而不僭越，角音的音色是“防以约”，则与百姓的品德相吻合。《乐纬》正是通过这种“比德”的思维方式，做到五声和五事完美对接。

在此过程中，《乐纬》还将五音纳入到五行系统之中。这表现在：其一，将五声与五脏相联系，体现了社会制度与人体宇宙的合而为一。如上文所引，宫音动脾属土，商音动肺属金，角音动肝属木，徵音动心属火，羽音动肾属水，严格符合五行思维。其二，将五声与五星相联系，做到五音跟外部宇宙的相感应。《乐纬·动声仪》云：“五音和，则五星如度。”强调了五音顺逆与五星运行的同步性。其中，“宫音和调，填星如度，不逆则凤凰至”，以宫音与填星相配；“角音知调，则岁星常应。太岁月建以见，则发明主为兵备”。以角音与岁星相配；“徵音和调，则荧惑日行四十二分度之一，……致焦明，至则有雨，备以乐之和”。以徵音与荧惑相配。另外，当还有商与太白相配，羽与辰星相配。[①] 五音与五星相配，是星占学的重要内容，其目的则是为现实政治服务。如角音和调，能招致发明，[②] 并由此可了解兵备的情况，从而构建了天—人—政三者间的联系方式。其三，将五音跟四季相联系，做到五音与时令的相谐和。如《乐纬》言：“春气和，则角声调；夏气和，则徵声调；季夏气和，则宫声调；秋气和，则商声调；冬气和，则羽声调。”因为季节有四，音调有五，为了将两者相配合，《乐纬》将季夏之气拿出来与宫音相配。

以上所论，都是五声调和的表现。而如果五声不调，则表现为政治的混乱。《乐纬》言：“声放散则政荒：商声欹散，邪官不理；角声忧愁，为政虐民，民怨故也；徵声哀苦，事烦民劳，君淫佚；羽声倾危，则国不安。”这比《乐记》“宫乱则荒，其君骄”的解释更加详细。而且《乐纬》还注意到了事物之间的联系性，如“徵声哀苦，事烦民劳，君淫佚”，就注意到君、民、事三者间的关联，不像《乐记》的象征那样单一。

---

① 《乐纬》佚文中脱商、羽二音所配之星，今以类推之，商属金当与太白相配；羽属水当与辰星相配。

② 发明是凤凰的一种。付林鹏、曹胜高：《论〈乐纬〉解乐模式及其思想背景》，《天津音乐学院学报》2010 年第 2 期。

所以，将五音纳入五行系统之中，为了解社会的治乱提供了更多的手段。这都是《乐纬》对《乐记》的创造性阐释。

第二，《乐纬》还从五音的配合角度对治世之音、乱世之音和亡国之音的形成做出了合理的解释。《乐记·乐本篇》说："治世之音安以乐，其政和；乱世之音怨以怒，其政乖；亡国之音哀以思，其民困。"这是对周代雅乐和俗乐形成原因的自觉反思，认为这三种音乐的形成，是由五音的顺逆所造成的，但具体原因为何，却未深入探讨。

对此，《乐纬》则做出了详细的解释，如《动声仪》言："宫唱而商和，是谓善，太平之乐。角从宫，是谓哀，衰国之乐。羽从宫，往而不反，是谓悲，亡国之乐也。"正是从五音相配的模式，解释这三种音乐的形成。而其所依据的理论却具有矛盾性，如"太平之乐"指雅乐，应和方式为"宫唱而商和"，宋均注其为"君臣相得"，是从政治角度进行的阐释。而"衰国之音"指郑卫之音，应和方式为"角从宫"；"亡国之音"指桑间濮上之音，应和方式为"羽从宫"。则都是从乐律角度进行的阐释。因为按照三分损益法，[1]角音和宫音不能相生，羽音和宫音也不能相生。这两种音乐音符间的变动较大，乐曲的节奏变化频繁，容易引起人们情绪的波动，不合于雅乐的"中和"思想，因此被视为"淫乐"。而羽音能生出角音，宫音能生出徵音，所以《乐纬》注曰："弹羽角应，弹宫徵应，是其和乐。"[2]其遵循的理论就是《动声仪》所说的"相生应，即为和，不相生应，则为乱也"。

第三，《乐纬》不但解释《乐记》，还对《大司乐》进行了解释。这表现在从五声角度，设计了一套乐悬制度。《乐纬·动声仪》："宫为君，商为臣，君臣皆尊，各置一副，故加十四而悬十六。"所谓"加十四"，指按七音的两倍悬挂钟磬，按《隋书·音乐志》言："初后周故事，悬钟磬法，七正七倍，合为十四。盖准变宫、变徵，凡为七声，有正有倍。而

---

① 据《管子·地员篇》，宫音之数为 81，宫音三分益一得出徵音之数 108，徵音三分损一得商音之数 72，商音三分益一得羽音之数 96，羽音三分损一得角音之数 64。

② ［日］安居香山、中村璋八：《纬书集成》，河北人民出版社 1994 版，第 543 页。

为十四也。”而后周之礼乐制度，多采《周礼》而为之，[①] 这说明《乐纬》的记载是有一定依据的。“悬十六”也是指钟磬的悬挂数目，按《隋书·音乐志》引郑玄言曰：“钟磬编悬之，二八十六而在一虡。钟一堵，磬一堵，谓之肆。”即单悬挂十六枚钟或单悬挂十六枚磬为堵，钟磬均悬为肆。乐悬制度是西周礼仪制度中很重要一方面，主要是通过不同等级间编钟编磬的排列，显示出等级之间的秩序性。但为了显示君臣的尊贵，还要在正悬之外加一副悬，即“各置一副”之谓也，这反映了《乐纬》中的“隆君重臣”倾向。而《乐纬》中这些内容，都是对《大司乐》中小胥“正乐县之位”的解释。

二　《乐纬》之八音论

中国传统乐器因制作材料的不同，分为八音。《周礼·春官宗伯·太师》云：“播之以八音：金、石、土、革、丝、木、匏、竹。”《乐记》原有《乐器》一篇，但后残佚，佚文多见于《白虎通·礼乐篇》。《白虎通》引《乐记》曰：“土曰埙，竹曰管，皮曰鼓，匏曰笙，丝曰弦，石曰磬，金曰钟，木曰柷敔，此谓八音也，法易八卦也。”又曰：“埙，坎音也；管，艮音也；鼓，震音也；弦，离音也；钟，兑音也；柷敔，乾音也。”是以八音法易八卦的模式进行讨论的。《乐纬》则继承和发展了这种理论模式。具体表现在：

首先，《乐纬》对“八音”之数进行了理论阐释，即：“物以三成，以五立。三与五如八，故音以八。八音金石丝竹土木匏革，以发宫商角徵羽也。”物以三成，即“三生万物”。以五立，据《淮南子·天文训》当为“音以五立”，指五音生于五行之风。万物与五音相合而成八音之数，正暗合了圣人观察万物以制作乐器，并以乐器播五音的思维特征。

其次，《乐纬》还发展了《乐记》“法易八卦”的模式。这表现在：其一，对《乐记》佚文的吸收。如《乐纬》言：“金为钟，石为磬，丝为弦，竹为管，土为埙，木为柷圉，匏为笙，革为鼓。鼓主震，笙主巽，柷圉主乾，埙主艮，管主坎，弦主离，磬主坤，钟主兑。”通过跟《乐记》

---

① 《周书·卢辩传》载：“初，太祖欲行《周官》，命苏绰专掌其事。未几而绰卒，乃令辩成之。于是依《周礼》建六官，置公、卿、大夫、士，并撰次朝仪，车服器用，多依古礼，革汉、魏之法。事并施行。”

佚文的比对，《乐纬》除了对八音的次序有所调整外，还补全了《乐记》佚文所脱掉的笙、磬二音和坤、巽二卦。但两者也有不同，《乐记》佚文以埙配坎、管配艮，而《乐纬》则反之，其原因如何，因资料的缺失，已难以判断。其二，《乐纬》还发展了八音与八方、八风、八节等的相配模式。黄奭所辑《乐纬·动声仪》中有一段文字很具代表性：

> 金位在西方，风属阊阖，声尚羽，音铿，秋分之气，圣人因之而为金。石位在西北，风属不周，声尚角，音辨，立冬之气，圣人因之而为磬。土位在西南，风属凉，声尚宫，音浊，立秋之气，圣人因之而作埙。革位在北方，风属广漠，声尚一，音讙，冬至之气，圣人因之而作鼓。丝位在南方，风属景，声尚宫，音哀，夏至之气，圣人因之而为琴瑟。竹位在东南，风属清明，声尚一，音直，立夏之气，圣人因之而为敔柷。匏位在东北，风尚融，声尚议，音啾，立春之气，圣人因之而为笙竽。木位在东方，风属明庶，声尚议，音滥，春分之气，圣人因之而为箫管。

这段佚文总结得很全面，从“观象制器”的发生学角度，解释了乐器的制作。《乐纬》的作者认为，圣人通过对方位、风、声、音、节气等各方面的观察，“因之”而为乐器的。这将八音和时间、空间都完美地结合在一起。在上古时代，对时间和空间的观察是先民最重要的认知手段，并由之而衍生出其他的知识体系。八音的制作，正体现了这一特点。

再次，《乐纬》还解释了八音的阴阳属性和政治功能，而这两者是相互关联的。如《乐纬·稽耀嘉》言：“钟应太阳，其声宽和；磬应太阴，其声清越；钟圆中规，磬方中矩；瑟应少阳，其音深雅；瑟应少阴，其音清远。”这都是对汉代卦气说的具体应用。以钟为例，其性质属“太阳”，用以象征君主。按《叶图徵》曰：“君子铄金为钟，四时九乳，是以撞钟以知君，钟音调则君道得。”宋均注曰：“九乳法九州。”因为只有君主才能拥有九州，所以钟就成了君主身份的象征。在这种情况下，钟就不再是一件简单的乐器了，它具有了很多隐性用途，如《叶图徵》曰：“撞钟以知法度，……钟音调，则君道得，君道得，则黄钟、蕤宾之律应。君道不得，则钟音不调，钟音不调，则黄钟、蕤宾之律不应。”由钟音的是否调和，观察君主的道德状况。君主掌握生杀大权，又使钟具备了“显功罪”

的政治功能。故《叶图徵》曰："圣王往承天定爵禄人者，……功成者赏，功败者罚，故乐用钟。"可以通过钟音的是否调和，观察君主赏罚的得当与否，所以宋均注《叶图徵》时说："钟，攻也。凡有罪者，鸣钟以攻之也。钟音不调，则咎非其人，咎非其人，则君之过也。"

除钟之外，《乐纬》还对其他乐器的政治功能进行了探讨。如《乐纬·叶图徵》云："乐有鼓，击鼓以知臣，鼓音调则臣道得。"又曰："圣人承天乐用管，吹管以知律，管音调则律历正。击磬以知民，磬音调则民道得。钟磬之音，能动千里也。吹竽以知法度，竽音调则度数得见。琴以知四海，琴音调之，以及四海也。"吹管定律历，是古代音乐学的知识，没有附会的成分在内。而击鼓以知臣，击磬以知民，吹管以知法度，鼓琴以知四海，则与"宫为君"、"商为臣"的附会思路是相似的。《乐纬》将乐器的讨论与政治结合起来，这与谶纬的整体思想是一贯的，都说明了谶纬的造作是西汉今文经生们攀缘附会的一种手段。

三　《乐纬》之古乐论

据《周礼·春官宗伯·大司乐》载，周存有六代古乐，即《云门》《大卷》《大咸》《大韶》《大夏》《大濩》《大武》。这被用于周代的仪式典礼当中，是雅乐的典范。《乐记》则载有对六代乐名的解释，《乐施篇》言："《大章》，章之也。《咸池》，备矣。《韶》，继也。《夏》，大也。殷周之乐尽矣。"两者所载略有不同，《大司乐》以《大咸》为尧时乐，《乐记》则以《大章》为尧时乐，《咸池》为黄帝时乐。《乐纬》的记载与《乐记》相类，《动声仪》即言："黄帝乐曰《咸池》。"又言："尧乐曰《大章》。"《叶图徵》记载相同。这说明《乐纬》继承了《乐记》关于六代古乐的版本。

《乐记》对六代古乐的乐名进行了简单的解释，显示了其本身"记"的特点。而《乐纬》对六代古乐乐名解释得更为详细，《乐纬》言："黄帝之乐曰《咸池》，颛顼曰《六茎》，帝喾曰《五英》，尧曰《大章》，舜曰《箫韶》，禹曰《大夏》，殷曰《大濩》，周曰《勺》，又曰《大武》。"注曰："池者，施也，道施于民，故曰《咸池》。道在根茎，故曰《六茎》。道有英华，故曰《五英》。尧时仁义大行，法度章明，故曰《大章》。《韶》，绍也，舜韶尧之后，修行其道，故曰《箫韶》。禹承二帝之后，道重大平，故曰《大夏》。汤承衰而起，护先王之道，故曰《大濩》。

周承衰而起，斟酌文武之道，故曰《勺》。”不管从文献整理的完备角度，还是从解释的深入角度，《乐纬》都比《乐记》更为详尽。

当然，也许宋均的注文并不能代表《乐纬》的知识体系。但从其他佚文，仍然可以看到《乐纬》对六代古乐的详细阐释。如《乐纬》还从星占学角度对《咸池》进行了解释，《叶图徵》云：“咸池，五车天关也。”张守节《史记正义》解释说：“咸池三星，在五车中，天潢南，鱼鸟之所托也。”这是《大司乐》和《乐记》所没有的，体现了《乐纬》独特的阐释方式。

在孔子评价《韶》乐“尽美矣，又尽善也”后，《大韶》就成了雅乐中最完美的代表。《乐纬》中就有大量托言孔子对《大韶》的评价。如《动声仪》说：

> 孔子曰：箫韶者，舜之遗音也。温润以和，似南风之至，其为音，如寒暑风雨之动物，如物之动人，雷动兽含，风雨动鱼龙，仁义动君子，财色动小人，是以圣人务其本。
>
> 韶之为乐，穆穆荡荡，温润以和，似南风之至，万物壮长。

这些议论，谶纬的色彩并不浓烈，反而更像汉代流传的“记”类著述。《乐纬》言《箫韶》之音“似南风之至”，可以视为对《乐记·乐施篇》“昔者舜作五弦之琴，以歌《南风》”的文献整合。这一记述虽不一定真实，但以南风的温润之感形容雅乐给人的美感，却是中国古代特有的音乐观念。《孔子家语·辩乐解》言：“夫先王之制音也，奏中声以为节，入于南，不归于北。夫南者生育之乡，北者杀伐之城。故君子之音温柔居中，以养生育之气。”通过跟《乐纬》的对照可知，“君子之音”至少表现在两个方面：一是乐感的温柔适中，二是乐用的养生育之气。这是因为音乐的演奏是靠气息来完成的，如果气息柔和，似夏日之南风，就能使“万物壮长”。这表现了音乐对自然规律的反映。因此，在儒家看来，能够顺应自然规律的，就是雅乐；与自然规律相违背的，则是淫乐。

此外，《乐纬》中还有对四夷之乐的记载，也反映了春夏秋冬的四季规律。这是对《大司乐》的解释，《周礼·春官宗伯》载：“鞮鞻氏掌四夷之乐，与其声歌。”至于何为“四夷之乐”？《乐纬·稽耀嘉》：“东夷之乐曰株离，南夷之乐曰任，西夷之乐曰禁，北夷之乐曰昧。”按照阴阳五行观念，东方代表春天，当时“阳气始起，怀任之，物各离于株也”，因此乐舞起名为《株离》；南方代表夏天，“盛夏之时，物皆怀任矣”，所以乐舞起名为《任》；西方代表秋天，当时“草木毕成，禁如收敛”，因此乐舞起名为《禁》；北方代表冬天，当时“盛阳消尽，蔽其光景昧然”，因此起名为《昧》。[①] 而在不同的季节演奏不同的夷乐，又会有助于时令的顺畅。《乐纬·稽耀嘉》：“东夷之乐，持矛舞，助时生也。南夷之乐，持羽舞，助时养也。西夷之乐，持戟舞，助时杀也。北夷之乐，持干舞，助时藏也。”正是因为四夷之乐是取法自然规律而来，又可以反过来辅助自然规律的顺畅运行。这正是谶纬中天人感应思维模式的具体表现。

综上所述，《乐纬》对《大司乐》和《乐记》的阐释，遵循了三种思路：其一，附会阴阳五行，如五声与五脏、五星、五季的分配模式，乐器与阴阳的相配模式都属此类。其二，附会八卦系统，主要表现在对八音的讨论当中。其三，附会政治行为，这既是《乐纬》解经的思维特征，也是谶纬造作的整体思路。

第四节　论《乐纬》解乐模式及其思想背景

《乐纬》对音乐的解释，还表现在它独特的“解乐”模式上。《乐纬》的知识结构是建立在阴阳五行和天人感应的基础上，而其表述方式是以汉代通行的术数为手段。不过，《乐纬》的这种“解乐”模式并不是它的独创，还总结了前代的论乐思想。换句话说，《乐纬》继承了前代的音乐思想，并形成了汉代特有的“解乐”模式，其中的某些方式甚至影响了中国两千多年。

一　省风宣气模式

《乐纬》认为，“乐”是圣王根据“天气”所作，风即天气，也就是说“乐”为圣王省风而作。这种“省风作乐”的说法起源很早，如《左传·襄公二十一年》载：“天子省风以作乐，器以钟之，舆以行之。”《吕氏春秋·古乐篇》也说：“作乐效八风之音。”这都说明音乐与“风”有

---

① 对四夷之乐乐名的记载，各家不同。详参曹胜高主编《汉赋与汉代文明》，东北师范大学出版社2009年版，第187页。

着密切的关系。在《乐纬》中亦有以“风”论乐的模式。

《乐纬》对“风”的论述，包括了两个层面：其一是自然之“风”。而自然之风又可分为“纯自然之风”和“超自然之风”。所谓“纯自然之风”在《乐纬》中主要表现在农业生产方面。其实，将农业生产所需之风与音乐扯上关系，早在先秦时就有了，如《国语·郑语》说：“虞幕能听协风，以成乐物生者也。”韦昭注曰：“协，和也。言能听知和风，因时顺气，以成育万物，使之乐生。《周语》曰‘瞽告有协风至’，乃耕籍之类是也。”另，虞幕是古代的乐师。按蒋孔阳先生的理解，古代的乐师普遍能听测风声，他们的职责，就是通过“省风”来为农业生产服务。[①]《乐纬》就继承了这一观点，如《乐纬·动声仪》说：“风气者，礼乐之使、万物之首也。物靡不以风成熟也。风顺则岁美，风暴则岁恶。”这是说风为“礼乐之使、万物之首”，风顺畅了年成就好，风不顺畅年成就不好。为什么说风是“礼乐之使”呢？《乐纬·动声仪》还说：“制礼作乐者，所以改世俗，致祥风，和雨露，为万牲。”既然圣王通过制礼作乐去招致祥风，那么风就成了农业和德政之间的中介，所以说风是“礼乐之使”。另外，《乐纬》还将古乐的感染力跟风给人的感觉相比，如《乐纬·动声仪》说：“《韶》之为乐，穆穆荡荡，温润以和，似南风之至，万物壮长。”说明舜之乐给人之感觉就像夏天的南风一样温润平和。

所谓“超自然之风”，是指属于自然界之风，但古人在自然之风层面上又附加了些文化因素上去。如纬书中普遍提到的“八风”。关于“八风”前文已有所论述，我们以为纬书中的“八风”继承了《淮南子》中的“八风”系统。其实“八风”的最早原型当是出现于甲骨卜辞中“四风”，盖早在殷商时代就有将风与四方相对应的观念。[②]而“八风”则是将风与八方相对应而来的。“八风”之名，见于《吕氏春秋》和《淮南子》中，前文已引。除此外，还多见于纬书中，如《易纬·通卦检》、《易纬·稽览图》、《春秋·考异邮》、《乐纬·动声仪》等。盖“八风”之名，各有其文化意义。如《乐纬·动声仪》中有“条风”的记载：“大乐与条风，生长德等。”对“条风”的解释，宋均注曰：“条风，条达万

---

① 蒋孔阳：《先秦音乐美学思想论稿》，安徽教育出版社2007年版，第40页。

② 关于四方风的风名，详见郭沫若、胡厚宣主编《甲骨文合集》，中华书局1978—1983年版，第14294、14295版。

物之风。”另，《春秋纬·考异邮》曰：“距冬至四十五日条风至，条者，达生也。”《白虎通·八风》也说：“条者，生也。”而且“八风”在纬书中还跟八节和八卦相对应，冯时先生多有论述，① 这里仅引两条代表性的例子，按《春秋纬·考异邮》曰：“故八卦主八风，距同各四十五日。艮为条风，震为明庶风，巽为清明风，离为景风，坤为凉风，兑为阊阖风，乾为不周风，坎为广莫风。”《易纬·稽览图》也说：“冬至十一月中广漠风，春分二月中明庶风，夏至五月中凯风，秋分八月中阊阖风。冬至日在坎，春分日在震，夏至日在离，秋分日在兑。”这就使自然之风有了超自然的因素。《乐纬》佚文就以为大乐与条风对万物生长的作用是一致的。《乐纬》中没有将八风、八音相配的情况，但通过《乐纬》有将八卦和八音相配的情况推测，可知八音与八风相配也是可能的。《国语·晋语八》韦昭注“夫乐以开山川之风也”曰：“开，通也。故八音以通八风。”②当然，这符合纬书作者试图以阴阳五行为准则，构建宇宙间秩序王国的初衷。

为说明秦汉间“八风系统”的几种情况及与八卦八音相配的模式，兹列下表：

风名 方位 典籍	东北	东	东南	南	西南	西	西北	北
吕氏春秋·有始	炎风	滔风	熏风	巨风	凄风	飂风	厉风	寒风
淮南子·墬形训	炎风	条风	景风	巨风	凉风	飂风	丽风	寒风
淮南子·天文训	条风	明庶风	清明风	景风	凉风	阊阖风	不周风	广莫风
汉简③	凶风	生风	渘（柔）风	弱风	周风	刚风	晢风	大刚风
纬书④	条风	明庶风	清明风	景风	凉风	阊阖风	不周风	广莫风

① 冯时：《中国天文考古学》，社会科学文献出版社2001年版，第171—176页。

② 上海师范大学古籍整理组校点：《国语·晋语八》，上海古籍出版社1978年版，第460—461页。

③ 吴九龙：《铜雀山汉简释文》，文物出版社1985年版，简0675、0787、0795、0904、0932。

④《纬书》中明确提到“八风”的有《易纬·稽览图》《易纬·通卦验》《春秋·考邮异》等，现总而言之。

续表

风名＼方位 典籍	东北	东	东南	南	西南	西	西北	北
八卦	艮	震	巽	离	坤	兑	乾	坎
八音	埙	鼓	笙	弦	磬	钟	柷敔	管

“省风作乐”的另一层面即“社会之风”，可作“风俗”讲。按鲁枢元先生解释：“一个地域、一个时期的音乐歌舞集中体现了彼时彼地的风土、风俗、风尚、风情。”[①] 古代即有“瞽师采风”之说，此处之“采风”当指社会层面而言，故朱熹《诗集传·国风序》云：“风者，民俗歌谣之诗也。”这点反映于《乐纬》之中，见《叶图徵》：“乐听其声，和以音，考以俗，验以物类。”就是说，音乐要从中见其风俗，并能在物类上得到印证。《乐纬·稽耀嘉》也说：“先王之德泽在民，民乐而歌之以为诗，说而化之以为俗。”这种说法就与朱熹的说法有异曲同工之妙。

另外，音乐还有“移风易俗”的作用，这也是着眼于其对社会教化角度而言的。早在《孝经》《乐记》中就有音乐能“移风易俗”的记载。[②]《乐纬·动声仪》曰：“乐者，移风易俗。所谓声俗者，若楚声高，齐声下。所谓事俗者，若齐俗奢，陈俗利巫也。先鲁后殷，新周故宋，然宋商俗也。”这里的风俗就包括了“声俗”和“事俗”两个方面。风在其他的纬书中也有论述，多与政教有关。如《孝经纬·援神契》说：“风者，政令播也。风者，所以鼓荡万物也。政令远行，则风为之先声，若王者政行暴虐，妄行布诰，风必应以暴厉，臣下不奉法，多逆谋，风必应以凄凉。”这就有牵强附会的意味在里面了。

“省风作乐”的目的是为了“宣气”。其中，省自然之风是为了宣天地之气，省社会之风则是为了宣人心之气。古人以为“元气”是构成宇

① 鲁枢元：《汉字“风”的语义场与中国古代生态文化精神》，《文学评论》2005 年第 4 期。

② 《孝经·广要道章》曰：“移风易俗，莫善于乐；安上治民，莫善于礼。”《礼记·乐记》：“乐也者，圣人之所乐也，而可以善民心。其感人深，其移风易俗，故先王著其教焉。”

宙万物的基本元素，王充《论衡·言毒篇》就认为："万物之生，皆禀元气。"既然一切都是由元气生成，那么作为万灵之长的人与天地万物就有了相似的属性，这就构成古代"天人感应理论"的思想基础。"宣气说"起源亦甚早，在战国时期就有记载。如《国语·周语下》："天六地五，数之长也。……夫六，中之色也，故名之曰黄钟，所以宣养六气、九德也。"《乐纬》中也有对"宣气说"的论述。如《乐纬·动声仪》将"气"分为"天气""人气""地气"和"风气"，其文曰：

> 上元者，天气也，居中调礼乐，教化流行，揔五行为一。
>
> 中元者，人气也，气以定万物，通于四时者也。
>
> 承天心，理礼乐，通上下四时之气，和合人之情，以慎天地者也。
>
> 下元者，地气也，为万物始，生育长养，盖藏之主也。
>
> 风气者，礼乐之使，万物之首也。物靡不以风成熟也，风顺则岁美，风暴则岁恶。

其中"天气"是万物之本，能调礼乐、明教化，将五行合而为一；"人气"则能定万物、理礼乐，使四时之气畅通，其目的是为了平息人心中的怨气和怒气；"地气"则为万物之始，能长养万物；"风气"为"万物之首"，也是万物生长所需要的必要条件。通过这"四气"，《乐纬》构建了一套由天、地、人、万物组成的完整的宇宙系统。这个系统和谐与否，"气"的畅通起到了很重要的作用。在一定程度上说，风是"气"的表现形式，通过对风的观察，就能了解到宇宙万物的情况。

总之，"省风宣气"之说是先秦两汉释乐的一种主要方式，其理论的基础就是古代的"元气说"。虽然在谶纬中被方术化甚至神学化，但也有合理的成分在内，如"瞽师占风说"和"采风之说"，一是为农业生产服务，一是为政治教化服务，都在实践中得到了应用。

二　律气卦气模式

与宣气模式相联系，《乐纬》释乐还采用了"律气模式"。"律气说"就是将十二律和十二辰、十二月、二十四节气相对应，用以占验的一种方法。律气之说，见于《后汉书·律历志》："夫五音生于阴阳，分为十二律，转生六十，皆所以纪斗气，效物类也。天效以景，地效以响，即律也。阴阳和则景至，律气应则灰除。”古人以为通过律气可以占验吉凶，多将其应用于军事上，如《史记·律书》说：“武王伐纣，吹律听声，推孟春以至于季冬，杀气相并，而音尚宫。”这就是对律气说的实际应用。

“律气说”在《乐纬》中的另一表现形式，表现在将五音和四季之气相对应的模式上。《乐纬·叶图徵》：“春气和则角声调，夏气和则徵声调，季夏气和则宫声调，秋气和则商声调，冬气和则羽声调。”因为季节有四，音调有五，为了将两者相配合，汉人将季夏之气拿出来与宫音相配，形成了我们所看到的对应模式。流行于汉代的术数“风角五音”之占，恐怕就是由“律气模式”发展而来。按风角五音就是通过五音来占验四方四隅之风一种方术。①

卦气也是一种占验方术，是将易卦与二十四节气相配合，以测吉凶。传为孟喜、京房等人所创。唐代的一行就认为：“十二月卦，出于《孟氏章句》，其说《易》本于气，而后人以人事明之。京氏又以卦爻配期之日，坎、离、震、兑，其用事自分、至之首，皆得八十分日之七十三。”②“卦气说”与“律气说”有很大的关系，按钱塘《淮南子·天文训》补注曰：“《周易》卦气自下而上，律气亦然。”卦气说当是受律气说影响而形成的。早在《吕氏春秋》和《礼记·月令》当中就有将十二律和十二月相配的模式，而卦气说要到昭宣时代才开始形成。所以。卦气说极有可能是受十二律配十二月的启发而形成的。宋会群先生也认为孟喜卦气说本于律历，其证据是律历起自“黄钟”，卦气起于“中孚”，两相对应。盖黄钟配十一月，于五行中属土，有中正之德。而中孚卦按《周易·彖卦》的说法：“柔在内而得中”，也有中正之义。③按《易纬·稽览图》曰：“甲子卦气起中孚。”

《乐纬》在论乐时，广泛才用卦气模式。如《乐纬·叶图徵》：

---

① 关于风角之术，可参见王铁的《汉代学术史》，华东师范大学出版社 1995 年版，第 61—63 页。

② 欧阳修等：《新唐书》卷 27 上《历志》，中华书局 1975 年版，第 595 页。

③ 宋会群：《中国术数文化史》，河南大学出版社 1999 年版，第 244 页。

坎主冬至，宫者君之象。人有君，然后万物成，气有黄钟之宫，然后万物调，所以始正天下也。能与天地同仪、神明合德者，则七始八终，各得其宜。而天子穆穆，四方取始，故乐用管。艮主立春，阳气始出，言雷动百里，圣人授民田，亦不过百亩。此天地之分，黄钟之度九而调八音，故圣人以九顷成八家。上农夫食九口，中者七口，下者五口，是为富者不足以奢，贫者无饥馁之忧，三年余一年之蓄，九年余三年之蓄。此黄钟之所成以消息之和，故乐用埙。震主春分，天地阴阳分均，故圣王法承天以立五均。五均者亦律调五声之均也。音至众也，声不过五，物至蕃也，均不过五。为富者虑贫，强者不侵弱，智者不诈愚，市无二价，万物同均，四时当得，公家有余，恩及天下，与天地同德，故乐用鼓。巽主立夏，言万物长短各有差，故圣王法承天，以法授事焉。尊卑各有等，于士则义让有礼，君臣有差，上下皆次，治道行，故乐用笙。离主夏至，阳始下，阴又成物，故圣王法承天，以法授衣服制度。所以明礼仪，显贵贱，明烛其德，卒之以度，则女功有差，男行有礼，故乐用弦。坤主立秋，阳气方入，阴气用事，昆虫首穴欲蛰。故圣王法之，授官室度量，又章制有宜，大小有法，贵贱有差，上下有顺，故乐用磬。兑主秋分，天地万物人功皆以定，故圣王法承天，以定爵禄。爵禄者，不过其能。宫为君，商为臣，商，章也，言臣章明君之功德。尊卑有位，位有物，物皆宜，功成者皆爵赏，功败者刑罚，故乐用钟。乾主立冬，阴阳终而复始、万物死而复件，故圣王法承天，以制刑法，诛一动千，杀一感万，使死者不恨，生者不怨，故用柷敔。

这段引文就很有代表性，不但将八卦与八节相对应，还与八音相对应。如坎主冬至，乐器为管等。《乐纬》之所以将乐律、乐器纳入到卦气模式中，是为了建立一套与政治相匹配的制度。这比《乐记》中用八音匹配八卦的论乐模式更进了一步。

三　星占术数模式

纬书中有很浓厚的术数色彩。而星占色彩又是所占比重较大的。安居香山就认为纬书中“有将近一半的资料属于天文占”。[①] 尽管《乐记》不是以言灾异取胜，作为附会解释它的《乐纬》却受时代的影响，大量引进星占术数模式去解释音乐。

星占的起源很早。其产生是伴随着中国天文学的产生而产生的。冯时就认为中国古代的天文学著作都是星占著作，而且早期的天文学家也肯定都是星占家。[②] 这种说法是有道理的，中国早期的天文学家在先秦时期兼具巫的身份，如商代的巫贤。[③] 而到了秦汉间，天文学家则兼具术士的身份，如武帝时的唐都，按《史记·历书》有“唐都分天部，而巴郡落下闳运算推历”之语，颜师古注《汉书》时说：“姓唐，名都，方术之士也。”[④] 唐都是天文家也兼具占星家的身份，《史记·天官书》说：“夫自汉之为天数者，星则唐都，气则王朔，占岁则魏鲜。”这也为冯先生的说法提供了证据。我们知道，《乐纬》的作者是方士化的儒生，那么《乐纬》中有大量星占的内容出现也就不足为怪了。

《乐纬》佚文中最常见的星占模式是五星占。五星即金（太白）、木（岁星）、水（辰星）、火（荧惑）、土（填星，又叫镇星）五颗行星，古人通过对其亮度、颜色、大小、形状以及运动的顺、逆、留等情况的观察，以附会政治、军事和人事。按《乐纬》佚文中对五星的记载：

1. 镇星不逆行，则凤皇至。宫音和调，填星如度，不逆则凤皇至。

2. 角音知调，则岁星常应。太岁月建以见，则发明主为兵备。发明，金精乌也。金既克木，又兵象者也。

3. 徵音和调，则荧惑日行四十二分度之一，伏五月得其度，不及明从晦者，则动应制，致焦明，至则有雨，备以乐之和。

---

① 安居香山：《纬书与中国神秘思想》，河北人民出版社 1991 年版，第 79 页。

② 冯时：《中国天文考古学》，社会科学文献出版社 2001 年版，第 70 页。

③ 《史记·天官书》：“昔之传天数者，高辛之前重、黎，……殷商，巫咸。”有人以为巫咸是巫觋的共名，而不是某个人的名字，可参见丁山《中国古代宗教与神话考》，上海艺术出版社 1998 年版，第 188 页。江晓原先生就认为：“古代的星占学家，正是由上古通天巫觋演变而来。”《天学真原》，辽宁教育出版社 2007 年版，第 81 页。

④ 班固：《汉书》卷 21 上《律历上》，中华书局 1962 年版，第 975 页。

4. 五音和，则五星如度。

——以上出自《乐纬·动声仪》

5. 荧惑主命。(《乐纬·稽耀嘉》)

6. 圣王正律历，不正则荧惑出入地常，占为大凶。(《乐纬·叶图徵》)

其中第 4 条佚文是五星占释乐模式的标准，即将五音与五星相对应，要求五音相和，五星才按各自的轨道运行。那么，五音与五星相配的模式是怎样的呢？按佚文 1，宫属土，与镇星相配，宫音和，镇星如度就有祥瑞出现；按 2，角属木，与岁星相配，主兵备；按 3，征属火，与荧惑相配。商、羽二音因为《乐纬》全文不全的原因，已失相配和应验情况的记载。但依次类推，商属金，与太白相配；羽属水，与辰星相配。其中五星各有所主，如荧惑历来被视为灾星，佚文第 6 就是证明。这种情况与荧惑的火精属性有关，因为它主甲兵和死丧。所以，第 5 条佚文就总结说："荧惑主命。"另外，据其他书，其余四星也各有其主，限于篇幅，就不一一论述了。[①]

与五大行星相关的，《乐纬》中还有太岁纪年法的记载。按《乐纬》中"岁星与日常应，太岁月建以见"就是这种方法的反映。按《淮南子·天文训》曰："咸池为太岁。"又曰"大时者，咸池也；小时者，月建也。"《乐纬》也有干支纪年的说法，按《乐纬·动声仪》："天效以景，地效以响，律也。天有五音，所以司日。地有六律，所以司辰。"音数五，双倍乘之得天干之数，用以纪日；律数六，双倍乘之得地支之数，用以司辰。这也与"太岁纪年"有关，按太岁为虚拟的天体，与岁星运行方向相反，运行周期为十二年一周天，其经过天区用十二地支标志，称为"十二辰"。自古以来，各代史书多以律历并称，可见音乐与律历的关系。岁星纪年和太岁纪年是流行于战国到秦汉之间的纪年方法。如《汉书·律历志下》引刘歆的《三统历》就有岁星纪年的记载。[②] 另外，《乐纬》还有对五星躔度的记载，见《乐纬·叶图徵》："日月遗其珠囊。"郑

---

① 关于五星的占验情况，可参见王铁《汉代学术史》，华东师范大学出版社 1995 年版，第 59 页。

② 班固：《汉书》卷 21 下《律历下》，中华书局 1962 年版，第 1004—1011 页。

玄曰："日月遗其珠囊，珠谓五星也，遗其囊者，盈缩失度也"。这条佚文亦见《尚书·考灵曜》，但其佚文更为完整，其文曰："天失日月，遗其珠囊。"

《乐纬》中的星占，很大程度上是为了军事、政治服务，属于军国星占学的内容。[①]《乐纬》中还有大量恒星占的内容，也与五音相合，即属此例。

> 玄戈，宫也，以戊子候之。宫乱则荒，其君骄，不听谏，佞臣在侧；宫和，则致凤凰，颂声作。(《乐纬》)
>
> 弁星，羽也，壬子候之。羽乱则危，其财匮，百姓枯竭为旱。(《乐纬》)

按玄戈为紫微垣三十七星座之一，按《宋史·天文志二》："天戈一星，又名玄戈，在招摇北，主北方。"弁星，按郑玄《周易注》云："斗上有建星，建星之形似簋。贰，副也。建星上有弁星，弁星之形又如缶。"[②]《乐纬》以宫释玄戈，主君主之德；以羽释弁星，主百姓之收成。

除了星占外，《乐纬》中还有对纳音的解释："纳音者，谓之本命所属之音，即宫商角徵羽也。"纳音也是术数的一种，就是以五音十二律合为六十音，与六十甲子相配合，并按五行之序旋相为宫。这是以乐律生成法为占卜方术，其具体方法，沈括云："纳音之法，自黄钟相生，至于中吕而中，谓之阳纪，自蕤宾相生，至于应钟而终，位置阴纪，盖中吕为阴阳之中，子午为阴阳之分也。"[③]

综上，纬书虽然号称是解释经书的，但其知识基础是流行于秦汉的术数。因此，葛兆光先生就认为谶纬与术数之学是相通的。[④]作为七经纬之一，《乐纬》也以与音乐相关的术数作为手段去沟通天人，从而为

---

① 国际学术界对星占术分为两大类型：一为军国星占学，一为生辰星占学。关于其区分，可参见江晓原《天学真原》，辽宁教育出版社 2007 年版，第 177 页。

② 王弼注，孔颖达疏：《周易正义》，《十三经注疏》本，中华书局 1980 年版，第 42 页。

③ 胡道静：《梦溪笔谈校证》，古典文学出版社 1957 年版，第 216 页。

④ 葛兆光：《中国思想史》第一卷《七世纪前中国的知识、思想与信仰世界》，复旦大学出版社 2005 年版，第 278 页。

政治和人事服务。

四　凤凰来仪模式

中国音乐的起源，自来就与凤凰的传说有着不解的渊源，如所谓的伶伦造律就是模仿凤凰声音而来。《山海经》也以为音乐歌舞起源于凤鸟，《大荒西经》曰："有五采鸟三名：一曰皇鸟，一曰鸾鸟，一曰凤鸟。"又曰："有五采之鸟仰天，名曰鸣鸟。爰有百乐歌舞之风。"郝懿行《笺疏》："鸣鸟盖凤属也。"另外，很多乐器的外形与凤相关的，如笙、箫。[①]之所以出现这种情况，是与古代的"省风作乐"有关，盖在甲骨卜辞中"凤"、"风"同字，故又有人以为"凤"为风神和音乐之神。[②]

《乐纬》中有大量关于凤凰的记载，如《乐纬·稽耀嘉》说："鳞虫三百六十，龙为之长。羽虫三百六十，凤为之长。毛虫三百六十，麟为之长。介虫三百六十，龟为之长。倮虫三百六十，圣人为之长。"古人将动物分为毛虫、鳞虫、羽虫、介虫、倮虫等几种，其中，凤是羽虫之长。《乐纬》中之所以有这么多对动物的记述，是因为《周礼·春官宗伯·大司乐》中说："凡六乐者，一变而致羽物及川泽之示，再变而致裸物及山林之示，三变而致鳞物及丘陵之示，四变而致毛物及坟衍之示，五变而致介物及土示，六变而致象物及天神。"这既是古人祥瑞意识的重要表现，又从另一个方面为《大司乐》是《乐经》中的一部分提供了佐证。

凤凰是古人综合多种动物的形象创造出的一种鸟类，现实中并不存在。对于凤凰形象的记载，《乐纬·叶图徵》曰："冠类鸡头，燕喙蛇头，龙形麟翼，鱼尾五采，不啄生虫。"而且，凤凰作为一种图腾，它的身体不仅具有自然属性，还具备道德属性。《山海经·南山经》曰："有鸟焉，其状如鸡，五采而文，名曰凤皇，首文曰德，翼文曰义，背文曰礼，膺文曰仁，腹文曰信。是鸟也，饮食自然，自歌自舞，见则天下安宁。"这种说法也被《乐纬》继承并发展为"五凤模式"，《叶图徵》曰：

---

① 张树国：《宗教伦理与中国上古祭歌形态研究》，人民出版社2007年版，第9页。

② 孙晓晖：《风说》，《交响》（西安音乐学院学报）1997年第1期。关于凤为风神之说，是由郭沫若先生提出的。郭沫若：《卜辞通纂》卷2，科学出版社1983年版，第82页。

五凤皆五色，为瑞者一，为孽者四。似凤有四，并为妖、一曰鹔鹴，鸠喙，圆目，身义，戴信，婴礼，膺仁，负智，至则旱役之感也；二曰发明，鸟喙大颈，大翼大胫，身仁，戴智，婴义，膺信，负礼，至则丧之感也；三曰焦明，长喙，疏翼，圆尾，身义，戴信，婴仁，膺智，负礼，至则水之感也；四曰幽昌，兑目，小头，大身，细足，胫若鳞叶，身智，戴信，负礼，膺仁，至则旱之感也。

焦明，南方鸟也，状似凤凰，鸠喙疏翼负尾，身礼，戴信，婴仁，膺智，负义，至则水之灾，为水备也。

发明，东方鸟也，状似凤凰，鸟喙大颈羽翼，又大足胫，身仁，戴智，婴义，膺信，负礼，至则兵丧之感，为兵备也。

鹔鹴，西方鸟也，状似凤凰，鸠喙专形，身义，戴信，婴仁，膺智，至则旱疫之灾，为旱备也。

幽昌，北方鸟也，状似凤凰，鸠喙小头，大身细足，脏翼若麟叶，身智，戴义，婴信，膺仁，负礼，至则旱之感，为旱备也。

为配合五行、五音与五方相配的模式，《乐纬》创造出“五凤”与五方相配。如焦明配南方主水备、发明配东方主兵备、鹔鹴配西方主旱备、幽昌配北方亦主旱备。而且四鸟各具“仁、义、礼、智、信”五常之性。这是受董仲舒的影响将《山海经》中的“德”改为“智”。① 而且，我们还可推测出凤凰当配中央，与五音中的宫相似，因为《乐纬·动声仪》说：“镇星不逆行，则凤皇至。宫音和调，填星如度，不逆则凤皇至。”按填星属土。填星如度，则凤凰至。《乐纬》也说：“角致发明，身仁；徵致焦明，身礼。商致鹔鹴，身义；羽致幽昌，身智；宫致凤皇，身信。”这是将五凤与五音相配，其中宫致凤凰正证明了我们的推断。另据宋人罗顾《尔雅翼》引《说文》曰：“五方神鸟，东方曰发明，南方曰焦明，西方曰鹔鹴，北方曰幽昌，中央曰凤皇。”也印证了我们的推断。罗顾还在书中解释了“五凤皆五色，为瑞者一，为孽者四”之说，他说：

而《乐协图徵》，说五凤皆五色，为瑞者一，为孽者四，鹔鹴，汗疫之感；发明，丧之感；焦明，水之感；幽昌，旱之感。且其称四

① 《汉书·董仲舒传》载：“夫仁谊礼知信五常之道，王者所当修饬也。”

凤，首背翼膺腹文皆合五常，岂应为孽？盖汉儒既夸大其辞，推凤为希世之瑞，夸而无验，极而必反，则又推之以为孽。大抵日新其说，竞为可喜，以动人之耳目。故既凤矣，而又孽之；虽孽之矣，则又不废身文义仁知礼信之说，反复无所据，皆不足取也。[①]

罗顾的解释，从"以今视古"的角度来说十分有道理。但却忽略了汉儒如此讨论的意义所在。因为这也涉及了《乐纬》讨论"凤凰来仪模式"的意义：

第一，作为一种普遍意义上的祥瑞，凤凰的出现代表着天下太平。《乐纬》曰："是以清和上升，天下乐其风俗，凤凰来仪，百兽率舞，神龙升降，灵龟晏宁。"说明凤凰来仪是一种祥瑞的表现。《乐纬·稽耀嘉》说："国安，其主好文，则凤凰来翔。"作为祥瑞的"凤凰"出现的前提是"国安，其主好文"。表现于远古，凤凰来翔是圣王出现的标志。这点在纬书中广有记载。如《尚书·中侯》："黄帝时天气休通五行期化，凤凰巢阿阁谨于树。"还说："周公归政于成王，天下太平，制礼作乐，凤凰翔庭。"《春秋纬》："黄帝坐于扈阁，凤凰衔书致帝前，其中得五始之文焉。"这种伴随圣人出现的凤凰在纬书中有很多，按《论衡·讲瑞篇》曰："黄帝、尧、舜、禹、周之盛，皆致凤凰。"而表现于汉代，则表现为政治清明，如赵翼认为："两汉多凤凰，而最多者，西汉则宣帝之世，东汉则章帝之世。……按宣帝当武帝用兵劳扰之后；昭帝以来与民休息，天下和乐；章帝承明帝之吏治肃清，太平日久，故宜皆有此瑞。"[②] 这或许与两帝都"本喜祥瑞"有关，[③] 故时人为仰承上意，编造出此种祥瑞，也不无可能。而且，宣帝与章帝也均以好文著称，如宣帝时有石渠阁会议，论五经异同；[④] 章帝时则有白虎观会议，也是为了"使诸儒共正经义"[⑤]。故我们以为《乐纬》中对"五凤"的大量讨论应出自宣帝之世。

---

① 罗顾：《尔雅翼》，黄山书社 1991 年版，第 134 页。

② 赵翼：《廿二史札记》，凤凰出版社 2008 年版，第 42—43 页。

③ 同上书，第 43 页。

④ 班固：《汉书》卷 88《儒林传》，中华书局 1962 年版，第 3598 页。

⑤ 范晔：《后汉书》卷 3《孝章帝纪》，中华书局 1965 年版，第 138 页。

第二，作为更高层次的追求，凤凰代表着由道德伦理意识向宇宙意识的超越。纬书中最高层次的要求，就是要将政治意识与宇宙意识合一。即以天地为范本，将人间的政治秩序纳入到宇宙秩序中，从而形成一套天人相符的政治理念。《乐纬》中的五凤模式与五常相配就反映了汉儒的政治观念，但在其他纬书中还有对这一理念的超越，如《论语纬·摘襄圣》曰："凤有文象，一曰头象天，二曰目象日，三曰背象月，四曰翼象风，五曰足象地，六曰尾象纬。"对《山海经·南山经》和《乐纬·叶图徵》中将凤凰赋予道德属性的倾向更发展了一步，符合汉儒一贯的思维方式。这属于汉儒对凤形象之"六像说"。另，与凤之形象相关者，还有"九苞说"，见《论语·摘衰圣》：

（凤）口苞命者不妄鸣也；心合度者进退精也；耳聪达者居高明也；舌诎伸者能变声也；色光彩者文彩呈也；冠短周者南方行也；距锐钩者武可称也；音激扬者声远闻也；腹文户者不妄纳也。

这是对凤"德象"的具体记载。《春秋纬·演孔图》总结说：

火精为凤，生于丹穴，非梧桐不栖，非竹实不食，非醴泉不饮。身备五色，鸣中五音，有道则见。鸿前麐后，蛇颈鱼尾，龙文龟背，燕颔鸡喙，声若箫，翼若干。有六像九包：六像者，头象天，目象日，背象月，翼象风，足象地，尾象纬；九包者，口包命，心合度，耳达命，舌屈伸，彩色光，冠矩州，距锐钩，音激荡，腹文户。行鸣曰归嬉，止鸣曰提扶，夜鸣曰善哉，晨鸣曰贺世，飞（鸣）曰郎都。

关于凤的这种道德化与自然化的合一，虽然不无附会之嫌，但却是汉儒试图将道德意识和宇宙意识合而为一的努力。

第三，音乐的和谐，是凤凰来仪的很重要的前提。如《尚书·益稷》就说："箫韶九成，凤皇来仪。"按箫韶传为舜乐，据孔安国《正义》曰："备乐九奏而致凤皇，则余鸟兽不待九而率舞。"是说演奏《箫韶》时必须全部奏完才能招致凤凰。《乐纬·叶图徵》也说："五音克谐，各得其伦，则凤凰至。"宋均注："盛德感于鸟兽，则凤凰至。""五音克谐"，《尚书·舜典》作"八音克谐"。五音为宫、商、角、徵、羽；八音则指金、石、土、革、丝、木、匏、竹。二者一指音阶，一指乐器。或为《乐纬》误植，但作音阶讲也能讲通。五音和谐为政治清明之象，故宋均注说盛德感于鸟兽，则凤凰至。当然这也与音律是模仿凤鸣而来有关，两声相似，且所用乐器为排箫，排箫之形按《风俗通·声音》云“其形参差，像凤之翼，十管，长一尺”。故能招致凤凰。所谓同声相应、同气相求，即是此意。

其实，《乐纬》的几种解乐模式是相互关联的，可以视为一个完整的系统。如风与凤的关系，使“省风宣气”模式与“凤凰来仪”模式就有关系，律气卦气模式也与风有关。卦气本来就是术数的一种，这又与星占术数模式扯上了联系。所以说，《乐纬》对音乐的讨论是以汉代流行的一般知识为背景的。

结　语

乐官是两周王官的重要组成部分，在先秦的礼乐文化奠基中，起着十分重要的作用。本书即以两周乐官的文化职能和文学活动为研究对象，通过相关问题的研究，透视周代礼乐文明的形成、发展及消解过程，这表现在：通过对乐官体系历史建构和演进脉络的考察，可以还原西周雅乐文化的形成轨迹；通过对乐官机构人员设置和运行机制的考察，可以揭示两周文学活动的生产基础；通过对具体乐官文化职能的考察，可以反映两周礼乐文明的不同侧面；通过对特殊乐官日常职责的考察，可以了解两周乐教和乐政活动过程中的时间维度；通过对《诗》《乐》二经成书情况的考察，可以展现乐官和其他王官相互协作的成果样本。根据以上研究角度，可就两周乐官制度做出如下结论。

一　两周乐官的形成轨迹

西周初年的制礼作乐，经历了一个从因袭先王之乐到创制新乐的过程。因袭先王之乐的过程，可见于《逸周书·世俘篇》；创制新乐的成绩，则见于《诗经·周颂·有瞽》。故通过两篇文献的对比研究，可以清晰了解周初乐制改革的情况：《逸周书·世俘篇》记载了周武王克商之后，曾举行过一系列大型典礼，其中有周初用乐的真实情形。就演奏乐器而言，主要有籥和庸，前者为先周部族的常用乐器，后者则是借用了商人的乐器类型；就演奏主体而言，主要是籥人，也是先周部族的乐官遗留；就乐歌和乐舞而言，主要有“籥人九终”、《万》舞、《明明》、《崇禹生开》等几种，以因袭古乐为主，少有原创乐舞；就演奏程式而言，借鉴了商人的乐奏次序，即管奏——舞——升歌。《周颂·有瞽》则是反映周初乐制改革的重要文献，由其可知，周人既借鉴了商人的乐制模式，以瞽矇为主要乐官；又确立了具有民族特征的乐器范式——树羽、悬鼓，并加强了乐悬制度跟礼制的联系。另外，《有瞽》还从侧面反映了《大武》之乐的创制情况。至于周初乐制改革的意义，一是表现为“观成”，具有奏乐完成、制乐完成、功业完成等三方面的象征意义；二是表现为“和同”，通过奏乐规范的确立，可以起到团结诸侯、移风易俗的作用，具有礼仪和政治的双重意义。

需要指出的是，周初之所以要进行乐制改革，从根本上而言，是出于对“殷鉴”的反思：一方面，因为殷纣王“断弃先祖之乐”，重用师延等人，造作“淫声”，导致了殷乐官太师、少师“奔周”事件的发生，这从客观上为周人的乐制改革提供了技术资源。另一方面，西周雅乐体系的确立，也是对商末乐制失范的反拨：有感于殷纣王的“断弃先祖之乐”，周人在整合前代之乐基础上，首先完善了自己的祭乐系统；因不满于殷纣王用“淫声”变乱“正声”，周人设置了新的音乐评价体系，并对“淫声”设置了严格的禁令；因“商声”或“商调”之悲，周人在祭祀系统中将其弃之不用，从而确立了崇尚中和的审美标准。乐制改革完成之后，周人还通过赐乐制度保证了雅乐的下移，即通过乐器、乐人、乐舞等的分配，将各诸侯国纳入周王室的宏观调控之下。但不可否认的是，周人虽然对殷纣王时的“淫声”设置了禁令，但因分封制所形成的不同管理模式，仍为这些“淫声”留下了发展的空间，形成了所谓的“郑卫之音”。春秋时的赂乐制度，就为郑卫之音的传播提供了渠道，也为日后的礼崩乐坏埋下了伏笔。

在周人所存的六代之乐中，最为孔子所称道的是《大韶》，《论语·八佾》就载：“子谓《韶》，‘尽美矣，又尽善也’。”其实，孔子之所以这样说，并非偶然性的审美感受，而是有着很深的文化背景。因为《大韶》原是东夷族乐舞，只在东夷族内部传承和修订。后华夏族的启出于政治目的，将其盗用并加以改造，从而形成两个不同的版本。这两个版本递相传承，一被商、陈、齐所继承，即孔子在齐所闻者；一被周、鲁所继承，即季札在鲁所闻者。前者仍在某些诸侯国流传，后者则被纳入周王室的祀典之中。另外，夏后启为《大韶》重新配制的乐歌——《九歌》，也被夏桀带到了楚地，成为屈原《九歌》的重要来源。更为重要的是，雅乐大量消亡之后，《韶》乐依然流传，成为各代的雅乐遗存。从一定程度上说，相较于《咸池》《大章》等传说中的乐舞，《韶》乐的存在还是比较可信的。故通过《韶》乐的传承情况，既可以还原出两周乐官演奏前代之乐的具体范本，又可以清晰展现前代之乐是如何纳入周乐体系的。

二　两周乐官的管理体制

两周的乐官体系确立之后，开始成为礼乐活动的实践主体。但各乐官之间并非各自为政的，还需要相互协作和统一管理，这是礼乐活动得以实施的制度保障。两周乐官的系统总结，见于《周礼》之中，除《春官》所载以“大司乐”为首的二十职外，还有《地官》中的鼓人、舞师等，约一千六百多人。如此庞大的乐官群体，在人员组成、管理机制和职能属性等方面，是有其自身特点的。

首先，人员组成是乐官机构的形成基础。乐官的人员设置情况，在《周官·春官·叙官》中有详细记载。通过对其考察，可以发现乐官的人员组成，是分为两个层级：其一是乐官层级。这些乐官基本都有一定爵位，是贵族阶级的组成部分，其爵位上至于中大夫，下至于下士。不过在乐官体系中，有一类职官比较特殊，即瞽矇，他们没有爵位，属于庶人，但因为专业技能的特殊，又有获取爵位的可能。故很大程度上，这类乐官可以被称为乐工。其二是属吏层级。按照《周礼》的标准配置，属吏包括四种：府、史、胥、徒，是官府中一个相对稳定的服务性群体。但因为乐官的独特属性，其属吏的配置，既要遵守《周礼》的一般规定，又要根据自身的特殊职能加以调整。另外，需要指出的是，《周礼》中的乐官设置，采取了因事设官的方式，故因爵级的不同，所承担的职责也有不同；乐官名称的设置，也是一方面遵循《周礼》的整体设官思想，称“司”“师”“典”“人”“氏”等，另一方面有兼顾到自身的特点，包括：因生理特征名官（如瞽矇、视瞭），因职事特征名官（如磬师、钟师等），因装饰特征名官（如旄人）；等等。这都是《周礼》中乐官人员组成的基本情况。

其次，管理机制是乐官机构的运作保障。乐官机构的管理原则，在宏观方面，符合《周礼·天官·大宰》中以“八法治官府”的整体治官思想；在微观方面，又因自身的特点，加以调整。八法，即官属、官职、官联、官常、官成、官法、官刑、官计。其中，官属和官职，使乐官分出了上下等级和不同职责；官联和官常，既保证了乐官行使职责时的独立性，又不致让乐官成为一个封闭系统；官成和官法，一是由经验积累而形成的办事成法，一是设官时所制定的法规制度，均为乐官办事所依循的规则；官刑和官计，是相互配套的考核制度：官计是考核乐官的方法，官刑是对失职乐官的惩罚措施。至于乐官的内部管理，主要由乐师负责完成，包括乐政的实施、戒令的执行及处理乐官的需求和争讼等。可见，《周礼》中的乐官体系，是有着比较成熟的管理体制的。

最后，职能属性是乐官区别于其他王官的标志。乐官的职能属性，包括三个方面：一是礼官属性。在《周礼》的职官设置中，乐官隶属于春官大宗伯，负责众多礼仪中的奏乐活动。由其身份，可分为指挥者、演奏者和辅助者的不同。由乐事的程序，乐官主要负责礼仪举行前的乐悬与指挥、礼仪过程中的演奏与指挥及礼仪结束后的彻乐与指挥等事宜。二是教官属性。乐官因为职能特殊，还掌有教职，是乐教的具体实施者。其教育对象包括国子、乐工和野人等。其中，国子教育是以培养行政人才为主，目的在文化官员的补充；职业教育是以培养专业乐工为主，目的在自身机构的完善；平民教育是以培养野人为主，目的在于特定祭祀和宫廷娱乐的需要。三是专业属性，这是乐官得以区别其他职官的根本。根据职能的不同，这些乐官有的主要负责唱歌，如瞽矇系统；有的主要负责教舞或演舞，如大司乐、乐师、籥师、舞师、旄人等；有的负责器乐演奏，如磬师、钟师、笙师、镈师等。

三 两周乐官的文化职能

在周代的乐官机构中，有两大体系是比较重要的：一是以大司乐为首的学政系统，一是以太师为首的瞽矇系统。通过这两大乐官系统文化职能的考察，最能投射两周礼乐文化和文学活动的重要侧面。

以大司乐、乐师等组成的乐官体系，掌国之学政，负责周代的国子教育，所教课程包括乐语、乐仪、乐舞等技术性内容。乐语即兴、道、讽、诵、言、语六种话语表述方式，是乐官培养国子作诗、用诗及解诗的重要途径。其中，兴、道是诗之创作手段，服务于国子的“献诗”；讽、诵是诗之传播途径，服务于国子的“赋诗”和“引诗”；言、语是诗之表现手段，服务于国子的“解诗”。乐仪是礼仪活动过程中，需要有音乐配合的仪节。通过乐仪的教授，可以培养国子的威仪。威仪是先秦贵族阶层的一种身份特征，是从容礼的教授开始的。周人继承了商人以乐官教容礼的传统，作为培养国子气度的重要方式。以乐节礼，主要包括行步之节、乘车之节、行礼之节和射节等，其用乐主要以《九夏》《采荠》《驺虞》《狸首》《采蘋》《采蘩》等节奏性较强的乐曲为主。这些乐曲既可以营造一定的礼仪氛围，又具备一定的象征意义，可以使国子在行礼时保持和敬庄重的仪态，从而形成自己的威仪。乐舞主要是指六代大舞，即《云门大卷》《大咸》《大韶》《大夏》《大濩》《大武》，是周代雅乐的核心部分。周人之所以保存这些乐舞，一方面是出于现实政治的考虑，可以将出身于不同部族的诸侯国纳入政治共同体当中；另一方面又可以整合全国祀典，实现以礼治国的文化功能。而通过对这些乐舞的教授，又可以使国子早习于道，很早就参加到国家的大典之中。可以说，大司乐系统所掌的乐教，目的是为国家提供后备政治人才做准备的。

至于瞽矇类乐官，都是目有残疾之人。但身体的缺陷，也带给他们异于常人的能力，即高超的听力和记忆力。其听力，主要集中在听风职能上，这也是其由巫师分化出来的重要线索。在上古之时，瞽矇乐官因精于听声，能在部落的农业生产中授时制历，从而被尊为圣人。其具体操作方式，即通过听四方风以确定时令。殷商的甲骨卜辞中，就已有瞽矇听四方风的记载，这说明在当时已经有较为系统的四时观念。至西周，随着耕藉礼的废除，瞽矇的听风职能也随之衰微，发展成为听声职能，更多表现在政治活动和艺术活动中。其记忆力，则主要表现在对历史记忆的口头传述上，而这些历史记忆被记录下来，就是历史书写。两周时的一些历史著作，如《帝系》《世本》《瞽史之纪》等，都是瞽矇与史官共同协作完成的。而瞽矇与史官的协作，有“工史”和“瞽史”的不同的说法，“工史”是指瞽矇和小史，负责《帝系》和《世本》的书写；“瞽史”更大程度上是指太师和太史，他们的从业经验被记录下来就是《瞽史之纪》。另外，瞽矇的记忆力，还表现在对“治功之诗”的创作和史诗的传述上。除此之外，瞽矇乐官最重要的文化职能，即为诗配曲。通过对太师所教“六诗”的重新解读，可以发现赋、比、兴很可能就是瞽矇为诗配曲的三个步骤：赋是对诗言的整理，即经过瞽矇的反复吟诵，可以检查诗言的合律情况；比是对诗章的整理，从而形成“重章叠句”的乐歌体式；兴是对诗乐的整理，是瞽矇为诗配乐的开始。

四　两周乐官的解读视角

对两周乐官文化职能的解读，还可以选择特定的视角，如从时间的维度切入，就是很好的思路。海德格尔就曾说过："历史性作为生存的存在机制归根到底是时间性。"① 故乐官的一切文化活动，不管是乐教，还是乐政，无不受时间的限制。

就乐教而言，乐官对国子的教育，包括诗、歌、舞三个方面，既有对德义的阐发，又有对技能的传授。但更为重要的是，乐教还需要遵从四时之序。这表现在：一方面要结合受教者的年龄差异，安排循序渐进的教学程序；另一方面又要根据四季节令的不同，进行与之相应的课程安排。具体而言，乐舞方面，未成年国子主要学小舞，先文舞后武舞，到一定年龄后，则两舞兼学，其中春夏学武舞，秋冬学文舞，符合中医的人体保健机理。而成年国子，主要学习六大舞，而且一年四季都要学习，并兼具文、武二舞。乐歌方面，则是各个年龄段国子的学习课程，只不过因年龄的不同，所学程度有难易之分而已。这从一定程度上还原了两周乐教的课程设置。

就乐政而言，乐官众多音乐活动的安排，还要符合月令模式。考察先秦的《月令》类文献，都有对乐官之政的具体记载，而尤以《礼记·月令》记载最为详细。《月令》所记一年乐政，都是仪式过程中的备乐和用乐，如孟春的习舞，是为仲春的释奠礼用乐做准备；仲春的习乐，是为季春养老礼大合乐做准备；孟夏的"习合礼乐"，是为当月的饮酎礼用乐做准备；仲夏的修整乐器，是为当月的大雩帝用盛乐做准备；季秋的"入学习吹"，是为当月的大飨帝用乐做准备。另外，孟冬的大饮烝和岁终的大饮，也有盛大乐舞的演奏。这是一年当中各大典礼的常规用乐，是乐官乐政的重要组成部分。

在《周礼》的众多乐官中，籥章是比较特殊的。他不是周人制礼作乐的产物，而是自先周流传下来的，带有部族色彩的一类职官。其来源，有远源和近源之分，远源是伊耆氏时的土鼓、苇籥。近源则是公刘迁豳后，对伊耆氏之乐的继承。故从演奏乐器来看，以土鼓、豳籥为主，都是自先周遗留下来的原始乐器；从演奏乐曲来看，以《豳风》《豳雅》《豳颂》为主，都是用于部落农事礼俗的乐曲；从文化功能来看，籥章负责迎寒暑、祈年、蜡祭等岁时礼仪活动的奏乐。更为重要的是，通过对籥章

---

①［德］海德格尔：《存在与时间》，陈嘉映、王庆节译，生活·读书·新知三联书店1987年版，第474页。

岁时奏乐活动的考察，可以解决《七月》与《豳诗》《豳雅》《豳颂》之间的关系，使聚讼已久的诗经学案获得一个比较合理的解释。

五 两周乐官的成果样本

两周乐官的文化职能和文学活动，最终成为构建“六经”的重要思想资源，而尤以对《诗》《乐》二经的作用最大。

《诗》的编订，主要由乐官与行人之官、史官共同协作完成的。除乐官专门负责《诗》的配乐和教授外，行人之官主要负责诗歌的采集。以往对“行人采诗说”多有怀疑，但通过对先秦行人制度的考察，会发现在众多王官中，确实只有行人之官具备采诗的可能性：首先，在众多王官中，只有行人系统能将不同方言区的歌谣转译为雅言；其次，在行人出使各国时，有考察各国风俗的职责，而歌谣恰恰是各地风俗的最好反映；最后，行人的聘使四方，也使他们具备接触各地民谣的可能性。故从很大程度上说，《国风》的编订，行人之官起到了很大的作用。至于《诗》文本的整理和写定，主要是由史官完成的。史官与《诗》之关系，主要集中在三点：一是国史有作诗之责，是《诗经》的重要作者类型之一；二是国史有采诗之责，既要负责在巡狩过程中，对各国所陈之诗进行收录，又要负责对行人所采之诗进行甄别；三是国史有存诗之责，即将搜集到一起的诗歌加以整理，最终形成一定的文本形态。而《诗》被整理成文本之后，分不同的类型保存在“邦国之志”和“四方之志”当中，为《诗经》的最后编订，提供了文献资源。

《乐经》的形成，是商周雅乐体系的总结，其形式当是与《诗经》等相配的音乐形态。东周时期周室衰微，雅乐演奏渐次消散。至春秋末，已少见雅乐系统之演奏。具体而言，《乐经》在形成过程中，经历了不同的发展形态：第一阶段是基本形态，其特征是诗、乐、舞的三位一体，载体是周公所整理的六代乐舞；第二阶段是经典形态，伴随着礼仪活动的兴衰，诗、乐关系开始分离，形成了以“乐德”为核心的乐用体系；第三阶段是义理形态，“礼崩乐坏”之后，雅乐的演奏系统遭到严重破坏，儒家学派开始从学理上对《乐经》进行整合。故孔子师生论乐重义理而轻演奏，使得《乐记》等儒门乐论开始形成，并取代了《乐经》的地位，成为后代论乐的主要模式。故汉代之《乐纬》，在《乐经》丢失后，所依据的文本就变成了《周礼·春官·大司乐》和《礼记·乐记》。据现存资料而言，《乐纬》对二者的阐释主要集中在五声论、八音论、古乐论三个方面。这从一定程度上，也可以反映《乐经》的成书和性质问题。而《乐纬》又广泛吸收阴阳五行和天人感应思想，融合术数，形成了具有时代背景的解乐模式。

参考文献

一　古籍文本

[1] 阮元等校刻:《十三经注疏》,中华书局 1980 年版。
[2] 国学整理社辑:《诸子集成》,上海书店出版社 1986 年版。
[3] (西汉) 伏生撰:《尚书大传》,《丛书集成本》。
[4] (西汉) 司马迁撰,裴骃集解,司马贞索隐,张守节正义:《史记》,中华书局 1982 年版。
[5] (西汉) 董仲舒撰,(清) 苏舆义证:《春秋繁露义证》,中华书局 1992 年版。
[6] (西汉) 韩婴撰,许维遹校释:《韩诗外传集释》,中华书局 1980 年版。
[7] (西汉) 刘向辑录:《战国策》,上海古籍出版社 1978 年版。
[8] (西汉) 刘向撰,赵善诒疏证:《说苑疏证》,华东师范大学出版社 1985 年版。
[9] (西汉) 刘向撰,赵仲邑注:《新序详注》,中华书局 1997 年版。
[10] (东汉) 班固撰,(清) 陈立疏证:《白虎通义疏证》,中华书局 1994 年版。
[11] (东汉) 班固撰,颜师古注:《汉书》,中华书局 1962 年版。
[12] (东汉) 应劭撰,王利器校注:《风俗通义校注》,中华书局 1981 年版。
[13] (东汉) 宋衷注,(清) 秦嘉谟等辑:《世本八种》,中华书局 2008 年版。
[14] (晋) 王肃注:《孔子家语》,上海古籍出版社 1990 年版。

[15]（南朝·宋）范晔撰，（唐）李贤等注：《后汉书》，中华书局 1965 年版。
[16]（晋）陈寿撰，（南朝·宋）裴松之注：《三国志》，中华书局 1959 年版。
[17]（南朝·宋）沈约撰：《宋书》，中华书局 1974 年版。
[18]（南朝·梁）萧统编，李善注：《文选》，中华书局 1977 年版。
[19]（唐）杜佑撰：《通典》，中华书局 1988 年版。
[20]（唐）虞世南等编，（清）孔广陶校注：《北堂书钞》，中国书店影印本 1989 年版。
[21]（唐）徐坚等编：《初学记》，中华书局 1962 年版。
[22]（唐）欧阳询等：《艺文类聚》，上海古籍出版社 1982 年版。
[23]（宋）李昉等编：《太平御览》，中华书局 1960 年版。
[24]（宋）郑樵撰：《通志二十略》，中华书局 1995 年版。
[25]（宋）洪兴祖注：《楚辞补注》，中华书局 1983 年版。
[26]（宋）朱熹撰：《诗集传》，中华书局 1958 年版。
[27]（宋）朱熹撰：《楚辞集注》，上海古籍出版社 1979 年版。
[28]（宋）黎靖德编：《朱子语类》，中华书局 1986 年版。
[29]（宋）蔡沈撰：《书集传》，凤凰出版社 2010 年版。
[30]（元）马端临撰：《文献通考》，中华书局 1986 年版。
[31]（清）顾炎武著，黄汝成集释：《日知录集释》，上海古籍出版社 2006 年版。
[32]（清）永瑢等撰：《四库总目提要》，中华书局 1983 年版。
[33]（清）严可均辑：《全上古三代秦汉三国六朝文》，中华书局 1958 年版。
[34]（清）沈德潜撰：《古诗源》，中华书局 1963 年版。
[35]（清）章学诚撰：《文史通义》，中华书局 1985 年版。
[36]（清）王聘珍撰：《大戴礼记解诂》，中华书局 1983 年版。
[37]（清）孙诒让撰：《周礼正义》，中华书局 1987 年版。
[38]（清）王先谦撰：《诗三家义集疏》，中华书局 1987 年版。
[39]（清）马瑞辰撰：《毛诗传笺通释》，中华书局 1989 年版。
[40]（清）孙希旦撰：《礼记集解》，中华书局 1989 年版。
[41]（清）魏源撰：《诗古微》，岳麓书社 2004 年版。

[42]（清）俞正燮撰：《癸巳类稿》，辽宁教育出版社 2001 年版。
[43]（清）徐元诰撰：《国语集解》，中华书局 2002 年版。
[44]（清）方玉润：《诗经原始》，中华书局 1986 年版。
[45]（清）胡承珙：《毛诗后笺》，黄山书社 1999 年版。
[46]（清）黄以周：《礼书通故》，中华书局 2007 年版。
[47] 逯钦立辑：《先秦汉魏晋南北朝诗》，中华书局 1983 年版。
[48] 袁珂：《山海经校注》，巴蜀书社 1993 年版。
[49] 王贻梁、陈建敏撰：《穆天子传汇校集释》，华东师范大学出版社 1994 年版。
[50] 黄怀信等撰：《逸周书汇校集注》，上海古籍出版社 1995 年版。
[51] 方诗铭、王修龄撰：《古本竹书纪年辑证》，上海古籍出版社 2002 年版。
[52] 姚孝遂主编：《殷墟甲骨刻辞类纂》，中华书局 1983 年版。
[53] 曹锦炎、沈建华编著：《甲骨文校释总集》，上海辞书出版社 2006 年版。
[54] 中国社会科学院考古研究所编：《殷周金文集成：修订增补本》，中华书局 2007 年版。
[55] 马承源主编：《上海博物馆藏战国楚竹书（一）》，上海古籍出版社 2001 年版。

二　研究专著

[1] 白川静：《西周史略》，三秦出版社 1992 年版。
[2] 曹建国：《楚简与先秦〈诗〉学研究》，武汉大学出版社 2010 年版。
[3] 曹胜高：《国学通论》，北京大学出版社 2008 年版。
[4] 曹胜高：《中国文学的代际》，商务印书馆 2013 年版。
[5] 曹书杰：《后稷传说与稷祀文化》，社会科学文献出版社 2006 年版。
[6] 蔡仲德：《中国音乐美学史》，人民音乐出版社 2004 年版。
[7] 陈汉平：《西周册命制度研究》，学林出版社 1986 年版。
[8] 陈来：《古代宗教与伦理》，生活·读书·新知三联书店 2009 年版。
[9] 陈来：《古代思想文化的世界》，生活·读书·新知三联书店 2009 年版。
[10] 陈梦家：《殷墟卜辞综述》，科学出版社 1956 年版。

［11］陈双新：《西周青铜乐器铭辞研究》，河北大学出版社 2002 年版。
［12］陈戍国：《先秦礼制研究》，湖南教育出版社 1991 年版。
［13］陈子展：《诗三百解题》，复旦大学出版社 2001 年版。
［14］陈子展：《楚辞直解》，复旦大学出版社 1996 年版。
［15］陈元峰：《乐官文化与文学》，山东教育出版社 1999 年版。
［16］陈致：《从礼仪化到世俗化：〈诗经〉的形成》，上海古籍出版社 2009 年版。
［17］丁山：《商周史料考证》，国家图书馆出版社 2008 年版。
［18］丁山：《中国古代宗教与神话考》，上海书店出版社 2011 年版。
［19］董治安：《先秦文献与先秦文学》，齐鲁书社 1994 年版。
［20］方建军：《商周乐器文化结构与社会功能研究》，上海音乐学院出版社 2006 年版。
［21］方建军：《地下音乐文本的解读》，上海音乐学院出版社 2006 年版。
［22］冯时：《中国天文考古学》，社会科学文献出版社 2001 年版。
［23］傅斯年：《诗经讲义稿》，中国人民大学出版社 2004 年版。
［24］傅道彬：《诗可以观：礼乐文化与周代诗学精神》，中华书局 2010 年版。
［25］高亨：《文史述林》，中华书局 1984 年版。
［26］葛兆光：《中国思想史》，复旦大学出版社 2005 年版。
［27］葛志毅：《先秦两汉的制度与文化》，黑龙江教育出版社 1998 年版。
［28］顾颉刚：《史林杂识初编》，中华书局 1977 年版。
［29］过常宝：《楚辞与原始宗教》，东方出版社 1997 年版。
［30］过常宝：《原史文化及其文献研究》，北京大学出版社 2008 年版。
［31］郭伟川：《先秦六经与中国主体文化》，北京图书馆出版社 2007 年版。
［32］郭杰等：《先秦诗歌史论》，吉林教育出版社 1995 年版。
［33］郭沫若：《中国古代社会研究》，人民出版社 1954 年版。
［34］郭沫若：《甲骨文字研究》，科学出版社 1962 年版。
［35］郭沫若：《两周金文辞大系图录考释》，上海书店出版社 1999 年版。
［36］韩高年：《礼俗仪式与先秦诗歌演变》，中华书局 2006 年版。
［37］韩高年：《〈诗经〉分类辨体》，上海古籍出版社 2011 年版。
［38］洪湛侯：《诗经学史》，中华书局 2002 年版。

[39] 胡厚宣、胡振宇：《殷商史》，上海人民出版社 2003 年版。
[40] 胡平生、韩自强：《阜阳汉简诗经研究》，上海古籍出版社 1985 年版。
[41] 贾海生：《周代礼乐文明实证》，中华书局 2010 年版。
[42] 蒋孔阳：《先秦音乐美学思想论稿》，安徽教育出版社 2007 年版。
[43] 江晓原：《天学真原》，辽宁教育出版社 1997 年版。
[44] 江林昌：《楚辞与上古历史文化研究》，齐鲁书社 1998 年版。
[45] 江林昌：《考古发现与文史新证》，中华书局 2011 年版。
[46] 毛振华：《〈左传〉赋诗研究》，上海古籍出版社 2011 年版。
[47] 黎国韬：《古代乐官与古代戏剧》，广东高等教育出版社 2004 年版。
[48] 黎国韬：《先秦至两宋乐官制度研究》，广东人民出版社 2009 年版。
[49] 李炳海：《部族文化与先秦文学》，高等教育出版社 1995 年版。
[50] 李炳海：《中国诗歌通史·先秦卷》，人民文学出版社 2012 年版。
[51] 李纯一：《中国上古出土乐器综论》，文物出版社 1996 年版。
[52] 李春青：《诗与意识形态：西周至两汉诗歌功能的演变与中国诗学观念的生成》，北京大学出版社 2005 年版。
[53] 李峰：《西周的政体：中国早期的官僚制度和国家》，生活·读书·新知三联书店 2010 年版。
[54] 李山：《〈诗经〉的文化精神》，东方出版社 1997 年版。
[55] 李零：《中国方术考》，东方出版社 2000 年版。
[56] 李零：《中国方术续考》，东方出版社 2000 年版。
[57] 李零：《郭店楚简校读记（增订本）》，中国人民大学出版社 2007 年版。
[58] 李零：《上博楚简三篇校读记》，中国人民大学出版社 2007 年版。
[59] 李零：《简帛古书与学术源流》，生活·读书·新知三联书店 2004 年版。
[60] 李学勤：《东周与秦代文明》，上海人民出版社 2007 年版。
[61] 李学勤：《走出疑古时代》，辽宁大学出版社 1997 年版。
[62] 李学勤：《中国古代文明研究》，华东师范大学出版社 2009 年版。
[63] 刘操南：《〈诗经〉探索》，浙江大学出版社 2003 年版。
[64] 刘冬颖：《〈诗经〉“变风变雅”考论》，中国社会科学出版社 2005 年版。

[65] 刘冬颖：《出土文献与先秦儒家〈诗〉学研究》，知识产权出版社2010年版。

[66] 刘怀荣：《赋比兴与中国诗学研究》，人民出版社2007年版。

[67] 刘怀荣、宋亚莉：《魏晋南北朝乐府制度与歌诗研究》，商务印书馆2010年版。

[68] 刘起釪：《古史续辨》，中国社会科学出版社1991年版。

[69] 刘师培：《清儒得失论：刘师培论学杂稿》，中国人民大学出版社2004年版。

[70] 刘毓庆、郭万金：《从文学到经学：先秦两汉诗经学史论》，华东师范大学出版社2009年版。

[71] 刘再生：《中国古代音乐史简述》，人民音乐出版社1989年版。

[72] 陆侃如、冯沅君：《中国诗史》，作家出版社1956年版。

[73] 罗家湘：《先秦文学制度研究》，上海古籍出版社2011年版。

[74] 马承源主编：《中国青铜器（修订本）》，上海古籍出版社2003年版。

[75] 马银琴：《两周诗史》，社会科学文献出版社2006年版。

[76] 马银琴：《周秦时代〈诗〉的传播史》，社会科学文献出版社2011年版。

[77] 彭林：《〈周礼〉主体思想及成书年代研究》，中国社会科学出版社1991年版。

[78] 钱穆：《先秦诸子系年》，商务印书馆2001年版。

[79] 钱玄：《三礼通论》，南京师范大学出版社1996年版。

[80] 钱志熙：《汉魏乐府艺术研究》，学苑出版社2011年版。

[81] 裘锡圭：《中国出土古文献十讲》，复旦大学出版社2004年版。

[82] 人民音乐出版社编辑部编：《〈乐记〉论辩》，人民音乐出版社1983年版。

[83] 沈建华编：《饶宗颐新出土文献论证》，上海古籍出版社2005年版。

[84] 沈建华：《初学集：沈建华甲骨学论文集》，文物出版社2008年版。

[85] 沈文倬：《宗周礼乐文明考论》，杭州大学出版社1999年版。

[86] 宋镇豪：《夏商社会生活史》，中国社会科学出版社1996年版。

[87] 孙作云：《诗经与周代社会研究》，中华书局1996年版。

[88] 唐兰：《西周青铜器铭文分代史徵》，中华书局1985年版。

[89] 王国维：《观堂集林》，中华书局1959年版。
[90] 王昆吾：《中国早期艺术与宗教》，中华书局1998年版。
[91] 王克芬：《中国舞蹈发展史》，上海人民出版社2004年版。
[92] 王清雷：《西周乐悬制度的音乐考古学研究》，文物出版社2007年版。
[93] 王秀臣：《三礼用诗考论》，中国社会科学出版社2007年版。
[94] 王子初：《中国音乐考古学》，福建教育出版社2003年版。
[95] 韦庆远、柏桦：《中国官制史》，东方出版中心2001年版。
[96] 夏静：《礼乐文化与中国文论早期形态研究》，中华书局2007年版。
[97] 谢谦：《中国古代宗教与礼乐文化》，四川人民出版社1996年版。
[98] 熊申英：《乐以和同：东周之前的乐思想研究》，江西人民出版社2010年版。
[99] 徐中舒主编：《甲骨文字典》，四川辞书出版社1989年版。
[100] 徐旭生：《中国古史的传说时代》，广西师范大学出版社2003年版。
[101] 徐复观：《徐复观论经学史二种》，上海书店出版社2005年版。
[102] 许倬云：《西周史》，生活·读书·新知三联书店1994年版。
[103] 许倬云：《求古编》，新星出版社2006年版。
[104] 许兆昌：《先秦乐文化考论》，黑龙江人民出版社2010年版。
[105] 薛永武：《〈礼记·乐记〉研究》，光明日报出版社2010年版。
[106] 阎步克：《乐师与史官：传统政治文化与政治制度论集》，生活·读书·新知三联书店2001年版。
[107] 阎步克：《服周之冕：〈周礼〉六冕礼制的兴衰变异》，中华书局2009年版。
[108] 杨华：《先秦礼乐文化》，湖北教育出版社1997年版。
[109] 杨隽：《典乐制度与周代诗学观念》，中国社会科学出版社2009年版。
[110] 杨宽：《西周史》，上海人民出版社2003年版。
[111] 杨向奎：《宗周社会与礼乐文明》，人民出版社1992年版。
[112] 杨荫浏：《中国古代音乐史稿》，人民音乐出版社1981年版。
[113] 姚小鸥：《诗经三颂与先秦礼乐文化》，北京广播学院出版社2000年版。

[114] 俞志慧：《君子儒与诗教：先秦儒家文学思想考论》，生活·读书·新知三联书店 2005 年版。

[115] 袁行霈、严文明主编：《中华文明史》（第一卷），北京大学出版社 2006 年版。

[116] 詹鄞鑫：《神灵与祭祀：中国传统宗教综论》，江苏古籍出版社 1992 年版。

[117] 张崇琛：《古代文化探微》，中国社会科学出版社 2004 年版。

[118] 张丰乾：《〈诗经〉与先秦哲学》，北京大学出版社 2009 年版。

[119] 张富祥：《东夷文化通考》，上海古籍出版社 2008 年版。

[120] 张光直：《中国青铜时代》，生活·读书·新知三联书店 1990 年版。

[121] 张建军：《〈诗经〉与周文化考论》，齐鲁书社 2004 年版。

[122] 张树国：《乐舞与仪式：中国上古祭歌形态研究》，天津古籍出版社 2003 年版。

[123] 张树国：《宗教伦理与中国上古祭歌形态研究》，人民出版社 2007 年版。

[124] 张亚初、刘雨：《西周金文官制研究》，中华书局 1986 年版。

[125] 赵敏俐：《周汉诗歌综论》，学苑出版社 2002 年版。

[126] 赵敏俐等：《中国古代歌诗研究：从〈诗经〉到元曲的艺术生产史》，北京大学出版社 2005 年版。

[127] 赵敏俐：《汉代乐府制度与歌诗研究》，商务印书馆 2009 年版。

[128] 赵逵夫等：《先秦文学编年史》，商务印书馆 2010 年版。

[129] 周延良：《诗经学案与儒家伦理思想研究》，学苑出版社 2005 年版。

[130] 朱谦之：《中国音乐文学史》，上海世纪出版集团 2006 年版。

[131] 朱自清：《诗言志辨》，凤凰出版社 2008 年版。

三　研究论文

[1] 曹胜高：《〈天问〉的原创意图》，《云梦学刊》2006 年第 4 期。

[2] 曹胜高：《由先秦情志说论“诗言志”之本义》，《文艺理论研究》2009 年第 3 期。

[3] 曹胜高：《性情论之变迁与“诗缘情”的形成》，《贵州师范大学学

报》2010 年第 3 期。
[4] 曹胜高：《由聘礼仪程论季札观乐的性质》，《黄钟》（武汉音乐学院学报）2013 年第 2 期。
[5] 曹建国：《〈诗〉本变迁与“孔子删诗”新论》，《文史哲》2011 年第 1 期。
[6] 曹书杰、王志清：《后稷感生传说的文化内涵解析》，《民俗研究》2011 年第 2 期。
[7] 陈四海、马梁：《“儒”与中国古代音乐文化》，《交响》2006 年第 3 期。
[8] 陈四海、李小虎：《论先秦音乐艺术家：瞽矇》，《人民音乐》2009 年第 9 期。
[9] 陈四海：《乐府：始于战国》，《音乐研究》2010 年第 1 期。
[10] 陈致：《“万（萬）舞”与“庸奏”：殷人祭祀乐舞与〈诗〉中三颂》，《中华文史论丛》2008 年第 4 期。
[11] 方建军：《楚简〈采风曲目〉释义》，《音乐艺术》2010 年第 2 期。
[12] 伏俊琏：《谈先秦时期的“诵”》，《孔子研究》2003 年第 3 期。
[13] 傅道彬：《〈孔子诗论〉与春秋时代的用诗风气》，《文艺研究》2002 年第 2 期。
[14] 付林鹏：《论乐的性质及其义理化进程》，《孔子研究》2011 年第 6 期。
[15] 高华平：《古乐的浮尘与诗体的变迁》，《中国社会科学》1991 年第 5 期。
[16] 高华平：《楚简文字中的“师”、“保”、“傅”与先秦的保傅制度》，《中国文化研究》2012 年第 2 期。
[17] 高天麟：《黄河流域新石器时代的陶鼓辨析》，《考古学报》1991 年第 2 期。
[18] 顾颉刚：《“周公制礼”的传说和〈周官〉一书的出现》，《文史》1979 年第 6 期。
[19] 郝铁川：《论春秋官制的演变》，《中国史研究》1987 年第 1 期。
[20] 江林昌：《〈商颂〉的作者、作期及其性质》，《文献》2000 年第 1 期。
[21] 康瑞军：《历代音乐机构与乐官制度研究现状述评》，《中国音乐

学》2007 年第 3 期。

[22] 李炳海：《〈诗经·国风〉的篇章结构及其文化属性和文本形态》，《中州学刊》2006 年第 4 期。

[23] 李炳海：《〈雅〉诗的文本形态和结构模式》，《甘肃社会科学》2009 年第 2 期。

[24] 李炳海：《〈国风〉郑诗的结集及其时代特征》，《中州学刊》2010 年第 4 期。

[25] 李炳海：《春秋后期引诗、赋诗、说诗的样态及走向》，《社会科学战线》2011 年第 1 期。

[26] 李学勤：《"天亡"簋试释及有关推测》，《中国史研究》2009 年第 4 期。

[27] 李壮鹰：《〈尚书·尧典〉论乐辨证》，《安徽大学学报》（哲学社会科学版）2010 年第 4 期。

[28] 李振峰：《殷商瞽矇与卜辞的诗体结构》，《文艺评论》2011 年第 2 期。

[29] 连劭名：《金文所见周武王时代的礼乐活动》，《文物春秋》1998 年第 1 期。

[30] 连劭名：《商代的礼乐与乐师》，《殷都学刊》2007 年第 4 期。

[31] 刘成荣：《瞽史、音乐与〈左传〉口传说》，《北方论丛》2008 年第 4 期。

[32] 刘再生、陈瑞泉：《〈荀子·成相〉"相"字析疑兼及"瞽"文化现象》，《音乐研究》2011 年第 3 期。

[33] 吴予敏：《巫教、酋邦与礼乐渊源》，《北京大学学报》1998 年第 4 期。

[34] 漆子扬：《从〈仪礼〉乐制的变通看周代乐礼的文化属性》，《中国文化研究》2008 年第 1 期。

[35] 钱志熙：《周汉"房中乐"考论》，《文史》2007 年第 2 期。

[36] 裘锡圭：《甲骨文中的几种乐器名称：释庸豐鞀》，《中华文史论丛》1980 年第 2 期。

[37] 裘锡圭：《释万》，《中华文史论丛》1980 年第 2 期。

[38] 丘琼荪：《楚调钩沉》，《文史》1983 年第 21 期。

[39] 孙世洋：《上古"诗"的原型确立、范畴拓展与〈诗经〉的形成源

流研究》，博士学位论文，东北师范大学，2010 年。
[40] 孙晓晖：《先秦盲人乐官制度考》，《黄钟》（武汉音乐学院学报）1996 年第 4 期。
[41] 王贵民：《商朝官制及其历史特点》，《历史研究》1986 年第 4 期。
[42] 王齐洲：《“诗言志”：中国古代文学观念发生的一个标本》，《清华大学学报》2010 年第 1 期。
[43] 王齐洲：《春秋时期中国文学观念的发展》，《吉林大学学报》2009 年第 3 期。
[44] 王胜华：《先秦表演艺术史料汇笺·乐官卷》，《中国音乐》2007 年第 2 期。
[45] 王维堤：《万舞考》，《中华文史论丛》1985 年第 4 期。
[46] 王小盾：《夏代的“九歌”及其同五行说的关联》，《中国音乐学》2007 年第 4 期。
[47] 王小盾：《论汉文化的“诗言志，歌永言”传统》，《文学评论》2009 年第 2 期。
[48] 吴高歌：《〈周礼·大司乐〉三大祭中的五音无商说考》，《中国历史文物》2004 年第 6 期。
[49] 吴土法：《〈周礼〉宗祀乐事官联考》，《杭州大学学报》1997 年第 2 期。
[50] 项阳：《礼乐·雅乐·鼓吹乐之辨析》，《中央音乐学院学报》2010 年第 1 期。
[51] 项阳：《“武音”辨》，《中国音乐》2009 年第 2 期。
[52] 夏含夷：《从西周礼制改革看周颂演变》，《河北师范学院学报》1996 年第 3 期。
[53] 夏麦陵：《考古所见商代的乐舞》，《中原文物》1984 年第 4 期。
[54] 夏承焘：《采诗和赋诗》，《中华文史论丛》1962 年第 1 期。
[55] 徐宗元：《金文中所见官名考》，《福建师范学院学报》1957 年第 2 期。
[56] 姚小鸥：《“成相”杂辞考》，《文艺研究》2000 年第 1 期。
[57] 姚小鸥、李文慧：《〈周颂·有瞽〉与周代观乐制度》，《文艺研究》2012 年第 3 期。
[58] 杨朝明：《鲁国礼乐传统研究》，《历史研究》1995 年第 3 期。

［59］于文哲：《〈尚书〉中的原始戏剧艺术》，《广西大学学报》2010 年第 1 期。

［60］张崇琛：《“薇”与〈诗经〉中的“采薇”诗》，《齐鲁学刊》2002 年第 4 期。

［61］张恩普：《〈礼记·乐记〉文学批评思想探讨》，《古籍整理研究学刊》2006 年第 1 期。

［62］张国安：《先秦乐政与乐教研究》，博士学位论文，扬州大学，2004 年。

［63］张三夕：《关于上博简〈孔子诗论〉编联排序的几个问题》，《华中师范大学学报》2002 年第 5 期。

［64］赵敏俐：《略论〈诗经〉乐歌的生产、消费与配乐问题》，《北方论丛》2005 年第 1 期。

［65］赵敏俐：《乐歌传统与〈诗经〉的文体特征》，《学术研究》2005 年第 9 期。

［66］赵逵夫：《拭目重观，气象壮阔：论先秦文学研究》，《福建师范大学学报》2003 年第 4 期。

［67］赵逵夫：《诗的采集与〈诗经〉的成书》，《文史》2009 年第 2 期。

后　记

本书是在博士论文的基础上修改完成的。在论文将要出版之际，不免回想起在东北师范大学十年的学习生涯。可以说，在东北师大的十年中，我是幸运的，因为遇到了很多的良师益友。如果说这十年之中，我能在学业上取得一点进步，获得一点成绩，皆是得益于各位师友的帮助，故在这里不免要表达一番感激之情。

最先要感谢的，是业师曹胜高先生。我何其幸，从读硕士开始，就受业于先生门下。古人有言："经师易遇，人师难遭。"先生就是典型的人师，他不独为我打开了学问的门径，更影响了我以后的人生道路，坚定了我以学术为终身事业的决心。然自向先生问学以来，我也是最让他操心的学生：一方面，因为性格原因，自身的毛病太多；另一方面，学习过程中又急功近利，稍微取得一点成绩，就沾沾自喜，走了不少弯路。好在先生不弃，对我仍是谆谆教诲，使我能够迷途知返，这是我最铭感于心的。本论文的写作，也是在先生的指导下完成的，无论从选题的确定到框架的完善，还是从观点的提出到内容的修正，都凝结着先生的心血。如果本论文有些许可取之处，皆是先生之功；而存在的缺陷，则是我对先生的教导领悟不够所致。父母生我，恩师育我，皆是天下间最大的恩情，是难以偿还的。好在学问是终生事业，先生仍会关注我的成长，我对先生的报答也有俟于来日。

感谢亚洲文明研究院的院长赵轶峰先生。赵先生是我读硕士时的老师之一，在读书期间给予了很多教诲和指导，我第一篇稍微能拿得出手的论文，就受益于先生的指点。先生不断告诫我，做学问要严谨务实，取法乎上，不能耍小聪明，使我在学问之路上少走了很多弯路。最令我感动的是，在临近毕业之际，先生又对我施以援手，虽然因为种种原因，结果未能如愿。但如此恩情，实难答报，以后唯有铭记于心，做出好的成绩，回馈先生于万一。

在课程学习、论文开题及写作过程中，我还得到过文学院曹书杰教授、张恩普教授、周奇文教授、高长山教授，亚洲文明研究院王中忱教授、韩东育教授、周颂伦教授、于硕教授、赵克生教授，历史文化学院谢乃和教授等的指点，受益匪浅。另外，文学院的陶国立老师、李志国老师，社科处的宋强老师、魏琳娜老师，研究生院的刘国军老师、彭涛老师、张冰妍老师、孙耀军老师，也在我求学期间给予过关怀和帮助，令人感动。

在论文答辩的过程中，除了曹书杰教授、张恩普教授和高长山教授又一次对我加以指导外，最让我高兴的是还请到了兰州大学的张崇琛先生作答辩主席。张先生既是我的师爷，又是我的老乡，再加上作为答辩主席，故于我而言，有三重渊源。在短短相聚的几天之中，让我感受了什么是学问的格局，感谢张老师对我的耐心教导，希望以后还有更多机会向他老人家请教。感谢哈尔滨师范大学的傅道彬教授，本论文在写作时，就受到过傅先生论著的很多启发；而在答辩时，傅先生又提出了宝贵的修改意见。吉林大学的沈文凡教授则在提出修改意见的同时，还仔细校读了拙文，使拙文避免了不少低级错误。这都是让我铭感于心的。

“独学而无友，则孤陋而寡闻”，正是各位同学好友使我在学习期间，得以充实和受益。徐栋梁、樊伟峻、张甲子、于涌、王蒙、孙宇、张春樱、郎镝、魏昕、金官洙、耿战超、张林建等同门，王龙旺、贺宝庆、何天军、刘畅、杨朔镔、袁世奇、赵强、张旭、张晓东等至交，如今的他们，或已毕业，在天涯一方，或仍继续读书，得以时时聚首，但回想起他们对我的无私帮助，我仍然十分感动。希望我们的友谊能够历久弥新。

博士毕业后，我又有幸来得华中师范大学文学院工作。承蒙文学院院长胡亚敏教授、古代文学学科带头人戴建业教授以及古代文学教研室诸位老师的关心，我的工作和生活得到了悉心安排。他们给予了我充分的信任，使我能够不为烦事所扰，得以专心读书和治学，完成了从一名博士研究生到高校教师的蜕变。华中师大具有深厚的学术根基、浓郁的学术氛围和兼容并包的学术态度，其不但为我提供了良好的发展平台，更成为我攀登学术高峰的阶梯。

本书的部分章节，曾在学术期刊上公开发表，主要有：

《从乐教传统论〈乐经〉之形成与残佚》,《黄钟》(武汉音乐学院学报)2010年第1期(人大复印资料《舞台艺术》2010年第6期);

《论〈乐纬〉解乐模式及其思想背景》,《天津音乐学院学报》2010年第2期;

《论〈乐纬〉对〈大司乐〉和〈乐记〉的阐释》,《洛阳师范学院学报》2011年第6期;

《论乐的性质及其义理化进程》,《孔子研究》2011年第6期;

《夷夏之争与〈韶〉乐传承》,《民族艺术》2012年第2期;

《由乐官迁移看两周雅乐制度之形成与消解》,《天津音乐学院学报》2012年第4期;

《〈周颂·有瞽〉与周初乐制改革》,《古代文明》2013年第1期;

《"耳听为圣"与先秦乐官的听风习俗》,《民俗研究》2013年第2期;

《行人制度与先秦"采诗说"新论》,《中国诗歌研究》第10辑;

《〈周礼·籥章〉与周部族的岁时活动》,《民族艺术》2014年第3期;

《乐仪之教与周代的君子威仪》,《中国文化研究》2014年秋之卷;

《〈礼记·月令〉与先秦乐政》,《中国经学》第14辑。

感谢各位审稿人和责任编辑,我与他们素未谋面,但他们却以学术为天下公器,在学术浮躁的今天,重质量而不重人情,令人敬佩,从而也坚定了我攀登学术高峰的决心。

最后,还要感谢中国社会科学出版社的张林老师,正是她的周到安排和辛苦工作,不但使本书得以早日面世,更减少了书中的谬误。

"面壁十年图破壁",这本小书只是我学习生活的一个短暂的总结。好在日后的路还很长,所幸的是,各位师友仍会继续关注我的成长,或耳提面命以诲我,或推心置腹以劝我,使我能够在未来的人生之路上充满信心。

2013年6月初稿于东北师大

2015年9月改定于华中师大